卫生健康法学

陈 瑶 主编

中国政法大学出版社

2024·北京

编 委 会

主　编　陈　瑶
副主编　令狐情　崔　超　李　娜
编　委（以姓氏笔画为序）
　　　　　冯　波　李云鹤　欧　恒　周志勇
　　　　　周漫漫　南美花　夏兴林　唐先博
　　　　　唐贤伦　黄　彬　雷　菲　廖晓语

内容简介

本书内容包括绪论，以及卫生健康法概论，卫生法律责任制度，基本医疗卫生与健康促进法，医疗机构管理法律制度，医师法律制度，执业药师法律制度，执业护士管理法律制度，中医药法律制度，医疗纠纷处理法律制度，食品安全法律制度，药品管理法律制度，特殊药品管理法律制度，传染病防治法律制度，公共卫生法律制度，突发公共卫生事件法律制度，职业病防治法律制度，医药知识产权法律制度，精神卫生法律制度，医疗器械、保健品、化妆品卫生管理法律制度，现代医学与法律问题等二十章。本教材以马克思主义法学理论为指导，具备我国卫生法律体系和法治建设实践的时代性，具有可读性，适合作为大学本科生学习卫生法律基础知识的读本，有利于拓展和提升学生的卫生健康法专业知识和法学思维能力。

前 言

党的二十大报告就全面建成社会主义现代化强国做出总的战略安排,明确了到 2035 年建成"健康中国",强调"把保障人民健康放在优先发展的战略位置,完善人民健康促进政策",要"深化医药卫生体制改革,促进医保、医疗、医药协同发展和治理"。医疗卫生健康行业是事关国家和人民的伟大事业,要以先进有效的法治建设为国家卫生健康事业高质量发展保驾护航。在此背景下,健全卫生健康法律体系,成为促进我国医疗卫生健康事业高质量发展的必由之路。

2023 年 2 月,中共中央办公厅、国务院办公厅印发《关于加强新时代法学教育和法学理论研究的意见》,其中提出要加快完善法学教育体系,优化法学学科体系。2024 年 1 月,《研究生教育学科专业简介及其学位基本要求(试行版)》正式将卫生健康法学列为法学二级学科,明确卫生健康法学是以卫生健康法及其规律为研究对象的法学学科。鉴于此,我们将书名由"卫生法学"更改为"卫生健康法学"。

卫生健康法是我国社会主义法律体系的重要组成部分。随着社会经济的不断发展和人民健康水平的日益提高,卫生健康法学越来越受到人们的重视。目前,全国绝大多数的医药院校都开设了卫生健康法学类课程,并加强了卫生健康法学的理论研究。国家执业医师资格考试也将卫生健康法学列入各级各类医师的必考科目。

近年来,我国卫生健康法治实践变化颇多,发展较快。为全面贯彻落实党的二十大精神及新的立法变化,2024 年我们对教材进行了必要的修订。同时根据读者的意见和教学需要,按照"卫生健康法学"课程教学的基本要求,结合编委会组成人员调整情况,以原教材基本框架内容为基础,对原章节内容进行更新和优化。在内容上，根据《中华人民共和国基本医疗卫生与健康促进法》《中华人民共和国医师法》《中华人民共和国食品安全法》《中华人民共和国药品管理法》《执业药师注册管理办法》和《放射性药品管理办法》等法律法规的修订内容，新增编写了第三章，并重新修订相应章节，补充了最新的信息，使教材内容更加准确、丰富。此次修订每章新增的章前案例增强了可读性、引导性，便于启发学生思考。每章后的拓展阅读，便于学生拓宽知识视野，加强对教材专业知识的掌握。我们对思考题做了部分调整，更加便于学生巩固所学的教材知识。本次修订为了增强时效性，对立法已变化和不必要的内容已进行删除，并对个别不妥当、不准确的提法和表述予以了改正。本书内容包括绪论，以及卫生健康法概论，卫生法律责任制度，基本医疗卫生与健康促进法，医疗机构管理法律制度，医师法律制度，执业药师法律制度，执业护士管理法律制度，中医药法律制度，医疗纠纷处理法律制度，食品安全法律制度，药品管理法律制度，特殊药品管理法律制度，传染病防治法律制度，公共卫生法律制度，突发公共卫生事件法律制度，职业病防治法律制度，医药知识产权法律制度，精神卫生法律制度，医疗器械、保健品、化妆品卫生管理法律制度，现代医学与法律问题，共二十章。

  本书针对各专业的特点，充分注意到内容的适用性，并将卫生健康法学的内容做了有益的拓展，使该书更符合卫生健康法学理论体系的完整要求。因此，本书既可作为医药院校临床医学各层次和医药经济及管理专业卫生健康法学类课程的专用书，也可作为执业医师资格考试较好的参考书和培训书；既可供医药卫生行政机关、卫生监督执法机构工作人员和卫生专业技术人员学习和运用卫生法律知识之用，也可供医药卫生系统干部、职工教育培训使用，还可供卫生健康法学爱好者自学使用。

  本书的绪论、第三章、第二十章由陈瑶编写修订；第一章由冯波编写修订；第二章由周志勇编写修订；第四章由周漫漫编写修订；第五章由南美花编写修订；第六章由唐贤伦编写修订；第七章由李云鹤编写修订；第八章由崔超编写修订；第九章、第十章、第十二章由李娜编写修订；第十一章由唐先博编写修订；第十三章由黄彬编写修订；第十四章、第十八章由令狐情编写修订；第十五章由欧恒编写修订；第十六章由廖晓语编写修订；第十七章由夏兴林编写修订；第十九章由雷菲编写修订。全书最后由陈瑶统编定稿。

前　言

　　本书作为国内出版的首部卫生健康法学教材，在编写修订过程中，贵州中医药大学、南京中医药大学、贵州大学等院校的领导给予了支持和帮助，特别是贵州中医药大学人文与管理学院和南京中医药大学原经贸管理学院（现卫生经济管理学院）为了保证本书质量，为编者提供了大量帮助。中国政法大学出版社也为本书的出版做了许多具体细致的工作，对此我们一并致以诚挚的谢意。

　　因水平和能力有限，加之时间仓促，书中疏漏、不妥和错误之处在所难免，敬请专家同行和广大读者批评指正，也希望使用本书的师生提出宝贵意见，以供今后修订时参考。

《卫生健康法学》编委会
2024 年 2 月
于林城

目 录

绪 论 ·· 001

第一章 卫生健康法概论 ·· 010
- 第一节 概 述 ·· 011
- 第二节 卫生健康法律关系 ·· 021
- 第三节 卫生健康法的渊源 ·· 026
- 第四节 卫生健康法的制定 ·· 029
- 第五节 卫生健康法的实施 ·· 032
- 第六节 卫生健康法律责任 ·· 036

第二章 卫生法律责任制度 ·· 040
- 第一节 概 述 ·· 041
- 第二节 卫生行政复议 ··· 042
- 第三节 卫生行政诉讼 ··· 047
- 第四节 卫生行政赔偿 ··· 051
- 第五节 卫生民事诉讼 ··· 053
- 第六节 卫生刑事诉讼 ··· 058

第三章 基本医疗卫生与健康促进法 ·· 065
- 第一节 概 述 ·· 066

第二节　基本医疗卫生服务 …………………………………………………… 070

　第三节　医疗卫生机构 ………………………………………………………… 072

　第四节　医疗卫生人员 ………………………………………………………… 074

　第五节　药品供应保障 ………………………………………………………… 076

　第六节　健康促进 ……………………………………………………………… 077

　第七节　资金保障 ……………………………………………………………… 080

　第八节　监督管理 ……………………………………………………………… 081

　第九节　法律责任 ……………………………………………………………… 083

第四章　医疗机构管理法律制度 …………………………………………………… 086

　第一节　概　述 ………………………………………………………………… 087

　第二节　医疗机构的设置与审批 ……………………………………………… 089

　第三节　医疗机构的执业登记和校验 ………………………………………… 094

　第四节　医疗机构的执业与监督管理 ………………………………………… 098

　第五节　法律责任 ……………………………………………………………… 101

第五章　医师法律制度 ……………………………………………………………… 104

　第一节　概　述 ………………………………………………………………… 105

　第二节　医师资格考试和执业注册 …………………………………………… 106

　第三节　医师执业规则 ………………………………………………………… 109

　第四节　医师培训和考核 ……………………………………………………… 112

　第五节　保障措施 ……………………………………………………………… 113

　第六节　法律责任 ……………………………………………………………… 115

第六章　执业药师法律制度 ………………………………………………………… 119

　第一节　概　述 ………………………………………………………………… 120

　第二节　执业药师考试和注册制度 …………………………………………… 121

　第三节　药师执业规则 ………………………………………………………… 126

　第四节　执业药师的继续教育 ………………………………………………… 127

第五节　监督管理 …………………………………………… 130

第七章　执业护士管理法律制度 …………………………………… 132
　　第一节　概　述 ……………………………………………… 133
　　第二节　护士执业资格考试和注册制度 …………………… 134
　　第三节　护士执业规则及职责 ……………………………… 137
　　第四节　法律责任 …………………………………………… 139

第八章　中医药法律制度 …………………………………………… 142
　　第一节　概　述 ……………………………………………… 143
　　第二节　中医药法律关系的类别 …………………………… 150
　　第三节　备案制中医诊所法律制度 ………………………… 153
　　第四节　确有专长中医医师资格考核注册法律制度 ……… 157

第九章　医疗纠纷处理法律制度 …………………………………… 165
　　第一节　概　述 ……………………………………………… 166
　　第二节　医疗纠纷预防 ……………………………………… 168
　　第三节　医疗纠纷的处理 …………………………………… 170
　　第四节　医疗损害鉴定 ……………………………………… 173
　　第五节　法律责任 …………………………………………… 175
　　第六节　医疗损害责任 ……………………………………… 177

第十章　食品安全法律制度 ………………………………………… 180
　　第一节　概　述 ……………………………………………… 181
　　第二节　食品安全风险监测和评估 ………………………… 188
　　第三节　食品安全标准及食品检验 ………………………… 191
　　第四节　食品生产经营 ……………………………………… 193
　　第五节　食品安全事故处置 ………………………………… 202
　　第六节　法律责任 …………………………………………… 205

第十一章　药品管理法律制度 … 209
第一节　概　述 … 210
第二节　药品研制、注册、生产、经营、药品上市后管理 … 213
第三节　药品价格和广告管理法律制度 … 218
第四节　药品储备和供应 … 219
第五节　监督管理 … 220
第六节　法律责任 … 221

第十二章　特殊药品管理法律制度 … 228
第一节　麻醉药品和精神药品管理法律制度 … 229
第二节　医疗用毒性药品管理法律制度 … 235
第三节　放射性药品管理法律制度 … 237
第四节　法律责任 … 241

第十三章　传染病防治法律制度 … 244
第一节　概　述 … 246
第二节　《传染病防治法》主要法律制度 … 248
第三节　传染病的医疗救治 … 252
第四节　传染病的保障措施和监督管理 … 253
第五节　法律责任 … 255

第十四章　公共卫生法律制度 … 261
第一节　学校卫生法律制度 … 265
第二节　公共场所卫生法律制度 … 270
第三节　生活饮用水卫生法律制度 … 277
第四节　放射卫生法律制度 … 281
第五节　控制吸烟法律制度 … 290

第十五章　突发公共卫生事件法律制度 … 294
第一节　概　述 … 295

第二节　突发公共卫生事件的处理原则及监测预警 ………………………… 298
　　第三节　突发公共卫生事件报告及通报、信息发布制度 …………………… 299
　　第四节　突发公共卫生事件应急处理的法律规定 …………………………… 301
　　第五节　法律责任 ……………………………………………………………… 302

第十六章　职业病防治法律制度 ……………………………………………… 305
　　第一节　概　述 ………………………………………………………………… 306
　　第二节　职业病的预防和防护 ………………………………………………… 308
　　第三节　劳动者的职业卫生保护权利与义务 ………………………………… 313
　　第四节　职业病诊断与职业病病人的保障 …………………………………… 314
　　第五节　职业病防治的监督检查 ……………………………………………… 317
　　第六节　法律责任 ……………………………………………………………… 319

第十七章　医药知识产权法律制度 …………………………………………… 325
　　第一节　概　述 ………………………………………………………………… 326
　　第二节　医药专利保护法律制度 ……………………………………………… 330
　　第三节　药品商标保护法律制度 ……………………………………………… 339
　　第四节　医药商业秘密和医药未披露数据保护法律制度 …………………… 345
　　第五节　法律责任 ……………………………………………………………… 349

第十八章　精神卫生法律制度 ………………………………………………… 355
　　第一节　概　述 ………………………………………………………………… 359
　　第二节　心理健康的促进与精神障碍的预防 ………………………………… 368
　　第三节　精神障碍的诊断和治疗 ……………………………………………… 370
　　第四节　精神障碍的康复 ……………………………………………………… 374
　　第五节　保障措施 ……………………………………………………………… 377
　　第六节　法律责任 ……………………………………………………………… 379

第十九章　医疗器械、保健品、化妆品卫生管理法律制度 ………………… 386
　　第一节　医疗器械卫生管理法律制度 ………………………………………… 387

| 第二节 | 保健用品卫生管理法律制度 | 396 |
| 第三节 | 化妆品卫生管理法律制度 | 398 |

第二十章　现代医学与法律问题　403

第一节	人工生殖技术与法律	404
第二节	人体器官捐献和移植法律问题	413
第三节	脑死亡与法律	422
第四节	安乐死与法律	426
第五节	人类基因工程与法律	431

参考文献　439

绪 论

学习目标

掌握：卫生健康法学的学习方法。
熟悉：卫生健康法学体系及其与各相关学科的关系。
了解：卫生健康法学的内涵，卫生健康法学的研究对象。

章前案例

中国卫生法学会，是1993年3月经民政部审核登记、批准成立的全国性法学专业性社会团体组织，其上级主管单位是司法部。成员主要是由当时的卫生部、国家计划生育委员会、解放军总后勤部卫生部、国家食品药品监督管理局、国家中医药管理局系统以及大专院校、医疗机构、律师事务所、医药企业等单位[1]从事卫生行政管理、法律工作、教学、研究的专家、教授、学者、律师和相关人员等组成，现会员已遍布全国。

学会主要任务：开展卫生法学理论探索与实际相结合的工作研究；宣传普及卫生法律知识、协调卫生法学教学学科建设、组织法律培训；开展国内外学术交流与合作，加强卫生法国际民间友好往来；开展法律咨询，提供法律服务；加强组织建设，发展壮大学会队伍；接受政府有关部门和单位的委托，进行卫生法制工作的调查研究，组织卫生法学领域成果评审及资格考评，

---

[1] 现大部分已重组、更名。——编者注

为卫生立法、司法、监督执法、人身伤害、医疗纠纷与诉讼等，提供协调、咨询、服务；编纂、翻译、出版与生命健康相关科学技术和普及卫生法相关的刊物、著作、教材、案例、资料等；依法加强对办事机构、分支机构、专业机构和经济实体的领导和组织管理。

一、卫生健康法学的内涵

（一）卫生健康法学的概念

卫生健康法学（health jurisprudence）是研究卫生健康法律规范及其发展规律的一门法律学科。20世纪以来，自然科学和社会科学逐渐从分化走向综合，出现两大领域汇流、不断融合渗透的历史趋势；20世纪60年代后期，传统的生物医学模式日渐式微，新的"生物-心理-社会"医学模式蓬勃兴起。卫生健康法学就是在这一深刻的社会历史背景下孕育和成长起来的一门新兴的边缘交叉学科。从医学角度来看，卫生健康法学属于人文医学的范畴；从法学角度来看，卫生健康法学则属于法律科学中一门有关卫生问题的应用法学范畴。

我们在研究卫生健康法学的时候，首先应该了解"卫生健康"和"法律"的含义。

1. "卫生健康"的含义。"卫生健康"一词在这里应作广义的理解，即泛指为维护和保障人体生命健康而进行的一切个人和社会活动的总和。它包含以下三个方面的内容：一是使人体在出生前后便有一个比较强健的体质；二是促使人体在生活和劳动过程中增强体质，能够避免和抵御外部环境对人体的不良影响，保持完满的精神状态和良好的社会适应能力；三是对业已患病的人体进行治疗，使之恢复健康。《牛津辞典》为"health"和"medicine"下的权威定义分别是"soundness of body or mind"和"art of restoring and preserving health"，即分别为"心理与机体的圆满状态"和"恢复和保护健康的技艺"。

在我国，卫生范围主要包括：传染病防治、国境卫生检疫、妇幼卫生保健、计划生育、职业病防治、食品卫生、药品和生物制品、医疗器械、公共卫生、环境卫生、口腔卫生、精神卫生、特殊人群卫生、传统医学、康复医学、医疗服务、卫生规划、卫生组织、卫生人员、卫生技术、卫生立法、卫生伦理、卫生信息、卫生监督、医疗保障、医药学高科技发展、医药学教育、卫生国际合作，等等。

2. "法律"的含义。法律一般认为是阶级社会特有的一种历史现象。法律的含义可以从形式与内容两个方面去理解。从形式上看，法律具有公平、正义、无私、威严等自然品性，但从本质上看，法律是由一定物质生活条件决定的统治阶级意志的体现，是由国家制定或认可并由国家强制力保证实施的行为规则的总和，是确认、维护和发展对统治阶级有利的社会关系和社会统治的工具。

法律是一种特殊的社会规范，它从统治阶级的利益出发，以国家的名义规定了人们的权利和义务，明确地告诉人们，什么行为是合法的、可以做的，什么行为是非法的、禁止做的。法律以此来规范人们的行为，钳制被统治阶级，调整社会成员的相互关系，从而使有利于统治阶级的社会关系和社会秩序得到维护和发展，以实现统治阶级的阶级专政。

(二) 卫生健康法学的性质和任务

对卫生健康法学的性质我们可以从以下几方面来认识：从卫生健康法学的总体职能来理解，卫生健康法学具有阶级性；从立法的根本宗旨来看，卫生健康法学具有社会性；从科学技术进步和调整纷繁复杂的社会关系来看，卫生健康法学具有综合性；从卫生健康法学作为边缘学科来理解，它具有交叉性；从医学高科技发展的角度来分析，卫生健康法学又具有发展性和时代性。因此，卫生健康法学的任务就是将生物学、医学、药学、卫生学等基本理论、知识和法学的基本理论、知识结合起来，运用于卫生事业实践，用法律手段促进卫生事业的发展，维护和保障公民的生命和健康。

二、卫生健康法学的研究对象

卫生健康法学是一门新兴的法学学科。由于与医疗卫生相关的科学技术迅猛发展，新的医疗技术、新药临床应用、医疗卫生管理、卫生防疫以及国家卫生管理、调控等法律、法规、政策的制定修改和更新的速度都非常快。因此，卫生健康法学需要研究和解决的问题也越来越多，同时，新的卫生健康法学研究成果也急需整理。由此可见，卫生健康法学研究的对象是十分丰富的。

1. 卫生健康法学要研究卫生健康法的相关法律法规。卫生健康法的相关法律法规是卫生健康法学研究的首要对象。有关的法律法规至少可以分为三个层次：一是全国人大制定的卫生健康法律，如《中华人民共和国食品安全法》《中华人民共和国药品管理法》《中华人民共和国医师法》《中华人民共和国职业病防治法》《中华人民共和国传染病防治法》《中华人民共和国母婴保健法》《中华人民共和国献血法》等；二是卫生行政法规以及国家卫生健康委员会等国务院部委制定的卫生行政规章，例如《国家突发公共事件总体应急预案》《医疗事故处理条例》《人类辅助生殖技术规范》《医疗机构管理条例实施细则》等；三是地方性行政法规及卫生标准等，例如《上海市市容环境卫生管理条例》《贵州省中医药条例》等。

2. 卫生健康法学要研究各种卫生健康法的现象与规律。卫生健康法的现象与规律是卫生健康法学研究的重要内容。法学是研究具有明显规范性的法律现象的社会科学，法律是人为的，是人们的约定，而不是不以人的意志为转移的客观规律，尽管它具有国家意志的神圣光环。判断法律现象的标准是合法性，而不是真理性，即用法律去衡量一种行为是否合法。法与卫生具有越来越密切的关系。医药卫生实践和医学科学、卫生事业发展中的法律现象，包括卫生健康法的立法、执法、司法及法律解释以及监督。卫生健康法学要探讨卫生健康法对医学的影响及法律效果、社会效果，要关注卫生健康法在多大程度上促使医学实现其使命。

3. 卫生健康法学要研究与卫生健康法相关的社会问题。医学总是在一定的社会条件下产生和发展的，所以，医学必然和其他社会问题密切联系在一起。卫生健康法学不仅要研究卫生健康法本身，也要研究与卫生健康法相关的其他社会问题，如与经济、政治、伦理、文化及其他社会现象的关系问题。

三、卫生健康法学体系

卫生健康法的内容涉及卫生、预防保健工作的各个方面。由于科学技术日新月异的发展，医学的外延正在不断扩大，卫生健康法的内容也在逐渐增加。目前，我国尚无一部统一的卫生健康法典，卫生健康法只是国家有关卫生问题的法律规范的总称。因此，要建立卫生健康法学的体系，就必须从众多的卫生健康法律规范中归纳和总结出一般性问题加以研究。

根据我国众多卫生健康法学专家的观点，一般认为卫生健康法学由以下几部分构成：

1. 绪论部分。主要阐述卫生健康法学的概念、性质和任务及研究对象；卫生健康法学与相关学科的关系；学习卫生健康法学的目的、意义和方法。

2. 总论部分。主要阐述卫生健康法的基本理论，包括概念、调整对象、卫生健康法的产生和历史发展、卫生健康法的地位和作用、卫生健康法的基本原则、卫生健康法的表现形式、卫生健康法律关系、卫生健康法律责任、卫生健康法的制定和实施、卫生行政救济等。

3. 分论部分。主要阐述我国现行的卫生健康法律制度，包括公共卫生监督与疾病防治法律制度、医政管理法律制度、医疗技术人员管理法律制度、药政管理法律制度、妇幼卫生和计划生育法律制度、中医和民族医药管理法律制度以及医学高科技发展引起的有关法律问题，等等。

由于卫生健康法学是一门新兴学科，它的体系尚属初创，许多理论问题有待进一步研究和探讨，在不断总结实践经验的基础上，卫生健康法学体系必将进一步发展和完善。

四、卫生健康法学与相关学科的关系

（一）卫生健康法学与法学

法学是以法和法律现象及其发展规律为研究对象的一门社会科学，卫生健康法学则是以卫生健康法为研究对象的一门法学的分支学科，两者是一般与特殊的关系。卫生健康法学在法学基础理论的指导下开拓和发展自己的专门研究领域，而法学则可以吸收卫生健康法学中带有普遍意义的原则和规律来丰富自己。因而，学习和研究卫生健康法学时应该努力掌握法学基础理论和基本知识。

（二）卫生健康法学与医药卫生科学

医药卫生科学是研究人类生命过程以及防治疾病的科学，医药卫生科学属自然科学范畴，而卫生健康法学属社会科学范畴。卫生健康法学和医药卫生科学的共同使命都是保护人体生命和健康，从这一点来说两者是相通的，因而医药卫生科学与卫生健康法学又有着必然的联系，表现在：①医药卫生科学的发展使立法思想受到影响和启迪，促进了许多卫生健康法律、法规的产生，使卫生健康法逐步形成了自己的结构和体系，并从原有的法律体系中脱颖而出，构成一个新的法律部门。同时，医药卫生科学理论与知识及其研究成果被运用到立法过程中，使卫生健康法的内容更具有科学性。②卫生健康法律为医药卫生的发展创造了良好的社会环境。卫生健康法律可以决定医药卫生发展的方向，保证国家医药卫生战略的实施，规范医药卫生机构的设置、组织原则、权限、职能和活动方式，控制现代医药卫生无序、失控和异化带来的社会危害等。同时，国家以适应医药卫生特点的法律来调整医药卫生活动领域中的社会关系，并不断探索现代医学发展引起的立法问题。

(三) 卫生健康法学与医学伦理学

医学伦理学是研究医学道德的一门科学。卫生健康法律规范和医德规范都是调整人们行为的准则，它们的共同使命都是调整人际关系、维护社会秩序和人民利益。两者的联系表现在：①卫生健康法体现了医德的要求，是培养、传播和实现医德的有力武器；②医德体现了卫生健康法的要求，是维护、加强和实施卫生健康法的重要精神力量。

(四) 卫生健康法学与卫生政策学

卫生政策学是以卫生政策的制定和贯彻落实为研究对象的一门学科。卫生政策，是指党和国家在一定历史时期内，为实现一定的卫生目标和任务而制定的行为准则。卫生健康法和卫生政策都是建立在社会主义经济基础之上的上层建筑，在本质上是一致的，体现了广大人民群众的意志和利益，都具有规范性，是调整社会关系的行为准则。

(五) 卫生健康法学与卫生事业管理学

卫生事业管理学是研究卫生事业管理工作中普遍应用的基本管理理论、知识和方法的一门学科。卫生事业管理的方法有多种，法律方法仅是其中的一种。所谓卫生事业管理中的法律方法，是指运用卫生立法、司法和遵纪守法教育等手段，规范和监督卫生组织及其成员的行为，以使卫生事业管理目标得以顺利实现，即通常说的卫生健康法制管理。

(六) 卫生健康法学与法医学

法医学是应用医学、生物学、化学及其他自然科学的理论和技术，是研究并解决司法实践中有关人身伤亡和涉及法律的各种医学问题的学科。卫生健康法学和法医学研究的内容都与医学密切相关，且都与法律不可分离，因而二者联系很多。

五、学习卫生健康法学的方法

（一）理论联系实际的方法

理论与实际相结合是马克思主义理论研究的出发点和归宿。卫生健康法学是一门应用性的理论学科，具有很强的实践性。这里的理论，是指卫生健康法学的基本理论、基本知识和相关学科的知识。所谓联系实际，一是联系客观的事实、制度、现象及实际中存在的问题；二是密切结合我国卫生体制改革和卫生健康法制建设的实践；三是联系社会思潮、认识及流行的各种观点和见解；四是结合个人的思想实际和专业工作实际。只有广泛地联系和深入地考察生动的社会实际，才能使我们的思路开阔，避免认识僵化；同时我们也会得到对理性认识的检验，提高运用理论解决实际问题的能力。

（二）历史分析的方法

法是人类社会发展到一定历史阶段的产物，它同当时的社会物质生活条件有着密切联系，受当时社会政治、经济、文化、宗教等社会意识形态的影响。卫生健康法律规范的确定和实施都是基于具体的历史条件和特定的历史背景的，如果脱离了时间和空间，问题就得不到正确的认识和解决。因此，学习卫生健康法学一定要坚持历史分析的方法，对法律现象及法律关系的研究同一定的社会经济关系、意识形态以及卫生的发展实际等联系起来，深入研究不同卫生健康法律的产生与发展基础，探究其产生与发展的根源和条件。

（三）比较分析的方法

比较分析方法是学习卫生健康法学的重要方法之一，可以分为纵向比较和横向比较两种方法。纵向比较，是指要了解古今卫生健康法律规范的历史演变，用批判分析的态度借鉴历史；横向比较，是指要了解世界各国的卫生健康法律制度和国际卫生立法的情况，既要吸收国外成功经验、科学成果，又要剔除其不合国情的成分，做到有分析、有比较、有选择，从而形成和发展具有中国特色的社会主义卫生健康法学体系。

六、学习卫生健康法学的意义

（一）发展卫生事业的需要

市场经济就是法治经济，21世纪的社会是法制比较健全的社会。卫生事业的发展需要法律予以保障，卫生事业也将逐步走向法制管理的轨道，不仅卫生机构的设置、各类卫生人员的执业要进行法制管理，而且社会公民的求医行为和遵医行为也将全面纳入法制管理的轨道。因此，对于卫生技术人员和医学生来说，学习卫生健康法可以调整知识结构，拓宽治学领域，了解与自己从事的工作密切相关的卫生健康法律规范，明确自己在卫生工作中享有的权利和承担的义务，增强法律意识，正确履行岗位职责，为保护人体生命和健康、促进卫生事业的发展做出自己的贡献。

(二) 提高卫生行政执法水平的需要

卫生行政执法是政府管理全社会卫生的基本方式，是实现预防战略、保护人体生命健康的基本手段。卫生行政执法水平的高低，不仅关系到改善社会公共卫生状况，提高社会卫生水平和人民生活质量的问题，而且关系到规范市场经济秩序，优化投资环境，促进经济发展的问题。因此，要提高卫生行政执法水平，必须有一支既有丰富的专业知识，又熟悉卫生健康法律规范，乃至了解整个卫生健康法律体系基本情况的高素质的卫生行政执法队伍。学习卫生健康法学理论和知识，将有助于卫生行政执法人员更好地依法行政，并不断提高其卫生行政执法水平。

(三) 维护公民生命健康权利的需要

我国的卫生事业以为人民的健康服务为中心，以维护公民的健康权利为核心。对于司法人员和管理者而言，学习卫生健康法学有利于正确、及时地处理日益增多的卫生纠纷，科学合理地调解医患矛盾冲突，更好地维护公民的健康权利。对广大公民来说，通过学习和了解卫生健康法学基本理论、卫生知识，树立卫生健康法律理念，可以在自己的生命健康权利受到侵害时，正确使用法律武器来维护自己的合法权益。同时，对生命健康权、卫生行业及行为的特殊性有一个全面、科学、系统的认识，能进一步提高遵守卫生健康法律规范的自觉性。

(四) 依法治国、建设社会主义法治国家的需要

新中国七十余年的法治实践表明，社会主义法治具有强大生命力和显著的优越性。党的二十大报告明确提出"坚持全面依法治国，推进法治中国建设"基本方略。党的十九届四中全会把"坚持依法治国，建设社会主义法治国家，切实保障社会公平正义和人民权利"明确为我国国家制度和国家治理

体系的十三个显著优势之一。党的十八大提出了"科学立法、严格执法、公正司法、全民守法"新十六字方针，为了实施这一方针，就必须加强社会各领域的法治。卫生事业是社会主义事业的重要组成部分，依法管理卫生事业是实现依法治国、建设社会主义法治国家的重要内容，只有加强法制宣传教育，包括卫生健康法制教育，不断提高广大人民群众的法治观念和法律意识，才能实现"依法治国，建设社会主义法治国家"的目标。

思考题

联系实际谈谈学习卫生健康法学的意义。

第一章 卫生健康法概论

学习目标

掌握：卫生健康法的基本原则和卫生健康法律关系的特征、构成要素。
熟悉：卫生健康法渊源的种类、卫生健康法的制定和实施。
了解：卫生健康法的作用和法律责任。

章前案例

执业医师利用职务之便非法收受财物

2022年10月12日，安顺市卫生健康综合行政执法支队根据上级卫生健康部门移送的线索，发现某医院某医师在执业活动中涉嫌非法收受财物，经查实，自2021年1月至2022年5月期间，该医师多次收受医药代表药品疗效观察费8356元。安顺市卫生健康综合行政执法支队做出的处罚结果为：①没收违法所得8356元；②警告；③罚款20 000元。

典型意义：医务人员依法执业是医疗卫生行业综合监管的重要内容，与保障人民群众就医安全息息相关。本案是近年来安顺市查处的首类案例，通过对相关医务人员非法收受财物进行行政处罚，充分展现了卫生监督护卫人民群众健康权益的信心和决心，也对规范医务人员的执业行为起到了警示作用。

第一节 概 述

一、卫生健康法的概念和特征

(一) 卫生健康法的概念

卫生健康法,是指由国家制定或认可并由国家强制力保证实施的,旨在调整和保护公民生命健康活动中形成的各种社会关系的法律规范的总和。

卫生健康法有狭义和广义之分。狭义的卫生健康法,是指由全国人民代表大会及其常务委员会制定的各种卫生健康法律。广义的卫生健康法,不仅包括上述各种卫生健康法律,而且还包括被授权的其他国家机关制定颁布的从属于卫生健康法律的,在其所辖范围内普遍有效的卫生健康法规和规章,以及宪法和其他规范性法律文件中涉及卫生健康法的内容。本书所指的卫生健康法是指广义的卫生健康法。

(二) 卫生健康法的特征

卫生健康法是我国法律体系的一个重要组成部分,具有法律的一般属性,同时,由于卫生健康法是以围绕人体健康和生命权益而产生的各种社会关系为调整对象,它必然要受到自然规律和科学技术发展水平的影响。因此,和其他法律部门相比,卫生健康法又具有独有的特点。

1. 卫生健康法以保护公民生命健康权为根本宗旨。公民的生命健康权是公民人身权中一项最基本的权利。卫生健康法以保障公民的生命健康权为根本宗旨,这正是它区别于其他法律部门的主要标志。

2. 卫生健康法是行政法律规范和民事法律规范相结合的法律。卫生健康法作为一个重要的法律部门,有着与其他法律部门不同的特点。它以调整卫生健康社会关系为主要内容。从卫生健康法的内容上看,卫生健康法是一种行政法律规范和民事法律规范相结合的法律。卫生健康社会关系既存在于卫生机构、卫生人员与卫生行政部门之间,也存在于卫生机构、卫生人员与患者之间以及其他产生卫生社会关系的主体之间。卫生健康法调整的社会关系的广泛性,决定了其调整手段的多样性:既要采用行政手段调整卫生行政组织管理活动中产生的社会关系,又要采用民事手段调整卫生服务活动中的权利义务关系。例如在我国,卫生机构和卫生人员提供卫生服务时,其与患者的关系多是由行政法律规范来调整的,但这并不妨碍医患关系受民事法律规范的制约。虽然我国将患者的权利纳入了行政法律规范,但患者的权利主要具有民事性质,因此法律规定侵害患者权利的行为要承担一定的民事赔偿责任;对在医疗服务过程中出现的严重的侵权行为还要追究相应的刑事责任,因此,从这一角度来说,卫生健康法是多元的。国外卫生健康法学将卫生健康法解释为与卫生保健以及与卫生保健直接有关的一般民事法、行政法及刑法的法律规范的总称。

3. 卫生健康法与医学等自然科学的发展关系密切。卫生健康工作是以生命科学为核心的科技密集型行业。现代卫生健康事业是在现代自然科学及其应用工程技术高度发展的基础上展开的。以卫生健康关系为调整对象的卫生健康法,必然要涉及与人的生命、健康相关的自然科学。医学及其他相关学科的技术成果是卫生健康法的立法依据,也是卫生健康法的实施手段和实施依据。因此从这个角度说,卫生健康法具有浓厚的技术性。从医学实践中总结出来的反映客观规律的医学技术成果不断被卫生健康法所吸收,是卫生健康法生命力的源泉。卫生健康法的内容中含有大量的医学技术成果,既显示了卫生健康法的技术性、专业性,也说明了卫生健康法的普遍性、广泛性。同时,随着医学的发展与进步,卫生健康法也不断面临新的问题,如涉及器官移植、脑死亡、基因诊断与治疗、生殖技术等问题,需要制定相应的法律规范,而原有的卫生健康法也需要不断修改和完善。医学科学在探索人类健康和生命的过程中充满着难以预料的风险,需要一定的社会保证条件,其中包括法律的保护和导向作用。因此,卫生健康法与医学等自然科学紧密联系、相互促进、互为依存的关系是其他众多法律所难以比拟的,这成为卫生健康法的基本特征之一。

4. 卫生健康法是具有一定国际性的国内法。从卫生健康法所确认的规则看,卫生健康法是具有一定国际性的国内法。卫生健康法虽然在本质上属于国内法,但由于对卫生健康本身共性的、规律性的普遍要求,特别是随着世界各地之间人员往来和贸易与合作的快速发展,任何一个国家或地区都不可能置身于世界之外,而只能从自身利益的互补性出发,去适应世界经济一体化的发展趋势。因此,各国卫生健康法在保留其个性的同时,都比较注意借鉴和吸收世界各地通行的卫生健康规则,把一些具有共同性的卫生要求、卫生标准载于本国法律，使得卫生健康法具有明显的国际性。一些国际组织为卫生健康法的国际化做出了贡献，如世界卫生组织、国际医学法学会等。国际社会还订立了大量有关卫生健康的国际公约。

二、卫生健康法的历史发展

卫生健康法的发展在人类历史上源远流长，通过对不同历史时期、不同阶级社会的卫生健康法律特点及其发展规律进行研究借鉴，对完善和发展社会主义卫生健康法律理论有着重要的意义。

（一）国外卫生健康法的发展

据文献记载，早在公元前 3000 年左右，古埃及就开始颁布一些卫生健康方面的法令，如有关掩埋尸体、排水、处罚违纪医生以及严禁弃婴的规定等。公元前 2 世纪古代印度的《摩奴法典》，公元前 18 世纪古巴比伦王国的《汉谟拉比法典》，公元前 450 年古罗马的《十二铜表法》《阿基拉法》和《科尼利阿法》等法典中都有对医师的管理、医疗事故的处理、城市公共卫生、食品卫生、疾病预防、医学教育等方面的规定。

欧洲封建国家兴起后，各国逐渐加强了卫生健康立法，法律规定、调整的范围有所扩大，到中世纪中后期，随着科学的发展，医学学校的出现，在许多方面出现了卫生健康成文法规，如 13 世纪法国的腓特烈二世颁布了《医师开业法》《药剂师开业法》；14 世纪威尼斯、马塞等地颁布了《检疫法》，开创了国际卫生检疫的先河；15 世纪前后在佛罗伦萨、纽伦堡等地出现了较系统的药典。

随着工业革命的兴起，社会关系发生了巨大改变，也导致了流行病、职业卫生和妇幼卫生方面问题的出现，由此也促进了卫生健康立法。1601 年英国制定的《伊丽莎白济贫法》是最早的近代意义上的卫生健康法，影响长达二百余年。到了 17 世纪和 18 世纪，治理城市环境、防治传染病、改善居民居住条件和劳动条件、建立卫生检查制度已成为卫生健康立法的主要内容。19 世纪以后，资本主义各国为适应社会的发展，不断制定卫生健康法律法规，如英国相继制定了《医药卫生法》《助产士法》《精神缺陷法》等。日本从 1874 年开始建立卫生健康制度并制定了《医务工作条例》，1925 年颁布《药剂师法》，1933 年颁布《医师法》，1942 年颁布了著名的《国民医疗法》，

1948年制定了《药事法》等。美国纽约市1866年通过了《都会保健法案》，美国1878年颁布了《全国检疫法》，1902年制定了有关生物制品的法规，1906年颁布了《纯净食品与药物法》，1914年制定了《联邦麻醉剂法令》等。加强卫生健康立法，改造与改善环境，已成为第一次卫生革命的成功经验。

二战以后，卫生健康立法得到了迅速发展，各国宪法中都明确规定公民享有健康保护权，制定了关于医院管理的医政法规，环境立法也达到了空前兴旺的时期，出现了"公害罪"，明确规定了法人犯罪问题，如法国的《公共医药卫生法》、美国的《国家环境政策法》、日本的《公害对策基本法》等。在劳动保护方面，各国制定了职业安全卫生法。在生殖生育方面，也先后制定了优生法。其他如传染病防治法律、卫生检疫法律等都在不断修改、完善。20世纪后半期，一些国家的老人保健法、精神卫生法、福利法、国民健康保险法等也相继出台，卫生健康法律法规在社会生活的各方面发挥越来越大的作用。

(二) 国内卫生健康法的发展

我国早在两千多年前就有了卫生健康方面的法律规范。其中《韩非子·内储说上》有"弃灰于道者断其手"的记载。西周的《周礼》详实地记载了当时的卫生管理制度，包括司理医药的机构、病历书写和医生考核制度等。从《秦律》《唐律》《元典章》到《大明会典》《大清律》，都有涉及医药机构管理、传染病防治、医学教育、公共卫生、医疗事故等方面的规定。如《秦律》中就有禁止杀婴堕胎等，《唐律》中明令禁止同姓为婚，并对官方征用医生和医校的设置等作了规定。宋朝开设了国家药局，制定了生产药品的法定标准《太平惠民和剂局方》，这是我国也是世界上最早的药品标准，而《安济法》则是我国最早的医院管理规章。宋慈所著的《洗冤集录》是现存世界上最早的法医学著作，自13世纪始到19世纪这600年间一直被历代法官和检验官奉为经典。此外，《元典章》对医生和百姓发生争执和诉讼等问题作了规定，《大明会典》和《大清律》对庸医行医、传染病防治等问题作了规定。太平天国的《太平条规》《刑律诸条禁》对医院制度、医疗免费、公共卫生的法制建设进行了一次特殊的尝试。

民国时期的卫生健康法是我国卫生健康法的专门化、具体化时期，这个阶段国家设卫生部负责全国卫生健康工作，制定了卫生行政大纲和涉及卫生行政、防疫、公共卫生、医政、药政、食品卫生和医学教育等多方面内容的一系列法规，卫生健康管理制度日趋完备。如《全国海港检疫条例》《公立医院设置规则》《中医条例》《医师法》《药师法》《传染病预防条例》等。

中华人民共和国成立后，党和政府制定了大量卫生健康法规来促进卫生健康事业的发展和保障公民的身体健康。先后颁布了《中央人民政府卫生组织条例》《管理麻醉药品暂行条例》《种痘暂行办法》《交通检疫暂行办法》《医院诊所管理暂行条例》等卫生健康法律文件。20 世纪 50 年代后期，在《中华人民共和国宪法》（以下简称《宪法》）的指导下，国家先后颁布了大量的卫生健康法律文件，如《卫生防疫暂行办法》《传染病管理办法》《管理毒药、限制剧毒药暂行规定》《工厂安全卫生规程》《食品卫生管理试行条例》《饮用水质标准》等一系列条例和标准。而 1957 年 12 月第一届全国人民代表大会常务委员会通过的《中华人民共和国国境卫生检疫条例》，是新中国历史上第一部真正意义上的卫生健康法律。从 1954—1966 年起，国务院和卫生部制定并发布了上百个卫生健康法律文件，使我国卫生健康事业逐步从行政管理、技术管理向法制管理发展。20 世纪 80 年代开始，我国卫生健康立法也进入了迅速发展的新时期。1982 年《宪法》第 21 条规定："国家发展医疗卫生事业……保护人民健康"，为新时期的卫生健康立法提供了立法依据。于是《中华人民共和国食品安全法》《中华人民共和国药品管理法》《中华人民共和国国境卫生检疫法》《中华人民共和国传染病防治法》《中华人民共和国红十字会法》《中华人民共和国母婴保健法》《中华人民共和国献血法》《中华人民共和国医师法》陆续出台，国务院制定发布和批准发布的如《麻醉药品管理办法》《精神药品管理办法》等二十余部卫生行政法规，以及卫生部制定和颁布的如《药品卫生标准》《医院工作制度》等七十余部卫生规章都相继问世。地方人大和政府也结合实际制定了一大批地方性医药卫生法规、规章。2001 年 10 月 27 日，我国第一部职业医药卫生法《中华人民共和国职业病防治法》也批准通过，并于 2002 年 5 月 1 日开始实施。上述规范性文件初步形成了我国的卫生法律体系。

（三）国际卫生健康立法

国际卫生健康法是调整国家、地区及国际组织之间在保护人类健康活动中所产生的各种社会关系的有拘束力的原则、规则和规章制度的总称。国际卫生健康法的特点是：①其法律关系主体是国家或国际组织；②制定者是国家或国家集团，一般不需要特别的立法机构和专设的部门；③其实施和监督除依靠国家外，有时也依靠临时的国际专业小组或委员会，无须以暴力等手段强制推行。随着全球经济的一体化以及各国之间相互交流与合作的加强，必须确定在保护人类健康和保护动植物卫生活动中需要共同遵循的基本原则、规则和制度，这就导致了国际卫生健康法的产生。

早在1851年于巴黎举行的第一次国际卫生会议上，11个国家签署了第一个地区性的《国际卫生公约》。1905年，美洲24个国家签订了《泛美卫生法规》。第二次世界大战后，国际卫生健康立法步伐明显加快，特别是1948年世界卫生组织（WHO）成立后，为了实现其"使全世界人民获得可能的最高水平的健康"的宗旨，提出将国际卫生公约、规则和协定，制定食品、生物制品、药品的国际标准以及制定诊断方法的国际规范和标准作为自己的任务之一。积极地在国与国之间进行了医学和卫生立法的交流协作，其各专家委员会与特设小组把制定国际医药卫生公约、协约、规则，食品、生物制品、药品的国际标准以及诊疗方法的国际通用规范和原则，作为其主要工作内容。随着高新医学技术的不断出现和卫生经济的发展，生死观念和主流文化的变化，越来越多的特殊法律问题需要认真对待，需要在国际寻找共同的理解和认知。世界卫生组织除进行较广泛深入的卫生健康法理学研究和向发展中国家提供卫生健康立法咨询外，还制定了一系列单行国际卫生健康法规和与医药卫生相关产品的国际标准，订立了多项有价值的国际公约、条约和世界性医学原则。如在防止传染病在国际传播方面制定的《国际卫生条例》；在药品质量控制方面倡导《药品生产质量管理规范》（GMP）；与国际放射防护委员会（ICRP）合作，制定《放射防护基本安全标准》；与联合国粮农组织（FAO）合作，建立食品法典委员会，制定并公布食品卫生标准等。世界卫生组织还编辑出版了《国际卫生立法汇编》（International Digest of Health Legislation），积极推动国家间卫生健康立法的交流与合作。

联合国也订立了多项与卫生健康有关的国际条约如《1961年麻醉品单一公约》《1971年精神药物公约》《儿童生存、保护和发展世界宣言》等，国际上一些涉及医药卫生领域的学会和其他非政府组织对国际卫生健康立法十分关注，成立于1947年的世界医学会（WMA）在1948年制定了著名的以医学道德规范为核心的《日内瓦宣言》，即后来通过后命名为《医学伦理学国际法》，随之该医学会又制定了一系列世界性医学原则，主要包括：有关人体实验基本原则的《赫尔辛基宣言》；《护士伦理学国际法》；有关死亡确定问题的《悉尼宣言》；有关医学流产处理原则的《奥斯陆宣言》；有关犯人人道待遇问题的《东京宣言》；有关精神病人准则的《夏威夷宣言》；《献血与输血的道德规范》；以及《世界人类基因组与人权宣言》等。此外，在世界贸易组织（WTO）的若干个协定中，也涉及与医疗卫生的相关内容，如《实施卫生与植物卫生措施协定》(SPS)和《技术性贸易壁垒协定》(TBT)及其附件，以及在《服务贸易总协定》中关于医疗卫生服务的规定等，这些都极大地推进了国际卫生健康立法的发展。

三、卫生健康法的调整对象

卫生健康法的调整对象，是指各种卫生健康法所调整的社会关系，包括由国家卫生行政机关、医疗卫生保健组织、企事业单位、个人、国际组织之间及其内部，因预防和治疗疾病，改善人们生产、学习和生活环境与卫生状况，保护和增进身心健康所形成的各种社会关系，具有多层次、多形式的特点，调整的具体社会关系不同，也就形成了不同调整范围的法律规范性文件。一般来说，卫生健康法主要调整以下三个方面的社会关系：

（一）卫生组织关系

卫生健康法把各级卫生行政部门和各级各类卫生组织的法律地位、组织形式、隶属关系、职权范围以及权利义务等以法律条文的形式固定下来，以形成规范的管理体系和制度。从而使国家能够有效地对卫生健康工作进行组织和领导，并使医疗卫生组织的活动有据，同时保障了医疗卫生组织的卫生健康法律活动。如在《全国卫生防疫站工作条例》《医疗机构管理条例》等条例中，明确了相关医疗卫生机构的法律地位、职责范围、编制和工作方法，以保证它们在法律规定的范围内从事相应的卫生健康活动。

（二）卫生管理关系

卫生管理关系，是指国家卫生行政机关及其他有关机关，根据法律的规定，在进行卫生组织、领导、监督、评估等活动时，与企事业单位、社会团体或者公民之间形成的权利义务关系，这是一种纵向的行政关系，受卫生健康法的调整。如卫生行政机关与行政管理相对人的监督管理关系。在卫生健康法中，卫生管理关系通常表现为卫生行政隶属关系和卫生职能管辖关系。

（三）卫生服务关系

卫生服务关系，是指卫生行政机关、医疗卫生组织、有关企事业单位、社会团体和公民在向社会提供卫生咨询指导、医疗预防保健服务过程中，与接受服务者所结成的一种平等主体间的权利义务关系。也包括从事健康相关产品的生产经营单位等，就提供的产品和服务的安全卫生质量，与接受服务者所结成的一种平等主体间的权利义务关系。卫生服务关系是一种横向的社会关系，最为常见的是医患关系。

四、卫生健康法的基本原则

卫生健康法的基本原则，是指贯穿于各种卫生健康法律和法规中，对调整保护人体生命健康等活动过程中所发生的各种社会关系具有普遍指导意义的准则。卫生健康法的基本原则是卫生健康立法的基础，是卫生健康法所确认的卫生社会关系主体及其卫生活动必须遵循的基本准则，在卫生司法活动中起指导和制约作用。

（一）保护公民健康原则

保护公民健康原则，是指卫生健康法的制定和实施都要从广大人民群众的健康利益出发，把维护人体健康作为卫生健康法的最高宗旨，使每个公民都依法享有改善卫生条件，获得基本医疗保健的权利，以增进身体健康。我国各类卫生健康法律法规的总则部分，均将保护公民健康作为立法目的；卫生行政执法过程中的卫生监督检查、行政处罚、强制执行以及按照《医疗事故处理条例》对医疗事故的处理等，其根本目的都是为了维护广大人民群众的生命健康权以及相关权益。

（二）预防为主原则

预防为主是我国卫生健康工作的根本方针，也是卫生健康立法及执法必须遵循的一条重要原则。要正确处理防病和治病的关系，把防疫工作放在首位，坚持防治结合、预防为主。这是一项综合性的系统工程，必须增强全体公民的预防保健意识，明确医药卫生防疫工作是全社会的共同责任。无病防病，有病治病，防治结合，是预防为主的总要求。预防为主是我国卫生健康工作根本方针，也是卫生健康立法及执法必须遵循的一条重要原则。预防为主的原则体现在卫生健康法律法规中的"卫生许可制度""国家卫生监督制度"，《中华人民共和国传染病防治法》中规定的计划免疫制度，以及《中华人民共和国职业病防治法》中规定的职业病危害项目报告制度和职业病危害预评价制度等制度中。

（三）中西医协调发展原则

中国传统医学（包括各民族医药学）有着数千年的历史，是我国各族人民在长期同疾病进行斗争的经验总结；西方医学随着现代科学技术发展起来，是现代科学的重要组成部分。我们在对疾病的诊疗护理中，要正确处理中国传统医学和西方医学的关系，不仅要认真学习和运用西方医学，努力发展和提高现代医学科技水平，还必须努力继承和发展祖国传统医药学遗产，运用现代科学技术知识和方法对其加以研究、整理、挖掘，把它提高到现代科学水平，从而使中西两个不同理论体系的医药学互相取长补短、协调发展以共同造福人类。

（四）国家卫生监督原则

国家卫生监督原则，是指卫生行政机关和法律法规授权的组织，对管辖范围内的社会组织和个人贯彻执行国家卫生健康法律、法规和规章的情况，要予以监察督导。卫生监督包括医政监督、药政监督、卫生防疫监督和其他有关卫生监督。为了体现和实现这一原则，卫生健康法对各级各类卫生监督机构的设置、任务、职责、管理、监督程序以及对违法者的处罚种类、裁量标准、处罚程序及执法文书等一系列问题作了明确规定，要求卫生监督人员准确适用法律，严格依法办事。

五、卫生健康法的作用

（一）贯彻党的卫生健康政策，保证国家对卫生健康工作的领导

卫生立法是党和国家的卫生政策的具体化和法律化，是卫生活动的依据和指导。根据卫生健康法律规范的规定，可以明确合法行为与违法行为的界限，合法行为受到法律的保护，违法行为要承担相应的法律责任。这样，医药卫生行政部门和司法机关就可以依法行政和司法，切实保护公民和社会组织的合法权益。

（二）促进经济发展，推动医学科学的进步

医学的存在是卫生立法的基础，卫生健康法的制定与实施是保证和促进医学发展的重要手段。我国颁布了许多卫生健康法律、法规和规章，从而使卫生健康事业从行政管理上升为法律管理，从一般技术规范和医德规范提高到法律规范，为医学科学的进步和发展起着强有力的法律保障作用。随着新的科学技术被不断应用到医学领域，当代医学科学也向卫生健康立法提出了一系列新的课题。例如，人工授精、试管婴儿、安乐死、脑死亡、人体器官与组织的移植、克隆技术等问题，都需要法律作出明文规定，用法律手段加以调整。只有通过卫生立法，才可以确保医学科学的这些新技术和新成果不被滥用，能够受到人类的合法控制，得以造福人类。

（三）增强公众的卫生健康法制观念，保护人体健康

在卫生行政管理中，通过对卫生健康法制的宣传教育，可以使国家机关、企事业单位、社会团体和公民增强卫生健康法制观念，明确自己在卫生健康活动中的权利和义务；同时，积极地同违反卫生健康法的行为进行斗争。

（四）促进国际卫生交流与合作

疾病的流行没有地域、国界和人群的限制，疾病防治的措施和方法也不会因国家社会制度的不同而不同。为了预防传染病在国际的传播，保护我国公民的健康，保障彼此间权利和义务，我国颁布了《中华人民共和国国境卫生检疫法》《艾滋病防治条例》《外国医师来华短期行医暂行管理办法》等一系列涉外的卫生健康法律、法规和规章。随着世界经济发展和对外开放扩大，各国政府都重视卫生健康立法工作，把一些具有国际共同性的卫生要求、卫生标准载入本国法律，并注意借鉴和吸收世界各地通行的卫生健康规则，使卫生健康法具有明显的国际性。我国与外国的友好往来日益增多，为了推动世界卫生健康事业的发展，我国政府正式承认了《国际卫生条例》，参加并缔结了《1961年麻醉品单一公约》和《1971年精神药物公约》等国际公约。在卫生健康立法问题上，我国注意与有关的国际条例、协约、公约相协调，既维护国家主权，保护人体生命健康，又履行国际义务，有利于促进国际卫生健康交流与合作。

第二节 卫生健康法律关系

一、卫生健康法律关系的概念

法律关系,是指法律所调整的人与人之间的权利义务关系。每一个法律部门都调整着特定方面的社会关系,卫生健康法作为一个独立的法律部门,同样调整着一定范围的社会关系。卫生健康法律关系,是指卫生健康法所调整的、在卫生管理和卫生预防保健服务过程中国家机关、企事业单位、社会团体或者公民之间的权利义务关系。卫生健康法律关系和卫生健康关系既有联系又有区别,卫生健康关系是一种未经医药卫生法调整的社会关系,这种关系一旦纳入卫生健康法调整的范围就成为卫生健康法律关系,并受到卫生健康法的保护。在实际生活中卫生健康关系往往同时也是卫生健康法律关系。

二、卫生健康法律关系的特征

由于卫生健康法的调整对象主要为卫生管理关系和卫生服务关系,因此,卫生健康法律关系除了具备一般法律关系的共同特征外,还具有其自身的特征:

(一) 卫生健康法律关系是基于保障和维护人体健康而结成的法律关系

卫生健康法律关系是以保障和维护人体健康为目的的。从卫生健康法律关系形成的过程看,卫生健康法律关系是在卫生管理和医药卫生预防保健服务过程中形成的各种关系,但无论是在卫生行政管理中形成的卫生健康法律关系,或者是在卫生服务中形成的卫生健康法律关系,还是在生产经营过程中形成的卫生健康法律关系,其内容都体现了个人和社会的健康利益,其目的都是保障人类健康。没有健康问题,也就没有卫生健康法律关系。其他法律关系均不以保障人体健康为其特定目的,也不是在卫生管理和卫生预防服务这一特定活动中形成的,这是卫生健康法律关系与其他法律关系的根本差异。

(二) 卫生健康法律关系是由卫生健康法调整和确认的法律关系,具有特定的范围

卫生健康法律关系必须以相应的卫生健康法律规范的存在为前提。国家

为了确保公共卫生安全和人体健康，通过卫生健康立法，对那些直接关系人体健康的卫生健康关系加以具体规定，保护其不受非法行为的侵害。在实践中，当这些卫生健康关系为卫生健康法所确认和保护时，就上升为卫生健康法律关系，具有了卫生健康法律的形式。卫生健康法律关系是卫生健康法调整的健康利益的实质内容和卫生法律形式的统一，因此卫生健康法律关系的范围取决于卫生健康法调整对象的范围。

（三）卫生健康法律关系是一种纵横交错的法律关系

所谓纵横交错，是指卫生健康法律关系是一种既存在于平等主体之间，又存在于不平等主体之间的法律关系。其中既有国家管理活动中的领导和从属关系，又有各个法律关系主体之间平等的权利义务关系。卫生健康法律关系的这两个特点，是由卫生健康法所调整的卫生行政部门与卫生机构、其他行政相对人的不平等性和医疗卫生机构等在提供卫生服务或保证卫生服务的过程中与接受服务者之间关系的平等性所决定的。其中，纵向的卫生健康法律关系，是指国家有关机关在卫生管理监督过程中，与企事业单位、社会组织和公民之间发生的行政法律关系；横向的卫生健康法律关系，是指医药卫生预防保健单位及医药企业同国家机关、企事业单位、社会组织和公民之间，在提供医药卫生服务与商品的过程中所发生的民事权利义务关系。

（四）卫生健康法律关系的主体具有特殊性

卫生健康法是一门专业性很强的部门法，这就决定了卫生健康法律关系主体的特殊身份，即通常是从事卫生健康工作的组织和个人。在纵向的卫生健康法律关系中，必定有一方当事人是卫生管理机关，如卫生行政部门、卫生监督机构等；在横向的卫生健康法律关系中，必定有一方当事人是医药预防保健机构或个人。

三、卫生健康法律关系的构成要素

卫生健康法律关系的构成要素，是指构成每一个具体的卫生健康法律关系所必须具备的因素。卫生健康法律关系同其他法律关系一样，都是由主体、内容和客体三个方面的要素构成。这三个要素必须同时具备，缺一不可，如果缺乏其中任何一个要素，该卫生健康法律关系就无法形成或继续存在。

（一）卫生健康法律关系的主体

卫生健康法律关系的主体，是指参加卫生健康法律关系，并在其中享有卫生权利、承担卫生义务的人，一般称为"当事人"。在我国卫生健康法律关系的主体包括卫生行政机关、医疗卫生机构、企事业单位、社会团体和公民。

1. 卫生行政机关。国家卫生行政机关包括国家卫生健康委员会、国家中医药管理局、国家市场监督管理总局以及所属的各级行政部门。卫生行政机关通过制定和颁布各种卫生健康法规、政策，采用法律手段或者行政手段管理卫生健康工作。这种在国家卫生健康工作中的地位和作用决定了它们同其他主体之间形成的主要是一种命令与服从的管理关系。这种行政关系包括两种情况：一是各级卫生行政机关依法与其管辖范围内的其他国家机关、企事业单位、社会团体、公民等形成卫生行政法律关系；二是各级卫生行政管理机关之间、各级卫生行政管理机关与法律授权承担公共卫生事务管理的事业单位之间形成的卫生行政法律关系。另外，各级各类国家机关因需要医药卫生预防保健服务，同提供医药卫生保健服务的企事业单位形成的是卫生服务法律关系。

2. 医疗卫生机构。医疗卫生机构，是指依法设立的各级各类医疗卫生组织，包括医疗机构、医药院校、药检所、妇幼保健院（所）等机构。

3. 企事业单位和社会团体。主要包括依据卫生健康法的规定，作为行政相对人的食品、药品、化妆品生产经营单位，公共场所及工矿企业和学校等。

4. 公民（自然人）。公民作为卫生健康法律关系的主体有两种情况：一是以特殊身份成为卫生健康法律关系的主体，如医疗机构内部的工作人员，他们一方面因需要申办资格许可和执业许可，而同卫生行政部门结成卫生行政法律关系，另一方面在提供医药卫生预防保健服务时，他们与患者还结成医患法律关系。二是以普通公民的身份参加卫生健康法律关系而成为主体，如医疗服务关系中的病人。对于依法个体行医的公民，其地位和作用类似于医院，他与病人之间发生的卫生服务关系，同样要接受当地医药卫生行政机关或其他主管机关的管理和监督。

此外，居住在我国的外国人和无国籍人，如果参与到我国的卫生健康法律关系中，也可以成为我国卫生健康法律关系的主体，如在国境卫生检疫法律关系中接受我国国境卫生检疫机关检疫查验中的外国入境人员。

（二）卫生健康法律关系的内容

卫生健康法律关系的内容，是指卫生健康法律关系的主体依法享有的权利和应承担的义务。其中，卫生权利是指由卫生健康法规定的，卫生健康法律关系主体根据自己的意愿实现某种利益的可能性。它包含三层含义：①权利主体有权在卫生健康法规定的范围内，根据自己的意愿为一定行为或者不为一定行为；②权利主体有权在卫生健康法规定的范围内，要求义务主体为一定行为或者不为一定行为，以便实现自己的某种利益；③权利主体有权在自己的卫生权利遭受侵害或者义务主体不履行卫生义务时，请求人民法院给予法律保护。

卫生义务指依照卫生健康法的规定，卫生健康法律关系中的义务主体，为了满足权利主体的某种利益而为一定行为或者不为一定行为的必要性。它也包含三层含义：①义务主体应当依据卫生健康法的规定，为一定行为或者不为一定行为，以便实现权利主体的某种利益；②义务主体负有的义务是在卫生健康法规定的范围内为一定行为或者不为一定行为，对于权利主体超出法定范围的要求，义务主体不承担义务；③卫生义务是一种法定义务，受到国家强制力的约束，如果义务主体不履行或者不适当履行，就要承担相应的法律责任。

卫生权利和卫生义务是卫生健康法律关系的两个不同方面，两者相互依存、密不可分。当义务人拒不履行义务或不依法履行义务时，权利人可以依法请求司法机关或卫生行政机关采取必要的强制措施，以保障其权利的享有；当权利人的权利受到对方的侵害时，受害人可以依法请求司法机关或卫生行政部门给予法律保护，要求依法追究对方的民事责任、行政责任或刑事责任。

（三）卫生健康法律关系的客体

卫生健康法律关系的客体，是指卫生健康法律关系主体的卫生权利和卫生义务所共同指向的对象。卫生健康法的目的是保障公共卫生安全和人体健康，其调整范围涉及与人体健康相关的各个领域，因此卫生健康法律关系的客体具有广泛性和多层次性。卫生健康法律关系的客体大致可分为几类，即公民的生命健康利益、行为、物、人身和智力成果等。

1. 公民的生命健康利益。它是人身利益的一部分，包括公民的生命、身体、生理功能等。生命健康是每一个公民生存的客观基础，是公民正常生活和从事各种活动的重要前提。保障公民的生命健康利益是我国卫生健康法的基本目的。因此，人的生命健康利益是卫生健康法律关系的最高层次的客体，也是各种卫生健康法律关系的共同客体。

2. 行为。行为，是指卫生健康法律关系中的主体行使卫生权利和履行卫生义务的活动，如卫生审批、申请许可等。行为包括合法行为和违法行为两种形式：前者应受到法律的确认和保护，如在医疗服务关系中，医疗机构向患者提供医疗保健服务的行为；后者则要承担相应的法律责任，要受到法律的制裁，如卫生行政管理关系中，管理相对人违反有关法律规定，不设置卫生防护设施、不组织从业人员进行健康检查等，或者故意将卫生防护设施拆除。

3. 物。物，是指现实存在的，能够被人所支配、利用，具有一定价值和使用价值的物质财富。包括进行各种医疗服务和卫生管理活动中所需要的生产资料和生活资料，以满足个人和社会对医疗保健的需要，如食品、药品、化妆品、保健品、医疗器械等。

4. 人身。人身，是指由各种生理器官组成的有机体，它是人的物质形态，也是人的生命健康利益的载体。随着现代科技和医学科学的不断发展，器官移植、输血、人工生殖、植皮等医学技术和成果在临床中大量应用，角膜、血液、骨髓、脏器等人体器官成为可供捐献、交易的对象，由此产生了一系列法律问题，人身不仅只是传统意义上的法律关系主体，而且在一定范围内、一定条件下成为法律关系的客体。当然，有生命的人的身体不是法律上的"物"，不能成为物权、债权等某些法律权利的客体，法律禁止任何人将他人或本人的整个身体作为民法上的"物"进行转让或买卖。

5. 智力成果。智力成果是无体物，又称"精神财富"，是指人们的智力活动所创造的成果，如医学著作或论文、医疗仪器的发明、新药的发明等。

四、卫生健康法律关系的产生、变更和消灭

在实际生活中，各种各样的卫生健康法律关系不是自然产生、永恒不变的，而是处于不断产生、变更和消灭的运行过程中。产生，是指在卫生健康法律关系主体之间形成某种权利和义务的联系；变更，是指卫生健康法律关系主体、客体及内容发生变化；消灭，是指主体之间权利义务关系的终止。卫生健康法律关系只有在一定条件下才能产生、变更和消灭，这种条件就是法律事实的实现。

所谓法律事实，是指法律规定的能够引起法律关系产生、变更和消灭的事件和行为，包括法律行为和法律事件。其中，法律关系当事人以其主观意愿表现出来的法律事实，称为"法律行为"；不以法律关系当事人的主观意志为转移的法律事实，称为"法律事件"。

（一）法律行为

法律行为分为合法行为和违法行为，是卫生健康法律关系产生、变更或消灭的最普遍的法律事实。合法行为，是指卫生健康法律关系主体实施的符合卫生健康法律规范、能够产生行为人预期后果的行为，如卫生行政机关依法对相对人进行行政处罚等，合法行为受到法律的确认和保护。违法行为，是指卫生健康法律关系主体实施的为卫生健康法所禁止的、侵犯他人合法权益从而引起某种卫生健康法律关系的产生、变更和消灭的行为，如制售假药、劣药的行为。违法行为不能产生行为人预期的法律后果，是无效行为，为法律所禁止，必须承担相应的法律责任。

（二）法律事件

法律事件分为两类：一类是自然事件，如作为卫生行政相对人的企事业单位因地震、失火等自然灾害而被迫停业，病人因非医疗因素死亡而终止医患法律关系；另一类是社会事件，如卫生政策的重大调整、卫生健康法律的重大修改、地方政府卫生行政措施的颁布实施等。

第三节 卫生健康法的渊源

法的渊源是法的外在表现形态，指法律由何种国家机关制定或认可、具有何种表现形式或效力等级。卫生健康法的渊源是卫生健康法律规范的具体表现形式。由于这些形式的权威性质，渊源于这些形式的规范具有相应的法律效力。根据我国宪法和法律的规定，我国卫生健康法的渊源主要有以下几种：

一、宪法

宪法是我国的根本大法，它是由我国最高国家权力机关——全国人民代表大会依照法定程序制定的具有最高法律效力的规范性法律文件。它不仅是国家立法活动的基础，而且也是制定各种法律、法规的依据。我国《宪法》中有关保护公民生命健康的卫生方面的条款，就是我国卫生健康法的立法依据，也是我国卫生健康法的重要渊源，并在卫生健康法律体系中具有最高的法律效力。

我国现行《宪法》中有关卫生健康方面的法律规定主要有，第 21 条第 1 款："国家发展医疗卫生事业，发展现代医药和我国传统医药，鼓励和支持农村集体经济组织、国家企业事业组织和街道组织举办各种医疗卫生设施，开展群众性的卫生活动，保护人民健康。"第 25 条："国家推行计划生育，使人口的增长同经济和社会发展计划相适应。"第 45 条第 1 款："中华人民共和国公民在年老、疾病或者丧失劳动能力的情况下，有从国家和社会获得物质帮助的权利。国家发展为公民享受这些权利所需要的社会保险、社会救济和医疗卫生事业。"第 49 条第 2 款："夫妻双方有实行计划生育的义务。"

二、卫生健康法律

卫生健康法律，是指由全国人民代表大会及其常务委员会制定的有关卫生健康方面的专门法律，其效力低于宪法。卫生健康法律可分为两种：一是由全国人民代表大会制定的卫生健康基本法，目前我国还未制定卫生健康基本法；二是由全国人民代表大会常务委员会制定的卫生健康基本法律以外的卫生健康法律，现已有《中华人民共和国食品安全法》《中华人民共和国药品管理法》《中华人民共和国国境卫生检疫法》《中华人民共和国传染病防治法》《中华人民共和国红十字会法》《中华人民共和国母婴保健法》《中华人民共和国献血法》《中华人民共和国医师法》《中华人民共和国职业病防治法》《中华人民共和国人口与计划生育法》。

此外，在民法、婚姻法、劳动法、环境保护法、刑法等其他法律中，有关卫生健康的法律条文也属于卫生健康法律。

三、卫生行政法规

卫生行政法规，是指由国务院制定发布的有关卫生健康方面的行政法规，其法律效力低于卫生健康法律。它既是卫生健康法的渊源之一，也是下级卫生行政部门制定各种卫生行政管理规章的依据。如《医疗事故处理条例》《公共场所卫生管理条例》《麻醉药品和精神药品管理条例》《中华人民共和国传染病防治法实施办法》等。

四、地方性卫生健康法规、卫生自治条例与单行条例

地方性卫生健康法规，是指省级人民代表大会及其常务委员会，省、自治区的人民政府所在地的市或经国务院批准的较大的市的人民代表大会及其常务委员会依法制定和批准的，可在本行政区域内发生法律效力的有关卫生健康方面的规范性文件。如《江苏省职业病防治条例》等。

卫生自治条例与单行条例是指民族自治地方的人民代表大会依法在其职权范围内根据当地民族的政治、经济、文化的特点制定发布的有关本地区卫生行政管理方面的法律文件。

五、卫生行政规章

卫生行政规章，是指国务院卫生行政部门在其权限内发布的有关医药卫生方面的部门规章，它是卫生健康法数量最多的渊源。卫生行政规章的法律地位和法律效力低于宪法、卫生健康法律和卫生行政法规。国家卫生健康委员会是国务院的卫生行政部门，按照宪法的规定，国家卫生健康委员会有权根据法律和国务院的卫生行政法规、决定和命令，在其权限内独自制定发布或和其他部门联合制定发布在全国范围有效的规章。如《护士条例》《精神疾病司法鉴定暂行规定》《保健食品管理办法》等。

六、地方性卫生规章

地方性卫生规章，是指省、自治区、直辖市以及省会所在地的市或经国务院批准的较大的市的人民政府，依法在其职权范围内制定、发布的有关本地区医药卫生管理方面的卫生健康法律文件。地方性卫生规章仅在本地方有效，其法律效力低于宪法、卫生健康法律、卫生行政法规和地方性卫生健康法规，且不得同国务院卫生行政部门制定的卫生行政规章相抵触。

七、卫生标准、卫生技术规范和操作规程

由于卫生健康法具有技术控制和法律控制的双重性质，因此卫生标准、

卫生技术规范和操作规程就成为卫生健康法渊源的一个重要组成部分。这些标准、规范和规程可分为国家和地方两级，前者由国务院卫生行政部门制定颁布，后者由地方政府卫生行政部门制定颁布。这些标准、规范和规程的法律效力虽然不及法律、法规，但在具体的执法过程中，它们的地位又是相当重要的。因为卫生健康法律、法规只对社会卫生管理中的一些问题作了原则规定，而对某种行为的具体控制则需要依靠标准、规范和规程，所以从一定意义上说，只要卫生健康法律、法规对某种行为进行了规范，卫生标准、规范和规程对这种行为的控制就有了极高的法律效力。

八、卫生国际条约

卫生国际条约，是指我国与外国缔结的或者我国加入并生效的有关卫生健康方面的国际法规范性文件。全国人大常委会有权决定同外国缔结卫生条约和卫生协定，国务院按职权范围也可以同外国缔结卫生条约和卫生协定。按我国宪法和有关法律的规定，除我国声明保留的条款外，这些条约均对我国产生法律约束力，如《国际卫生条例》《1961年麻醉品单一公约》等。

第四节 卫生健康法的制定

一、卫生健康法的制定概念和特征

卫生健康法的制定又称"卫生健康立法活动"，是指有权的国家机关依照法定的权限和程序，制定、认可、修改、补充或废止规范性卫生健康法律文件的活动。

卫生健康法的制定有狭义和广义之分。狭义的卫生健康法的制定，专指全国人大及其常委会制定卫生健康法律的活动；广义的卫生健康法的制定，不仅包括全国人大及其常委会制定卫生健康法律的活动，而且还包括国家行政机关、地方权力机关等制定卫生健康法规、规章和其他相关规范性文件的活动。

卫生健康法的制定是卫生执法、卫生司法和卫生守法的前提和基础，在国家卫生健康法制建设中具有重要的地位。我国的宪法、立法法、全国人大组织法、国务院组织法、行政法规制定程序暂行规定、地方组织法等法律法规都对有关立法制度作了明确规定。

卫生健康法的制定具有如下特征：①权威性。卫生健康立法是国家的一项专门活动，只能由享有立法权的国家机关进行，其他任何国家机关、社会组织和公民个人均不得进行卫生健康立法活动。②职权性。享有卫生健康立法权的国家机关只能在其特定的权限范围内进行与其职权相适应的卫生健康立法活动。③程序性。卫生健康立法活动必须依照法定程序进行。④综合性。卫生健康立法活动不仅包括制定新的规范性卫生法律文件的活动，还包括认可、修改、补充或废止等一系列卫生健康立法活动。⑤特定性。卫生健康立法特定于卫生领域，即有关公共卫生、公民健康保护、防病治病等方面的法律。

二、卫生健康法的制定依据

（一）宪法是卫生健康立法的法律依据

宪法是国家的根本大法，具有最高的法律效力，是制定其他法律、法规的依据。因此，宪法中有关卫生健康的规定，如国家发展医疗卫生事业，发展现代医药和我国传统医药，鼓励和支持农村集体经济组织、国家企事业组织和街道组织举办各种医疗卫生设施，开展群众性的卫生活动，保护人民健康的内容，是我国卫生健康立法的来源和法律依据。

（二）保护人体健康是卫生健康立法的思想依据

健康是人类生存与发展的基本条件，人民的健康状况和卫生发展水平是衡量一个国家或地区的发展水平和文明程度的重要标志。国家的富强和民族的进步包含着健康素质的提高。以卫生健康关系为调整对象的卫生健康法必然要把保护人体健康作为其立法的思想依据、立法工作的出发点和落脚点，才能增进人民健康，提高全民族的健康素质，促进和保障社会的可持续发展。

（三）医药卫生科学是卫生立法的自然科学依据

卫生健康法是法学与医学、卫生学，药物学等自然学科相结合的产物，其许多具体内容是依据基础医学、临床医学、预防医学和药物学、生物学的基本原理、研究成果而制定的，因此卫生立法工作在遵循法律科学的基础上，必须遵循卫生工作的客观规律，也就是必须把医学、卫生学、药物学、生物学等自然科学的基本规律作为卫生健康法制定的科学依据，使法学和医药卫生科学紧密联系在一起，促进医学科学的进步和卫生事业的发展。

（四）我国现阶段的社会经济条件是卫生健康立法的物质依据

卫生立法也离不开我国现阶段的物质生活条件，只有这样才能使卫生健康法客观地反映自然规律要求，使卫生健康法所调整的卫生健康法律关系更趋科学化。不过当前我国仍然是发展中国家，与发达国家相比，我国的综合国力、人民生活水平和公民的文化素质水平相对较低，地区间发展也存在不平衡的状况，这些都是影响卫生健康立法工作的因素。因此，卫生健康法的制定必须着眼于我国的实际，实事求是，正确处理好卫生健康立法与现实条件、经济发展之间的关系，以适应社会主义市场经济和卫生健康事业改革的需要，以实现保护人体健康的目的。

（五）卫生方针、卫生政策是卫生健康立法的政策依据

党的卫生政策是卫生健康法制定的依据之一，卫生健康立法离不开党的方针、政策。卫生政策是党领导国家卫生工作的基本方法和手段，它正确反映医药卫生科学的客观规律和社会经济与卫生事业发展的客观要求，是对人民共同意志和卫生权益的高度概括和集中体现。政策的执行必须依靠法律，通过法律将政策的内容定型化、具体化，变得具有可执行性，政策的具体内容才能够得以贯彻实施，卫生健康立法以卫生政策为指导，使卫生健康法反映社会发展的要求，充分体现人民意志，使卫生健康法能够在现实生活中得到普遍遵守和贯彻，最终形成良好的卫生健康法律秩序，保障人民群众卫生权益的实现。

此外，在卫生立法过程中，我们应当体现和履行我国已参加的国际卫生条约、惯例的有关规定。同时，可以借鉴外国优秀的卫生健康法律、立法经验及立法技术，以促进我国卫生健康立法水平的提高。

三、卫生健康法制定的基本原则

卫生健康法制定的原则，是指卫生健康立法活动应当遵循的指导思想和方针。它反映了卫生健康立法工作的一般规律，是我国社会主义立法原则在卫生健康领域中的具体体现。

其基本原则包括：①实事求是，从实际出发的原则；②原则性与灵活性相结合的原则；③遵循医学科学发展的客观规律的原则；④协调的原则；⑤民主立法，走群众路线的原则；⑥总结我国经验与借鉴国外经验相结合的原则。

四、卫生健康立法机关

我国的立法机关及其权限是由《中华人民共和国宪法》《中华人民共和国立法法》及其他相关立法制度严格规定的。具体说来，卫生健康立法机关主要有：

1. 全国人民代表大会有权制定宪法和法律，全国人民代表大会常务委员会有权制定和修改除应当由全国人大制定的法律以外的其他法律。

2. 国务院有权根据宪法和法律，制定卫生行政法规、改变或者撤销各部、各委员会发布的不适当的命令、指示和规章，改变或者撤销地方各级卫生行政机关的不适当的决定和命令。

3. 国务院各部委根据法律和国务院的行政法规、决定、命令，在本部门的权限内，制定卫生行政规章。

4. 省、自治区、直辖市、省会所在地以及国务院批准的较大的市的人大及其常委会，在不与宪法、法律、法规相抵触的前提下，制定和公布地方性卫生健康法规。民族自治地方的人民代表大会有权依照当地的民族特点，制定有关卫生方面的自治条例和单行条例。

5. 省、自治区、直辖市、省会所在地以及国务院批准的较大的市的人民政府，有权依据宪法、法律、行政法规和本辖区内的地方性法规，制定地方性卫生政府规章。

五、卫生健康法制定的程序

《中华人民共和国立法法》分别对全国人大和全国人大常委会的立法程序作了明确的规定，对行政法规、地方性法规和规章的立法程序作了原则性规定。卫生健康立法并无特别的程序，依照上述规定，卫生健康立法程序也包括四个环节：法律案的提出、审议、表决和公布。

第五节 卫生健康法的实施

一、卫生健康法实施的概念

卫生健康法实施，是指通过一定的方式使卫生健康法律规范在社会实际生活中贯彻与实现的活动。它包括卫生执法、卫生司法、卫生守法和卫生健康法律监督四个方面。

1. 卫生执法又称"卫生健康法的适用",它有广义和狭义之分。广义的卫生健康法的适用,是指国家机关和法律、法规授权的社会组织依照法定的职权和程序,行使国家权力,将卫生健康法律规范创造性地运用到具体人或组织,用来解决具体问题的一种专门活动。它包括卫生行政部门以及法律、法规授权的组织依法进行的卫生执法活动和司法机关依法处理有关卫生违法和犯罪案件的司法活动。狭义的卫生健康法的适用仅指司法活动。本书指的是广义的卫生健康法的适用。

2. 卫生司法也是卫生健康法适用的一种重要形式,是指人民法院依照卫生健康法审理卫生诉讼案件的活动。

3. 卫生守法即卫生健康法的遵守,是指全体公民和法人自觉遵守卫生健康法律规范,行使卫生权利,履行卫生义务的行为。

4. 卫生健康法律监督,是指国家机关、党政、团体、企事业单位、新闻媒体、社会舆论及公民等依照法律规定和法定程序,对卫生健康法律在实施过程中的情况进行监察与督促的活动。

二、卫生健康法的适用

卫生健康法在适用中要做到正确、合法、及时这三个基本原则。"正确"是指在适用卫生健康法律时,事实要清楚,证据要确实,定性要准确,处理要适当;"合法"是指在处理违反卫生健康规范案件时,必须在法律授权范围内行事,既要符合实体法的要求,又不能违反程序法的规定;"及时"则是指在正确、合法的前提下,在法定的期限内办理完案件。以上三个原则,在卫生健康法的适用中相互联系、缺一不可。

卫生健康法的适用是一种国家活动,不同于一般公民、法人和其他组织实现卫生健康法律规范的活动,它具有以下特点:

1. 目的的特定性。卫生健康法适用的根本目的是保护公民的生命健康权,这是卫生健康法保护人体健康的宗旨所决定的。

2. 权威性。卫生健康法的适用是享有法定职权的国家机关以及法律、法规授权的组织,在其法定的或授予的权限范围内,依法实施卫生健康法律规范的专门活动,其他任何国家机关、社会组织和公民个人都不得从事此项活动。

3. 合法性。卫生行政机关及法律法规授权的组织对卫生管理事务或案件的处理，应当有相应的法律依据，否则不仅无效，甚至还必须承担相应的法律责任。

4. 程序性。卫生行政机关及法律法规授权的组织适用卫生健康法的活动必须依照法定程序进行。

5. 国家强制性。卫生健康法的适用是以国家强制力为后盾实施卫生健康法的活动，对依据卫生行政机关及法律法规授权的组织法作出的决定，任何当事人都必须执行，不得违反。

6. 要式性。卫生健康法的适用要求必须有表明适用结果的法律文书的制定，如卫生许可证、罚款决定书、判决书等。

三、卫生健康法的解释

卫生健康法的解释，是指有关国家机关、组织或个人，为适用或遵守卫生健康法，根据立法原意对现行卫生健康法律规范的含义、内容、概念、术语以及适用的条件等所做的分析、说明和解答。卫生健康法的解释是完备卫生健康立法和正确实施卫生健康法所必需的。按照解释的主体和解释的法律效力不同，卫生健康法的解释分为正式解释和非正式解释。

（一）正式解释

正式解释又称"法定解释""官方解释""有权解释"，是指特定的国家机关依据宪法和法律所赋予的职权，对卫生健康法有关的法律条文所进行的解释，它具有法律上的效力。正式解释是一种创造性的活动，是立法活动的继续，是对立法意图的进一步说明，具有填补法的漏洞的作用。正式解释在我国主要有：

1. 立法解释。立法解释，是指依法有权制定卫生健康法律、法规和规章的立法机关，对有关卫生健康法律规范条文所做的进一步解释。包括全国人大常委会对宪法和卫生健康法律的解释，国务院对其制定的卫生行政法规的解释，地方人大及其常委会对地方性卫生健康法规的解释，国家授权其他国家机关的解释。

2. 司法解释。司法解释，是指司法机关依法对卫生健康法适用工作中的问题如何具体应用法律所做的解释。包括最高人民法院做出的审判解释，最高人民检察院做出的检察解释，以及最高人民法院和最高人民检察院联合做出的解释。

3. 行政解释。行政解释，是指国家行政机关在依法行使职权时，对有关卫生健康法律规范如何具体应用问题所做的解释。包括国务院及其所属各部门、地方人民政府行使职权时，对如何具体应用卫生健康法律的问题所做的解释。这种解释仅在所辖区内生效。

（二）非正式解释

非正式解释又称"无权解释""无效解释""非官方解释"，是指社会团体或公民对卫生健康法所做的解释，可分为学理性解释和任意解释。非正式解释虽不具有法律效力，不能直接引用，但对法律的实际适用有参考价值。

1. 学理性解释。学理性解释，是指教学、科研以及法治宣传活动对卫生健康法所进行的理论性、知识性和常识性解释。

2. 任意解释。任意解释，是指一般公民、当事人、辩护人、代理人对法律所做的理解和说明。

四、卫生健康法的遵守

卫生健康法的遵守又称"卫生守法"，是指一切国家机关、政党、社会团体、企事业单位和全体公民都必须恪守卫生健康法的规定，严格依法办事。它是卫生健康法实施的一种重要形式，也是法治的基本内容和要求。

1. 卫生健康法遵守的主体。卫生健康法遵守的主体，包括一切国家机关、社会组织和全体中国公民，以及在中国领域内活动的国际组织、外国组织、外国人和无国籍人。

2. 卫生健康法遵守的范围。卫生健康法遵守的范围极其广泛，不仅包括广义上的卫生健康法律，而且包括在卫生健康法适用过程中，有关国家机关依法作出的、具有法律效力的决定书，如人民法院的判决书和调解书，卫生行政部门的卫生许可证、卫生行政处罚决定书等非规范性文件。此外，公共卫生秩序、居民卫生公约、卫生公德等也属于卫生守法的范围。

3. 卫生健康法遵守的内容。卫生守法不是消极、被动的，其内容包括依法行使权利和履行义务两个方面，它既要求国家机关、社会组织和公民依法承担和履行卫生义务（职责），更包含守法主体依法享有权利、行使权力。

第六节　卫生健康法律责任

一、卫生健康法律责任的概念和特点

卫生健康法律责任，是指卫生健康法律关系主体由于违反卫生健康法律规范规定的义务或约定义务，所应承担的带有强制性的法律后果。卫生健康法律责任主要有以下特点：

1. 卫生健康法律责任是违反卫生健康法律规范的后果。这是行为人承担卫生健康法律责任的前提条件。所谓卫生违法是法律关系主体实施的一切违反卫生健康法律规范的行为。卫生违法必须符合以下四个条件：①行为人在客观方面实施了违反卫生健康法律、法规的行为。它可以分为两种基本表现形式：一是作为，即积极地实施卫生健康法所禁止的行为；二是不作为，即消极地不实施卫生健康法要求的行为。②卫生违法行为具有一定的社会危害性，侵害了卫生健康法所保护的社会关系和社会秩序。这种危害性包括两种情况：一是卫生违法行为已经给法律保护的社会关系和社会秩序造成了实际的损害结果；二是虽然尚未造成实际的损害，但已经使卫生健康法所保护的社会关系和社会秩序处于某种危险之中，即使其可能受到损害。③违法行为的主体在主观方面必须有过错。过错包括故意和过失两种形式。如果卫生违法行为不是因为当事人主观有过错，而是因为不可抗力造成或者是由无民事行为能力人造成的，则不构成卫生违法。④卫生违法的主体，必须是具有法定责任能力的公民、法人和其他组织。如果违法主体未达到法定责任年龄或不具有法定责任能力，不能控制和辨认自己的行为，则不构成卫生违法。

2. 卫生健康法律责任必须有卫生健康法律明文规定。卫生违法行为有很多，但不是所有的违法行为都应负法律责任，只有卫生健康法律、法规、规章在设定权限范围内作了某些明确规定，行为主体才承担某种相应的法律责任。

3. 卫生健康法律责任具有国家强制性，以国家强制力作为后盾。如果违法者拒绝承担其应承担的法律责任时，国家强制力将强制其承担。

4. 卫生健康法律责任必须由国家授权的专门机关在法定职权范围内依法予以追究，其他任何组织或个人都不得行使这种职权。

二、卫生健康法律责任的种类

根据行为人违反卫生健康法律规范的性质和社会危害程度的不同,卫生健康法律责任可以分为行政责任、民事责任和刑事责任三种。

(一) 行政责任

卫生行政责任,是指卫生行政法律关系主体实施了违反卫生健康法的行为,但尚未构成犯罪所应承担的法律后果。根据我国现行卫生健康法的规定,卫生行政责任主要包括卫生行政处罚和卫生行政处分两种。

1. 卫生行政处罚。卫生行政处罚,是指卫生行政机关或者法律法规授权的组织,在职权范围内对违反卫生健康法而尚未构成犯罪的行政相对人(公民、法人或其他组织)所实施的卫生行政制裁。卫生行政处罚有下列主要特征:①卫生行政处罚是由特定的行政主体作出的;②卫生行政处罚是行政主体针对行政相对人作出的,属于行政主体依法实施的一种外部行为;③卫生行政处罚是对行政相对人违反卫生行政管理秩序行为的处罚来源于卫生健康法的规定;④卫生行政处罚是一种法律制裁,具有鲜明的惩戒性,并由国家强制力作保证。

根据《中华人民共和国行政处罚法》和我国现行卫生健康法律、法规和规章的规定,卫生行政处罚的种类主要有:警告、通报、罚款、没收非法财物、没收违法所得、责令停产停业、暂扣或吊销有关许可证等。卫生行政处罚一般由卫生行政、药品监督管理等部门决定,其中有的还必须报请同级人民政府批准。

2. 卫生行政处分。卫生行政处分,是指有管辖权的国家机关或企事业单位的行政领导依据行政隶属关系,对违法失职人员给予的一种行政制裁。卫生行政处分主要是对卫生行政机关或有关机关内部的执法人员、公务人员及医疗卫生机构内部的医疗卫生人员违反卫生行政管理秩序所给予的一种制裁。行政处分的种类主要有警告、记过、记大过、降级、降职、撤职、留用察看、开除八种。

行政处罚与行政处分虽然都属于行政责任,但它们是两个不同的概念和两种不同的法律制度,其主要区别在:①主体不同:行政处罚由行政执法机关实施,处罚的是行政相对人违反行政法律规范的行为;行政处分一般由国家机关、企事业单位或医疗卫生机构的行政领导作出决定,针对的是其内部所属人员的违法失职行为。②性质不同:处罚是外部行为,多属违法;处分属内部行为,多为失职。③制裁方式不同:处罚方式包括罚款、没收违法所得、暂停或取消从业资格等;处分方式包括记过、记大过、降级等。④法律救济不同:对行政处罚不服,可以提起行政复议和行政诉讼,对行政处分不服只适用内部申诉途径。

(二) 民事责任

卫生民事责任,是指医疗机构和卫生工作人员或从事与卫生健康事业有关的机构违反法律规定侵害公民的健康权利时,应向受害人承担损害赔偿的责任。民事责任的特点是:①民事责任主要是一种财产性质的责任;②承担民事责任的方式是给予经济赔偿,以补偿受害人的损失;③在法律允许的条件下,民事责任可以由当事人自愿协商解决。

《中华人民共和国民法典》规定的承担民事责任的方式有停止侵害,排除妨碍,消除危险,返还财产,恢复原状,修理、重作、更换,赔偿损失,支付违约金,消除影响恢复名誉,赔礼道歉十种。卫生健康法所涉及的民事责任以赔偿损失为主要形式。

(三) 刑事责任

卫生刑事责任,是指刑事行政机关的工作人员、医疗卫生工作人员及健康相关产品的生产、经营者违反卫生健康法律法规,实施了《中华人民共和国刑法》(以下简称《刑法》)所禁止的犯罪行为而应承担的法律后果。卫生健康法律规范中对刑事责任的规定是直接引用《刑法》中的有关条款。构成违反卫生健康法的刑事责任必须以卫生刑事犯罪为前提。刑事责任有以下特征:①刑事责任是基于行为人实施了刑法明文规定的犯罪行为而产生的;②其确立的依据是行为人实施的行为符合犯罪的构成要件;③刑事责任实现的方式是刑法规定的各类以剥夺行为人自由和生命为主的刑罚,是更为严厉的强制手段。

根据我国《刑法》规定,实现刑事责任的方式是刑罚。刑罚是国家审判机构依照《刑法》的规定,剥夺犯罪分子某种权益甚至生命的两种强制处分,包括主刑和附加刑。主刑有管制、拘役、有期徒刑、无期徒刑、死刑,它们只能单独适用;附加刑有罚金、剥夺政治权利、没收财产,它们可以附加适用也可以独立适用。对于犯罪的外国人，还可以独立适用或附加适用驱逐出境。

我国《刑法》对违反卫生健康法的犯罪行为的刑事责任作了明确规定，规定了二十余个与违反卫生健康法有关的罪名，如生产、销售、提供假药罪，生产、销售、提供劣药罪，生产、销售不符合安全标准的食品罪，生产、销售有毒、有害食品罪，生产、销售不符合标准的医用器材罪，生产、销售不符合卫生标准的化妆品罪，非法经营罪（如非法提供麻醉药品、精神药品等特殊药品），传播性病罪，妨害传染病防治罪，妨害国境卫生检疫罪，非法组织卖血罪，强迫卖血罪，非法采集、供应血液、制作、供应血液制品罪，医疗事故罪，非法行医罪，非法进行节育手术罪，等等。

拓展阅读

清除医美直播间的"侵权疤痕"

思考题

1. 卫生健康法的基本原则有哪些？
2. 简述卫生健康法律关系概念及构成要素。
3. 简述法律事实及其分类。
4. 卫生健康法的法律渊源有哪些？
5. 卫生健康法制定的概念及其特征是什么？
6. 简述卫生行政责任的概念和种类。

第二章 卫生法律责任制度

学习目标

掌握：卫生行政复议和行政诉讼的概念、特征、原则、受案范围、管辖、程序。

熟悉：卫生行政赔偿的概念、构成要件，以及卫生行政赔偿的范围和程序。

了解：卫生民事诉讼和刑事诉讼的程序和举证规则。

倪某不服某卫生健康局作出的行政处罚决定申请行政复议案

倪某系非遗代表性项目传承人，2017年被批准为市级第五批非物质文化遗产"传统医药"项目代表性传统整脊项目者，2019年被认定为非遗代表性项目传承人，2021年3月被某市非遗办推荐为宁夏回族自治区第六批非遗"传统医药"项目代表性项目传统整脊，现已通过认证，颁发牌匾，2021年8月，被推荐为宁夏回族自治区非遗代表性项目传承人。2021年3月，患者田某某主诉腰椎疼痛，在倪某处进行按摩保健。期间，倪某在其髋骨后脊局部注射维生素B12。5月，田某某因不满倪某的治疗效果与其发生争议，后田某某报警。2021年5月27日，某区卫生健康局执法人员在涉案现场检查发现医疗器械和4盒维生素B12针剂、6盒盐酸利多卡因针剂，5月31日现场检查发现存放碧古泉真等其他药品143盒。倪某为患者田某某进行维生素B12局部注射，收取田某某3070元治疗费。2021年8月19日下午，被申请人作出《行政处罚决定书》，责令倪某停止注射、牵引等医疗活动，没收药品、医疗器械，并处罚款人民币50 000元整。倪某不服，于2021年10月21日向某区人民政府申请行政复议，复议机关依法审查后于2021年11月5日受理，同日，要求倪某限期补交《医疗机构执业许可证》，申请人倪某未补交。复议机关依据《中华人民共和国行政复议法》决定维持某区卫生健康局作出的《行政处罚决定书》。

思考题：

1. 行政复议的范围是什么？

2. 请分析，在开展非物质文化遗产代表性项目传承、传播活动中如何认定合法行医与非法行医、超范围行医？

第一节 概 述

一、卫生法律救济的概念和特征

卫生法律救济，是指在卫生法律责任产生时，或卫生法律关系主体认为存在卫生法律责任时，卫生法律关系主体依照法律规定向有权受理的国家机关告诉并要求解决，予以补救，有关国家机关受理并作出具有法律效力的活动。其核心内容是卫生法律关系主体赖以维护自己的合法权益、追究责任者责任的法律程序和法律制度。

卫生法律救济有以下特征：

1. 受理机关法定。只能由国家行政机关，法律授权的机构和人民法院受理并作出裁决。

2. 严格的受理范围和审理程序。相关法律作了明确规定，超出受案范围的不予受理，违反法定程序需承担相应的法律责任。

3. 明确的申请、起诉期限。各种法律救济程序都有法定的申请、起诉期限和时效。除法律另有规定外，逾期将丧失申请、起诉权。

4. 救济程序明确。行政复议原则上采取书面审理方式，特定情况下也采取调查取证、听取意见等方式审理；行政诉讼、民事诉讼、刑事诉讼一审采取开庭审理，二审视情况采取开庭审理或者书面审理。

5. 作出的决定具有法律效力，由国家强制力保证执行。不履行决定的，有关机关将依法强制执行。

6. 类型多样。不同的卫生法律责任适用不同的卫生法律救济。根据我国法律规定，卫生法律救济包括卫生行政救济、卫生民事救济、卫生刑事救济三类。

二、卫生法律救济的类型

1. 卫生行政法律救济。卫生行政法律救济，是指公民、法人或其他组织认为卫生行政机关的行政行为侵害了自己的合法权益，请求有关国家机关给予救济的法律制度的总称，包括对违法、不当行政行为予以纠正，并对相应的损失和损害予以弥补的内容。

卫生行政法律救济的主要途径有行政复议、行政诉讼、行政赔偿等。

2. 卫生民事法律救济。卫生民事法律救济，是指公民的健康权因医疗机构和卫生工作人员的违法、违规或违约行为而受到侵害时，公民请求赔偿的法律制度的总称。

卫生民事法律救济的主要途径是卫生民事诉讼。

3. 卫生刑事法律救济。卫生刑事法律救济，是指卫生法律关系主体的违法行为已触犯刑法的规定，可能构成犯罪时，由国家对涉嫌犯罪的单位和个人进行定罪、量刑的法律制度。

卫生刑事法律救济的主要途径是卫生刑事诉讼。

第二节 卫生行政复议

一、卫生行政复议的概念和特征

卫生行政复议，是指公民、法人或其他组织认为卫生行政机关的行政行为侵犯其合法权益，按照法定的程序和条件向作出该行政行为的卫生行政机关的上一级行政机关提出申请，由受理申请的行政复议机关对该行政行为进行审查，并作出复议决定的活动。

卫生行政复议的特征：

1. 具有一定司法性的行政行为。卫生行政复议的程序和方式与人民法院审理案件的程序和方式极为相似。行政复议机关作为中立者对行政机关和行政相对人之间的争议进行审查并作出裁决。

2. 是行政机关内部的纠错机制。从实质上讲，行政复议是上级行政机关对下级行政机关的一种纠错行为。

二、卫生行政复议的原则

依照《中华人民共和国行政复议法》（以下简称《行政复议法》）第3条"行政复议工作坚持中国共产党的领导。行政复议机关履行行政复议职责，应当遵循合法、公正、公开、高效、便民、为民的原则，坚持有错必纠，保障法律、法规的正确实施"，和第10条"公民、法人或者其他组织对行政复议决定不服的，可以依照《中华人民共和国行政诉讼法》的规定向人民法院提起行政诉讼，但是法律规定行政复议决定为最终裁决的除外"的规定。卫生行政复议机关履行行政复议职责，应遵循以下原则：

1. 坚持中国共产党的领导原则。行政复议工作必须全面坚持和加强中国共产党的领导，充分依靠各级党委决策和部署。

2. 合法原则。行政机关行使复议权、履行复议职责的过程中必须合法。包括复议主体、审理复议案件的依据、审理复议案件的程序等方面的合法。

3. 公正原则。行政复议机关履行复议职责时必须切实站在中立立场之上，公正地对待复议双方，不能偏袒下级行政机关。

4. 公开原则。行政复议活动应当公开进行，复议案件的受理、审理等活动都应当尽可能地向当事人、社会公众公开。

5. 高效原则。行政复议机关应当确保行政复议案件的受理、审理等程序都在法定期限内完成。针对特殊案件，应当根据实际情况尽快作出复议决定。

6. 便民原则。行政复议机关在履行复议职责过程中，应尽可能地减少当事人的复议成本，便于当事人提出行政复议申请和参与行政复议审理程序。

7. 为民原则。行政复议机关在履行复议职责过程中应当坚持以人民为中心，要充分保护当事人实体权益。

8. 有错必纠原则。行政复议机关应当对被申请复议的行政行为进行全面审查，只要发现被申请的行政行为存在违法或不当，就应予以纠正。

9. 诉讼终局原则。如果当事人对复议机关的复议决定不服的，可以在法定期限内向人民法院提起行政诉讼，由人民法院来进行裁决。因此，除法律规定行政复议决定为最终裁决的外，行政复议决定不是具有终局法律效力的裁决。

三、卫生行政复议的受案范围

依据我国《行政复议法》第 11 条的规定，有下列情形之一的，公民、法人或者其他组织可以依法提出卫生行政复议申请：

1. 对卫生行政机关作出行政处罚决定不服的。
2. 对卫生行政机关作出的行政强制措施、行政强制执行决定不服的。
3. 申请卫生行政许可，卫生行政机关拒绝或者在法定期限内不予答复，或者对卫生行政机关作出的有关行政许可的其他决定不服的。
4. 认为卫生行政机关侵犯合法的经营自主权的。
5. 认为卫生行政机关违法集资、摊派费用或者违法要求履行其他义务的。
6. 认为卫生行政机关滥用行政权力排除或者限制竞争的。
7. 认为卫生行政机关的其他行政行为侵犯其合法权益的。

四、卫生行政复议的程序

（一）卫生行政复议申请

1. 申请人。依据《行政复议法》的规定，作为行政行为相对人的公民、法人和其他组织都属于行政复议申请人的范畴。

有权申请行政复议的公民死亡的，其近亲属可以申请行政复议。有权申请行政复议的公民为无民事行为能力人或者限制民事行为能力人的，其法定代理人可以代为申请行政复议。有权申请行政复议的法人或者其他组织终止的，其权利义务承受人可以申请行政复议。

申请人以外的同被申请行政复议的行政行为或者行政复议案件处理结果有利害关系的公民、法人或者其他组织，可以作为第三人参加行政复议。

2. 申请期限。公民、法人或者其他组织认为行政行为侵犯其合法权益的，可以自知道或者应当知道该行政行为之日起 60 日内提出行政复议申请；但是法律规定的申请期限超过 60 日的除外。

因不可抗力或者其他正当理由耽误法定申请期限的,申请期限自障碍消除之日起继续计算。

3. 申请方式。申请人申请行政复议,可以书面申请,书面申请有困难的,也可以口头申请。口头申请的,行政复议机关应当当场记录申请人的基本情况、行政复议请求、申请行政复议的主要事实、理由和时间。

(二) 卫生行政复议管辖

依据《行政复议法》的规定,卫生行政复议管辖主要有以下几种情形:

1. 第一类——县级以上地方各级人民政府管辖下列行政复议案件:

(1) 对本级人民政府卫生行政管理部门作出的行政行为不服的。

(2) 对下一级人民政府作出的行政行为不服的。

(3) 对本级人民政府依法设立的派出机关作出的行政行为不服的。

(4) 对本级人民政府或者其工作部门管理的法律、法规、规章授权的组织作出的行政行为不服的。

省、自治区、直辖市人民政府同时管辖对本机关作出的行政行为不服的行政复议案件。

省、自治区人民政府依法设立的派出机关参照设区的市级人民政府的职责权限,管辖相关行政复议案件。

对县级以上地方各级人民政府卫生行政管理部门依法设立的派出机构依照法律、法规、规章规定,以派出机构的名义作出的行政行为不服的行政复议案件,由本级人民政府管辖;其中,对直辖市、设区的市人民政府卫生行政管理部门按照行政区划设立的派出机构作出的行政行为不服的,也可以由其所在地的人民政府管辖。

2. 第二类——国务院卫生行政管理部门管辖下列行政复议案件:

(1) 对本部门作出的行政行为不服的。

(2) 对本部门依法设立的派出机构依照法律、行政法规、部门规章规定,以派出机构的名义作出的行政行为不服的。

(3) 对本部门管理的法律、行政法规、部门规章授权的组织作出的行政行为不服的。

(三) 卫生行政复议受理

卫生行政复议机关在收到行政复议的申请后,应当在5日内进行审查,作出受理或不受理的决定。对于依法决定不予受理的，应当书面告知申请人。

（四）卫生行政复议审理

卫生行政复议分为普通程序和简易程序，行政复议机关有权向有关单位和个人调查取证，查阅、复制、调取有关文件和资料，向有关人员进行询问。

调查取证时，行政复议人员不得少于两人，并应当出示行政复议工作证件。

行政复议期间，被申请人不得自行向申请人和其他有关单位或者个人收集证据；自行收集的证据不作为认定行政行为合法性、适当性的依据。

行政复议期间，申请人或者第三人提出被申请行政复议的行政行为作出时没有提出的理由或者证据的，经行政复议机构同意，被申请人可以补充证据。

（五）卫生行政复议决定

适用普通程序审理的行政复议案件，行政复议机关应当自受理申请之日起60日内作出行政复议决定；但是法律规定的行政复议期限少于60日的除外。情况复杂，不能在规定期限内作出行政复议决定的，经行政复议机构的负责人批准，可以适当延长，并书面告知当事人；但是延长期限最多不得超过30日。

适用简易程序审理的行政复议案件，行政复议机关应当自受理申请之日起30日内作出行政复议决定。

复议机关经过审理，应分别针对下列情形做出不同的行政复议决定，并制作书面的行政复议决定书：

1. 第一类——行政行为有下列情形之一的，行政复议机关决定变更该行政行为：

（1）事实清楚，证据确凿，适用依据正确，程序合法，但是内容不适当。

（2）事实清楚，证据确凿，程序合法，但是未正确适用依据。

（3）事实不清、证据不足，经行政复议机关查清事实和证据。

行政复议机关不得作出对申请人更为不利的变更决定，但是第三人提出相反请求的除外。

2. 第二类——行政行为有下列情形之一的，行政复议机关决定撤销或者部分撤销该行政行为，并可以责令被申请人在一定期限内重新作出行政行为：

(1) 主要事实不清、证据不足。
(2) 违反法定程序。
(3) 适用的依据不合法。
(4) 超越职权或者滥用职权。

行政复议机关责令被申请人重新作出行政行为的,被申请人不得以同一事实和理由作出与被申请行政复议的行政行为相同或者基本相同的行政行为,但是行政复议机关以违反法定程序为由决定撤销或者部分撤销的除外。

3. 第三类——行政行为有下列情形之一的,行政复议机关不撤销该行政行为,但是确认该行政行为违法:

(1) 依法应予撤销,但是撤销会给国家利益、社会公共利益造成重大损害。
(2) 程序轻微违法,但是对申请人权利不产生实际影响。

行政行为有下列情形之一,不需要撤销或者责令履行的,行政复议机关确认该行政行为违法:

(1) 行政行为违法,但是不具有可撤销内容。
(2) 被申请人改变原违法行政行为,申请人仍要求撤销或者确认该行政行为违法。
(3) 被申请人不履行或者拖延履行法定职责,责令履行没有意义。

被申请人不履行法定职责的,行政复议机关决定被申请人在一定期限内履行。

行政复议决定书一经送达,即发生法律效力。被申请人不履行或无故拖延履行的,复议机关或其他有关机关应责令其履行。申请人逾期不起诉,又不履行行政复议决定的,卫生行政管理机关可以申请人民法院强制执行。

第三节 卫生行政诉讼

一、卫生行政诉讼的概念

卫生行政诉讼是行政诉讼的一种。依据《中华人民共和国行政诉讼法》(以下简称《行政诉讼法》) 的规定,可以认为卫生行政诉讼是指公民、法人和其他组织认为行政机关及法律、法规授权组织或行政机关委托组织的卫生行政行为侵害其合法权益，诉请法院对其进行审查并作出裁判，解决行政争议的诉讼活动。

二、卫生行政诉讼的基本原则

卫生行政诉讼的基本原则，是指我国《行政诉讼法》所规定的，指导卫生行政诉讼活动的基本准则。除了诉讼的一般原则以外，卫生行政诉讼还有下列特有原则：

1. 行政行为合法性审查原则。合法性审查的具体内容包括：行政机关是否享有作出行政行为的权限，是否超越法定的职责权限以及是否依法享有事务管辖权、级别管辖权和地域管辖权；行政行为的证据是否确凿充分、事实是否清楚，行政行为的证据是否具有合法性、客观性和相关性；适用法律是否正确；程序、目的是否合法。

2. 起诉不停止执行原则。一般情况下，卫生行政机关已作出的行政行为不因原告提起诉讼而停止执行。但《行政诉讼法》也规定了一些例外的情况：被告人认为需要停止执行的；原告申请停止执行，人民法院裁定停止执行的；法律、法规规定停止执行的。

3. 不适用调解和反诉原则。因为被告卫生行政机关享有的是公共权力，同时又是一种职责，行政机关及其工作人员只能依法行使职权，无权作转让、放弃或处置，所以不适用调解的审理方式和结案方式。在诉讼期间，卫生行政机关无权提出反诉。

4. 被告承担举证责任原则。被告对作出的行政行为负有举证责任，应当提供作出该行政行为的证据和所依据的规范性文件。

三、卫生行政诉讼受案范围

结合我国《行政诉讼法》第12条的规定，有以下情形的，行政相对人可以提起行政诉讼：

1. 对行政拘留、暂扣或吊销许可证和执照、责令停产停业、没收违法所得、没收非法财物、罚款、警告等卫生行政处罚不服的。

2. 对强制治疗、强制隔离、临时控制等卫生行政强制措施不服的。

3. 申请行政许可，卫生行政机关拒绝或者在法定期限内不予答复，或者对卫生行政机关作出的有关行政许可的其他决定不服的。

4. 认为卫生行政机关违法要求履行义务的。

5. 对卫生行政机关作出的卫生行政复议决定不服的。

6. 对卫生行政机关作出的医疗事故和其他卫生事件的行政处理决定不服的。

四、卫生行政诉讼参加人

（一）卫生行政诉讼参加人的概念

卫生行政诉讼参加人，是指依法参加卫生行政诉讼，享有诉讼权利，承担诉讼义务，并且与诉讼争议或诉讼结果有利害关系的人，包括当事人、共同诉讼人、第三人和诉讼代理人。

（二）卫生行政诉讼参加人的范围

1. 原告。原告，是指认为卫生行政主体及其工作人员的行政行为侵犯其合法权益，向人民法院提起诉讼的公民、法人和其他组织。

2. 被告。被告，是指其实施的行政行为被原告指控侵犯其合法权益，由人民法院通知应诉的行政主体。

卫生行政诉讼的被告类型主要有以下几种：

公民、法人或者其他组织直接向人民法院提起诉讼的，作出行政行为的行政机关是被告。

经复议的案件，复议机关决定维持原行政行为的，作出原行政行为的行政机关和复议机关是共同被告。

复议机关改变原行政行为的，复议机关是被告。

复议机关在法定期限内未作出复议决定，公民、法人或者其他组织起诉原行政行为的，作出原行政行为的行政机关是被告；起诉复议机关不作为的，复议机关是被告。

两个以上行政机关作出同一行政行为的，共同作出行政行为的行政机关是共同被告。

行政机关委托的组织所作的行政行为，委托的行政机关是被告。

行政机关被撤销或者职权变更的，继续行使其职权的行政机关是被告。

3. 第三人。第三人，是指同提起诉讼的行政行为有利害关系的公民、法人和其他组织。第三人可以申请参加诉讼或由人民法院通知其参加诉讼。

4. 诉讼代理人。诉讼代理人，是指以当事人的名义，在代理权限内，代理当事人进行卫生行政诉讼活动的人。

五、卫生行政诉讼程序

卫生行政诉讼程序，是指由法律规定的人民法院在审理卫生行政案件时应遵循的步骤，包括起诉和受理、审理和判决、执行三个基本环节。

（一）起诉和受理

起诉和受理可以说是同一个环节的两个方面：

起诉，是指卫生行政相对人，认为卫生行政主体的卫生行政行为侵犯其合法权益，依法请求人民法院运用行政审判权加以保护的行为。

受理，是指原告起诉后，受诉人民法院经过审查认为符合法定起诉条件，决定予以立案审理的行为。

1. 起诉期限。一般情形下，具体卫生行政行为相对人应当在知道或者应当知道作出卫生行政行为之日起6个月内提起诉讼。卫生行政相对人因不可抗力或者其他不属于自身的原因耽误起诉期限的，在障碍消除后的10日内，可以申请延长期限，由人民法院决定；申请人不服卫生行政复议决定的，可以在收到复议决定书之日起15日内向人民法院起诉；复议机关逾期不作决定的，申请人可以在复议期满之日起15日内向人民法院起诉，法律另有规定的除外。

2. 起诉条件。起诉应当符合下列条件：原告是认为卫生行政行为侵犯其合法权益的公民、法人或者其他组织；有明确的被告；有具体的诉讼请求和事实根据；属于人民法院受案范围和受诉人民法院管辖。

3. 受理决定期限。人民法院接到起诉状，经审查，应当在7日内立案或者裁定不予受理。原告对裁定不服的，可以提起上诉。

（二）审理和判决

人民法院受理案件后，应组织合议庭，采取合议制，开庭审理。一般情况下，审理应当公开进行，由合议庭进行法庭调查，允许原被告双方进行辩论，在辩论终结后依法进行裁判。卫生行政诉讼实行两审终审制，当事人不服一审人民法院判决的可以向上一级人民法院提起上诉。

人民法院经过审理，根据不同情况，分别作出如下判决：

1. 卫生行政行为合法、正当，符合法定程序的，判决维持。

2. 卫生行政行为违法或主要证据不足、超越职权、滥用职权的，判决撤销或者部分撤销，并可判决被告重新作出行政行为。

3. 被告不履行或者拖延履行法定职责的，判决其在一定期限内履行。

4. 卫生行政处罚明显不当，或者其他行政行为涉及对款额的确定、认定确有错误的，人民法院可以判决变更。

（三）执行

当事人逾期不提起上诉的，人民法院的第一审判决或者裁定发生法律效力，二审行政诉讼判决一经送达即产生法律效力。当事人拒绝履行发生法律效力的判决或者裁定的，另一方当事人可以向第一审人民法院申请强制执行或者依法由行政机关强制执行。

第四节　卫生行政赔偿

一、卫生行政赔偿的概念和构成要件

（一）卫生行政赔偿的概念

卫生行政赔偿，是指卫生行政机关和工作人员违法行使职权，侵犯公民、法人或其他组织的合法权益并造成损害时，由国家承担赔偿责任的制度，是国家赔偿制度的组成部分。

（二）卫生行政赔偿的构成要件

申请卫生行政赔偿，必须符合下列要件：

1. 侵权主体必须是行使国家卫生管理职权的卫生行政机关、受委托行使国家卫生管理职权的组织或法律、法规授权的组织及其工作人员。

2. 行使卫生行政管理职权的主体及其工作人员必须有违法行为。

3. 行政相对人必须有实际的损害事实发生。

4. 违法行为与损害事实之间必须存在因果关系。

二、卫生行政赔偿的范围

依据《中华人民共和国国家赔偿法》的规定，卫生行政赔偿的范围包括

行使卫生行政管理职权的机关及其工作人员违法实施行政处罚、违法采取行政强制措施等给当事人造成损失的情形。

三、卫生行政赔偿的程序

（一）单独请求行政赔偿

单独请求行政赔偿，是指赔偿请求人没有提出其他行政诉讼请求，单独就行政赔偿提出请求或诉讼。

单独请求行政赔偿，赔偿申请人需先向卫生行政赔偿义务机关提交行政赔偿请求申请书。卫生行政赔偿义务机关应自收到申请之日起2个月内依法作出给予赔偿或不予赔偿的决定。赔偿义务机关逾期未作出决定或申请人对不予赔偿的决定、赔偿的数额、方式项目有异议的，可以自期限届满之日起3个月内向人民法院提起诉讼，由人民法院按照行政诉讼程序审理。

（二）附带请求行政赔偿

附带请求行政赔偿，是指行政相对人在提起行政复议或行政诉讼的同时，一并提出行政赔偿请求。

附带请求行政赔偿，适用行政复议或行政诉讼程序处理。

四、卫生行政赔偿方式和赔偿金计算标准

（一）赔偿方式

卫生行政赔偿以支付赔偿金为主要方式。能够返还财产或者恢复原状的，应当返还财产或者恢复原状；不能够返还财产或恢复原状的，或者造成当事人人身损害的，应当支付赔偿金；造成受害人名誉权、荣誉权损害的，应当在侵权行为影响的范围内，为受害人消除影响、恢复名誉、赔礼道歉。造成严重后果的，应当支付相应的精神损害抚慰金。

（二）赔偿金计算标准

赔偿金的计算标准有以下情形：

1. 侵犯财产权造成损害的，应当按造成的直接损失赔偿。

2. 侵犯公民人身自由的，每日赔偿金按照国家上年度职工日平均工资计算。

3. 侵犯生命健康权的，赔偿金按照下列规定计算：

(1) 造成身体伤害的,应当支付医疗费、护理费,以及赔偿因误工减少的收入。减少的收入每日的赔偿金按照国家上年度职工日平均工资计算,最高额为国家上年度职工年平均工资的 5 倍。

(2) 造成部分或者全部丧失劳动能力的,应当支付医疗费、护理费、残疾生活辅助具费、康复费等因残疾而增加的必要支出和继续治疗所必需的费用以及残疾赔偿金。残疾赔偿金根据丧失劳动能力的程度,按照国家规定的伤残等级确定,最高不超过国家上年度职工年平均工资的 20 倍。造成全部丧失劳动能力的,对其扶养的无劳动能力的人,还应当支付生活费。

(3) 造成死亡的,应当支付死亡赔偿金、丧葬费,总额为国家上年度职工年平均工资的 20 倍。对死者生前扶养的无劳动能力的人,还应当支付生活费;被扶养的人是未成年人的,生活费给付至 18 周岁止;其他无劳动能力的人,生活费给付至死亡时止。

第五节　卫生民事诉讼

一、卫生民事诉讼的概念和构成要件

卫生民事诉讼是民事诉讼的一种。依据《中华人民共和国民事诉讼法》(以下简称《民事诉讼法》)的规定,可以认为卫生民事诉讼是指公民认为医疗机构或其医务人员由于违法、违规或违约行为侵害了自己或与自己有直接利害关系的人的生命健康权,诉请法院对其进行审理并作出裁判,解决卫生民事争议的诉讼活动。

卫生民事诉讼有下列构成要件:
1. 原告是与本案有直接利害关系的公民。
2. 有明确的被告。
3. 有具体的诉讼请求、事实和理由。
4. 属于人民法院受理民事诉讼的范围和受诉人民法院管辖。

二、卫生民事诉讼的基本原则

卫生民事诉讼的基本原则,是指作为民事诉讼的一种,与其他诉讼共有的原则。按照《民事诉讼法》的规定,共有以下 9 项:

1. 人民法院独立行使审判权原则。
2. 以事实为根据,以法律为准绳原则。
3. 调解原则。
4. 合议、回避、公开审判和两审终审原则。
5. 当事人诉讼权利平等原则。
6. 使用本民族语言文字进行诉讼原则。
7. 辩论原则。
8. 诚信原则。
9. 人民检察院实行法律监督原则。

三、卫生民事诉讼的类型

根据《民事诉讼法》的规定和卫生民事诉讼实践,卫生民事诉讼有以下两种类型:

1. 侵权之诉。侵权之诉,是指原告认为医疗机构或其工作人员存在违法、违规或其他不当行为,侵犯了自身或与自己有利害关系的人的生命健康权,以《中华人民共和国民法典》为基本法律依据要求被告承担侵权责任的诉讼。

2. 违约之诉。违约之诉,是指原告认为医疗机构及其工作人员违反了双方之间的医疗服务合同,给自己或与自己有利害关系的人造成了损失,以《中华人民共和国民法典》为基本法律依据要求被告承担违约责任的诉讼。

在卫生民事诉讼中,通常会出现医疗机构侵权责任和违约责任的竞合。当事人可以启动侵权之诉,要求被告承担侵权责任;也可以启动违约之诉,要求被告承担违约责任。

四、卫生民事诉讼参加人

(一) 卫生民事诉讼参加人的概念

卫生民事诉讼参加人,是指依法参加卫生民事诉讼,享有诉讼权利,承担诉讼义务,并且与诉讼争议或诉讼结果有利害关系的人。

(二) 卫生民事诉讼参加人的范围

根据《民事诉讼法》的规定,卫生民事诉讼参加人具体包括当事人、共同诉讼人、第三人和诉讼代理人。

卫生民事诉讼当事人在诉讼的不同阶段有不同的称谓：在第一审中称原告、被告；在第二审中称上诉人、被上诉人；在审判监督程序中称申请再审人、被申请人；在执行程序中称申请执行人、被执行人。

1. 原告。原告，是指在卫生民事争议案件中生命健康权受到侵害的公民或与案件有直接利害关系的人。

2. 被告。被告，是指卫生民事争议案件中的医疗机构。虽然在表现形式上是具体的医务人员的行为侵害了原告的权利，但这些工作人员的行为属于职务行为，其民事责任应由其所在的医疗机构来承担。所以，卫生民事诉讼中应以医疗机构为被告。

3. 共同诉讼人。共同诉讼人，是指当事人一方或双方为二人以上，其诉讼标的是共同的，或者诉讼标的是同一种类，人民法院认为可以合并审理并经当事人同意的，一同在人民法院进行诉讼。

4. 第三人。第三人，是指同诉讼争议的具体行为或结果有法律上的利害关系，申请参加或由人民法院通知参加的公民、法人和其他组织。

5. 诉讼代理人。诉讼代理人，是指以当事人的名义，在代理权限内，代理当事人实施或接受诉讼行为，从而维护该当事人利益的诉讼参加人，包括法定代理人和委托代理人两类。

五、卫生民事诉讼的管辖

（一）卫生民事诉讼管辖的概念

卫生民事诉讼管辖，是指人民法院系统内审理第一审卫生民事案件的权限划分的法律制度。就法院而言，卫生民事诉讼管辖解决的是法院内部审理民事案件的分工问题。某法院有权管辖某一民事案件，也就意味着其对该类民事案件享有审判权。对原告来说，民事诉讼管辖决定了其应向哪一个人民法院起诉。

（二）卫生民事诉讼管辖的种类

从不同角度可以对卫生民事诉讼管辖进行不同的分类：

1. 级别管辖。级别管辖，是指各级人民法院之间，根据案件性质、影响大小和复杂程度，受理第一审卫生民事案件的权限分工。我国《民事诉讼法》规定：

(1) 除法律另有规定外，基层人民法院管辖第一审民事案件。

(2) 中级人民法院管辖重大涉外案件、在本辖区有重大影响的案件和最高人民法院确定由中级人民法院管辖的案件。

(3) 高级人民法院管辖在本辖区有重大影响的第一审民事案件。

(4) 最高人民法院管辖下在全国有重大影响的案件或其认为应该由其审理的案件。

2. 地域管辖。地域管辖，是指不同地区的同级人民法院之间受理第一审卫生民事案件的权限分工。我国《民事诉讼法》规定：

(1) 一般情形下，由被告住所地人民法院管辖；被告住所地与经常居住地不一致的，由经常居住地人民法院管辖。

(2) 同一诉讼的几个被告住所地、经常居住地在两个以上人民法院辖区的，各该人民法院都有管辖权。

(3) 当事人若选择违约之诉，由被告住所地或者合同履行地人民法院管辖。

(4) 当事人若选择侵权之诉，由侵权行为地或者被告住所地人民法院管辖。

(5) 两个以上人民法院都有管辖权的诉讼，原告可以向其中一个人民法院起诉；原告向两个以上有管辖权的人民法院起诉的，由最先立案的人民法院管辖。

3. 移送管辖和指定管辖。

(1) 人民法院发现受理的案件不属于本院管辖的，应当移送有管辖权的人民法院，受移送的人民法院应当受理。受移送的人民法院认为受移送的案件依照规定不属于本院管辖的，应当报请上级人民法院指定管辖，不得再自行移送。

(2) 有管辖权的人民法院由于特殊原因，不能行使管辖权的，由上级人民法院指定管辖。

(3) 人民法院之间因管辖权发生争议，由争议双方协商解决；协商解决不了的，报请它们的共同上级人民法院指定管辖。

(4) 上级人民法院有权审理下级人民法院管辖的第一审民事案件；确有必要将本院管辖的第一审民事案件交下级人民法院审理的，应当报请其上级人民法院批准。下级人民法院对它所管辖的第一审民事案件，认为需要由上级人民法院审理的，可以报请上级人民法院审理。

人民法院受理案件后，当事人对管辖权有异议的，应当在提交答辩状期间提出。人民法院对当事人提出的异议，应当审查。异议成立的，裁定将案件移送有管辖权的人民法院；异议不成立的，裁定驳回。

六、卫生民事诉讼的证据

（一）证据的种类

依据《民事诉讼法》第66条的规定，卫生民事诉讼证据有当事人的陈述、书证、物证、视听资料、电子数据、证人证言、鉴定意见、勘验笔录8类。

（二）举证责任的划分

按照民事诉讼的一般原理，卫生民事诉讼当事人对自己提出的主张有责任提供证据。当事人可以自行收集证据或委托代理人收集证据。当事人及其代理人因客观原因不能自行收集证据的，可以依法申请法院调查证据。

依据最高人民法院《关于民事诉讼证据的若干规定》，下列事项作为被告的医疗机构负有举证责任：

1. 原告认为被告所使用的药品或医疗器械存在缺陷，被告持相反主张的。

2. 医疗机构认为医疗行为与损害后果之间不存在因果关系或不存在医疗过错的。

七、卫生民事诉讼的程序

（一）起诉和受理

符合《民事诉讼法》规定的起诉条件的，当事人应在法定诉讼时效期间内向人民法院起诉。起诉应当向人民法院递交起诉状，并按照被告人数提出副本。书写起诉状确有困难的，可以口头起诉，由人民法院记入笔录，并告知对方当事人。

人民法院收到起诉状或者口头起诉，经审查认为符合起诉条件的，应当在7日内立案，并通知当事人；认为不符合起诉条件的，应当在7日内裁定不予受理；原告对裁定不服的，可以提起上诉。

（二）调解程序

基于当事人对自己民事权利的处分权，法庭可以主持诉讼双方进行调解。

双方当事人也可以自行和解。

调解贯穿于诉讼的全过程，在法庭没有作出裁决前的任何一个阶段，都可以对双方当事人进行调解，以调解的方式结案。法院制作的调解书，一经双方当事人签字便具有法律效力。以调解方式结案的，当事人不可再提起上诉。

（三）审理与判决

人民法院受理卫生民事诉讼后，应组织合议庭，采取合议制，开庭审理。一般情况下，审理应公开进行，由合议庭进行法庭调查，由原被告双方进行举证、质证，允许原被告双方进行法庭辩论，在辩论终结后依法进行裁判。

卫生民事诉讼实行两审终审制，当事人不服一审人民法院判决的可以向上一级人民法院提起上诉。二审判决为终审判决，当事人必须依法执行。当事人对已经发生法律效力的判决、裁定，认为有错误的，可以向上一级人民法院申请再审。

依据案件的具体情况，法院可以适用简易程序审理卫生民事案件，可以由一名审判员独任审判。

（四）执行

当事人逾期不提起上诉的，人民法院的第一审判决或者裁定发生法律效力；二审民事诉讼判决一经送达即产生强制执行效力。当事人拒绝履行发生法律效力的判决或者裁定的，另一方当事人可以向第一审人民法院申请强制执行。

第六节 卫生刑事诉讼

一、卫生刑事诉讼的概念

卫生刑事诉讼是刑事诉讼的一种。依据《中华人民共和国刑事诉讼法》（以下简称《刑事诉讼法》）、《中华人民共和国监察法》（以下简称《监察法》）的规定，卫生刑事诉讼是指公安机关、人民检察院、人民法院、监察机关在当事人和其他诉讼参与人的参加下，准确、及时地查明与卫生领域相关的犯罪事实，惩罚犯罪分子，保障无罪的人不受刑事追究的专门活动。

二、卫生刑事诉讼的基本原则

卫生刑事诉讼的基本原则，是指作为刑事诉讼的一种，与其他诉讼共有的原则。根据《刑事诉讼法》的规定，共有以下 14 项：

1. 侦查权、检察权、审判权、监察权由专门机关依法行使原则。
2. 人民法院、人民检察院、监察委员会依法独立行使职权原则。
3. 依靠群众原则。
4. 以事实为根据，以法律为准绳原则。
5. 公民在适用法律上一律平等原则。
6. 分工负责，互相配合，互相制约原则。
7. 人民检察院依法对刑事诉讼实行法律监督原则。
8. 使用本民族语言文字进行诉讼原则。
9. 两审终审、审判公开原则。
10. 犯罪嫌疑人、被告人有权获得辩护原则。
11. 人民法院统一定罪原则。
12. 保障诉讼参与人诉讼权利原则。
13. 依照法定情形不予追究刑事责任原则。
14. 追究外国人刑事责任适用我国刑事诉讼法原则。

三、卫生刑事诉讼中的专门机关和诉讼参与人

专门机关和诉讼参与人是刑事诉讼的主体。在我国，刑事诉讼中专门机关包括依法行使国家侦查权、检察权、审判权和监察权的公安机关（含国家安全机关和军队保卫部门）、人民检察院、人民法院和监察委员会。诉讼参与人包括与案件处理结果有利害关系的被害人、自诉人、犯罪嫌疑人、被告人、附带民事诉讼的原告人和被告人及其法定代理人、诉讼代理人、辩护人、证人、鉴定人和翻译人员。

四、卫生刑事诉讼的管辖

(一) 卫生刑事诉讼管辖的概念

我国卫生刑事诉讼中的管辖，是指公安机关、人民检察院、人民法院、监察机关之间在立案受理刑事案件的范围上以及人民法院系统内审判第一审刑事案件的权限划分。

(二) 卫生刑事诉讼管辖的种类

从不同角度，可以对卫生刑事诉讼管辖进行不同的分类：

1. 立案管辖。立案管辖又称"部门管辖"或"职能管辖"，是指公、检、法、监察四机关在直接受理刑事案件上的分工。《刑事诉讼法》《监察法》对卫生刑事案件的立案管辖有下列规定：

（1）除法律另有规定的外，刑事案件的侦查由公安机关进行。

（2）国家监察委员会负责调查涉嫌贪污贿赂、滥用职权、玩忽职守、权力寻租、利益输送、徇私舞弊及浪费国家资源等职务犯罪案件；司法工作人员利用职权实施的非法拘禁、刑讯逼供、暴力取证、非法搜查等侵犯公民人身权利的犯罪以及侵犯公民民主权利的犯罪，由人民检察院立案侦查。

（3）自诉案件，由人民法院直接受理。

2. 审判管辖。审判管辖，是指普通人民法院之间，普通法院与专门法院之间，以及专门法院之间在审判第一审刑事诉讼案件的权限上的分工，包括级别管辖、地域管辖、指定管辖、专门管辖。

（1）级别管辖。级别管辖，是指各级人民法院之间，根据犯罪的性质和影响、罪行的轻重和可能判处的刑期的长短、案件涉及面的大小等因素，审判第一审卫生刑事案件的权限分工。我国《刑事诉讼法》规定：

基层人民法院管辖第一审普通刑事案件，但是依法由上级人民法院管辖的除外。

中级人民法院管辖危害国家安全案件、恐怖活动案件；可能判处无期徒刑、死刑的案件。

高级人民法院管辖的第一审刑事案件，是全省（自治区、直辖市）性的重大刑事案件。

最高人民法院管辖的第一审刑事案件，是全国性的重大刑事案件。

上级人民法院在必要的时候，可以审判下级人民法院管辖的第一审刑事案件；下级人民法院认为案情重大、复杂需要由上级人民法院审判的第一审刑事案件，可以请求移送上一级人民法院审判。

（2）地域管辖。地域管辖，是指同级人民法院之间审判第一审卫生刑事案件的权限划分。我国《刑事诉讼法》规定：

刑事案件由犯罪地的人民法院管辖。如果由被告人居住地的人民法院审判更为适宜的，可以由被告人居住地的人民法院管辖。

几个同级人民法院都有权管辖的案件，由最初受理的人民法院审判。在必要的时候，可以移送主要犯罪地的人民法院审判。

（3）指定管辖。指定管辖，是指上级人民法院依照法律规定指定其辖区内的下级人民法院对某一案件行使管辖权，包括管辖不明的案件和因其他原因须指定管辖的案件。

（4）专门管辖。专门管辖，是指专门法院与普通法院之间审判第一审卫生刑事案件的职权范围。

根据《中华人民共和国人民法院组织法》的规定，享有刑事案件管辖权的专门法院包括军事法院和铁路运输法院。军事法院主要审理现役军人（含军内在编职工）犯罪的案件。铁路运输法院管辖铁路系统公安机关负责侦破的刑事案件；铁路运输法院与地方人民法院因管辖不明发生争议的，一般由地方人民法院管辖。

五、卫生刑事诉讼的证据

（一）卫生刑事诉讼证据的种类

证据是刑事诉讼程序的灵魂，整个刑事诉讼程序就是运用证据证明案件事实的过程。客观性、相关性、合法性是证据的三大基本特征。根据各个证据的不同特征，《刑事诉讼法》中规定了8类不同的证据：物证、书证、证人证言、被害人陈述、犯罪嫌疑人、被告人供述和辩解、鉴定意见、勘验、检查、辨认、侦查实验等笔录、视听资料、电子数据。

（二）举证责任的划分

在公诉案件中，举证责任由公安、监察、司法机关承担。公诉案件中的犯罪嫌疑人、被告人一般不承担举证责任，即没有提出证据证明自己无罪的义务，法院不能因为他们不能证明自己无罪便据此就得出有罪的结论。但对巨额财产来源不明等案件，是犯罪嫌疑人、被告人不负举证责任的例外。

在自诉案件中，自诉人负有举证责任。自诉人向人民法院提出起诉时，必须提供证据。如果法院认为缺乏罪证，而自诉人又无法提供补充证据时，法院应当说服自诉人撤诉或裁定驳回起诉。但是，在审理自诉案件的过程中，法院也负有一定的查证责任。

六、卫生刑事诉讼的程序

（一）立案

公安机关、监察机关或人民检察院发现犯罪事实或者犯罪嫌疑人，应当按照管辖范围，立案侦查、调查。人民法院、人民检察院、国家监察委员会或者公安机关对于报案、控告、举报和自首的材料，应当按照管辖范围，迅速进行审查，认为有犯罪事实需要追究刑事责任的时候，应当立案；认为没有犯罪事实，或者犯罪事实显著轻微，不需要追究刑事责任的时候，不予立案，并且将不立案的原因通知控告人。

对于自诉案件，被害人有权向人民法院直接起诉。被害人死亡或者丧失行为能力的，被害人的法定代理人、近亲属有权向人民法院起诉。人民法院应当依法受理。

（二）侦查、调查

公安机关、监察机关对已经立案的刑事案件和人民检察院对直接受理的案件，应当进行侦查、调查，收集、调取犯罪嫌疑人有罪或者无罪、罪轻或者罪重的证据材料。公安机关、监察机关侦查、调查终结的案件，应当做到犯罪事实清楚，证据确实、充分，并且制作起诉意见书，连同案卷材料、证据一并移送同级人民检察院审查决定。在侦查、调查过程中，发现不应对犯罪嫌疑人、被调查人追究刑事责任的，应当撤销案件；犯罪嫌疑人已被逮捕的，应当立即释放，发给释放证明，并且通知原批准逮捕的人民检察院。人民检察院侦查终结的案件，应当作出提起公诉、不起诉或者撤销案件的决定。

（三）起诉

凡需要提起公诉的案件，一律由人民检察院审查决定。人民检察院认为犯罪嫌疑人的犯罪事实清楚，证据确实、充分，依法应当追究刑事责任的，应当作出起诉决定，按照审判管辖的规定，向人民法院提起公诉。犯罪嫌疑人具有法定情形的，人民检察院应当作出不起诉决定。

自诉案件的自诉人，可以向人民法院直接起诉。

1. 审判。人民法院受理卫生刑事诉讼后，应组成合议庭，采取合议制，开庭审理。一般情况下，审理应公开进行，由合议庭进行法庭调查，由控辩双方进行举证、质证，允许控辩双方进行法庭辩论，在辩论终结后依法进行裁判。

卫生刑事诉讼实行两审终审制，当事人不服一审人民法院判决的可以向上一级人民法院提起上诉。二审判决为终审判决，当事人必须依法执行。被判死刑的案件，必须报请最高人民法院核准。当事人对生效判决不服的，可以进行申诉，依法启动审判监督程序。

基层法院管辖的案件，符合条件的，可以适用简易程序审判，可以由一名审判员独任审判，也可以组成合议庭进行审判。

2. 执行。已过法定期限没有上诉、抗诉的判决和裁定，终审的判决和裁定，最高人民法院核准的死刑的判决和高级人民法院核准的死刑缓期 2 年执行的判决，已发生法律效力的，由相应的机关执行。

拓展阅读

中华人民共和国行政复议法

中华人民共和国行政诉讼法

中华人民共和国国家赔偿法

中华人民共和国民事诉讼法

中华人民共和国刑事诉讼法

中华人民共和国监察法

思考题

1. 卫生法律救济的途径有哪些?
2. 卫生行政复议和卫生行政诉讼有哪些异同点?
3. 卫生行政诉讼的构成要件有哪些?
4. 卫生行政赔偿的赔偿金数额如何计算?
5. 当事人应如何选择卫生民事诉讼的类型?
6. 卫生民事诉讼中当事人的举证责任应如何划分?

第三章 基本医疗卫生与健康促进法

学习目标

掌握：我国基本医疗卫生与健康促进的基本原则。

熟悉：我国基本医疗卫生服务与健康促进的主要内容。

了解：我国对医疗卫生机构、医疗卫生人员及药品供应保障的法律规定。

章前案例

李某未取得《医疗机构执业许可证》擅自执业案

2021年4月初，某区卫生健康局执法人员接群众举报，称李某在居民楼内非法开展医疗美容和现场培训活动。举报人提供了李某在朋友圈发布的诊疗项目、收费标准等医疗广告和现场操作视频。卫生执法人员随即联合公安干警，赶赴涉案场所进行突击检查。

在公安部门协助下，执法人员进入非法行医场所进行了调查取证。经查，当事人李某未取得《医师执业证书》，未办理《医疗机构执业许可证》，自2020年1月起，以租住民房为经营场所，以"某某医美整形"名义，擅自为顾客开展激光脱毛以及玻尿酸、肉毒素注射等医疗美容项目，查实其非法开展医疗美容活动的违法所得15 460元。

李某未取得《医疗机构执业许可证》擅自开展医疗美容活动，违反了《中华人民共和国基本医疗卫生与健康促进法》第38条的规定，依据第99条第 1 款的规定，某区卫生健康局对李某予以没收药品和医疗器械、没收违法所得 15 460 元、罚款 231 900 元的行政处罚。当事人对上述行政处罚未提出复议或诉讼申请，并主动缴纳了罚款。

思考题：
1. 成立医疗机构应当具备哪些条件？
2. 请分析，自《中华人民共和国基本医疗卫生与健康促进法》颁布实施以来，就处罚方面，对哪些行为的处罚力度明显升级？

第一节 概 述

一、基本医疗卫生与健康促进法的概念、目的

（一）基本医疗卫生与健康促进法的概念

基本医疗卫生与健康促进法规定了我国医疗卫生和健康促进工作的基本原则、基本医疗卫生服务制度、医疗卫生机构的职责、医疗卫生人员的权利与义务、药品供应保障制度、健康促进措施、医疗卫生的资金保障、监督管理、法律责任，是我国卫生健康立法领域一部基础性和综合性的法律。

（二）基本医疗卫生与健康促进法的目的

1. 发展医疗卫生与健康事业。健康是人民幸福和社会发展的基础，是人民群众对美好生活的共同追求。发展卫生健康事业是一项重大的民生工程和民心工程，积极构建与高水平全面建成小康社会要求相适应的卫生健康服务体系，抓紧补齐短板，创新体制机制，引进、培育高水平人才和团队，着力构建现代医院管理制度，加快培育更多的优质医疗资源。要进一步加强乡镇卫生院、村卫生室建设，做好对全科医生和乡村医生的培养，完善乡村医疗机构硬件设施设备，积极推进分级诊疗制度，不断提升基层医疗保障能力。要深入推进医药卫生体制改革，完善公共卫生服务体系建设，推动优质医药卫生资源下沉，切实增加群众对医药卫生体制改革成果的获得感。

2. 保障公民享有基本医疗卫生服务。继续提高城乡居民基本医疗保险和大病保险保障水平。增加财政补助，并提高报销比例，进一步减轻大病患者、困难群众医疗负担。落实和完善跨省异地就医直接结算政策。深化公立医院

综合改革，促进社会办医。培训基层医护人员，提升分级诊疗和家庭医生服务质量。

3. 提高公民健康水平。实施健康中国行动，明确指导思想、基本原则和总体目标，加快推动从以治病为中心向以人民健康为中心的转变，提高全民健康水平。健康是促进人的全面发展的必然要求，人民健康是民族昌盛和国家富强的重要标志，历来受到党和国家高度重视。新中国成立特别是改革开放以来，我国健康领域改革发展取得显著成就。党的十八大以来，将建设健康中国上升为国家战略，提出健康中国"三步走"的宏伟蓝图。

4. 推进健康中国建设。全面推进健康中国建设，要站位全局、着眼长远，聚焦面临的老难题和新挑战，拿出实招硬招，加快提高卫生健康供给质量和服务水平，满足人民美好生活需要。

二、基本医疗卫生与健康促进法的原则

（一）基本医疗卫生与健康促进法原则的概念

基本医疗卫生与健康促进法的基本原则，是指反映基本医疗卫生与健康促进法的立法精神、符合新时代医疗卫生与健康事业法律关系的基本原则。基本医疗卫生与健康促进法以发展医疗卫生与健康事业，保障公民享有基本医疗卫生服务，提高公民健康水平，推进健康中国建设为目标。因此，基本医疗卫生与健康促进法的基本依据和立法基本思想，是基本医疗卫生与健康促进法所确认的关系及活动必须遵循的基本准则。

（二）基本医疗卫生与健康促进法的基本原则

1. 公益性原则。基本医疗卫生与健康促进法体现了以人民健康为中心的理念，坚持把公益性写在医疗卫生事业的旗帜上。规定基本公共卫生服务由国家免费提供；基本医疗服务主要由政府举办的医疗卫生机构提供；政府举办的医疗卫生机构应当坚持公益性质，所有收支均纳入预算管理；规定医疗卫生服务体系坚持以非营利性医疗卫生机构为主体、营利性医疗卫生机构为补充。

2. 保障基本医疗卫生服务公平原则。从现阶段国情和实际出发，突出基本医疗卫生服务的必需性和可持续性，保障基本医疗卫生服务公平可及，既尽力而为，又量力而行，避免脱离实际、超越发展阶段。

3. 提高基层医疗卫生服务能力原则。针对基层医疗卫生服务能力薄弱的现状，坚持以基层为重点，加强基层医疗卫生机构和人才队伍建设，提高基层医疗卫生服务能力，筑牢网底。

4. 完善重点人群健康制度原则。从以治病为中心向以人民健康为中心转变，强化健康教育、全民健身、食品安全、健康管理等健康促进措施，完善重点人群健康服务制度。

5. 促进医疗改革原则。将分级诊疗、家庭医生签约服务、医疗联合体建设等措施上升到法律层面，增强制度刚性；加强"三医联动"，形成制度合力。

6. 着眼医疗卫生与健康领域的基础性原则。着眼医疗卫生与健康领域的基础性、综合性立法定位，突出规定关键性、骨干性和支撑性等重要制度，处理好与《中华人民共和国传染病防治法》《中华人民共和国药品管理法》等相关法律的关系，既相互衔接，又突出特点。

三、基本医疗卫生与健康促进法的地位和作用

（一）基本医疗卫生与健康促进法的地位

2020年6月1日起，《中华人民共和国基本医疗卫生与健康促进法》（以下简称《基本医疗卫生与健康促进法》）正式施行。该法是我国卫生与健康领域第一部基础性、综合性的法律。《基本医疗卫生与健康促进法》总结了我国医药卫生体制改革的经验，做出了顶层的、制度性的、基本的安排，凸显"保基本、强基层、促健康"理念，它将统领现行十余部专门法律，并引领未来的相关立法，对发展医疗卫生与健康事业、保障公民享有基本医疗卫生服务、提高公民健康水平、推进健康中国建设具有重要意义。

该法落实了宪法关于国家发展医疗卫生事业、保护人民健康的规定；引领医药卫生事业改革和发展大局；推动和保障健康中国战略的实施；明确了我国医疗卫生与健康事业应当坚持以人民为中心、为人民健康服务，规定了医疗卫生事业应当坚持公益性原则，确立了健康优先发展的战略地位。

《基本医疗卫生与健康促进法》在多处阐明国家对医护人员的保护。立法明确加强了对处理医患关系、保护医疗卫生人员的规定，并将医院纳入公共场所的范围，明确这一点意义重大。升级了对医护人员的安全保护力度的同

时，也加大了对医疗卫生机构和医疗卫生人员违法行为的查处力度，要求医护人员要合理、合法、合规地执业，保护了患者的利益，有利于促进医疗机构依法治理、依法执业，营造管理有序、服务高效、医患和谐的医疗环境。

作为首部医疗健康领域的纲领性文件，《基本医疗卫生与健康促进法》内容全面，指导意义和宣示作用强。

(二) 基本医疗卫生与健康促进法的作用

1. 将医院定义为公共场所，明确规定暴力伤医的法律责任，维护社会卫生秩序。暴力伤医妨碍了整个社会医疗事业的发展。《基本医疗卫生与健康促进法》首次用法律的形式将医疗机构定义为公共场所，规定任何组织或者个人不得扰乱其秩序。同时规定医疗卫生人员的人身安全，其人格尊严不受侵犯，其合法权益受法律保护。禁止任何组织或者个人威胁、危害医疗卫生人员人身安全，侵犯医疗卫生人员人格尊严。违反上述规定的，轻则给予治安管理处罚，重则依法追究刑事责任，造成人身、财产损害的，还要依法承担民事赔偿责任。

将医院定义为"公共场所"加大了对涉医违法行为的打击力度，这一规定将在医院闹事的行为上升为社会公共问题，将医疗机构的安全层级从医院内部的"保安"上升为"公共安全"的层面，这无疑会促使公安机关加大对医疗机构及医护人员的保护力度，从严打击扰乱医疗机构秩序的违法犯罪行为。《基本医疗卫生与健康促进法》实施之后，任何扰乱医院秩序，威胁、危害医护人员人身安全及人格尊严的行为都将视为危害公共安全的行为，必将受到法律的严惩。

2. 健全院前急救体系，规定公共场所配备必要急救设备、设施。《健康中国行动（2019—2030年）》提出，完善公共场所急救设施设备配备标准，在学校、机关、企事业单位和机场、车站、港口、客运站、大型商场、电影院等人员密集场所配备急救药品、器材和设施，配备自动体外除颤器（AED）。根据《中国心血管病报告2018》估计，我国每年发生心脏性猝死54.4万例。然而，有数据表明，在我国，院外发生的猝死救治成功率仅为1%左右。

《基本医疗卫生与健康促进法》第27条明确规定，国家建立健全院前急救体系，为急危重症患者提供及时、规范、有效的急救服务。卫生健康主管部门、红十字会等有关部门、组织应当积极开展急救培训，普及急救知识，鼓励医疗卫生人员、经过急救培训的人员积极参与公共场所急救服务。公共场所应当按照规定配备必要的急救设备、设施。将公共场所配备急救设备、设施写入法律，而且使用了"应当"的用语，这就为急救设备、设施成为公共场所的标配提供了法律支持，为落实健康中国行动的相关要求提供了法律保障。该法实施后相关部门会确保资金到位，在人流密集的公共场所，如机场、火车站、地铁站、大型购物中心以及运动场等，配置自动体外除颤器（AED），从而能在需要时进行及时有效的抢救，提高院外发生猝死的抢救成功率。

3. 保护个人健康信息被纳入法律，泄露个人健康信息将被依法惩处。保护患者的隐私是我国卫生法律法规始终坚持的原则，《基本医疗卫生与健康促进法》第33条规定，公民接受医疗卫生服务，应当受到尊重。确立了医疗卫生机构、医疗卫生人员在执业活动中应当关心爱护、平等对待患者，尊重患者人格尊严，保护患者隐私的基本规范。对医务工作者而言，不仅要有精湛的技艺，还要恪守职业道德和执业规范，严格保护患者的隐私不受非法侵害。泄露患者隐私不仅要受到相应的行政处罚，构成犯罪的还会被依法追究刑事责任。《基本医疗卫生与健康促进法》中明确规定，国家保护公民个人健康信息，确保公民个人健康信息安全。任何组织或者个人不得非法收集、使用、加工、传输公民个人健康信息，不得非法买卖、提供或者公开公民个人健康信息。该法并对非法收集、使用、加工、传输公民个人健康信息，非法买卖、提供或者公开公民个人健康信息的行为作出了相应的处罚规定，即构成违反治安管理行为的，依法给予治安管理处罚。构成犯罪的，依法追究刑事责任。

4. 保障患者就医安全。《基本医疗卫生与健康促进法》加大了对非法行医的处罚力度，即"处违法所得5倍以上20倍以下的罚款，违法所得不足1万元的，按1万元计算"，最低5万元的罚款。

第二节　基本医疗卫生服务

一、概述

(一) 基本医疗卫生服务的概念

基本医疗卫生服务，是指维护人体健康所必需的、与经济社会发展水平相适应的、公民可公平获得的，采用适宜药物、适宜技术、适宜设备提供的疾病预防、诊断、治疗、护理和康复等服务。

(二) 基本医疗卫生服务的特征

1. 基础性。基本医疗服务的特征具有基础性。基本医疗服务的目标是保障劳动者或社会成员基本生命健康权利，使劳动者或者社会成员在防病治病过程中按照防治要求得到基本的治疗。

2. 服务性。基本医疗卫生服务的主要功能是促进公民的身体健康，使其享受良好的医疗服务。服务性是基本医疗卫生服务最基本、最鲜明的特征。

3. 公益性。基本医疗卫生服务在公益性领域中，不属于竞争性生产经营活动，不以营利为目的，因此具有公益性。

(三) 基本医疗卫生服务的范围

基本医疗卫生服务包括两大部分：一是公共卫生服务范围，包括疾病预防控制、计划免疫、健康教育、卫生监督、妇幼保健、精神卫生、卫生应急、急救、采血服务、食品安全、职业病防治和安全饮水等 12 个领域。二是基本医疗，即采用基本药物、使用适宜技术，按照规范诊疗程序提供的急慢性疾病的诊断、治疗和康复等医疗服务。

二、各级政府的职责

国家应该建立以基本医疗保险为主体，商业健康保险、医疗救助等为补充的、多层次的医疗保障体系。国家完善医疗救助制度，保障符合条件的困难群众获得基本医疗服务，让每一位公民都能被现代化的基本医疗服务覆盖。各级人民政府领导医疗卫生与健康促进工作。人民政府可以将针对重点地区、重点疾病和特定人群的服务内容纳入基本公共卫生服务项目并组织实施。县级以上地方人民政府应针对本行政区域内的重大疾病和主要健康危险因素，开展专项防控工作。县级以上地方人民政府应当制定并落实医疗卫生服务体系规划，科学配置医疗卫生资源。县级以上地方人民政府根据本行政区域医疗卫生需求，整合区域内的医疗卫生资源，因地制宜地建立医疗联合体等协同联动的医疗服务合作机制。

三、公民的健康权利与义务

关于"健康"的概念通常有两种观点：一是生理健康说，即健康只包括人生理功能的完善状态，而不包括心理功能；二是生理、心理健康说，此观点认为健康包括身体的生理功能的正常运转以及心理的良好状态。法律意义上的健康，通常是指健康权，包括健康权利和义务两个方面。《基本医疗卫生与健康促进法》详细规定了公民享有的健康权利和义务。

（一）公民的基本健康权利

1. 获得健康教育的权利。
2. 从国家和社会获得基本医疗卫生服务的权利。
3. 依法接种免疫规划疫苗的权利。
4. 对病情、诊疗方案、医疗风险、医疗费用等事项依法享有知情同意的权利。
5. 依法参加基本医疗保险的权利。
6. 对违反《基本医疗卫生与健康促进法》规定的行为，向有关部门投诉、举报的权利。

（二）公民的健康义务

1. 依法接种免疫规划疫苗的义务。
2. 依法参加基本医疗保险的义务。
3. 尊重他人的健康权利和利益的义务。
4. 尊重医疗卫生人员的义务。
5. 遵守诊疗制度和卫生服务秩序的义务。
6. 接受、配合医疗卫生机构为预防、控制、消除传染病危害，依法采取的调查、检验、采集样本的义务。

第三节　医疗卫生机构

一、医疗卫生机构的概念

医疗卫生机构，是指依法定程序设立的从事疾病诊断、治疗活动的卫生机构的总称。

《基本医疗卫生与健康促进法》第 34 条规定，国家建立健全由基层医疗卫生机构、医院、专业公共卫生机构等组成的城乡全覆盖、功能互补、连续协同的医疗卫生服务体系。国家加强县级医院、乡镇卫生院、村卫生室、社区卫生服务中心（站）和专业公共卫生机构等的建设，建立健全农村医疗卫生服务网络和城市社区卫生服务网络。

1. 基层医疗卫生机构。基层医疗卫生机构主要提供预防、保健、健康教育、疾病管理，为居民建立健康档案，常见病、多发病的诊疗以及部分疾病的康复、护理，接收医院转诊患者，向医院转诊超出自身服务能力的患者等基本医疗卫生服务。

2. 医院。医院主要提供疾病诊治，特别是急危重症和疑难病症的诊疗，突发事件医疗处置和救援以及健康教育等医疗卫生服务，并开展医学教育、医疗卫生人员培训、医学科学研究和对基层医疗卫生机构的业务指导等工作。

3. 专业公共卫生机构。专业公共卫生机构主要提供传染病、慢性非传染性疾病、职业病、地方病等疾病预防控制和健康教育、妇幼保健、精神卫生、院前急救、采供血、食品安全风险监测评估、出生缺陷防治等公共卫生服务。

二、医疗卫生机构成立条件

成立医疗机构，应当具备符合规定的名称、组织机构和场所；具有与其开展的业务相适应的经费、设施、设备和医疗卫生人员；具有相应的规章制度；能够独立承担民事责任。

医疗机构依法取得执业许可证。禁止伪造、变造、买卖、出租、出借医疗机构执业许可证。

各级各类医疗卫生机构的具体条件和配置应符合国务院卫生健康主管部门制定的医疗卫生机构标准。

三、医疗卫生机构的管理

（一）国家对医疗卫生机构实行分类管理

医疗卫生服务体系坚持以非营利性医疗卫生机构为主体、营利性医疗卫生机构为补充。

国家鼓励政府举办的医疗卫生机构与社会力量合作举办非营利性医疗卫生机构。国家采取多种措施，鼓励和引导社会力量依法举办医疗卫生机构，支持和规范社会力量举办的医疗卫生机构与政府举办的医疗卫生机构开展多种类型的医疗业务、学科建设、人才培养等合作。

社会力量举办的医疗卫生机构在基本医疗保险定点、重点专科建设、科研教学、等级评审、特定医疗技术准入、医疗卫生人员职称评定等方面享有与政府举办的医疗卫生机构同等的权利。社会力量可以选择设立非营利性或者营利性医疗卫生机构。社会力量举办的非营利性医疗卫生机构按照规定享受与政府举办的医疗卫生机构同等的税收、财政补助、用地、用水、用电、用气、用热等政策，并依法接受监督管理。

（二）国家对医疗卫生技术的临床应用进行分类管理

国家对医疗卫生技术的临床应用进行分类管理，对技术难度大、医疗风险高，服务能力、人员专业技术水平要求较高的医疗卫生技术实行严格管理。

医疗卫生机构开展医疗卫生技术临床应用，应当与其功能任务相适应，遵循科学、安全、规范、有效、经济的原则，并符合伦理。

医疗卫生机构执业场所是提供医疗卫生服务的公共场所，任何组织或者个人不得扰乱其秩序。

第四节　医疗卫生人员

医疗卫生人员应当弘扬敬佑生命、救死扶伤、甘于奉献、大爱无疆的崇高职业精神，遵守行业规范，恪守医德，努力提高专业水平和服务质量。医疗卫生行业组织、医疗卫生机构、医学院校应当加强对医疗卫生人员的医德医风教育。

一、医疗卫生人员的培养与管理

国家制定医疗卫生人员培养规划，建立适应行业特点和社会需求的医疗卫生人员培养机制和供需平衡机制，完善医学院校教育、毕业后教育和继续教育体系，建立健全住院医师、专科医师规范化培训制度，建立规模适宜、结构合理、分布均衡的医疗卫生队伍。

（一）职业培养管理

国家加强全科医生的培养和使用。全科医生主要提供常见病、多发病的诊疗和转诊、预防、保健、康复，以及慢性病管理、健康管理等服务。医疗卫生人员应当遵循医学科学规律，遵守有关临床诊疗技术规范和各项操作规范以及医学伦理规范，使用适宜技术和药物，合理诊疗，因病施治，不得对患者实施过度医疗。

医疗卫生人员不得利用职务之便索要、非法收受财物或者牟取其他不正当利益。

（二）注册管理

国家对医师、护士等医疗卫生人员依法实行执业注册制度。医疗卫生人员应当依法取得相应的执业资格。

（三）薪酬津贴管理

国家建立健全符合医疗卫生行业特点的人事、薪酬、奖励制度，体现医疗卫生人员职业特点和技术劳动价值。

对从事传染病防治、放射医学和精神卫生工作以及其他在特殊岗位工作的医疗卫生人员，应当按照国家规定给予适当的津贴。津贴标准应当定期调整。

二、医疗卫生人员的工作制度

（一）服务基层医疗

国家建立医疗卫生人员定期到基层和艰苦边远地区从事医疗卫生工作制度。

国家采取定向免费培养、对口支援、退休返聘等措施，加强基层和艰苦边远地区医疗卫生队伍建设。

执业医师晋升为副高级技术职称的，应当有累计一年以上在县级以下或者对口支援的医疗卫生机构提供医疗卫生服务的经历。

（二）建设基层医疗

对在基层和艰苦边远地区工作的医疗卫生人员，在薪酬津贴、职称评定、职业发展、教育培训和表彰奖励等方面实行优惠待遇。

国家加强乡村医疗卫生队伍建设，建立县乡村上下贯通的职业发展机制，完善对乡村医疗卫生人员的服务收入多渠道补助机制和养老政策。

（三）创建良好医疗环境

全社会应当关心、尊重医疗卫生人员，维护良好、安全的医疗卫生服务秩序，共同构建和谐医患关系。

医疗卫生人员的人身安全、人格尊严不受侵犯，其合法权益受法律保护。禁止任何组织或者个人威胁、危害医疗卫生人员人身安全，侵犯医疗卫生人员人格尊严。

国家采取措施，保障医疗卫生人员执业环境。

第五节　药品供应保障

一、药品供应保障体系

国家建立健全药品供应保障体系。加快建立以国家基本药物制度为基础的药品供应保障体系，保障人民群众安全用药。建立工作协调机制，保障药品的安全、有效、可及。

二、国家基本药物制度

（一）基本概念

国家基本药物制度是对基本药物目录制定、生产供应、采购配送、合理使用、价格管理、支付报销、质量监管、监测评价等多个环节实施有效管理的制度。国家基本医药制度可以完善目前的药品供应保障体系，保障人民群众的用药安全。

（二）基本药物目录

国家实施基本药物制度，遴选适当数量的基本药物品种，满足疾病防治基本用药需求。

国家公布基本药物目录，根据药品临床应用实践、药品标准变化、药品新上市情况等，对基本药物目录进行动态调整。

基本药物按照规定优先纳入基本医疗保险药品目录。

（三）基本药物的保障

国家提高基本药物的供给能力，强化对基本药物的质量监管，确保基本药物公平可及、合理使用。

三、药品审评审批制度

国家建立健全以临床需求为导向的药品审评审批制度，支持临床急需品，儿童用药品，防治罕见病、重大疾病等药品的研制、生产，满足疾病防治需求。药品审评审批制度的主要目标：①提高审评审批质量；②解决注册申请积压；③提高仿制药质量；④鼓励研究和创制新药；⑤提高审评审批透明度。

四、药品监管

国家建立健全药品研制、生产、流通、使用全过程追溯制度，加强药品管理，保证药品质量。

国家建立健全药品价格监测体系，开展成本价格调查，加强药品价格监督检查，依法查处价格垄断、价格欺诈、不正当竞争等违法行为，维护药品价格秩序。

国家加强药品分类采购管理和指导。参加药品采购投标的投标人不得以低于成本的报价竞标，不得以欺诈、串通投标、滥用市场支配地位等方式竞标。

五、药品储备

国家建立中央与地方两级医药储备，用于保障重大灾情、疫情及其他突发事件等应急需要。

国家建立健全药品供求监测体系，及时收集和汇总分析药品供求信息，定期公布药品生产、流通、使用等情况。

六、中药的保护和发展

中药，是指在中医理论指导下，用于预防、治疗、诊断疾病并具有康复与保健作用的物质。中药主要来源于天然药及其加工品，包括植物药、动物药、矿物药及部分化学、生物制品类药物。国家加强对中药的保护与发展，充分体现中药的特色和优势，发挥其在预防、保健、医疗、康复中的作用。

第六节　健康促进

一、健康教育

1. 各级人民政府应当加强健康教育工作及其专业人才培养，建立健康知识和技能核心信息发布制度，普及健康科学知识，向公众提供科学、准确的健康信息。

2. 学校应当利用多种形式实施健康教育，普及健康知识、科学健身知识、急救知识和技能，增强学生主动防病的意识，培养学生良好的卫生习惯和健康的行为习惯，减少、改善学生近视、肥胖等不良健康状况。学校应当按照规定开设体育与健康课程，组织学生开展广播体操、眼保健操、体能锻炼等活动。学校按照规定配备校医，建立和完善卫生室、保健室等。县级以上人民政府教育主管部门应当按照规定将学生体质健康水平纳入学校考核体系。

3. 医疗卫生、教育、体育、宣传等机构，以及基层群众性自治组织和社会组织应当开展健康知识的宣传和普及。医疗卫生人员在提供医疗卫生服务时，应当对患者开展健康教育。新闻媒体应当开展健康知识的公益宣传。健康知识的宣传应当科学、准确。

4. 公民是自己健康的第一责任人，应树立和践行对自己健康负责的健康管理理念，主动学习健康知识，提高健康素养，加强健康管理。倡导家庭成员相互关爱，形成符合自身和家庭特点的健康生活方式。公民应当尊重他人的健康权利和利益，不得损害他人健康和社会公共利益。

二、健康状况调查与风险评估

国家组织居民健康状况调查和统计，开展体质监测，对健康绩效进行评估，并根据评估结果制定、完善与健康相关的法律、法规、政策和规划。

国家建立疾病和健康危险因素监测、调查和风险评估制度。县级以上人民政府及其有关部门针对影响健康的主要问题，组织开展健康危险因素研究，制定综合防治措施。

国家加强影响健康的环境问题预防和治理，组织开展环境质量对健康影响的研究，采取措施预防和控制与环境问题有关的疾病。

三、健身公共服务

国家发展全民健身事业，完善覆盖城乡的全民健身公共服务体系，加强公共体育设施建设，组织开展和支持全民健身活动，加强全民健身指导服务，普及科学健身知识和方法。

国家鼓励单位的体育场地设施向公众开放。

四、重点人群健康服务

国家制定并实施未成年人、妇女、老年人、残疾人等的健康工作计划，加强重点人群健康服务。

国家推动长期护理保障工作，鼓励发展长期护理保险。

国家采取措施，减少吸烟对公民健康的危害。公共场所控制吸烟，强化监督执法。

烟草制品包装应当印制带有说明吸烟危害的警示。

禁止向未成年人出售烟酒。

五、公共场所卫生管理

国家完善公共场所卫生管理制度。县级以上人民政府卫生健康主管部门应当加强对公共场所的卫生监督。公共场所卫生监督信息应当依法向社会公开。

公共场所经营单位应当建立健全并严格实施卫生管理制度，保证其经营活动持续符合国家对公共场所的卫生要求。

六、用人单位职责

用人单位应当为职工创造有益于健康的环境和条件，严格执行劳动安全卫生等相关规定，积极组织职工开展健身活动，保护职工健康。

国家鼓励用人单位开展职工健康指导工作。

国家提倡用人单位为职工定期开展健康检查。法律、法规对健康检查有规定的，依照其规定。

七、爱国卫生运动

国家大力开展爱国卫生运动，鼓励和支持开展"爱国卫生月"等群众性卫生与健康活动，依靠和动员群众控制和消除健康危险因素，改善环境卫生状况，建设健康城市、健康村镇、健康社区。

第七节　资金保障

一、政府职责与资金监督管理

各级人民政府应当切实履行发展医疗卫生与健康事业的职责，建立与经济社会发展、财政状况和健康指标相适应的医疗卫生与健康事业投入机制，将医疗卫生与健康促进经费纳入本级政府预算，按照规定主要用于保障基本医疗服务、公共卫生服务、基本医疗保障和政府举办的医疗卫生机构建设和运行发展。

县级以上人民政府通过预算、审计、监督执法、社会监督等方式，加强资金的监督管理。

二、基本医疗服务费用

基本医疗服务费用主要由基本医疗保险基金和个人支付。国家依法多渠道筹集基本医疗保险基金，逐步完善基本医疗保险可持续筹资和保障水平调整机制。公民有依法参加基本医疗保险的权利和义务。用人单位和职工按照国家规定缴纳职工基本医疗保险费。城乡居民按照规定缴纳城乡居民基本医疗保险费。

三、医疗保障体系

国家建立以基本医疗保险为主体，商业健康保险、医疗救助、职工互助医疗和医疗慈善服务等为补充的、多层次的医疗保障体系。

国家鼓励发展商业健康保险，满足人民群众多样化健康保障需求。

国家完善医疗救助制度，保障符合条件的困难群众获得基本医疗服务。

四、协商谈判机制

国家建立健全基本医疗保险经办机构与协议定点医疗卫生机构之间的协商谈判机制，科学合理地确定基本医疗保险基金支付标准和支付方式，引导医疗卫生机构合理诊疗，促进患者有序流动，提高基本医疗保险基金使用效益。

五、基本医疗保险基金支付范围的确定

基本医疗保险基金支付范围由国务院医疗保障主管部门组织制定，并应当听取国务院卫生健康主管部门、中医药主管部门、药品监督管理部门、财政部门等的意见。

省、自治区、直辖市人民政府可以按照国家有关规定，补充确定本行政区域基本医疗保险基金支付的具体项目和标准，并报国务院医疗保障主管部门备案。

国务院医疗保障主管部门应当对纳入支付范围的基本医疗保险药品目录、诊疗项目、医疗服务设施标准等组织开展循证医学和经济性评价，并应当听取国务院卫生健康主管部门、中医药主管部门、药品监督管理部门、财政部门等有关方面的意见。评价结果应当作为调整基本医疗保险基金支付范围的依据。

第八节　监督管理

一、建立健全医疗卫生综合监督管理体系

国家建立健全机构自治、行业自律、政府监管、社会监督相结合的医疗卫生综合监督管理体系。

县级以上人民政府卫生健康主管部门对医疗卫生行业实行属地化、全行业监督管理。

县级以上人民政府医疗保障主管部门应当提高医疗保障监管能力和水平，对纳入基本医疗保险基金支付范围的医疗服务行为和医疗费用加强监督管理，确保基本医疗保险基金合理使用、安全可控。

二、建立沟通协商机制

县级以上人民政府应当组织卫生健康、医疗保障、药品监督管理、发展改革、财政等部门建立沟通协商机制，加强制度衔接和工作配合，提高医疗卫生资源使用效率和保障水平。

县级以上人民政府应当定期向本级人民代表大会或者其常务委员会报告基本医疗卫生与健康促进工作，依法接受监督。

三、对主要负责人进行约谈和整改相关部门

县级以上人民政府有关部门未履行医疗卫生与健康促进工作相关职责的，本级人民政府或者上级人民政府有关部门应当对其主要负责人进行约谈。

地方人民政府未履行医疗卫生与健康促进工作相关职责的，上级人民政府应当对其主要负责人进行约谈。

被约谈的部门和地方人民政府应当立即采取措施，进行整改。

约谈情况和整改情况应当纳入有关部门和地方人民政府工作评议、考核记录。

四、建立医疗卫生机构绩效评估制度

县级以上地方人民政府卫生健康主管部门应当建立医疗卫生机构绩效评估制度，组织对医疗卫生机构的服务质量、医疗技术、药品和医用设备使用等情况进行评估。评估应当吸收行业组织和公众参与。评估结果应当以适当方式向社会公开，作为评价医疗卫生机构和卫生监管的重要依据。

五、国家保护公民个人健康信息

国家保护公民个人健康信息，确保公民个人健康信息安全。任何组织或者个人不得非法收集、使用、加工、传输公民个人健康信息，不得非法买卖、提供或者公开公民个人健康信息。

六、建立信用记录制度

县级以上人民政府卫生健康主管部门、医疗保障主管部门应当建立医疗卫生机构、人员等信用记录制度，纳入全国信用信息共享平台，按照国家规定实施联合惩戒。

七、积极培育医疗卫生行业组织

县级以上人民政府卫生健康主管部门应当积极培育医疗卫生行业组织，发挥其在医疗卫生与健康促进工作中的作用，支持其参与行业管理规范、技术标准制定和医疗卫生评价、评估、评审等工作。

国家建立医疗纠纷预防和处理机制，妥善处理医疗纠纷，维护医疗秩序。

八、社会监督

国家鼓励公民、法人和其他组织对医疗卫生与健康促进工作进行社会监督。任何组织和个人对违反《基本医疗卫生与健康促进法》规定的行为，有权向县级以上人民政府卫生健康主管部门和其他有关部门投诉、举报。

第九节　法律责任

违反《基本医疗卫生与健康促进法》相关规定的，根据不同情况要承担相应的法律责任。

一、滥用职权、玩忽职守、徇私舞弊的法律责任

地方各级人民政府、县级以上人民政府卫生健康主管部门和其他有关部门，滥用职权、玩忽职守、徇私舞弊的，对直接负责的主管人员和其他直接责任人员依法给予处分。

二、擅自执业的法律责任

未取得医疗机构执业许可证擅自执业的，由县级以上人民政府卫生健康主管部门责令停止执业活动，没收违法所得和药品、医疗器械，并处违法所得5倍以上20倍以下的罚款，违法所得不足1万元的，按1万元计算。

伪造、变造、买卖、出租、出借医疗机构执业许可证的，由县级以上人民政府卫生健康主管部门责令改正，没收违法所得，并处违法所得5倍以上15倍以下的罚款，违法所得不足1万元的，按1万元计算；情节严重的，吊销医疗机构执业许可证。

三、医疗卫生机构违反规定的法律责任

有下列行为之一的，由县级以上人民政府卫生健康主管部门责令改正，没收违法所得，并处违法所得2倍以上10倍以下的罚款，违法所得不足1万元的，按1万元计算；对直接负责的主管人员和其他直接责任人员依法给予处分：①政府举办的医疗卫生机构与其他组织投资设立非独立法人资格的医

疗卫生机构；②医疗卫生机构对外出租、承包医疗科室；③非营利性医疗卫生机构向出资人、举办者分配或者变相分配收益。

四、医疗信息泄露，医疗管理制度、安全措施不健全的法律责任

医疗卫生机构等的医疗信息安全制度、保障措施不健全，导致医疗信息泄露，或者医疗质量管理和医疗技术管理制度、安全措施不健全的，由县级以上人民政府卫生健康主管部门责令改正，给予警告，并处1万元以上5万元以下的罚款；情节严重的，可以责令停止相应执业活动，对直接负责的主管人员和其他直接责任人员依法追究法律责任。

五、医疗卫生人员违反规定的法律责任

医疗卫生人员有下列行为之一的，由县级以上人民政府卫生健康主管部门依照有关执业医师、护士管理和医疗纠纷预防处理等法律、行政法规的规定给予行政处罚：①利用职务之便索要、非法收受财物或者牟取其他不正当利益；②泄露公民个人健康信息；③在开展医学研究或提供医疗卫生服务过程中未按照规定履行告知义务或者违反医学伦理规范。

上文规定的人员属于政府举办的医疗卫生机构中的人员的，依法给予处分。

六、参加药品采购投标的投标人违反规定的法律责任

参加药品采购投标的投标人以低于成本的报价竞标，或者以欺诈、串通投标、滥用市场支配地位等方式竞标的，由县级以上人民政府医疗保障主管部门责令改正，没收违法所得；中标的，中标无效，处中标项目金额千分之五以上千分之十以下的罚款，对法定代表人、主要负责人、直接负责的主管人员和其他责任人员处对单位罚款数额百分之五以上百分之十以下的罚款；情节严重的，取消其2年至5年内参加药品采购投标的资格并予以公告。

七、骗取基本医疗保险的法律责任

以欺诈、伪造证明材料或者其他手段骗取基本医疗保险待遇，或者基本医疗保险经办机构以及医疗机构、药品经营单位等以欺诈、伪造证明材料或者其他手段骗取基本医疗保险基金支出的，由县级以上人民政府医疗保障主

管部门依照有关社会保险的法律、行政法规规定给予行政处罚。

八、违反规定构成违法犯罪的法律责任

扰乱医疗卫生机构执业场所秩序，威胁、危害医疗卫生人员人身安全，侵犯医疗卫生人员人格尊严，非法收集、使用、加工、传输公民个人健康信息，非法买卖、提供或者公开公民个人健康信息等，构成违反治安管理行为的，依法给予治安管理处罚；构成犯罪的，依法追究刑事责任；造成人身、财产损害的，依法承担民事责任。

▶ 拓展阅读

中华人民共和国基本医疗卫生与健康促进法

▶ 思考题

1. 简述《中华人民共和国基本医疗卫生与健康促进法》颁布的重要意义。

2. 请结合本章所学，谈谈如何促进我国基本医疗卫生与健康促进事业的发展。

第四章 医疗机构管理法律制度

学习目标

掌握：医疗机构的概念和医疗机构的执业规则。
熟悉：医疗机构的设置、审批、登记和校验。
了解：违反医疗机构管理相关规定应承担的法律责任。

章前案例

某卫生服务站超范围行医案

某市卫生监督所人员，在对辖区某卫生服务站检查时发现该站广告牌上标有诊疗科目"口腔"，执法人员便对该站进行了监督检查。经查该站持有效《医疗机构执业许可证》，诊疗科目为全科医学科、预防保健科，且在有效期内。站内设有口腔科，内有牙医2名，执业人员张某无资质，自该站成立以来执业至今。

思考题：
1. 该站是否有违法行为？
2. 该站诊疗科目为全科医学科，是否可以从事任何科目诊疗？
3. 该站应承担怎样的法律责任？

第一节 概 述

一、医疗机构的概念

医疗机构,是依法定程序设立的,以救死扶伤、防病治病,为公民的健康服务为宗旨,从事疾病诊断、治疗活动的医院、卫生院、疗养院、门诊部、诊所、卫生所(室)以及急救站等卫生机构的总称。

根据《医疗机构管理条例》及其实施细则中的规定,医疗机构必须依法取得行政许可,并履行登记手续,领取《医疗机构执业许可证》,按照国务院卫生行政部门的规定向所在地的县级人民政府卫生行政部门备案后才能从事疾病诊断、治疗等医疗执业活动。医院、卫生院、社区医疗服务中心是我国医疗机构的主要形式,此外还有疗养院、门诊部、诊所、卫生所(室)以及急救站等,共同构成了我国的医疗机构。

根据国家卫生健康委员会(简称"卫健委")2022年公布的数据显示,截至2022年末,全国医疗卫生机构数达1 032 918个,其中医院约36 976个,基层医疗卫生机构约979 768个,专业公共卫生机构约12 436个,全国共设置13个专业类别的国家医学中心和儿童类别的国家区域医疗中心。

二、医疗机构的分类

(一)按医疗机构的功能、任务、规模的不同分类

按医疗机构的功能、任务、规模的不同,可分为13类:①综合医院、中医医院、中西医结合医院、民族医医院、专科医院、康复医院;②妇幼保健院;③社区卫生服务中心、社区卫生服务站;④中心卫生院、乡(镇)卫生院、街道卫生院;⑤疗养院;⑥综合门诊部、专科门诊部、中医门诊部、中西医结合门诊部、民族医门诊部;⑦诊所、中医诊所、民族医诊所、卫生所、医务室、卫生保健所、卫生站;⑧村卫生室(所);⑨急救中心、急救站;⑩临床检验中心;⑪专科疾病防治院、专科疾病防治所、专科疾病防治站;⑫护理院、护理站;⑬其他诊疗机构。

(二)按医疗机构的性质、社会功能及其承担的任务的不同分类

1. 非营利性医疗机构。非营利性医疗机构,是指为社会公众利益服务而

设立和运营的医疗机构，不以营利为目的，其收入用于弥补医疗服务成本。其实际运营中的收支结余不能用于投资者回报，也不能为其职工变相分配，所有利润和盈余只能投入到机构的再发展中，用于改善医疗条件、购买设备、引进技术、开展新的医疗服务项目等。非营利性医疗机构在医疗服务体系中占主导地位，享受相应的税收优惠政策。

2. 营利性医疗机构。营利性医疗机构，是指以投资获利为目的，医疗服务所得收益可用于投资者经济回报的医疗机构。营利性医疗机构的最大特点是它的营利性，其在价格政策、财会制度和税收上都不同于非营利性医疗机构。营利性医疗机构医疗服务价格放开，依法自主经营，照章纳税。政府不举办营利性医疗机构。

(三) 按投资主体是否具有外国国籍分类

1. 内资医疗机构。内资医疗机构，是指投资主体成分不含有外资成分，全部由中国公民或法人、国家授权的投资部门投资设立。

2. 中外合资、合作医疗机构。中外合资、合作医疗机构，是指外国医疗机构、公司、企业和其他经济组织，按照平等互利的原则，经中国政府主管部门批准，在中国境内（香港、澳门及台湾地区除外）与中国的医疗机构、公司、企业和其他经济组织以合资或者合作形式设立的医疗机构。为促进卫生领域对外交流与合作，我国允许开办中外合资、合作医疗机构。

三、医疗机构的管理立法

在新中国成立后，我国十分重视卫生事业，1951年1月19日，当时的政务院批准了我国第一个医疗机构管理方面的行政法规《医院诊所管理暂行条例》，同年3月15日公布。随后国务院及当时的卫生部等又陆续制定了一系列有关医疗机构管理的行政法规和部门规章。

为了加强对医疗机构的管理，促进医疗卫生事业的发展，保障公民健康，在总结过去管理经验的基础上，1994年2月26日，国务院发布了《医疗机构管理条例》，同年9月1日起施行，后于2022年3月29日国务院修订了《医疗机构管理条例》。为了配合该条例的实施，当时的卫生部陆续颁布了《医疗机构管理条例实施细则》《医疗机构监督管理行政处罚程序》《医疗机构设置规划指导原则》《医疗机构基本标准（试行）》《医疗机构诊疗科目名录》

《医疗机构评审委员会章程》等规章。

　　为了保护医疗机构、医务人员、患者各方合法权益，2002 年 4 月，国务院颁布了《医疗事故处理条例》，2002 年 9 月 1 日起施行。之后，当时的卫生部单独或与有关部门联合制定了若干新的规范文件，如《医疗美容服务管理办法》（2002 年 1 月）、《医疗机构病历管理规定》（2002 年 8 月）、《大型医用设备配置与使用管理办法》（2004 年 12 月）、《医疗广告管理办法》（2006 年 11 月）、《关于医疗机构冠名红十字（会）的规定》（2007 年 1 月）、《处方管理办法》（2007 年 2 月）、《医疗技术临床应用管理办法》（2009 年 3 月）、《抗菌药物临床应用管理办法》（2012 年 4 月）、《医疗机构临床用血管理办法》（2012 年 6 月）；后卫计委又颁布了《医疗机构临床检验项目目录（2013 年版）》（2013 年 8 月）、《医疗机构病历管理规定（2013 年版）》（2013 年 11 月）、《内镜诊疗技术临床应用管理暂行规定》（2013 年 12 月）等一系列规范文件，这些规定覆盖了医疗机构执业所涉及的各个环节，形成了比较全面的医疗机构管理法律体系，我国对各级各类医疗机构的管理逐步走上了法制化、规范化的轨道。

　　2013 年 11 月，在党的十八届三中全会上通过的《中共中央关于全面深化改革若干重大问题的决定》中指出，要深化医药卫生体制改革，统筹推进医疗保障、医疗服务、公共卫生、药品供应、监管体制综合改革。深化基层医疗卫生机构综合改革，健全网络化城乡基层医疗卫生服务运行机制。同时，国家鼓励社会办医，优先支持举办非营利性医疗机构。社会资金可直接投向资源稀缺及满足多元需求服务领域，多种形式参与公立医院改制重组。允许医师多点执业，允许民办医疗机构纳入医保定点范围。

第二节　医疗机构的设置与审批

一、医疗机构的设置规划

（一）医疗机构设置规划的含义

　　医疗机构设置规划是区域卫生规划的重要组成部分，是卫生行政部门审批医疗机构的依据。其目的是统筹规划医疗机构的数量、规模和分布，合理配置卫生资源，提高卫生资源的利用效率。

县级以上地方人民政府卫生行政部门根据本行政区域内的人口、医疗资源、医疗需要和现有医疗机构的分布状况，依据卫健委制定的《医疗机构设置规划指导原则》，制定本行政区域医疗机构设置规划，经上一级卫生行政部门审核，报同级人民政府批准，在本行政区域内发布实施。机关、企业和事业单位可以根据需要设置医疗机构，并纳入当地医疗机构的设置规划。县级以上地方人民政府应当把医疗机构设置规划纳入当地的区域卫生发展规划和城乡建设发展总体规划。设置医疗机构应当符合医疗机构设置规划和医疗机构基本标准。

单位或者个人设置医疗机构，按照国务院的规定应当办理设置医疗机构批准书的，应当经县级以上地方人民政府卫生行政部门审查批准，并取得设置医疗机构批准书。

(二) 医疗机构设置的原则

坚持以人为本，以人人享有基本医疗卫生服务为根本出发点和落脚点，坚持统筹兼顾、协调发展的科学发展观，建立健全覆盖城乡居民的医疗服务体系，为群众提供安全、有效、方便、价廉的医疗服务。医疗机构设置应当遵循以下原则：

1. 公平性原则。医疗卫生服务必须坚持公平、公正原则，要从当地的医疗供需实际出发，面向城乡，以基层为重点，充分发挥现有医疗资源的作用，适当调控城市医疗机构的发展规模，保证全体居民尤其是广大农民都能公平、公正地享有基本医疗服务。

2. 整体效益原则。医疗机构设置应当符合当地卫生发展总体规划的要求，建立各级各类医疗机构相互协调和有序竞争的医疗服务体系，局部要服从全局，科学合理配置医疗资源，充分发挥医疗服务体系的整体功能和效益，避免诱导以趋利为目的、争夺病人的无序甚至恶性竞争的发生。

3. 可及性原则。各级各类医疗机构服务半径的规划、确定要适宜，交通便利，布局合理，易于群众得到服务。

4. 分级医疗原则。落实医疗机构的功能和职责，建立和完善分级医疗、双向转诊的医疗服务体系，做到常见病和多发病在基层医疗机构诊疗，危重急症和疑难病在城市医院诊疗。

5. 公有制主导原则。坚持非营利性医疗机构为主体、营利性医疗机构为补充，公立医疗机构为主导、非公立医疗机构共同发展的办医原则，鼓励和引导社会资本发展医疗卫生事业，促进非公立医疗卫生机构发展，形成投资主体多元化、投资方式多样化的办医体制。

6. 中西医并重原则。遵循卫生工作的基本方针，中西医并重，保证中医、中西医结合和民族医医疗机构的合理布局及资源配置。

二、医疗机构的设置申请

（一）申请人

地方各级人民政府设置医疗机构，由政府指定或者任命的拟设医疗机构的筹建负责人申请；法人或者其他组织设置医疗机构，由其代表人申请；个人设置医疗机构，由设置人申请；两人以上合伙设置医疗机构，由合伙人共同申请。

（二）申请材料

申请设置医疗机构的单位或个人，应当向县级以上地方人民政府卫生行政部门提出设置申请，并按需求提交申请材料。申请材料包括：①设置申请书；②设置可行性研究报告；③选址报告；④建筑设计平面图。由两个以上法人或者其他组织共同申请设置医疗机构以及由两人以上合伙申请设置医疗机构的，还必须提交由各方共同签署的协议书。

可行性研究报告的内容包括：申请单位名称、基本情况以及申请人姓名、年龄、专业履历、身份证号码；所在地区的人口、经济和社会发展等概况；所在地区人群健康状况和疾病流行以及有关疾病患病率；所在地区医疗资源分布情况以及医疗服务需求分析；拟设医疗机构的名称、选址、功能、任务、服务半径；拟设医疗机构的服务方式、时间、诊疗科目和床位编制；拟设医疗机构的组织结构、人员配备；拟设医疗机构的仪器、设备配备；拟设医疗机构与服务半径区域内其他医疗机构的关系和影响；拟设医疗机构的污水、污物、粪便处理方案；拟设医疗机构的通讯、供电、上下水道、消防设施情况；资金来源、投资方式、投资总额、注册资金（资本）；拟设医疗机构的投资预算；拟设医疗机构 5 年内的成本效益预测分析。

选址报告的内容包括：选址的依据、选址所在地区的环境和公用设施情况；选址与周围托幼机构、中小学校、食品生产经营单位布局的关系；占地和建筑面积。

（三）个人诊所设置要求

在城市设置诊所的个人，必须同时具备下列条件：①经医师执业技术考核合格，取得《医师执业证书》；②取得《医师执业证书》或者医师职称后，从事 5 年以上同一专业的临床工作；③省级卫生行政部门规定的其他条件。

在乡镇和村设置诊所的个人的条件，由省级卫生行政部门规定。

（四）中外合资、合作医疗机构设置要求

中外合资、合作医疗机构的设置和发展必须符合区域卫生规划和医疗机构设置规划，并执行医疗机构基本标准，满足下列要求之一：①能够提供国际先进的医疗机构管理经验、管理模式和服务模式；②能够提供具有国际领先水平的医学技术和设备；③可以补充或改善当地在医疗服务能力、医疗技术、资金和医疗设施方面的不足。

设立中外合资、合作医疗机构应当符合以下条件：①必须是独立的法人；②投资总额不得低于 2000 万元人民币；③合资、合作中方在中外合资、合作医疗机构中所占的股权比例或权益不得低于 30%；④合资、合作期限不超过 20 年；⑤省级以上卫生行政部门规定的其他条件。

设置中外合资、合作医疗机构，应先向所在地设区的市级卫生行政部门提出申请，并提交以下材料：①设置医疗机构申请书；②双方法人代表签署的项目建议书及中外合资、合作医疗机构设置可行性研究报告；③双方各自的注册登记证明（复印件）、法定代表人身份证明（复印件）和银行资信证明；④国有资产管理部门对拟投入国有资产的评估报告确认文件。

（五）不得申请设置医疗机构的情形

有下列情形之一的，不得申请设置医疗机构：①不能独立承担民事责任的单位；②正在服刑或者不具有完全民事行为能力的个人；③发生二级以上医疗事故未满 5 年的医务人员；④因违反有关法律、法规和规章，已被吊销执业证书的医务人员；⑤被吊销《医疗机构执业许可证》的医疗机构法定代表人或者主要负责人；⑥省级卫生行政部门规定的其他情形。

三、医疗机构的设置审批

（一）医疗机构的设置审批权限

医疗机构不分类别、所有制形式、隶属关系、服务对象，其设置必须符合当地《医疗机构设置规划》，任何单位或者个人设置医疗机构，必须经县级以上地方人民政府卫生行政部门审查批准，并取得设置医疗机构批准书，方可向有关部门办理其他手续。

床位在100张以上的综合医院、中医医院、中西医结合医院、民族医医院以及专科医院、疗养院、康复医院、妇幼保健院、急救中心、临床检验中心和专科疾病防治机构的设置审批权限的划分，由省、自治区、直辖市人民政府卫生行政部门规定申请；不设床位或者床位不满100张的医疗机构，向所在地的县级人民政府卫生行政部门申请；机关、企业和事业单位按照国家医疗机构基本标准设置为内部职工服务的门诊部、诊所、卫生所（室），报所在地的县级人民政府卫生行政部门备案。国家统一规划的医疗机构的设置，由国务院卫生行政部门决定。

县级以上地方人民政府卫生行政部门对设置医疗机构申请，应当自受理之日起30日内，依据当地《医疗机构设置规划》及《医疗机构管理条例实施细则》的规定，对符合医疗机构设置规划和医疗机构基本标准的，发给《设置医疗机构批准证书》；对不予批准的要以书面形式告知理由。

设置中外合资、合作医疗机构的，其在申请获国务院卫生行政部门批准后，还需按规定向商务部提出申请，并提交以下材料：①设置申请申报材料及批准文件；②由各方的法定代表人或其授权的代表签署的中外合资、合作医疗机构的合同、章程；③拟设立医疗机构董事会成员名单及合资、合作各方董事委派书；④工商行政管理部门出具的机构名称预先核准通知书；⑤法律、法规和商务部规定的其他材料。商务部应当自受理申请之日起45个工作日内，作出批准或者不批准的书面决定，予以批准的，发给《外商投资企业批准证书》。

(二) 设置医疗机构申请不予批准的情形

申请设置医疗机构有下列情形之一的，不予批准：①不符合当地《医疗机构设置规划》；②设置人不符合规定的条件；③不能提供满足投资总额的资信证明；④投资总额不能满足各项预算开支；⑤医疗机构选址不合理；⑥水、污物、粪便处理方案不合理；⑦省、自治区、直辖市卫生行政部门规定的其他情形。

第三节 医疗机构的执业登记和校验

一、医疗机构的执业登记

医疗机构执业必须进行登记，领取《医疗机构执业许可证》。医疗机构的执业登记，由批准其设置的人民政府卫生行政部门办理。

(一) 申请执业登记条件

申请医疗机构执业登记，应当具备下列条件：①有设置医疗机构批准书；②符合医疗机构的基本标准；③有适合的名称、组织机构和场所；④有与其开展的业务相适应的经费、设施和专业卫生技术人员；⑤有相应的规章制度；⑥能够独立承担民事责任。

申请医疗机构执业登记必须填写《医疗机构申请执业登记注册书》，并向登记机关提交下列材料：①《设置医疗机构批准书》或者《设置医疗机构备案回执》；②医疗机构用房产权证明或者使用证明；③医疗机构建筑设计平面图；④验资证明、资产评估报告；⑤医疗机构规章制度；⑥医疗机构法定代表人或者主要负责人以及各科室负责人名录和有关资格证书、执业证书复印件；⑦省级卫生行政部门规定提交的其他材料。

申请门诊部、诊所、卫生所、医务室、卫生保健所和卫生站登记的，还应当提交附设药房（柜）的药品种类清单、卫生技术人员名录及其有关资格证书、执业证书复印件以及卫生行政部门规定提交的其他材料。

(二) 执业登记事项

医疗机构执业登记的事项：①类别、名称、地址、法定代表人或者主要负责人；②所有制形式；③注册资金（资本）；④服务方式；⑤诊疗科目；⑥房屋建筑面积、床位（牙椅）；⑦服务对象；⑧职工人数；⑨执业许可证登记号（医疗机构代码）；⑩省级卫生行政部门规定的其他登记事项。

门诊部、诊所、卫生所、医务室、卫生保健所、卫生站除登记前款所列事项外，还应当核准登记附设药房（柜）的药品种类。

(三) 不予执业登记的情形

申请医疗机构执业登记有下列情形之一的，不予登记：①不符合《设置医疗机构批准书》核准的事项；②不符合《医疗机构基本标准》；③投资不到位；④医疗机构用房不能满足诊疗服务功能；⑤通讯、供电、上下水道等公共设施不能满足医疗机构正常运转；⑥医疗机构规章制度不符合要求；⑦消毒、隔离和无菌操作等基本知识和技能的现场抽查考核不合格；⑧省级卫生行政部门规定的其他情形。

（四）登记的变更与注销

医疗机构变更名称、地址、法定代表人或者主要负责人、所有制形式、注册资金（资本）、服务方式、诊疗科目、床位（牙椅）、服务对象，必须向原登记机关办理变更登记或者向原备案机关备案。机关、企业和事业单位设置的为内部职工服务的医疗机构向社会开放，应当按规定申请办理变更登记。

医疗机构因分立或者合并而保留的医疗机构应当申请变更登记；因分立或者合并而新设置的医疗机构应当申请设置许可和执业登记；因合并而终止的医疗机构应当申请注销登记。医疗机构歇业，必须向原登记机关办理注销登记。经登记机关核准后，收缴《医疗机构执业许可证》。医疗机构非因改建、扩建、迁建原因停业超过一年的，视为歇业。医疗机构停业，必须经登记机关批准。除改建、扩建、迁建原因，医疗机构停业不得超过一年。

医疗机构在原登记机关管辖权限范围内变更登记事项的，由原登记机关办理变更登记；因变更登记超出原登记机关管辖权限的，由有管辖权的卫生行政部门办理变更登记。在原登记机关管辖区域内迁移，由原登记机关办理变更登记；向原登记机关管辖区域外迁移的，应当在取得迁移目的地的卫生行政部门发给的《设置医疗机构批准书》，并经原登记机关核准办理注销登记后，再向迁移目的地的卫生行政部门申请办理执业登记。

县级以上地方人民政府卫生行政部门自受理执业登记申请之日起45日内，根据《医疗机构管理条例》和《医疗机构基本标准》进行审核。审核合格的，予以登记，发给《医疗机构执业许可证》；审核不合格的，将审核结果以书面形式通知申请人。《医疗机构执业许可证》不得伪造、涂改、出卖、转让、出借。若遗失，应当及时申明并向原登记机关申请补发。

二、医疗机构执业登记的校验

《医疗机构管理条例实施细则》第35条规定，床位在100张以上的综合医院、中医医院、中西医结合医院、民族医医院以及专科医院、疗养院、康复医院、妇幼保健院、急救中心、临床检验中心和专科疾病防治机构的校验期为3年；其他医疗机构的校验期为1年。

医疗机构应当于校验期满前3个月向登记机关申请办理校验手续。办理校验应当交验《医疗机构执业许可证》，并提交下列文件：①《医疗机构校验申请书》；②《医疗机构执业许可证》副本；③省、自治区、直辖市卫生行政部门规定提交的其他材料。卫生行政部门应当在受理校验申请后30日内完成校验。

医疗机构有下列情形之一的，登记机关可以根据情况，给予1~6个月的暂缓校验期：①不符合《医疗机构基本标准》；②限期改正期间；③省级卫生行政部门规定的其他情形。

暂缓校验期满仍不能通过校验的，由登记机关注销其《医疗机构执业许可证》。不设床位的医疗机构在暂缓校验期内不得执业。

三、医疗机构的名称管理

（一）医疗机构名称的构成

根据《医疗机构管理条例实施细则》第40条的规定，医疗机构的名称由识别名称和通用名称依次组成。

医疗机构的通用名称为：医院、中心卫生院、卫生院、疗养院、妇幼保健院、门诊部、诊所、卫生所、卫生站、卫生室、医务室、卫生保健所、急救中心、急救站、临床检验中心、防治院、防治站、护理院、护理站、中心以及国务院卫生健康主管部门规定或者认可的其他名称。

医疗机构可以下列名称作为识别名称：地名、单位名称、个人姓名、医学学科名称、医学专业和专科名称、诊疗科目名称和核准机关批准使用的名称。

（二）医疗机构的命名原则

医疗机构的命名必须符合以下原则：①医疗机构的通用名称以上文所列的名称为限；②上文所列的医疗机构的识别名称可以合并使用；③名称必须名副其实；④名称必须与医疗机构类别或者诊疗科目相适应；⑤各级地方人民政府设置的医疗机构的识别名称中应当含有省、市、县、区、街道、乡、镇、村等行政区划名称，其他医疗机构的识别名称中不得含有行政区划名称；

⑥国家机关、企业和事业单位、社会团体或者个人设置的医疗机构的名称中应当含有设置单位名称或者个人的姓名。

（三）医疗机构不得使用的名称

医疗机构不得使用下列名称：①有损于国家、社会或者公共利益的名称；②侵犯他人利益的名称；③以外文字母、汉语拼音组成的名称；④以医疗仪器、药品、医用产品命名的名称；⑤含有"疑难病""专治""专家""名医"或者同类含义文字的名称以及其他宣传或者暗示诊疗效果的名称；⑥超出登记的诊疗科目范围的名称；⑦省级以上卫生行政部门规定不得使用的名称。

（四）医疗机构名称的核准

以下医疗机构名称由国务院卫生健康主管部门核准：①含有外国国家（地区）名称及其简称、国际组织名称的；②含有"中国""全国""中华""国家"等字样以及跨省地域名称的；③各级地方人民政府设置的医疗机构的识别名称中不含有行政区划名称的。

属于中医、中西医结合和民族医医疗机构的，由国家中医药管理局核准。

以"中心"作为医疗机构通用名称的医疗机构名称，由省级以上卫生行政部门核准；在识别名称中含有"中心"字样的医疗机构名称的核准，由省级卫生行政部门规定。含有"中心"字样的医疗机构名称必须同时含有行政区划名称或者地名。

除专科疾病防治机构以外，医疗机构不得以具体疾病名称作为识别名称，确有需要的由省级卫生行政部门核准。

中外合资、合作医疗机构命名应当遵循《医疗机构管理条例实施细则》规定，名称由所在地地名、识别名和通用名依次组成。中外合资、合作医疗机构不得设置分支机构。

（五）医疗机构名称的使用

医疗机构名称经核准登记，于领取《医疗机构执业许可证》后方可使用，在核准机关管辖范围内享有专用权。医疗机构只准使用一个名称。确有需要，经核准机关核准可以使用两个或者两个以上名称，但必须确定一个第一名称。医疗机构名称不得买卖、出借。未经核准机关许可，医疗机构名称不得转让。

第四节 医疗机构的执业与监督管理

一、医疗机构的执业管理

（一）执业条件

医疗机构执业应当进行登记，领取《医疗机构执业许可证》。任何单位或者个人，未取得《医疗机构执业许可证》，不得开展诊疗活动。为内部职工服务的医疗机构未经许可和变更登记不得向社会开放。医疗机构被吊销或者注销执业许可证后，不得继续开展诊疗活动。

（二）开展诊疗活动的规则

1. 医疗机构执业，必须遵守有关法律、法规和医疗技术规范。

2. 医疗机构必须将《医疗机构执业许可证》、诊疗科目、诊疗时间和收费标准悬挂于明显处所，按照人民政府物价等有关部门核准的收费标准收取医疗费用，详列细项，并出具收据。

3. 医疗机构必须按照核准登记的诊疗项目开展诊疗活动，未经允许不得擅自扩大业务范围。需要诊疗科目的，应当按照规定的程序和要求，办理变更登记手续。

4. 医疗机构的印章、银行账户、牌匾以及医疗文件中使用的名称应当与核准登记的医疗机构名称相同；使用两个以上名称的，应当与第一名称相同。

5. 标有医疗机构标识的票据和病历本册以及处方笺、各种检查的申请单、报告单、证明文书单、药品分装袋、制剂标签等不得买卖、出借和转让。医疗机构不得冒用标有其他医疗机构标识的票据和病历本册以及处方笺、各种检查的申请单、报告单、证明文书单、药品分装袋、制剂标签等。

6. 医疗机构工作人员上岗工作，必须佩戴载有本人姓名、职务或者职称的标牌。医疗机构不得使用非卫生技术人员从事医疗卫生技术工作。

7. 医疗机构应当严格执行无菌消毒、隔离制度，采取科学有效的措施处理污水和废弃物，预防和减少医院感染。

8. 医疗机构的门诊病历的保存期不得少于15年；住院病历的保存期不得少于30年。

9. 医疗机构应当按照卫生行政部门的有关规定、标准加强医疗质量管理，实施医疗质量保证方案，确保医疗安全和服务质量，不断提高服务水平；应当定期检查、考核各项规章制度和各级各类人员岗位责任制的执行和落实情况；应当经常对医务人员进行"基础理论、基本知识、基本技能"的训练与考核，把"严格要求、严密组织、严谨态度"落实到各项工作中；应当组织医务人员学习医德规范和有关教材，督促医务人员恪守职业道德。

10. 医疗机构对危重病人应当立即抢救。对限于设备或者技术条件不能诊治的病人，应当及时转诊。

11. 未经医师（士）亲自诊查病人，医疗机构不得出具疾病诊断书、健康证明书或者死亡证明书等证明文件；未经医师（士）、助产人员亲自接产，医疗机构不得出具出生证明书或者死产报告书；医疗机构为死因不明者出具的《死亡医学证明书》，只做是否死亡的诊断，不做死亡原因的诊断。

12. 医疗机构在诊疗活动中，应当对患者实行保护性医疗措施，并取得患者家属和有关人员的配合；应当尊重患者对自己的病情、诊断、治疗的知情权利。在实施手术、特殊检查、特殊治疗时，应当向患者进行必要的解释；因实施保护性医疗措施不宜向患者说明情况的，应当将有关情况通知患者家属。

13. 医疗机构施行手术、特殊检查或者特殊治疗时，必须征得患者同意，并应当取得其家属或者关系人同意并签字；无法取得患者意见时，应当取得家属或者关系人同意并签字；无法取得患者意见又无家属或者关系人在场，或者遇到其他特殊情况时，经治医师应当提出医疗处置方案，在取得医疗机构负责人或者被授权负责人员的批准后实施。

14. 医疗机构发生医疗事故，按照国家有关规定处理。

15. 医疗机构对传染病、精神病、职业病等患者的特殊诊治和处理，应当按照国家有关法律、法规的规定办理。

16. 医疗机构必须按照有关药品管理的法律、法规，加强药品管理，不得使用假劣药品、过期和失效药品以及违禁药品。

17. 医疗机构必须承担相应的预防保健工作，承担县级以上人民政府卫生行政部门委托的支援农村、指导基层医疗卫生工作等任务。

18. 发生重大灾害、事故、疾病流行或者其他意外情况时，医疗机构及其卫生技术人员必须服从县级以上人民政府卫生行政部门的调遣。

二、医疗机构的监督管理

(一) 医疗机构的监督管理机构及其职责

国务院卫生行政部门负责全国医疗机构的监督管理工作。卫生行政部门依法独立行使监督管理职权,不受任何单位和个人干涉。县级以上地方人民政府卫生行政部门负责本行政区域内医疗机构的监督管理工作。中国人民解放军卫生主管部门依照国家有关规定,对军队的医疗机构实施监督管理。

县级以上人民政府卫生行政部门行使下列监督管理职权:①负责医疗机构的设置审批、执业登记、备案和校验;②对医疗机构的执业活动进行检查指导;③负责组织对医疗机构的评审;④对违反《医疗机构管理条例》的行为给予处罚。

县级以上卫生行政部门设立医疗机构监督管理办公室,在同级卫生行政部门的领导下开展工作,其主要职责是:①拟订医疗机构监督管理工作计划;②办理医疗机构监督员的审查、发证、换证;③负责医疗机构登记、校验和有关监督管理工作的统计,并向同级卫生行政部门报告;④负责接待、办理群众对医疗机构的投诉;⑤完成卫生行政部门交给的其他监督管理工作。

县级以上卫生行政部门设立医疗机构监督员,履行规定的监督管理职责,其主要职责是:①对医疗机构执行有关法律、法规、规章和标准的情况进行监督、检查、指导;②对医疗机构执业活动进行监督、检查、指导;③对医疗机构违反《医疗机构管理条例》和《医疗机构管理条例实施细则》的案件进行调查、取证;④对经查证属实的案件向卫生行政部门提出处理或者处罚意见;⑤实施职权范围内的处罚;⑥完成卫生行政部门交付的其他监督管理工作。

(二) 监督管理的主要内容

各级卫生行政部门对医疗机构执业活动检查、指导的内容主要包括:①执行国家有关法律、法规、规章和标准情况;②执行医疗机构内部各项规章制度和各级各类人员岗位责任制情况;③医德医风情况;④服务质量和服务水平情况;⑤执行医疗收费标准情况;⑥组织管理情况;⑦人员任用情况;⑧省级卫生行政部门规定的其他检查、指导项目。

(三) 医疗机构的评审

国家实行医疗机构评审制度,由专家组成的评审委员会按照医疗机构评审办法和评审标准，对医疗机构的基本标准、服务质量、技术水平、管理水平等进行综合评价。

县级以上地方人民政府卫生行政部门负责组织本行政区域医疗机构评审委员会，并负责医疗机构评审的组织和管理。医疗机构评审委员会由医院管理、医学教育、医疗、医技、护理和财务等有关专家组成，负责医疗机构评审的具体实施。评审委员会成员由县级以上地方人民政府卫生行政部门聘任。

县级以上地方人民政府卫生行政部门根据评审委员会的评审意见，对达到评审标准的医疗机构，发给评审合格证书；对未达到评审标准的医疗机构，提出处理意见。

医疗机构评审包括周期性评审、不定期重点检查。医疗机构评审办法和评审标准由国务院卫生行政部门制定。

第五节　法律责任

一、未取得《医疗机构执业许可证》擅自执业

对未取得《医疗机构执业许可证》擅自执业的，由县级以上人民政府卫生健康主管部门责令停止执业活动，没收违法所得和药品、医疗器械，并处违法所得5倍以上20倍以下的罚款，违法所得不足1万元的，按1万元计算。

二、未经备案执业

对诊所未经备案执业的，由县级以上人民政府卫生行政部门责令其改正，没收违法所得，并处3万元以下罚款；拒不改正的，责令其停止执业活动。

三、逾期不校验《医疗机构执业许可证》又不停止诊疗活动

医疗机构逾期不校验《医疗机构执业许可证》又不停止诊疗活动的，县级以上卫生行政部门责令其限期补办校验手续；在限期内仍不办理校验的，吊销其《医疗机构执业许可证》。

四、出卖、转让、出借《医疗机构执业许可证》

医疗机构出卖、转让、出借《医疗机构执业许可证》的，由县级以上人

民政府卫生健康主管部门责令改正，没收违法所得，并处违法所得5倍以上15倍以下的罚款，违法所得不足1万元的，按1万元计算；情节严重的，吊销《医疗机构执业许可证》。

五、诊疗活动超出登记范围

除急诊和急救外，医疗机构诊疗活动超出登记或备案范围的，情节轻微的，由县级以上人民政府卫生行政部门处以警告。责令其改正，没收违法所得，并可以根据情节处以1万元以上10万元以下的罚款；情节严重的，吊销其《医疗机构执业许可证》或者责令其停止执业活动。

有下列情形之一的，责令其限期改正，并可处以3000元以下罚款：①超出登记的诊疗科目范围的诊疗活动累计收入在3000元以下；②给患者造成伤害。

有下列情形之一的，处以3000元罚款，并吊销《医疗机构执业许可证》：①超出登记的诊疗科目范围的诊疗活动累计收入在3000元以上；②给患者造成伤害；③省级卫生行政部门规定的其他情形。

六、使用非卫生技术人员从事医疗卫生技术工作

医疗机构使用非卫生技术人员从事医疗卫生技术工作的，由县级以上人民政府卫生行政部门责令其限期改正，并可以处以1万元以上10万元以下的罚款；情节严重的，吊销其《医疗机构执业许可证》或者责令其停止执业活动。

有下列情形之一的，处以3000元以上5000元以下罚款，并可以吊销其《医疗机构执业许可证》：①使用两名以上非卫生技术人员从事诊疗活动；②使用的非卫生技术人员给患者造成伤害。

医疗机构使用卫生技术人员从事本专业以外的诊疗活动的，按使用非卫生技术人员处理。

七、出具虚假证明文件

医疗机构出具虚假证明文件，情节轻微的，由县级以上人民政府卫生行政部门给予警告，对造成危害后果的，可以处以1万元以上10万元以下的罚

款；对直接责任人员由所在单位或者上级机关给予行政处分。

有下列情形之一的，处以 500 元以上 1000 元以下的罚款：①出具虚假证明文件造成延误诊治的；②出具虚假证明文件给患者精神造成伤害的；③造成其他危害后果的。对直接责任人员由所在单位或者上级机关给予行政处分。

八、对其他违法情形的处罚

医疗机构有下列情形之一的，卫生行政部门可以责令其限期改正：①发生重大医疗事故；②连续发生同类医疗事故，不采取有效防范措施；③连续发生原因不明的同类患者死亡事件，同时存在管理不善因素；④管理混乱，有严重事故隐患，可能直接影响医疗安全；⑤省级卫生行政部门规定的其他情形。

▶ **拓展阅读**

行政许可的性质与特征

▶ **思考题**

1. 简述医疗机构的概念。
2. 简述有哪些情形不得申请设置医疗机构？
3. 简述申请医疗机构执业登记应具备哪些条件？
4. 简述医疗机构的命名原则和不得使用的名称。
5. 简述医疗机构开展诊疗活动有哪些规则？

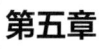

第五章 医师法律制度

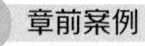

掌握：医师的考试和注册制度，以及医师执业规则。
熟悉：医师的考核和培训制度。
了解：《中华人民共和国医师法》的适用范围及违反该法应承担的法律责任。

章前案例

医师虚构病历惹官司

某日，扬州市广陵区原卫生局接到举报，称广陵某医院的医生霍某于2013年10月27日给陈某开具虚假诊断记录，用于办理低保。该区原卫生局对举报人进行了调查询问，举报人在其询问笔录中述称，此前，举报人与陈某的前夫张某一起前往该医院，该医院医生霍某在患者陈某未到场的情况下出具了门诊病历。同日，该局决定对霍某涉嫌违反《中华人民共和国医师法》相关规定予以立案。查明霍某于2009年取得执业医师执业资格。

思考题：
1. 门诊病历属于医学文书还是属于医学证明文件？
2. 本案中医师违反了什么执业规则？
3. 医师虚构病历将承担什么法律责任？法律依据是什么？

第一节 概 述

一、医师法立法背景

医师法是在调整、加强医师队伍建设，提高医师职业道德和业务素质，保障医师的合法权益和保护人民健康活动中产生的各种社会关系的法律规范的总称。

20 世纪 20 年代开始，我国出现了对医师执业管理的单行法律，如 1929 年颁布的《医师暂行条例》；1931 年颁布的《高等考试西医师考试条例》，1934 年颁布的《医师法》。新中国成立后，人民政府和有关部门相继颁布了一些法律和法规。如 1951 年，经当时的政务院批准，卫生部相继颁布了《医师暂行条例》《中医师暂行条例》等。党的十一届三中全会以后，卫生部制定发布了一系列规范性文件，使医师执业管理法律法规逐步完善，如《卫生技术人员职称及晋升条例（试行）》（1979 年）、《医院工作人员职责》（1982 年）、《医师、中医师个体开业暂行管理办法》（1988 年）、《外国医师来华短期行医暂行管理办法》（1992 年）等。

我国首部《中华人民共和国执业医师法》自 1998 年 6 月 26 日由第九届全国人民代表大会常务委员会第三次会议通过、1999 年 5 月 1 日起施行以来，已有二十余年。2021 年 8 月 20 日，第十三届全国人民代表大会常务委员会第三十次会议通过《中华人民共和国医师法》，予以公布，自 2022 年 3 月 1 日起施行。根据《中华人民共和国医师法》第 67 条的规定，《中华人民共和国执业医师法》同时废止。

二、医师的概念

医师包括执业医师和执业助理医师。根据《中华人民共和国医师法》（以下简称《医师法》）规定，医师是指依法取得医师资格，经注册在医疗卫生机构中执业的专业医务人员，包括执业医师和执业助理医师。前者是指依法取得执业医师资格并经注册，在医疗、预防、保健机构中按照其注册的执业类别和范围独立从事相应的医疗工作的医务人员；后者是指依法取得执业助理医师资格并经注册，在医疗、预防、保健机构中，在执业医师的指导下，按照其注册的执业类别和范围从事活动的医务人员。每年 8 月 19 日为中国医师节。

医师应当坚持人民至上、生命至上，发扬人道主义精神，弘扬敬佑生命、救死扶伤、甘于奉献、大爱无疆的崇高职业精神，恪守职业道德，遵守执业规范，提高执业水平，履行防病治病、保护人民健康的神圣职责。医师依法执业，受法律保护，医师的人格尊严、人身安全不受侵犯。

第二节　医师资格考试和执业注册

一、医师资格考试

（一）医师资格考试的种类

《医师法》规定，国家实行医师资格考试制度。医师资格考试分为执业医师资格考试和执业助理医师资格考试。医师资格考试由省级以上人民政府卫生健康主管部门组织实施。医师资格考试的类别和具体办法，由国务院卫生健康主管部门制定。

（二）医师资格考试的条件

1. 参加执业医师资格考试的条件。①具有高等学校相关医学专业本科以上学历，在执业医师指导下，在医疗卫生机构中参加医学专业工作实践满 1 年；②具有高等学校相关医学专业专科学历，取得执业助理医师执业证书后，在医疗卫生机构中执业满 2 年。提高医师的准入门槛，取消了中专学历的报考。

2. 执业助理医师考试报名条件。具有高等学校相关医学专业专科以上学历，在执业医师指导下，在医疗卫生机构中参加医学专业工作实践满 1 年的，可以参加执业助理医师资格考试。

3. 其他参加医师资格考试及考核的条件。①以师承方式学习中医满 3 年，或者经多年实践医术确有专长的，经县级以上人民政府卫生健康主管部门委托的中医药专业组织或者医疗卫生机构考核合格并推荐，可以参加中医医师资格考试；②以师承方式学习中医或者经多年实践，医术确有专长的，由至少 2 名中医医师推荐，经省级人民政府中医药主管部门组织实践技能和效果考核合格后，即可取得中医医师资格及相应的资格证书。

医师资格考试成绩合格，取得执业医师资格或者执业助理医师资格，发给医师资格证书。医师资格是国家确认的、准予从事医师职业的资格，是公民从事医师职业必须具备的条件和身份，而医师资格证书是证明某人具有医师资格的法律文件，必须依法取得。

二、医师执业注册制度

（一）申请

国家实行医师执业注册制度，未注册取得医师执业证书，不得从事医师执业活动。取得医师资格的，可以向所在地县级以上地方人民政府卫生健康主管部门申请注册。医疗卫生机构可以为本机构中的申请人集体办理注册手续。

申请重新执业。中止医师执业活动2年以上或者《医师法》规定不予注册的情形消失，申请重新执业的，应当由县级以上人民政府卫生健康主管部门或者其委托的医疗卫生机构、行业组织考核合格，并依照《医师法》规定重新注册。

除有《医师法》规定不予注册的情形外，卫生健康主管部门应当自受理申请之日起20个工作日内准予注册，将注册信息录入国家信息平台，并发给医师执业证书。

（二）医师执业活动的管理

1. 医师经注册后，可以在医疗卫生机构中按照注册的执业地点、执业类别、执业范围执业，从事相应的医疗卫生服务；中医、中西医结合医师可以在医疗机构中的中医科、中西医结合科或者其他临床科室按照注册的执业类别、执业范围执业。

2. 医师经相关专业培训和考核合格，可以增加执业范围。法律、行政法规对医师从事特定范围执业活动的资质条件有规定的，从其规定。

3. 经考试取得医师资格的中医医师按照国家有关规定，经培训和考核合格，在执业活动中可以采用与其专业相关的西医药技术方法。西医医师按照国家有关规定，经培训和考核合格，在执业活动中可以采用与其专业相关的中医药技术方法。

（三）医师多机构执业

医师在两个以上医疗卫生机构定期执业的，应当以一个医疗卫生机构为主,并按照国家有关规定办理相关手续,国家鼓励医师定期定点到县级以下医疗卫生机构,包括乡镇卫生院、村卫生室、社区卫生服务中心等,提供医疗卫生服务,主执业机构应当支持并提供便利。

(四) 不予注册情形

①无民事行为能力或者限制民事行为能力;②受刑事处罚,刑罚执行完毕不满2年或者被依法禁止从事医师职业的期限未满;③被吊销医师执业证书不满2年;④因医师定期考核不合格被注销注册不满1年;⑤法律、行政法规规定不得从事医疗卫生服务的其他情形。

受理申请的卫生健康主管部门对不予注册的,应当自受理申请之日起20个工作日内书面通知申请人和其所在医疗卫生机构,并说明理由。

(五) 注销注册,废止医师执业证书情形

①死亡;②受刑事处罚;③被吊销医师执业证书;④医师定期考核不合格,暂停执业活动期满,再次考核仍不合格;⑤中止医师执业活动满2年;⑥法律、行政法规规定不得从事医疗卫生服务或者应当办理注销手续的其他情形。

有前款规定情形的,医师所在医疗卫生机构应当在30日内报告准予注册的卫生健康主管部门;卫生健康主管部门依职权发现医师有前款规定情形的,应当及时通报准予注册的卫生健康主管部门。准予注册的卫生健康主管部门应当及时注销注册,废止医师执业证书。

(六) 变更注册情形

医师变更执业地点、执业类别、执业范围等注册事项的,应当依照《医师法》规定到准予注册的卫生健康主管部门办理变更注册手续。

医师从事下列活动的,可以不办理相关变更注册手续:①参加规范化培训、进修、对口支援、会诊、突发事件医疗救援、慈善或者其他公益性医疗、义诊;②承担国家任务或者参加政府组织的重要活动等;③在医疗联合体内的医疗机构中执业。

(七) 医师个体行医

医师个体行医应当依法办理审批或者备案手续。执业医师个体行医,须经注册后在医疗卫生机构中执业满5年;但是,依照《医师法》第11条第2款规定取得中医医师资格的人员,按照考核内容进行执业注册后,即可在注册的执业范围内个体行医。

县级以上地方人民政府卫生健康主管部门对个体行医的医师，应当按照国家有关规定实施监督检查，发现有《医师法》规定注销注册的情形的，应当及时注销注册，废止医师执业证书。

（八）医师注册信息公告公示

县级以上地方人民政府卫生健康主管部门应当将准予注册和注销注册的人员名单及时予以公告，由省级人民政府卫生健康主管部门汇总，报国务院卫生健康主管部门备案，并按照规定通过网站提供医师注册信息查询服务。

第三节　医师执业规则

一、医师在执业活动中享有的权利

法律意义上的医师执业权利，是指取得医师资格、依法注册的医师在执业活动中依法所享有的权利，是医师能够做出或不做出一定行为，以及要求他人相应做出或不做出一定行为的许可和保障，并为法律所确认、设定和保护。

根据《医师法》第22条的规定，医师在执业活动中享有的权利为：

1. 在注册的执业范围内，按照有关规范进行医学诊查、疾病调查、医学处置、出具相应的医学证明文件，选择合理的医疗、预防、保健方案。

2. 获取劳动报酬，享受国家规定的福利待遇，按照规定参加社会保险并享受相应待遇。

3. 获得符合国家规定标准的执业基本条件和职业防护装备。

4. 从事医学教育、研究、学术交流。

5. 参加专业培训，接受继续医学教育。

6. 对所在医疗卫生机构和卫生健康主管部门的工作提出意见和建议，依法参与所在机构的民主管理。

7. 法律、法规规定的其他权利。

二、医师在执业活动中应履行的义务

医师执业义务，是指医师在执业过程中必须履行和遵守的责任。医师的

义务与医师的权利相对应,和医师的执业活动密切相关。

1. 树立敬业精神,恪守职业道德,履行医师职责,尽职尽责救治患者,执行疫情防控等公共卫生措施。

2. 遵循临床诊疗指南,遵守临床技术操作规范和医学伦理规范等。

3. 尊重、关心、爱护患者,依法保护患者隐私和个人信息。

4. 努力钻研业务,更新知识,提高医学专业技术能力和水平,提升医疗卫生服务质量。

5. 宣传推广与岗位相适应的健康科普知识,对患者及公众进行健康教育和健康指导。

6. 法律、法规规定的其他义务。

三、医师执业规则

根据《医师法》的规定,医师在执业活动中应遵守的执业规则为:

1. 医师实施医疗、预防、保健措施,签署有关医学证明文件,必须亲自诊查、调查,并按照规定及时填写病历等医学文书,不得隐匿、伪造、篡改或者擅自销毁病历等医学文书及有关资料;医师不得出具虚假医学证明文件以及与自己执业范围无关或者与执业类别不相符的医学证明文件。

2. 医师在诊疗活动中应当向患者说明病情、医疗措施和其他需要告知的事项。需要实施手术、特殊检查、特殊治疗的,医师应当及时向患者具体说明医疗风险、替代医疗方案等情况,并取得其明确同意;不能或者不宜向患者说明的,应当向患者的近亲属说明,并取得其明确同意。

3. 医师开展药物、医疗器械临床试验和其他医学临床研究应当符合国家有关规定,遵守医学伦理规范,依法通过伦理审查,取得书面知情同意。

4. 对需要紧急救治的患者,医师应当采取紧急措施进行诊治,不得拒绝急救处置;因抢救生命垂危的患者等紧急情况,不能取得患者或者其近亲属意见的,经医疗机构负责人或者授权的负责人批准,可以立即实施相应的医疗措施;国家鼓励医师积极参与公共交通工具等公共场所急救服务;医师因自愿实施急救造成受助人损害的,不承担民事责任。

5. 医师应当使用经依法批准或者备案的药品、消毒药剂、医疗器械,采用合法、合规、科学的诊疗方法;除按照规范用于诊断治疗外,不得使用麻醉药品、医疗用毒性药品、精神药品、放射性药品等。

6. 医师应当坚持安全有效、经济合理的用药原则，遵循药品临床应用指导原则、临床诊疗指南和药品说明书等合理用药；在尚无有效或者更好的治疗手段等特殊情况下，医师取得患者明确知情同意后，可以采用药品说明书中未明确但具有循证医学证据的药品用法实施治疗。医疗机构应当建立管理制度，对医师处方、用药医嘱的适宜性进行审核，严格规范医师用药行为。

7. 执业医师按照国家有关规定，经所在医疗卫生机构同意，可以通过互联网等信息技术提供部分常见病、慢性病复诊等适宜的医疗卫生服务，国家支持医疗卫生机构之间利用互联网等信息技术开展远程医疗合作。

8. 医师不得利用职务之便，索要、非法收受财物或者谋取其他不正当利益；不得对患者实施不必要的检查、治疗。

9. 遇有自然灾害、事故灾难、公共卫生事件和社会安全事件等严重威胁人民生命健康的突发事件时，县级以上人民政府卫生健康主管部门根据需要组织医师参与卫生应急处置和医疗救治，医师应当服从调遣。

10. 在执业活动中有下列情形之一的，医师应当按照有关规定及时向所在医疗卫生机构或者有关部门、机构报告：①发现传染病、突发不明原因疾病或者异常健康事件；②发生或者发现医疗事故；③发现可能与药品、医疗器械有关的不良反应或者不良事件；④发现假药或者劣药；⑤发现患者涉嫌伤害事件或者非正常死亡；⑥法律、法规规定的其他情形。

11. 执业助理医师应当在执业医师的指导下，在医疗卫生机构中按照注册的执业类别、执业范围执业；在乡、民族乡、镇和村医疗卫生机构以及艰苦边远地区县级医疗卫生机构中执业的执业助理医师，可以根据医疗卫生服务情况和本人实践经验，独立从事一般的执业活动。

12. 参加临床教学实践的医学生和尚未取得医师执业证书、在医疗卫生机构中参加医学专业工作实践的医学毕业生，应当在执业医师监督、指导下参与临床诊疗活动；医疗卫生机构应当为有关医学生、医学毕业生参与临床诊疗活动提供必要的条件。

13. 有关行业组织、医疗卫生机构、医学院校应当加强对医师的医德医风教育；医疗卫生机构应当建立健全医师岗位责任、内部监督、投诉处理等制度，加强对医师的管理。

第四节 医师培训和考核

一、医师培训

《医师法》对医师的培养体系作出了具体规定。从法律层面加强对紧缺专业人才的培养，完善中西医相互学习制度。

1. 在医师培养体系层面，通过加强对紧缺专业人才的培养，完善中西医相互学习制度。具体如下：①制定医师培养规划，建立适应行业特点和社会需求的医师培养和供需平衡机制，统筹各类医学人才需求，加强全科、儿科、精神科、老年医学等紧缺专业人才培养；②加强医教协同，完善医学院校教育、毕业后教育和继续教育体系；③通过多种途径，加强以全科医生为重点的基层医疗卫生人才培养和配备；④完善中医西医相互学习的教育制度，培养高层次中西医结合人才和能够提供中西医结合服务的全科医生。

2. 首次将住院医师规范化培训制度、专科医师规范化培训制度写入法律。建立健全住院医师规范化培训制度，健全临床带教激励机制，保障住院医师培训期间待遇，严格培训过程管理和结业考核；建立健全专科医师规范化培训制度，不断提高临床医师专科诊疗水平。

3. 医师继续医学教育制度的保障。县级以上人民政府卫生健康主管部门和其他有关部门应当制定医师培训计划，采取多种形式对医师进行分级分类培训，为医师接受继续医学教育提供条件；县级以上人民政府应当采取有力措施，优先保障基层、欠发达地区和民族地区的医疗卫生人员接受继续医学教育。

医疗卫生机构应当合理调配人力资源，按照规定和计划保证本机构医师接受继续医学教育。县级以上人民政府卫生健康主管部门应当有计划地组织协调县级以上医疗卫生机构对乡镇卫生院、村卫生室、社区卫生服务中心等基层医疗卫生机构中的医疗卫生人员开展培训，提高其医学专业技术能力和水平。有关行业组织应当为医师接受继续医学教育提供服务和创造条件，加强继续医学教育的组织、管理。

国家在每年的医学专业招生计划和教育培训计划中，核定一定比例用于定向培养、委托培训，加强基层和艰苦边远地区医师队伍建设。有关部门、医疗卫生机构与接受定向培养、委托培训的人员签订协议，约定相关待遇、服务年限、违约责任等事项，有关人员应当履行协议约定的义务，县级以上人民政府有关部门应当采取措施，加强履约管理。协议各方违反约定的，应当承担违约责任。

二、医师考核

国家实行医师定期考核制度，省级以上人民政府卫生健康主管部门负责指导、检查和监督医师考核工作。①县级以上人民政府卫生健康主管部门或者其委托的医疗卫生机构、行业组织应当按照医师执业标准，对医师的业务水平、工作业绩和职业道德状况进行考核，考核周期为3年。对具有较长年限执业经历、无不良行为记录的医师，可以简化考核程序。②受委托的机构或者组织应当将医师考核结果报准予注册的卫生健康主管部门备案。③对考核不合格的医师，县级以上人民政府卫生健康主管部门应当责令其暂停执业活动3个月至6个月，并接受相关专业培训，暂停执业活动期满，再次进行考核，对考核合格的，允许其继续执业。

第五节　保障措施

一、人事、薪酬、职称、奖励制度

国家建立健全体现医师职业特点和技术劳动价值的人事、薪酬、职称、奖励制度。对从事传染病防治、放射医学和精神卫生工作以及其他特殊岗位工作的医师，应当按照国家有关规定给予适当的津贴。津贴标准应当定期调整。在基层和艰苦边远地区工作的医师，按照国家有关规定享受津贴、补贴政策，并在职称评定、职业发展、教育培训和表彰奖励等方面享受优惠待遇。

医师有下列情形之一的，按照国家有关规定给予表彰、奖励：①在执业活动中，医德高尚，事迹突出；②在医学研究、教育中开拓创新，对医学专业技术有重大突破，做出显著贡献；③遇有突发事件时，在预防预警、救死扶伤等工作中表现突出；④长期在艰苦边远地区的县级以下医疗卫生机构努力工作；⑤在疾病预防控制、健康促进工作中做出突出贡献；⑥法律、法规规定的其他情形。

二、人才队伍建设

国家加强疾病预防控制人才队伍建设，建立适应现代化疾病预防控制体系的医师培养和使用机制。

疾病预防控制机构、二级以上医疗机构以及乡镇卫生院、社区卫生服务中心等基层医疗卫生机构应当配备一定数量的公共卫生医师，从事人群疾病及危害因素监测、风险评估研判、监测预警、流行病学调查、免疫规划管理、职业健康管理等公共卫生工作。医疗机构应当建立健全管理制度，严格执行院内感染防控措施。

国家建立公共卫生与临床医学相结合的人才培养机制，通过多种途径对临床医师进行疾病预防控制、突发公共卫生事件应对等方面业务培训，对公共卫生医师进行临床医学业务培训，完善医防结合和中西医协同防治的体制机制。

三、基层医疗卫生队伍和服务能力建设

国家采取措施，统筹城乡资源，加强基层医疗卫生队伍和服务能力建设，对乡村医疗卫生人员建立县乡村上下贯通的职业发展机制，通过县管乡用、乡聘村用等方式，将乡村医疗卫生人员纳入县域医疗卫生人员管理。

执业医师晋升为副高级技术职称的，应当有累计1年以上在县级以下或者对口支援的医疗卫生机构提供医疗卫生服务的经历；晋升副高级技术职称后，在县级以下或者对口支援的医疗卫生机构提供医疗卫生服务，累计1年以上的，同等条件下优先晋升正高级技术职称。

国家采取措施，鼓励取得执业医师资格或者执业助理医师资格的人员依法开办村医疗卫生机构，或者在村医疗卫生机构提供医疗卫生服务；国家鼓励在村医疗卫生机构中向村民提供预防、保健和一般医疗服务的乡村医生通过医学教育取得医学专业学历；鼓励符合条件的乡村医生参加医师资格考试，依法取得医师资格；国家采取措施，通过信息化、智能化手段帮助乡村医生提高医学技术能力和水平，进一步完善对乡村医生的服务收入多渠道补助机制和养老等政策。

四、医师的执业安全保障

县级以上人民政府及其有关部门应当将医疗纠纷预防和处理工作纳入社

会治安综合治理体系，加强医疗卫生机构及周边治安综合治理，维护医疗卫生机构良好的执业环境，有效防范和依法打击涉医违法犯罪行为，保护医患双方合法权益。

医疗卫生机构应当完善安全保卫措施，维护良好的医疗秩序，及时主动化解医疗纠纷，保障医师执业安全。禁止任何组织或者个人阻碍医师依法执业，干扰医师正常工作、生活；禁止通过侮辱、诽谤、威胁、殴打等方式，侵犯医师的人格尊严、人身安全。

医疗卫生机构应当为医师提供职业安全和卫生防护用品，并采取有效的卫生防护和医疗保健措施；医师受到事故伤害或者在职业活动中因接触有毒、有害因素而引起疾病、死亡的，依照有关法律、行政法规的规定享受工伤保险待遇；医疗卫生机构应当为医师合理安排工作时间，落实带薪休假制度，定期开展健康检查。

五、医疗风险分担机制

国家建立完善医疗风险分担机制，医疗机构应当参加医疗责任保险或者建立、参加医疗风险基金。鼓励患者参加医疗意外保险。

六、新闻媒体的法定职责

新闻媒体有引导公众尊重医师、理性对待医疗卫生风险的法定义务。《医师法》规定新闻媒体应当开展医疗卫生法律、法规和医疗卫生知识的公益宣传，弘扬医师先进事迹，引导公众尊重医师、理性对待医疗卫生风险。

第六节　法律责任

一、执业资格取得相关法律责任

1. 在医师资格考试中有违反考试纪律等行为，情节严重的，1年至3年内禁止参加医师资格考试。

2. 以不正当手段取得医师资格证书或者医师执业证书的，由发给证书的卫生健康主管部门予以撤销，3年内不受理其相应申请。

3. 伪造、变造、买卖、出租、出借医师执业证书的，由县级以上人民政府卫生健康主管部门责令改正，没收违法所得，并处违法所得 2 倍以上 5 倍以下的罚款，违法所得不足 1 万元的，按 1 万元计算；情节严重的，吊销医师执业证书。

二、执业活动中相关法律责任

（一）行政责任

1. 情形一。

医师在执业活动中有下列行为之一的，由县级以上人民政府卫生健康主管部门责令改正，给予警告；情节严重的，责令暂停 6 个月以上 1 年以下执业活动直至吊销医师执业证书：

（1）在提供医疗卫生服务或者开展医学临床研究中，未按照规定履行告知义务或者取得知情同意。

（2）对需要紧急救治的患者，拒绝急救处置，或者由于不负责任延误诊治。

（3）遇有自然灾害、事故灾难、公共卫生事件和社会安全事件等严重威胁人民生命健康的突发事件时，不服从卫生健康主管部门调遣。

（4）未按照规定报告有关情形。

（5）违反法律、法规、规章或者执业规范，造成医疗事故或者其他严重后果。

2. 情形二。

医师在执业活动中有下列行为之一的，由县级以上人民政府卫生健康主管部门责令改正，给予警告，没收违法所得，并处 1 万元以上 3 万元以下的罚款；情节严重的，责令暂停 6 个月以上 1 年以下执业活动直至吊销医师执业证书：

（1）泄露患者隐私或者个人信息。

（2）出具虚假医学证明文件，或者未经亲自诊查、调查，签署诊断、治疗、流行病学等证明文件或者有关出生、死亡等证明文件。

（3）隐匿、伪造、篡改或者擅自销毁病历等医学文书及有关资料。

（4）未按照规定使用麻醉药品、医疗用毒性药品、精神药品、放射性药品等。

(5) 利用职务之便,索要、非法收受财物或者牟取其他不正当利益,或者违反诊疗规范,对患者实施不必要的检查、治疗造成不良后果。

(6) 开展禁止类医疗技术临床应用。

3. 情形三。

医师未按照注册的执业地点、执业类别、执业范围执业的,由县级以上人民政府卫生健康主管部门或者中医药主管部门责令改正,给予警告,没收违法所得,并处 1 万元以上 3 万元以下的罚款;情节严重的,责令暂停 6 个月以上 1 年以下执业活动直至吊销医师执业证书。

4. 情形四。

严重违反医师职业道德、医学伦理规范,造成恶劣社会影响的,由省级以上人民政府卫生健康主管部门吊销医师执业证书或者责令停止非法执业活动, 5 年直至终身禁止从事医疗卫生服务或者医学临床研究。

5. 情形五。

非医师行医的,由县级以上人民政府卫生健康主管部门责令停止非法执业活动,没收违法所得和药品、医疗器械,并处违法所得 2 倍以上 10 倍以下的罚款,违法所得不足 1 万元的,按 1 万元计算。

6. 情形六。

阻碍医师依法执业,干扰医师正常工作、生活,或者通过侮辱、诽谤、威胁、殴打等方式,侵犯医师人格尊严、人身安全,构成违反治安管理行为的,依法给予治安管理处罚。

7. 情形七。

医疗卫生机构未履行报告职责,造成严重后果的,由县级以上人民政府卫生健康主管部门给予警告,对直接负责的主管人员和其他直接责任人员依法给予处分。

8. 情形八。

卫生健康主管部门和其他有关部门工作人员或者医疗卫生机构工作人员弄虚作假、滥用职权、玩忽职守、徇私舞弊的,依法给予处分。

(二) 刑事责任和民事责任

违反《医师法》规定,构成犯罪的,依法追究刑事责任;造成人身、财产损害的,依法承担民事责任。

拓展阅读

中华人民共和国医师法

思考题

1. 简述医师法和医师的概念。
2. 简述参加医师资格考试人员的条件。
3. 简述医师的权利和义务。
4. 简述医师执业规则。
5. 简述违反医师法的法律责任。

第六章 执业药师法律制度

学习目标

掌握：执业药师考试和注册制度，药师执业规则。
熟悉：药师考核和继续教育。
了解：执业药师概念，执业药师违反法律法规应承担的法律责任。

章前案例

王某经营一家药房，其男友潘某系药房执业药师。2020年1月至2021年9月期间，王某无任何手续购进"筋骨疼消丸"，潘某知悉此情况且与王某一起对外销售"筋骨疼消丸"，累计获得收入15.9万元，利润约3.2万元。药房遭顾客投诉，经行政监管部门认定，该药店销售的"筋骨疼消丸"为假药。王某、潘某认知事态严重，遂向公安机关自首。法院审理认为，被告人潘某、王某以非药品冒充药品进行销售，其行为构成销售假药罪，应依法应予严惩。最终判处执业药师潘某有期徒刑1年3个月，并处罚金；判处王某有期徒刑1年3个月，缓刑1年6个月，并处罚金，并对其宣告禁止令；依法予以追缴两人违法所得3.18万元。

第一节 概　述

一、执业药师的概念

执业药师是指经全国统一考试合格，取得《中华人民共和国执业药师职业资格证书》并经注册，在药品生产、经营、使用和其他需要提供药学服务的单位中执业的药学技术人员。

二、执业药师法律制度

我国执业药师法律包括行政法规、部门规章、地方性法规和规章以及其他规范性法律文件。1994年3月，人事部、国家药品监督管理局联合颁发《执业药师资格制度暂行规定》，确定在药品生产和流通领域实行执业药师执业准入制度，以确保药品质量、保障人民用药安全有效。1994年11月，国家药品监督管理局发布了《执业药师注册登记管理办法》《执业药师岗位设置和职责规范》《执业药师注册登记管理办法》，规定了执业药师资格实行注册登记制度。未经登记注册，任何人不得使用"执业药师"名称。注册超过有效期，执业药师资格证书失效。《执业药师岗位设置和职责规范》规定各药品生产经营企业必须在关键岗位配备执业药师，并对执业药师的职责、素质、业务能力等提出了要求。1999年4月，人事部、国家药品监督管理局修订印发《执业药师资格制度暂行规定》和《执业药师资格考试实施办法》，规定执业药师资格制度实行全国统一大纲、统一考试、统一注册、统一管理、分类执业；从事药品生产、经营、使用的单位均应配备相应的执业药师，并以此作为开办药品生产、经营、使用单位的必备条件之一。

2000年1月，国家药品监督管理局印发《执业药师继续教育管理暂行办法》。2000年4月，国家药品监督管理局修订印发《执业药师注册管理暂行办法》，该办法规定执业药师按照执业类别、执业范围、执业地区注册。2001年7月，人事部、卫生部、国家药品监督管理局印发了《执业药师资格（药品使用单位）认定办法》。2001年8月，实行《国家执业药师资格制度2001—2005年工作规划》，该规划明确规定了药品生产、经营、使用领域执业药师配备目标，加速了执业药师队伍的壮大。2002年8月，国务院颁布的

《中华人民共和国药品管理法实施条例》规定，经营处方药、甲类非处方药的药品零售企业，应当配备执业药师或者其他依法经资格认定的药学技术人员。2003年11月，国家食品药品监督管理局修订印发了《执业药师继续教育管理暂行办法》，该办法规定执业药师继续教育对象是针对已取得执业药师资格证书的人员。

2012年1月，国务院印发的《国家药品安全"十二五"规划》指出加大执业药师配备使用力度，自2012年开始，新开办的零售药店必须配备执业药师；到"十二五"后期，所有零售药店法人或主要管理者必须具备执业药师资格，所有零售药店和医院药房营业时有执业药师指导合理用药，逾期达不到要求的，取消售药资格。

2017年2月，国务院印发的《"十三五"国家药品安全规划》明确要求，到2020年执业药师服务水平要显著提高，每万人口执业药师数超过4人，所有零售药店主要管理者具备执业药师资格，营业时有执业药师指导合理用药。2019年3月，国家药品监督管理局、人力资源和社会保障部联合制定印发了《执业药师职业资格制度规定》和《执业药师职业资格考试实施办法》，对执业药师注册、职责和监督管理工作提出了新的要求。2021年6月，国家药品监督管理局修订印发了《执业药师注册管理办法》，进一步明确执业药师的注册条件、注册岗位、注册程序等要求，增加执业药师权利义务、相关违法违规行为的处理条款等内容。

第二节 执业药师考试和注册制度

一、执业药师考试制度

为了加强对药学技术人员的职业准入控制，确保药品质量，保障人民用药的安全有效，国家实行执业药师资格制度。国家药监局与人力资源和社会保障部共同负责全国执业药师资格制度的政策制定，并按照职责分工对该制度的实施进行指导、监督和检查。国家药监局负责组织拟定考试科目和考试大纲、建立试题库、组织命审题工作，提出考试合格标准建议。人力资源和社会保障部负责组织审定考试科目、考试大纲，会同国家药监局对考试工作进行监督、指导并确定合格标准。各省、自治区、直辖市负责药品监督管理的部门及人力资源和社会保障行政主管部门，按照职责分工负责本行政区域内执业药师职业资格制度的实施与监督管理。

（一）执业药师职业资格考试的条件

凡中华人民共和国公民和获准在我国境内就业的外籍人员，具备以下条件之一者，均可申请参加执业药师职业资格考试：

1. 取得药学类、中药学类专业大专学历，在药学或中药学岗位工作满5年。

2. 取得药学类、中药学类专业大学本科学历或学士学位，在药学或中药学岗位工作满3年。

3. 取得药学类、中药学类专业第二学士学位、研究生班毕业或硕士学位，在药学或中药学岗位工作满1年。

4. 取得药学类、中药学类专业博士学位。

5. 取得药学类、中药学类相关专业相应学历或学位的人员，在药学或中药学岗位工作的年限相应增加1年。

符合执业药师职业资格考试报考条件的人员，按照当地人事考试机构规定的程序和要求完成报名。参加考试人员凭准考证和有效身份证件在指定的日期、时间和地点参加考试。

中央和国务院各部门及所属单位、中央管理企业的人员，按属地原则报名参加考试。

（二）执业药师职业资格考试的内容

1. 考试科目。执业药师职业资格考试分为药学、中药学两个专业类别。

（1）药学类考试科目为：①药学专业知识（一）；②药学专业知识（二）；③药事管理与法规；④药学综合知识与技能。

（2）中药学类考试科目为：①中药学专业知识（一）；②中药学专业知识（二）；③药事管理与法规；④中药学综合知识与技能。

（3）免试情形。符合《执业药师职业资格制度规定》报考条件，按照国家有关规定取得药学或医学专业高级职称并在药学岗位工作的，可免试药学专业知识（一）、药学专业知识（二），只参加药事管理与法规、药学综合知识与技能两个科目的考试；取得中药学或中医学专业高级职称并在中药学岗位工作的，可免试中药学专业知识（一）、中药学专业知识（二），只参加药事管理与法规、中药学综合知识与技能两个科目的考试。

2. 考试时间安排。执业药师职业资格实行全国统一大纲、统一命题、统一组织的考试制度。原则上每年举行一次。执业药师职业资格考试日期原则上为每年 10 月。考试以 4 年为一个周期，参加全部科目考试的人员须在连续 4 个考试年度内通过全部科目的考试。免试部分科目的人员须在连续 2 个考试年度内通过应试科目。

（三）执业药师资格的取得

执业药师职业资格考试合格者，由各省、自治区、直辖市人力资源和社会保障部门颁发《执业药师职业资格证书》。该证书由人力资源和社会保障部统一印制，国家药监局与人力资源和社会保障部用印，在全国范围内有效。

二、执业药师注册制度

（一）注册管理部门

执业药师实行注册制度。国家药监局负责执业药师注册的政策制定和组织实施，指导全国执业药师注册管理工作。各省、自治区、直辖市药品监督管理部门负责本行政区域内的执业药师注册管理工作。

（二）执业药师注册

1. 注册条件。取得《执业药师职业资格证书》者，应当通过全国执业药师注册管理信息系统向所在地注册管理机构申请注册。经注册后，方可从事相应的执业活动。未经注册者，不得以执业药师身份执业。申请注册者，必须同时具备下列条件：

（1）取得《执业药师职业资格证书》。

（2）遵纪守法，遵守执业药师职业道德。

（3）身体健康，能坚持在执业药师岗位工作。

（4）经执业单位同意。

（5）按规定参加继续教育学习。

2. 不予注册的情形。执业药师注册申请人有下列情形之一的，药品监督管理部门不予注册：

（1）不具有完全民事行为能力的。

（2）甲类、乙类传染病传染期、精神疾病发病期等健康状况不适宜或者不能胜任相应业务工作的。

(3) 受到刑事处罚，自刑罚执行完毕之日到申请注册之日不满3年的。

(4) 未按规定完成继续教育学习的。

(5) 近3年有新增不良信息记录的。

(6) 国家规定不宜从事执业药师业务的其他情形。

3. 注册内容。执业药师注册内容包括：执业地区、执业类别、执业范围、执业单位。执业地区为省、自治区、直辖市；执业类别为药学类、中药学类、药学与中药学类；执业范围为药品生产、药品经营、药品使用；执业单位为药品生产、经营、使用及其他需要提供药学服务的单位。

药品监督管理部门根据申请人《执业药师职业资格证书》中注明的专业确定执业类别进行注册。获得药学和中药学两类专业《执业药师职业资格证书》的人员，可申请药学与中药学类执业类别注册。执业药师只能在一个执业单位按照注册的执业类别、执业范围执业。

4. 注册程序。申请人通过全国执业药师注册管理信息系统向执业所在地省、自治区、直辖市药品监督管理部门申请注册。申请人申请首次注册需要提交以下材料：

(1) 执业药师首次注册申请表。

(2) 执业药师职业资格证书。

(3) 身份证明。

(4) 执业单位开业证明。

(5) 继续教育学分证明。

申请人委托他人办理注册申请的，代理人应当提交授权委托书以及代理人的身份证明文件。申请人应当按要求在线提交注册申请或者现场递交纸质材料。药品监督管理部门应当公示明确上述材料形式要求。凡是通过法定证照、书面告知承诺、政府部门内部核查或者部门间核查、网络核验等能够办理的，药品监督管理部门不得要求申请人额外提供证明材料。

药品监督管理部门应当自受理注册申请之日起20个工作日内作出注册许可决定。药品监督管理部门依法作出不予注册许可决定的，应当说明理由，并告知申请人享有依法申请行政复议或者提起行政诉讼的权利。药品监督管理部门作出的准予注册许可决定，应当在全国执业药师注册管理信息系统等予以公开。药品监督管理部门作出注册许可决定之日起 10 个工作日内向申请人核发国家药品监督管理局统一样式并加盖药品监督管理部门印章的《执业药师注册证》。

5. 注册期限。执业药师注册有效期为 5 年。需要延续注册的,申请人应当在注册有效期满之日 30 日前,向执业所在地省、自治区、直辖市药品监督管理部门提出延续注册申请。药品监督管理部门准予延续注册的,注册有效期从期满之日次日起重新计算 5 年。药品监督管理部门准予变更注册的,注册有效期不变;但在有效期满之日前 30 日内申请变更注册,符合要求的,注册有效期自旧证期满之日次日起重新计算 5 年。

6. 注册变更。申请人要求变更执业地区、执业类别、执业范围、执业单位的,应当向拟申请执业所在地的省、自治区、直辖市药品监督管理部门申请办理变更注册手续。药品监督管理部门应当自受理变更注册申请之日起 7 个工作日内作出准予变更注册的决定。

7. 注册的注销。执业药师有下列情形之一的,《执业药师注册证》由药品监督管理部门注销,并予以公告:

(1) 注册有效期满未延续的。

(2) 执业药师注册证被依法撤销或者吊销的。

(3) 法律法规规定的应当注销注册的其他情形。

有下列情形之一的,执业药师本人或者其执业单位,应当自知晓或者应当知晓之日起 30 个工作日内向药品监督管理部门申请办理注销注册,并填写执业药师注销注册申请表。药品监督管理部门经核实后依法注销注册。

(1) 本人主动申请注销注册的。

(2) 执业药师身体健康状况不适宜继续执业的。

(3) 执业药师无正当理由不在执业单位执业,超过 1 个月的。

(4) 执业药师死亡或者被宣告失踪的。

(5) 执业药师丧失完全民事行为能力的。

(6) 执业药师受刑事处罚的。

第三节　药师执业规则

一、执业药师的职业道德准则

1. 救死扶伤，不辱使命。执业药师应当以救死扶伤、实行人道主义为己任，时刻为患者着想，竭尽全力为患者解除病痛。在患者和公众生命安全存在危险的紧急情况下，应当提供必要的药学服务和救助措施。

2. 尊重患者，平等相待。执业药师应当按规定着装，佩戴全国统一的执业药师徽记和标明其姓名和执业药师称谓等内容的胸卡，同时，《执业药师注册证》应当悬挂在所执业的药店或药房中醒目、易见的地方。执业药师应当言语、举止文明礼貌，热心、耐心、平等对待患者，不得有任何歧视性或其他不道德的行为。执业药师应当尊重患者隐私，对在执业过程中知晓的患者隐私，不得无故泄漏。

3. 依法执业，质量第一。执业药师应当依法独立执业，认真履行职责，科学指导用药，确保药品质量和药学服务质量，保证公众用药安全、有效、经济、适当。执业药师应当在合法的药品零售企业、医疗机构从事合法的药学技术业务活动，不得在执业场所以外从事经营性药品零售业务。执业药师应当拒绝任何明显危害患者生命安全或身体健康、违反法律或社会伦理道德的购药要求。执业药师应当关注药品不良反应并注意收集药品不良反应信息，自觉严格执行药品不良反应报告制度。

4. 进德修业，珍视声誉。执业药师应当积极参加执业药师自律组织举办的有益于职业发展的活动，珍视和维护职业声誉，模范遵守社会公德，提高职业道德水准。执业药师应当积极参加社会公益活动，深入社区和乡村为城乡居民提供广泛的药品和药学服务，大力宣传和普及安全用药知识和保健知识。执业药师不得以牟取自身利益或所在执业单位及其他单位的利益为目的，利用自己的职业声誉和影响以任何形式向公众进行误导性或欺骗性的药品及药学、医疗服务宣传和推荐。

5. 尊重同仁，密切协作。执业药师应当尊重同行，同业互助，公平竞争，共同提高执业水平，不应诋毁、损害其他执业药师的威信和声誉。执业药师应当加强与医护人员、患者之间的联系，保持良好的沟通、交流与合作，积极参与用药方案的制订、修订过程，提供专业、负责的药学支持。

二、执业药师的职责

1. 执业药师必须忠于职守，以对药品质量负责、保证人民用药安全有效为基本准则。

2. 执业药师必须严格执行《中华人民共和国药品管理法》及国家有关药品研究、生产、经营、使用的各项法规及政策。执业药师对违反《中华人民共和国药品管理法》及有关法规的行为或决定，有责任提出劝告、制止、拒绝执行并向上级报告。

3. 执业药师在执业范围内负责对药品质量的监督和管理，参与制定、实施药品全面质量管理及对本单位违反规定的处理。

4. 执业药师负责处方的审核及监督调配，提供用药咨询与信息，指导合理用药，开展治疗药物的监测及药品疗效的评价等临床药学工作。

5. 执业药师需努力钻研业务，不断更新知识，掌握最新医药信息，保持较高专业水平。

第四节　执业药师的继续教育

为加强执业药师管理，规范执业药师继续教育工作，中国药师协会制定了《执业药师继续教育管理试行办法》于2015年7月30日开始施行。2021年6月，国家药监局修订印发了《执业药师注册管理办法》，进一步明确执业药师继续教育。

一、执业药师继续教育的对象、内容和形式

（一）继续教育的对象

执业药师继续教育对象是针对已取得执业药师资格证书的人员。上述人员每年须自觉参加继续教育，完成规定的学分。执业药师可以根据工作需要自主选择继续教育内容、形式和地点。各有关部门应积极支持、鼓励执业药师参加继续教育。执业单位应为执业药师提供学习经费、时间和其他必要条件。执业药师参加继续教育所需经费应从本人工作单位职工教育经费中报销。

执业药师参加继续教育期间的工资、福利待遇等按国家有关规定执行。

(二) 继续教育的内容

执业药师继续教育的内容必须适应执业药师岗位职责的需求，注重科学性、针对性、实用性和先进性，应以药学服务为核心，以提升执业能力为目标，主要包括有关法律、职业道德和药学、中药学及相关专业知识与技能，包括以下具体内容：

1. 药事管理相关法律法规、部门规章和规范性文件。
2. 职业道德准则、职业素养和执业规范。
3. 药物合理使用的技术规范。
4. 常见病症的诊疗指南。
5. 药物治疗管理与公众健康管理。
6. 与执业相关的多学科知识与进展。
7. 国内外药学领域的新理论、新知识、新技术和新方法。
8. 药学服务信息技术应用知识等。

(三) 继续教育的形式

执业药师继续教育的形式应体现有效、方便、经济的原则。执业药师继续教育可采取面授、网授、函授等多种方式进行，积极探索网络化培训方式，有效运用现代科学技术拓展培训空间，提升培训效率。鼓励执业药师参加各种在职学历教育学习。攻读药学专业的大专、本科、研究生、双学位课程者，在读期间可视同参加执业药师继续教育培训，由省级（执业）药师协会负责确认。

二、执业药师继续教育的组织管理

(一) 执业药师继续教育的组织管理部门

中国药师协会负责全国执业药师继续教育管理，其职责是：研究和建立科学、有效的执业药师继续教育管理政策体系、组织体系和工作体系；发布全国执业药师继续教育发展规划和指导纲要；组织开展全国执业药师继续教育示范性网络培训；负责全国执业药师继续教育施教机构的备案；指导省级（执业）药师协会开展继续教育工作，组织开展继续教育工作研讨及学术交流；建立全国执业药师继续教育统计年报工作制度；建立和完善执业药师继续教育管理系统。

省级（执业）药师协会负责本辖区执业药师继续教育管理工作，其职责是：负责本辖区执业药师继续教育的统筹规划和管理；负责本辖区施教机构的确定与管理，施教机构名单报中国药师协会备案；负责制定本辖区执业药师继续教育年度培训计划，并报中国药师协会备案；组织开展本辖区执业药师继续教育，并负责对培训质量进行评估；总结本辖区年度执业药师继续教育工作情况，完成年度统计上报。

（二）执业药师继续教育工作委员会

中国药师协会设立执业药师继续教育工作委员会，其职责是：组织开展执业药师继续教育的理论研究和应用研究；制定全国执业药师继续教育发展规划；制定全国执业药师继续教育指导纲要；制定全国执业药师继续教育示范性网络课程；编写全国执业药师继续教育推荐培训教材；组织执业药师继续教育教学质量的考核评估工作。

三、执业药师继续教育学分管理制度

（一）继续教育学分制度

执业药师继续教育实行学分制。执业药师每年应参加不少于90学时的继续教育培训，每3个学时为1学分，每年累计不少于30学分。其中，专业科目学时一般不少于总学时的三分之二。由中国药师协会备案的施教机构负责学分授予。执业药师参加中国药师协会或省级（执业）药师协会组织的继续教育学习获取的学分，在全国范围内有效。

（二）继续教育学分登记制度

执业药师继续教育采取学分登记制，实行电子化管理。登记内容主要包括继续教育内容、形式、考核结果、学分数、施教机构等信息。

省级（执业）药师协会负责确认参加本辖区执业药师继续教育的学分信息，中国药师协会负责汇总参加全国示范性网络培训的学分信息。承担继续教育管理职责的机构应当将执业药师的继续教育学分记入全国执业药师注册管理信息系统。

第五节 监督管理

药品监督管理部门按照有关法律、法规和规章的规定,对执业药师注册、执业药师继续教育实施监督检查。执业单位、执业药师和实施继续教育的机构应当对药品监督管理部门的监督检查予以协助、配合,不得拒绝、阻挠。

执业药师应当妥善保管《执业药师注册证》,不得买卖、租借和涂改。如发生损坏,当事人应当及时持损坏证书向原发证部门申请换发。如发生遗失,当事人向原发证部门申请补发。伪造《执业药师注册证》的,药品监督管理部门发现后应当当场予以收缴并追究责任;构成犯罪的,移送相关部门依法追究刑事责任。执业药师以欺骗、贿赂等不正当手段取得《执业药师注册证》的,由发证部门撤销《执业药师注册证》,3年内不予注册;构成犯罪的,移送相关部门依法追究刑事责任。

执业药师应当按照注册的执业地区、执业类别、执业范围、执业单位,从事相应的执业活动,不得擅自变更。执业药师未按《执业药师注册管理办法》规定进行执业活动的,药品监督管理部门应当责令限期改正。严禁《执业药师注册证》挂靠,持证人注册单位与实际工作单位不符的,由发证部门撤销《执业药师注册证》,3年内不予注册;构成犯罪的,移送相关部门依法追究刑事责任。买卖、租借《执业药师注册证》的单位,按照相关法律法规给予处罚。执业药师在执业期间违反《中华人民共和国药品管理法》及其他法律法规构成犯罪的,由司法机关依法追究责任。

执业药师有下列情形之一的,应当作为个人不良信息由药品监督管理部门及时记入全国执业药师注册管理信息系统:①以欺骗、贿赂等不正当手段取得《执业药师注册证》的;②持证人注册单位与实际工作单位不一致或者无工作单位的,符合《执业药师注册证》挂靠情形的;③执业药师注册证被依法撤销或者吊销的;④执业药师受刑事处罚的;⑤其他违反执业药师资格管理相关规定的。

省、自治区、直辖市药品监督管理部门有下列情形之一的,国家药品监督管理局有权责令其进行调查并依法依规给予处理:①对不符合规定条件的申请人准予注册的;②对符合规定条件的申请人不予注册或者不在法定期限内作出准予注册决定的；③履行执业药师注册、继续教育监督管理职责不力，造成不良影响的。

药品监督管理部门工作人员在执业药师注册及其相关监督管理工作中，弄虚作假、玩忽职守、滥用职权、徇私舞弊的，依法依规给予处理。

拓展阅读

中华人民共和国药品管理法实施条例

国家药监局关于印发执业药师注册管理办法的通知

国家药监局、人力资源和社会保障部关于印发执业药师职业资格
制度规定和执业药师职业资格考试实施办法的通知

思考题

1. 什么是执业药师？执业药师的执业规则有哪些？
2. 简述执业药师职业资格考试的条件。
3. 简述执业药师的注册条件。
4. 简述执业药师继续教育的内容及形式。

第七章 执业护士管理法律制度

学习目标

掌握：护士执业规则。

熟悉：护士职责和护理工作的重要环节。

了解：护士执业考试和注册制度，以及护理工作中护士的权利、义务、职责和法律责任。

素质提升：通过本章的学习，立足国家治理现代化的大背景，全面了解医护职业的专业化和现代化管理要求，理解护理人员的职业化要求对于打造专业化职业化护理队伍、规范护理行为、提升护理质量促进护患关系和谐发展的重要意义，从而提升护理队伍的职业道德，增强护理职业能力，依法规范护士执业，实现护理职业现代化，真正提升医护行业为人民健康竭诚服务的能力与水平。

章前案例

吴某未取得《护士执业证书》擅自执业案

2022年3月初，某乡镇XX诊所发生医患争端，患者向前来处理的某区卫生健康局执法人员述称，护士吴某工作态度不好，注射技术很差，要求卫生健康局对护士吴某进行严肃处理。

经该区卫生健康局调查，查明吴某于2021年6月从市卫校毕业，尚未取得《护士执业证书》，因家庭困难，遂前往XX诊所求职。XX诊所虽明知吴某尚未取得《护士执业证书》，但吴某聪明勤快，护理技术不错，索要工资也不高，又考虑其家庭确实困难，便同意其在诊所从事护士工作，月薪为2500元加奖金。现已上班8个月，领取工资及资金共23 000元。在本次争端中，吴某无违反诊疗规范的情形。

区卫生健康局认为，吴某未取得《护士执业证书》擅自开展护士执业活动，违反了《护士条例》第7条、第21条，依据第28条的规定，区卫生健康局对吴某给予处罚：停止其护士执业，没收违法所得23 000元；并对XX诊所罚款20 000元，停业整顿6个月。当事人在法定期限内对上述行政处罚未提出复议或诉讼，本案结案。

第一节 概 述

一、护士的概念

护士，是指经执业注册取得护士执业证书，依法从事护理活动，履行保护生命、减轻痛苦、增进健康职责的卫生技术人员。

二、我国护士管理立法

护理工作是医疗卫生工作的重要组成部分，护士在医疗、预防、保健和康复工作中起着重要作用。为了加强护士管理，提高护理质量，保障医疗和护理安全，保障护士的合法权益，《中华人民共和国护士管理办法》于1993年3月26日公布，并于1994年1月1日施行。该办法明确规定国家发展护理事业，促进护理学科的发展，护士的劳动受全社会的尊重，护士的执业权利受法律保护。为了进一步维护护士的合法权益，规范护理行为，促进护理事业发展，保障医疗安全和人体健康，2008年1月31日，国务院第206次常务会议通过了《护士条例》，该条例自2008年5月12日起施行，后于2020年3月27日修订。2008年5月12日，《护士执业注册管理办法》施行，后于2021年1月8日修订；2010年7月1日，《护士执业资格考试办法》施行。《护士条例》的制定和颁布实施，对维护护士的合法权益，进一步规范护理行为，促进护患关系和谐发展，保障医疗安全和人体健康具有重大的意义。

第二节 护士执业资格考试和注册制度

一、护士执业资格考试制度

国家实行护士执业资格考试制度,通过考试对申请者是否具备护士执业所必需的专业知识和技能进行评价,从而实现护士行业的执业准入控制,从源头上保证护士队伍的整体素质。

《护士条例》第7条规定,护士执业必须通过国务院卫生主管部门组织的护士执业资格考试;护士执业资格考试办法由国务院卫生主管部门会同国务院人事部门制定。

(一) 参加护士执业资格考试的条件

《护士执业资格考试办法》第12条规定,在中等职业学校、高等学校完成国务院教育主管部门和国务院卫生主管部门规定的普通全日制3年以上的护理、助产专业课程学习,包括在教学、综合医院完成8个月以上护理临床实习,并取得相应中专或大专及以上学历证书的,可以申请参加护士执业资格考试。

(二) 护士执业资格考试的组织和管理

护士执业资格考试实行国家统一考试制度,统一考试大纲,统一命题,统一合格标准。护士执业资格考试原则上每年举行一次,具体考试日期在举行考试3个月前向社会公布。

卫健委负责组织实施全国护士执业资格考试。卫健委、人力资源和社会保障部成立全国护士执业资格考试委员会,考试委员会下设办公室,办公室设在卫健委,负责具体工作。考试考务管理实行承办考试机构、考区、考点三级责任制。各省、自治区、直辖市及新疆生产建设兵团设立考区,省、自治区、直辖市人民政府卫生行政部门及新疆生产建设兵团卫生局负责本辖区的考试工作。

(三) 报考程序

申请参加护士执业资格考试的人员,可以在公告规定的期限内,到人事档案所在地的考点报名,并提交以下材料:①护士执业资格考试报名申请表;②本人身份证明;③近6个月二寸免冠正面半身照片3张;④本人毕业证书;

⑤报考所需的其他材料。

申请人为在校应届毕业生的,应当持有所在学校出具的应届毕业生毕业证明,到学校所在地的考点报名。学校可以为本校应届毕业生办理集体报名手续。

(四) 考试内容

护士执业资格考试包括专业实务和实践能力两个科目,一次考试通过两个科目为考试成绩合格。

考试成绩合格者,取得考试成绩合格证明,作为申请护士执业注册的有效证明。

二、护士执业注册制度

国家实行护士执业注册管理制度。护士经执业注册取得《护士执业证书》后,方可在注册的执业地点从事护理工作。未经执业注册取得《护士执业证书》者,不得从事诊疗技术规范规定的护理活动。

根据《护士条例》制定的《护士执业注册管理办法》,对护士执业注册管理作出具体规定。

(一) 护士执业注册的管理

卫健委负责全国护士执业注册监督管理工作,省级人民政府卫生行政部门是护士执业注册的主管部门,负责本行政区域的护士执业注册管理工作。县级以上地方人民政府卫生主管部门应当建立本行政区域的护士执业良好记录和不良记录,并将该记录记入护士执业信息系统。

护士执业良好记录包括护士受到的表彰、奖励以及完成政府指令性任务的情况等内容;护士执业不良记录包括护士因违反《护士条例》以及其他卫生管理法律、法规、规章或者诊疗技术规范的受到行政处罚、处分的情况等内容。

(二) 申请护士执业注册的条件

申请护士执业注册,应当同时具备以下条件:①具有完全民事行为能力;②在中等职业学校、高等学校完成教育部和卫健委规定的普通全日制3年以上的护理、助产专业课程学习,包括在教学、综合医院完成8个月以上护理临床实习,并取得相应学历证书;③通过护士执业资格考试;④符合规定的健康标准。

护士被吊销执业证书的，自执业证书被吊销之日起 2 年内不得申请执业注册。

（三）护士执业注册的程序

1. 首次注册。护士首次申请执业注册，应当由本人自通过护士执业资格考试之日起 3 年内向拟执业地省级人民政府卫生行政部门提出申请，并提交以下材料：①护士执业注册申请审核表；②申请人身份证明；③申请人学历证书及专业学习中的临床实习证明；④护士执业资格考试成绩合格证明；⑤省级人民政府卫生行政部门指定的医疗机构出具的申请人 6 个月内健康体检证明；⑥医疗卫生机构拟聘用的相关材料。

逾期提出申请的，还应当提交在省级人民政府卫生行政部门规定的教学、综合医院接受 3 个月临床护理培训并考核合格的证明。

卫生行政部门应当自受理申请之日起 20 个工作日内，对申请人提交的材料进行审核。审核合格的，准予注册，发给《护士执业证书》；对不符合规定条件的，不予注册，并书面说明理由。

2. 延续注册。护士执业注册有效期为 5 年，期满需要继续执业的，应当在有效期届满前 30 日，向原注册部门申请延续注册。

申请延续注册，应当提交下列材料：①护士延续注册申请审核表；②申请人的《护士执业证书》；③省级人民政府卫生行政部门指定的医疗机构出具的申请人 6 个月内健康体检证明。

注册部门自受理延续注册申请之日起 20 日内进行审核。审核合格的，予以延续注册，延续执业注册有效期为 5 年；对不符合规定条件的，不予延续，并书面说明理由。

3. 变更注册。护士在其执业注册有效期内变更执业地点的，应当向拟执业地省级人民政府卫生主管部门报告，并提交护士变更注册申请审核表和申请人的《护士执业证书》。

卫生主管部门应当自收到报告之日起 7 个工作日内为其办理变更手续。护士跨省、自治区、直辖市变更执业地点的，卫生主管部门还应当向其原执业地省级人民政府卫生主管部门通报。

承担卫生行政部门交办或者批准的任务以及履行医疗卫生机构职责的护

理活动，包括经医疗卫生机构批准的进修、学术交流等活动不在变更注册之列。

4. 注销注册。护士执业注册后有下列情形之一的，原注册部门应该注销其执业注册：①注册有效期届满未延续注册；②受吊销《护士执业证书》处罚；③护士死亡或者丧失、限制民事行为能力。

第三节 护士执业规则及职责

一、护士执业规则

《护士条例》对护士在执业活动中的权利和义务作出了明确的规定。

（一）护士执业权利

1. 护士执业，有按照国家有关规定获取工资报酬、享受福利待遇、参加社会保险的权利。任何单位或者个人不得克扣护士工资，降低或者取消护士福利等待遇。对在艰苦边远地区工作，或者从事直接接触有毒有害物质、有感染传染病危险工作的护士，所在医疗卫生机构应当按照国家有关规定给予津贴。

2. 护士执业，有获得与其所从事的护理工作相适应的卫生防护、医疗保健服务的权利。从事直接接触有毒有害物质、有感染传染病危险工作的护士，有依照有关法律、行政法规的规定接受职业健康监护的权利；患职业病的，有依照有关法律、行政法规的规定获得赔偿的权利。

3. 护士有按照国家有关规定获得与本人业务能力和学术水平相应的专业技术职务、职称的权利；有参加专业培训、从事学术研究和交流、参加行业协会和专业学术团体的权利。

4. 护士有获得疾病诊疗、护理相关信息的权利和其他与履行护理职责相关的权利，可以对医疗卫生机构和卫生主管部门的工作提出意见和建议。

（二）护士执业义务

1. 护士执业，应当遵守法律、法规、规章和诊疗技术规范的规定。

2. 护士在执业活动中，发现患者病情危急，应当立即通知医师；在紧急情况下为抢救垂危患者生命，应当先行实施必要的紧急救护。

3. 护士发现医嘱违反法律、法规、规章或者诊疗技术规范规定的，应当及时向开具医嘱的医师提出;必要时,应当向该医师所在科室的负责人或者医疗卫生机构负责医疗服务管理的人员报告。

4. 护士应当尊重、关心、爱护患者,保护患者的隐私。

5. 护士有义务参与公共卫生和疾病预防控制工作。发生自然灾害、公共卫生事件等严重威胁公众生命健康的突发事件,护士应当服从县级以上人民政府卫生主管部门或者所在医疗卫生机构的安排,参加医疗救护。

二、护士执业职责

《护士条例》第26条规定,医疗卫生机构应当建立护士岗位责任制并进行监督检查。在医疗预防保健机构中,不同岗位的护士有不同的、具体的职责要求,1982年卫生部颁布的《医院工作人员职责》中明确规定了各级各类护士的岗位职责。

1. 门诊部护士职责。主要包括:①在门诊部护士长领导下进行工作;②负责器械的消毒和开诊前的准备工作;③协助医师进行检诊,按医嘱对病员进行处置;④经常观察候诊病员的病情变化,对较重的病员应提前诊治或送急诊室处理;⑤负责诊疗室的整洁、安静,维持就诊秩序,做好卫生防病等宣传工作;⑥做好隔离消毒工作,防止交叉感染;⑦认真执行各项规章制度和技术操作常规,严格执行查对制度,做好交接班,严防差错事故;⑧按照分工,负责领取、保管药品器材和其他物品。

2. 急诊室护士职责。主要包括:①在急诊室护士长领导下进行工作;②做好急诊病员的检诊工作,按病情决定优先就诊,有困难时请求医师决定;③急症病员来诊,应立即通知值班医师,在医师未到之前,遇特殊危急病员,可行必要的急救处置,随即向医师报告;④准备各项急救所需用品、器材、敷料,在急救过程中,应迅速而准确地协助医师进行抢救工作;⑤经常巡视观察室病员,了解病员病情、思想和饮食情况,及时完成治疗及护理工作,严密观察与记录留观病员的情况变化,发现异常及时报告;⑥认真执行各项规章制度和技术操作常规,做好查对和交接班工作,努力学习业务技术,不断提高分诊业务能力和抢救工作质量,严防差错事故;⑦准备各项急救所需药品、器材、敷料;⑧护送危重病员及手术病员到病房或手术室。

3. 病房护士职责。主要包括:①在护士长领导和护师指导下进行工作;

②认真执行各项护理制度和技术操作规程，正确执行医嘱，准确及时地完成各项护理工作，严格执行查对及交接班制度，防止差错、事故的发生；③做好基础护理和精神护理工作，经常巡视病房，密切观察病情变化，发现异常及时报告；④认真做好危重病人的抢救工作；⑤协助医师进行各种诊疗工作，负责采集各种检验标本；⑥参加护理教学和科研，指导护生和护理员、卫生员的工作；⑦定期组织病人学习，宣传卫生知识和住院规则，经常征求病人意见，改进护理工作，在出院前做好卫生保健宣传工作；⑧办理入院、出院、转科、转院手续及有关登记工作；⑨在护士长领导下，做好病房管理、消毒隔离，物资药品材料请领、保管等工作。

4. 手术室护士职责。主要包括：①在护士长领导下担任器械管理或巡回护士等工作，并负责手术前的准备和手术后的整理工作；②认真执行各项规章制度和技术操作规程，督促检查参加手术人员的无菌操作，注意病人安全，严防差错事故；③参加卫生清洁，保持手术室整洁、肃静，调节空气和保持室内适宜的温度；④负责手术后病员的包扎、保暖、护送和手术标本的保管和送检；⑤按分工做好器械、敷料的打包消毒和药品的保管，做好登记统计工作；⑥指导进修、实习护士和卫生员的工作。

5. 供应室护士职责。主要包括：①在护士长的领导下进行工作，负责医疗器械、敷料的清洗、包装、消毒、保管、登记和分发、回收工作，实行下收下送；②经常检查医疗器械质量，如有损坏及时修补、登记，并向护士长报告；③协助护士长请领各种医疗器械、敷料和药品，经常与临床科室联系，征求意见，改进工作；④认真执行各项规章制度和技术操作规程，积极开展技术革新，不断提高消毒供应工作质量，严防差错事故；⑤指导护理员（消毒员）、卫生员进行医疗器材、敷料的制备、消毒工作。

第四节 法律责任

一、护士违反执业规则的法律责任

护士在执业活动中有下列情形之一的，由县级以上地方人民政府卫生主管部门依据职责分工责令改正，给予警告；情节严重的，暂停其6个月以上1年以下执业活动，直至由原发证部门吊销其护士执业证书：

1. 发现患者病情危急未立即通知医师的。
2. 发现医嘱违反法律、法规、规章或者诊疗技术规范的规定,未依照《护士条例》的规定提出或者报告的。
3. 泄露患者隐私的。
4. 发生自然灾害、公共卫生事件等严重威胁公众生命健康的突发事件,不服从安排参加医疗救护的。

护士在执业活动中造成医疗事故的,依照医疗事故处理的有关规定承担法律责任。

二、医疗卫生机构违反职责的法律责任

1. 低于国务院卫生主管部门规定的护士配备标准、允许或使用不符合规定人员从事护士工作,由县级以上地方人民政府卫生主管部门依据职责分工责令限期改正,给予警告;逾期不改正的,根据国务院卫生主管部门规定的护士配备标准和在医疗卫生机构合法执业的护士数量核减其诊疗科目,或者暂停其6个月以上1年以下执业活动。
2. 未依法保证护士权利的,依照有关法律、行政法规的规定给予处罚。
3. 未制定、实施在职培训计划或者未保证护士接受培训的,未履行护士管理职责的,县级以上地方人民政府卫生主管部门依据职责分工责令限期改正,给予警告。

三、其他人员的法律责任

1. 卫生主管部门或国家举办的医疗卫生机构的工作人员未依照《护士条例》规定履行职责,在护士监督管理工作中滥用职权、徇私舞弊,或者有其他失职、渎职行为的,依法给予处分;构成犯罪的,依法追究刑事责任。
2. 扰乱医疗秩序,阻碍护士依法开展执业活动,侮辱、威胁、殴打护士,或者有其他侵犯护士合法权益行为的,由公安机关依照《中华人民共和国治安管理处罚法》的规定给予处罚;构成犯罪的,依法追究刑事责任。

▶ 拓展阅读

护士证挂证违法吗

"网约护士"用无资质 APP 接私活
律师：涉嫌非法执业

▶ 思考题

1. 参加护士执业资格考试应该具备什么条件？
2. 护士执业规则的主要内容是什么？
3. 执业护士享有哪些法律权利？
4. 护士违反执业规则可能会承担什么法律责任？

第八章 中医药法律制度

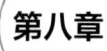

学习目标

识记：《中华人民共和国中医药法》的立法背景、基本结构、主要内容、亮点特色、施行效果。

掌握：中医药基本法律制度和涉中医药法律实务问题的分析方法和解决途径。

熟悉：中医药法律关系的构成和内容，备案制中医诊所设置与校验的条件，确有专长中医医师资格考核注册的申请条件、考核程序和监督制度。

了解：我国中医药的主要法律制度和基本产业政策。

章前案例

某高校法学专业学生的一次研讨会上，有关同学分别提出对中医药法律制度的观点，甲同学说："我国目前既有中医药条例，又有中医药法。"乙同学说："中医药法律关系涉及刑事、民事、行政。"丙同学说："中医诊所实行行政许可设立制度。"丁同学说："中医医师资格考核注册具有特殊性，体现在我国实行确有专长中医医师资格考核注册法律制度。"戊同学说："中医药产业政策与中医药法律法规可以内容交叉，所以二者是一回事。"

请根据本章所学内容，分析诸位同学所提观点正确与否。

第八章 中医药法律制度

第一节 概 述

一、中医药的概念

根据《中华人民共和国中医药法》（以下简称《中医药法》）第 2 条的规定，中医药是指包括汉族和少数民族医药在内的我国各民族医药的统称，是反映中华民族对生命、健康和疾病的认识，具有悠久历史传统和独特理论及技术方法的医药学体系。

中医药发源于我国，是我国各族人民几千年来在同疾病作斗争中形成和发展起来的中华文明重要瑰宝，是人民群众集体智慧的结晶。在西医传入我国之前，我国只有一种医药学，故没有必要将其称为"中医药"。"中医药"的称谓出现在近代以后，随着西学、西医传入我国，为了便于区分，我国本土原有的学术体系、医学体系就被称为"中学""中医药"，从此"中医药"就成为与"西医药"相对应的医药学概念。从国际方面来说，中医药作为包括汉族和少数民族医药在内的我国各民族医药的统称，已得到国际社会的普遍认同。

中医药是我国各民族医药的统称，少数民族医药是我国中医药的重要组成部分，包括藏医药、蒙医药、维吾尔医药、傣医药、苗医药、侗医药、彝医药等少数民族的医药均是中医药的重要基础和构成元素。

中医药学是我国各族人民在长期生产生活和同疾病作斗争中逐步形成并不断丰富发展创新的医学科学，具有独特有效的系统思维模式及其知识体系。其所注重的整体观念、辨证论治、因人而异、复方用药等认识论和方法论独具特色，反映了中华民族认识自然、生态、人体、生命、健康、疾病等现象及其相互关系的科学规律。中医药技术方法是在中医药基本理论的科学指导下，经过长期实践系统总结出来的，用以防治疾病、健康养生、延年益寿。中医药技术具有不同于其他医学技术的独特属性，主要为：一是针法类；二是灸法类；三是手法类；四是外治疗法；五是内服法；六是中药炮制技术。

二、中医药法的立法背景

中医药是中华民族的瑰宝，是我国医药卫生体系的特色和优势，是国家医药卫生事业的重要组成部分。新中国成立以来，党和国家高度重视中医药工作，坚持中西医并重，中医药事业取得了显著成就。2003年国务院制定了《中华人民共和国中医药条例》（现已失效），对于促进、规范中医药事业发展发挥了重要作用。但是，随着经济社会快速发展，中医药事业发展面临一些新的问题和挑战，主要表现为：一是中医药服务能力不足，中医药服务领域出现萎缩现象，特别是基层中医药服务能力薄弱，发展规模和水平还不能满足人民群众的需求。二是现行医师管理、诊所管理制度不能完全适应中医药特点和发展需要，一些医术确有专长的人员无法通过考试取得医师资格，同时现行的审批管理模式导致开办中医诊所门槛过高，医疗机构配制的中药制剂品种出现萎缩现象。三是由于中医药人才培养途径比较单一，中医药教育体系不够完善，导致中医药人才匮乏。四是野生中药材资源破坏严重，人工种植养殖中药材不规范，导致部分中药材品质下降，影响中医药可持续发展。五是中医药科学研究能力不足，导致在中医药理论和技术方法的传承、创新方面面临不少困难。

为此，中医药界一直呼吁制定一部较为全面的中医药法，几乎每年两会都有全国人大代表、全国政协委员提出制定中医药法的议案、提案和建议。为了进一步保障和促进中医药事业发展，2008年，十一届全国人大常委会将中医药法列入立法规划。2009年，《中共中央、国务院关于深化医药卫生体制改革的意见》明确要求加快中医药立法工作。2011年12月，原卫生部向国务院报送了《中医药法草案（送审稿）》，2015年12月，国务院将中医药法草案提请全国人大常委会审议。全国人大常委会于2015年12月和2016年8月、12月三次审议后通过了《中医药法》。

《中医药法》的施行对中医药事业发展具有里程碑的重要意义。《中医药法》第一次从法律层面明确了中医药的重要地位、发展方针和扶持措施，为中医药事业发展提供了法律保障。《中医药法》针对中医药自身的特点，改革完善了中医医师、诊所和中药等管理制度，有利于保持和发挥中医药特色和优势，促进中医药事业发展。同时，《中医药法》对实践中存在的突出问题作了有针对性的规定，有利于规范中医药从业行为，保障医疗安全和中药质量。此外，《中医药法》的出台有利于提升中医药的全球影响力，在解决健康服务问题上，为世界提供中国智慧、中国方案、中国样本，为解决世界医改难题做出中国的独特贡献。在《中医药法》以及《中医药发展战略规划纲要（2016—2030年）》等一系列政策文件的保障和促进下，"中医药振兴发展迎来天时、地利、人和的大好时机"。

三、中医药法的定义

中医药法是伴随着我国中医药事业的发展和中医药国际影响的不断扩大而逐步兴起的一个新法律部门。中医药法有广义和狭义之分：广义上的中医药法，是指由国家制定、认可、实施，用以调整中医药保护传承发展和中医药防病治病活动中所产生的各种社会关系的法律规范总称，包括法律、行政法规、地方性法规、自治条例、单行条例、部门规章、地方政府规章、司法解释等规范形式。狭义上的中医药法，是专指由第十二届全国人民代表大会常务委员会第二十五次会议于2016年12月25日通过的《中医药法》。《中医药法》是为继承和弘扬中医药，保障和促进中医药事业发展，保护人民健康制定的法律。该法系法律层次的立法规范，且为一般法，共计9章63条，内容主要涉及中医药服务、中药保护与发展、中医药人才培养、中医药科学研究、中医药传承与文化传播、保障措施以及法律责任等，自2017年7月1日起施行。

四、中医药法的基本原则

中医药法的基本原则是指贯穿于中医药法始终，用以规范、指引、预测、评价、监督、保障、促进中医药法的基本准则。《中医药法》的基本原则主要包括：

（一）服务公众健康原则

为公众健康服务是中医药事业发展的根本目的。中医药服务是医疗卫生服务的重要组成部分，其通过对疾病预防、控制、治疗中运用中医药技术和方法，发挥中医药的特色和优势，开展医疗、预防、保健、康复等卫生健康服务，能够在服务公众健康中发挥不可替代的重要作用。为此，《中医药法》第1条就明确规定："为了继承和弘扬中医药，保障和促进中医药事业发展，保护人民健康，制定本法。"

（二）中西医并重原则

中西医并重是我国《宪法》确定发展医药卫生事业的基本原则。为此，

《中医药法》第 3 条第 1 款规定："中医药事业是我国医药卫生事业的重要组成部分。国家大力发展中医药事业，实行中西医并重的方针，建立符合中医药特点的管理制度，充分发挥中医药在我国医药卫生事业中的作用。"再次明确国家大力发展中医药事业，以及国家实行中西医并重的基本原则。

（三）中西医协调发展原则

中医药和西医药都是服务于人民健康和国家卫生健康事业的重要举措。长期以来，中医药和西医药互相补充与优势互补，共同为人民群众提供医疗卫生健康服务，这是我国医药卫生健康事业的重要特征和独特优势。为此，《中医药法》第 3 条第 3 款规定："国家鼓励中医西医相互学习，相互补充，协调发展，发挥各自优势，促进中西医结合。"进一步明确中西医协调发展，坚持中医西医相互学习，发挥中西医的各自优势，不断促进中西医的有机结合。

（四）遵循中医药发展规律原则

中医药的发展离不开对客观规律的不断认知和深化实践，中医药的发展自有其内在规律、属性、特点、方法、条件，既要传承中医药，又要创新中医药，还要特色发展中医药，就必须坚持遵循中医药发展的客观规律。为此，《中医药法》第 3 条第 2 款规定："发展中医药事业应当遵循中医药发展规律，坚持继承和创新相结合，保持和发挥中医药特色和优势，运用现代科学技术，促进中医药理论和实践的发展。"

（五）党和国家大力支持中医药发展原则

"中医药学是中国古代科学的瑰宝，也是打开中华文明宝库的钥匙。"长期以来，党和国家高度重视并大力支持中医药发展，将中医药事业纳入国民经济和社会发展规划，明确全国和地方中医药管理工作的行政主体，加强中医药服务体系建设，支持社会力量投资中医药事业，发展中医药教育，培养中医药人才，支持中医药科学研究和技术开发，支持中医药对外交流与合作，表彰奖励在中医药事业中做出突出贡献的组织和个人，以上均是党和国家大力支持中医药发展的具体形式表现。《中医药法》第 4 条至第 10 条均有明确规定。

五、中医药法的主要特征

中医药法与其他法律部门一样，具有法律的一般特征。但作为一个新兴的法律部门，中医药法因其调整对象、调整内容、调整方法的特殊性，而具有自身特征，主要表现为：

（一）综合性

从调整对象来看，中医药法的调整对象是中医药法律关系。从调整方法来看，主要运用行政、民事、刑事等方法手段。从调整依据来看，主要涵盖内容规范、技术规范、标准规范、程序规范等来源依据。故中医药法具有鲜明的综合性。

（二）伦理性

中医药法的调整对象主要是中医药医疗服务，与人的生命、身体、健康、疾病、死亡等息息相关。因此，中医药法相应的法律法规构建要符合社会共同正向的伦理原则和价值取向，同时，应对违反伦理道德的行为加以禁止或限制。故中医药法具有突出的伦理性。

（三）专业性

中医药法是以中医药为主要调整对象，相应法律规范的制施就要以中医药学科为基础本源，体现中医药学的学科特点和实践规律。而中医药学具有明显的自然科学属性，在中医药法中，必然会包含大量的技术原理、技术标准、技术规范、技术程序、技术操作等。故中医药法具有明显的专业性。

六、中医药法的调整对象

中医药法的调整对象是中医药法律关系。概括来说，中医药法律关系主要包括：中医药服务、中药保护与发展、中医药人才培养、中医药科学研究、中医药传承与文化传播、保障措施等具体法律关系。

中医药医疗服务是医疗卫生服务的重要组成部分，是在中医药理论体系指导下，应用中医药相应技术方法开展的医疗、预防、保健和康复等服务。故中医药医疗服务法律关系是中医药法最主要的调整对象。中医药法调整中医药医疗服务法律关系就是要规范和明确中医药医疗服务体系建设、中医医疗机构建设、中医药从业人员管理等问题。

此外，中医与中药是一个密不可分的整体系统，甚至可以说，中药本身就是中医的应有之义。故中医药法的调整对象还包括与中药相关的其他法律关系，主要体现在中药生产和管理中的法律制度，包括中药注册、中药管理、医疗机构中药制剂管理等方面。

七、中医药法的突出亮点

(一) 明确中医药事业的重要地位和发展方针

一是明确中医药是包括汉族和少数民族医药在内的我国各民族医药的统称，中医药事业是我国医药卫生事业的重要组成部分。二是明确国家大力发展中医药事业，实行中西医并重的方针，建立符合中医药特点的管理制度。三是明确发展中医药事业应当遵循中医药发展规律，坚持继承和创新相结合，保持和发挥中医药特色和优势。四是明确国家鼓励中医西医相互学习，相互补充，协调发展，发挥各自优势，促进中西医结合。

(二) 建立符合中医药特点的管理制度

中医药具有鲜明的特色和优势，在很多方面不同于西医药。例如，中医服务人员存在师承等培养方式，中医诊所主要是医师坐堂望闻问切，服务简便，不像西医医疗机构需要配备相应的仪器设备。中医药法充分考虑到中医药的特点和发展需要，对医师法、药品管理法、医疗机构管理条例等规定的管理制度进行改革完善：一是改革完善中医医师资格管理制度，规定以师承方式学习中医和经过多年实践，医术确有专长的人员，经实践技能和效果考核合格即可获得中医医师资格。二是改革完善中医诊所准入制度，将中医诊所由许可管理改为备案管理。三是允许医疗机构根据临床需要，凭处方炮制市场上没有供应的中药饮片，或者对中药饮片进行再加工。四是对仅应用传统工艺配制的中药制剂品种和委托配制中药制剂，由现行的许可管理改为备案管理。五是明确生产符合国家规定条件的来源于古代经典名方的中药复方制剂，在申请药品批准文号时，可以仅提供非临床安全性研究资料。

(三) 加大对中医药事业的扶持力度

我国中医药事业发展取得了显著成就，中医药总体规模不断扩大，发展水平和服务能力逐步提高。中医药在常见病、多发病、慢性病及疑难病症、重大传染病防治中的作用得到进一步彰显。但是，与人民群众的中医药服务需求相比，我国中医药资源总量仍然不足，中医药服务能力仍然薄弱。为此，中医药法进一步加大对中医药事业的扶持力度：一是明确县级以上政府应当将中医药事业纳入国民经济和社会发展规划，建立健全中医药管理体系，将中医药事业发展经费纳入财政预算，为中医药事业发展提供政策支持和条件保障，统筹推进中医药事业发展。二是明确县级以上政府应当将中医医疗机构建设纳入医疗机构设置规划，举办规模适宜的中医医疗机构，扶持有中医药特色和优势的医疗机构发展。三是合理确定中医医疗服务的收费项目和标准，体现中医医疗服务成本和专业技术价值。四是明确有关部门应当按照国家规定，将符合条件的中医医疗机构纳入医保定点机构范围，将符合条件的中医药项目纳入医保支付范围。五是发展中医药教育，加强中医药人才培养，加大对中医药科学研究和传承创新的支持力度，促进中医药文化传播和应用。六是发展中医养生保健服务，支持社会力量举办规范的中医养生保健机构。七是明确国家采取措施，加大对少数民族医药传承创新、应用发展和人才培养的扶持力度，加强少数民族医疗机构和医师队伍建设，民族自治地方可以结合实际，制定促进和规范本地方少数民族医药事业发展的办法。

（四）加强对中医医疗服务和中药生产经营的监管

针对中医药行业中存在的服务不规范、虚假宣传、中药材质量下滑等问题，中医药法坚持扶持与规范并重，进一步规范中医药从业行为，保障医疗安全，提升中药质量：一是明确开展中医药服务应当符合中医药服务基本要求，发布中医医疗广告应当经审查批准，发布的内容应当与批准的内容相符。二是明确国家制定中药材种植养殖、采集、贮存和初加工的技术规范、标准，加强对中药材生产流通全过程的质量监督管理，保障中药材质量安全。三是加强中药材质量监测，建立中药材流通追溯体系和进货查验记录制度。四是鼓励发展中药材规范化种植养殖，严格管理农药、肥料等农业投入品的使用，禁止使用剧毒、高毒农药。五是加强对医疗机构炮制中药饮片、配制中药制剂的监管。

（五）加大对中医药违法行为的处罚力度

一是规定中医诊所、中医医师超范围执业，情节严重的，责令停止执业活动、吊销执业证书。二是规定举办中医诊所、炮制中药饮片、委托配制中药制剂应当备案而未备案，或者备案时提供虚假材料，经责令改正，拒不改正的，责令停止执业活动或者责令停止炮制中药饮片、委托配制中药制剂活动，其直接责任人员5年内不得从事中医药相关活动。三是规定医疗机构应用传统工艺配制中药制剂未依法备案，或者未按照备案材料载明的要求配制中药制剂的，按生产假药给予处罚。四是规定发布的中医医疗广告内容与经审查批准的内容不相符的，撤销该广告的审查批准文件，1年内不受理该医疗机构的广告审查申请。五是规定在中药材种植过程中使用剧毒、高毒农药的，依照有关法律、法规规定给予处罚；情节严重的，可以处5日以上15日以下拘留。

八、中医药法的施行效果

2021年6月7日，全国人大常委会执法检查组关于检查《中医药法》实施情况的报告提请第十三届全国人大常委会第二十九次会议审议。报告显示，我国实施中医药法三年多来，中医药传承创新能力逐步提升，支撑保障作用不断加强。截至"十三五"末期，我国中医药人员总数达到76.7万人，千人口中医执业（助理）医师数达到0.45人。我国实施"十三五"中医药科技创新专项规划，开展"中医药现代化研究"国家重点科技项目；推动建成40个国家中医临床研究基地，支持建设54个中药炮制技术传承基地，调查活态性中医药传统知识近3000项。中医药在抗击新冠肺炎疫情中发挥重要作用，更堪称中医药传承精华、守正创新的生动实践。在国内，我国推动中医药进乡村、进社区、进家庭、进校园，我国公民中医药健康文化素养水平达15.62%，普及率达92.46%；在海外，中医药已传播到196个国家和地区，中医药疗效被世界越来越多的国家认可、认同。

第二节　中医药法律关系的类别

中医药法律关系，是指中医药法律规范在调整中医药有关行为过程中所形成的，以中医药关涉的权利义务为内容的各种社会关系。中医药法律关系由主体、客体、内容所构成，是基于保护和促进人体生命健康权益、保障和发展中医药事业而形成的综合性法律关系，包括中医药民事法律关系、中医药行政法律关系、中医药刑事法律关系的类别。

一、中医药民事法律关系

（一）中医药民事法律关系的概念

中医药民事法律关系主要体现为中医医患法律关系。一般而言，患者在接受中医药医疗服务过程中与提供医疗服务的中医医疗机构及其工作人员之间所发生的法律关系，即为中医医患法律关系。

（二）中医药民事法律关系的构成

1. 中医药民事法律关系主体。中医药民事法律关系主体主要通过中医医患法律关系主体予以体现。中医医患法律关系主体是中医医疗机构和患者。中医医患法律关系的一方主体是中医医疗执业机构，而非该机构的医务人员。中医医患法律关系的另一方主体是患者，基于医患法律关系的特殊性，对患者主要考虑其民事权利能力，而非其民事行为能力。换而言之，无论患者是否具备民事行为能力，都不影响其成为中医医患民事法律关系的主体。

2. 中医药民事法律关系客体。中医药民事法律关系客体主要通过中医医患法律关系客体予以体现。中医医患法律关系客体是中医医疗机构为患者提供的医疗行为和医疗物品，即中医医疗机构的医务人员对病患疾病所进行的诊断、治疗、预后判断、护理、医疗美容、康复等专业性中医医疗行为。

3. 中医药民事法律关系内容。中医药民事法律关系内容主要通过中医医患法律关系内容予以体现。中医医患法律关系内容是医患双方基于医疗合同的约定或法律的规定而产生的权利和义务。具体来说，患者的权利包括：生命权、身体权、健康权、平等救治权、医疗自主权、知情同意权、个人隐私权等。患者的义务包括：遵守医疗机构的规章制度、支付医疗费用、尊重医务人员人格、接受医学检查治疗等。中医医疗机构的权利包括：治疗权、医学研究权、医疗机构管理权、收费权等。中医医疗机构的义务包括：诊疗义务、确保患者安全的义务、高度注意义务、告知说明义务、妥善管理病历资料义务等。

二、中医药行政法律关系

（一）中医药行政法律关系的概念

中医药卫生行政机关为实现国家卫生行政管理目的，依照中医药卫生的法律、法规和规章，在行使卫生行政职权和履行卫生行政职责过程中产生与公民、法人、其他组织之间所形成的，以权力（权利）义务为内容的社会关系，即为中医药行政法律关系。

（二）中医药行政法律关系的表现

1. 中医医疗机构的行政法律关系。中医医疗机构的行政法律关系是针对中医医疗卫生机构及其组织的设置标准、准入条件、许可管理、日常监督等形成的行政法律关系,主要包括:中医医院、中医专科、中医坐堂医诊所、中医医疗机构的仪器设备、中医医疗广告等行政法律关系。

2. 中医药从业人员的行政法律关系。中医药从业人员的行政法律关系是在执业过程中,中医医师、护士、中药师、药剂师及其他卫生技术人员的资格准入、资源配置、日常管理、权益保护等方面所形成的行政法律关系。

3. 中药保护的行政法律关系。中药保护的行政法律关系是基于对中药相关产品的生产、流通、销售、制剂及其标准、准入、许可等的行政管理监督所形成的行政法律关系。主要体现在以下几个方面:一是国家鼓励发展中药材规范化种植养殖。二是国家建立道地中药材评价体系。三是国家组织并加强对中药材质量的监测。四是国家鼓励发展中药材现代流通体系。五是国家保护药用野生动植物资源。六是国家支持农村医疗机构执业的中医医师、具备中药材知识和识别能力的乡村医生自种、自采地产中药材。七是国家保护中药饮片传统炮制技术和工艺。八是国家对市场上没有供应的中药饮片炮制使用规定。九是国家鼓励和支持中药新药的研制和生产。十是国家对生产符合国家规定条件且来源于古代经典名方的中药复方制剂申请药品批准文号的特殊要求。十一是国家鼓励医疗机构根据本医疗机构临床用药需要配制和使用中药制剂。

4. 中医药科学研究与人才培养的行政法律关系。国家卫生行政机关、中医药管理行政机关、教育行政机关对中医药高等院校、科研院所在中医药教育教学、科研机构设立运行、中医药专家学术经验和专业技术专长的继承、中医药对外教育教学合作交流等方面所形成的行政法律关系。

三、中医药刑事法律关系

(一) 中医药刑事法律关系的概念

国家侦查机关、检察机关、审判机关依照法定职权与法定程序对在中医药提供医疗服务、药品生产经营等活动过程中产生的犯罪行为进行刑事追责时所发生的社会关系,即为中医药刑事法律关系。

(二) 中医药刑事法律关系的列举

我国《刑法》分则第3章"破坏社会主义市场经济秩序罪"、第4章

"侵犯公民人身权利、民主权利罪"、第6章"妨害社会管理秩序罪"等均有关于卫生刑事法律关系的罪名、犯罪构成、刑事责任与刑罚的规定。中医药刑事法律关系属于广义的卫生健康刑事法律关系，故有关中医药刑事法律关系的犯罪行为主要包括：生产、销售不符合标准的医用器材罪，负有照护职责人员性侵罪，聚众扰乱社会秩序罪，妨害传染病防治罪，传染病菌种、毒种扩散罪，妨害国境卫生检疫罪，非法组织卖血罪，强迫卖血罪，非法采集、供应血液、制作、供应血液制品罪，采集、供应血液、制作、供应血液制品事故罪，非法采集人类遗传资源罪，走私人类遗传资源材料罪，医疗事故罪，非法行医罪，非法进行节育手术罪，非法植入基因编辑、克隆胚胎罪，妨害动植物防疫、检疫罪。

第三节 备案制中医诊所法律制度

一、中医诊所的概念

根据《中医诊所备案管理暂行办法》第2条的规定，中医诊所是指在中医药理论指导下，运用中药和针灸、拔罐、推拿等非药物疗法开展诊疗服务，以及中药调剂、汤剂煎煮等中药药事服务的诊所。简而言之，所谓中医诊所是指只能提供中医药服务的医疗机构。对于中医诊所的概念，须注意两个关键点：一是中医诊所不得提供西医西药服务；二是中医诊所并非所有的中医药服务都可以开展，对医疗技术存在不可控、存在医疗安全隐患风险的中医药服务不得在中医诊所开展，如中医微创类技术、中药注射剂、穴位注射等。

二、备案制中医诊所的概念

备案制中医诊所，是指依据《中医药法》和《中医诊所备案管理暂行办法》的有关规定，备案人向拟开办诊所所在地县级中医药主管部门备案后取得《中医诊所备案证》后，可依法开展中医药服务执业活动的医疗机构。备案制中医诊所与审批制中医诊所有明显区别，前者依据《中医药法》和《中医诊所备案管理暂行办法》，采取行政备案制，后者依据《医疗机构管理条例》和《医疗机构管理条例实施细则》，采取行政许可制。

三、开办备案制中医诊所的条件和材料

(一) 开办备案制中医诊所的条件

根据《中医诊所备案管理暂行办法》第 5 条的有关规定，开办备案制中医诊所应当同时具备下列条件：

1. 个人举办中医诊所的，应当具有中医类别《医师资格证书》并经注册后在医疗、预防、保健机构中执业满 3 年，或者具有《中医（专长）医师资格证书》；法人或者其他组织举办中医诊所的，诊所主要负责人应当符合上述要求。

2. 符合《中医诊所基本标准》。

3. 中医诊所名称符合《医疗机构管理条例实施细则》的相关规定。

4. 符合环保、消防的相关规定。

5. 能够独立承担民事责任。

《医疗机构管理条例实施细则》规定不得申请设置医疗机构的单位和个人，不得举办中医诊所。

(二) 开办备案制中医诊所的材料

根据《中医诊所备案管理暂行办法》第 6 条的有关规定，中医诊所备案应当提交下列材料：

1. 《中医诊所备案信息表》。

2. 中医诊所主要负责人有效身份证明、医师资格证书、医师执业证书。

3. 其他卫生技术人员名录、有效身份证明、执业资格证件。

4. 中医诊所管理规章制度。

5. 医疗废物处理方案、诊所周边环境情况说明。

6. 消防应急预案。

法人或者其他组织举办中医诊所的，还应当提供法人或者其他组织的资质证明、法定代表人身份证明或者其他组织的代表人身份证明。

四、备案制中医诊所的注意事项

根据《中医诊所备案管理暂行办法》第 7 条至第 13 条的有关规定，备案制中医诊所的注意事项如下：

1. 备案人应当如实提供有关材料和反映真实情况，并对其备案材料实质内容的真实性负责。

2. 县级中医药主管部门收到备案材料后，对材料齐全且符合备案要求的予以备案，并当场发放《中医诊所备案证》；材料不全或者不符合备案要求的，应当当场或者在收到备案材料之日起 5 日内一次告知备案人需要补正的全部内容。

3. 中医诊所应当将《中医诊所备案证》、卫生技术人员信息在诊所的明显位置公示。

4. 中医诊所的人员、名称、地址等实际设置应当与《中医诊所备案证》记载事项相一致。中医诊所名称、场所、主要负责人、诊疗科目、技术等备案事项发生变动的，应当及时到原备案机关对变动事项进行备案。

5. 禁止伪造、出卖、转让、出借《中医诊所备案证》。

6. 中医诊所应当按照备案的诊疗科目、技术开展诊疗活动，加强对诊疗行为、医疗质量、医疗安全的管理，并符合中医医疗技术相关感染预防与控制等有关规定。中医诊所发布医疗广告应当遵守法律法规规定，禁止虚假、夸大宣传。

7. 县级中医药主管部门应当在发放《中医诊所备案证》之日起 20 日内将辖区内备案的中医诊所信息在其政府网站公开，便于社会查询、监督，并及时向上一级中医药主管部门报送本辖区内中医诊所备案信息。上一级中医药主管部门应当进行核查，发现不符合《中医诊所备案管理暂行办法》规定的备案事项，应当在 30 日内予以纠正。

五、备案制中医诊所的监督管理

根据《中医诊所备案管理暂行办法》第 14 条至第 18 条的有关规定，县级以上地方中医药主管部门对备案制中医诊所要加强事中事后监管，主要体现在以下几个方面：

1. 加强对中医诊所依法执业、医疗质量和医疗安全、诊所管理等情况的监督管理。

2. 在中医诊所备案之日起 30 日内，对备案的中医诊所进行现场核查，对相关材料进行核实，并定期开展现场监督检查。

3. 中医诊所如有下列情况之一的应当向所在地县级中医药主管部门报告，县级中医药主管部门应当注销备案并及时向社会公告：一是中医诊所停止执业活动超过1年的；二是中医诊所主要负责人被吊销执业证书或者被追究刑事责任的；三是举办中医诊所的法人或者其他组织依法终止的；四是中医诊所自愿终止执业活动的。

4. 要定期组织中医诊所负责人学习卫生法律法规和医疗机构感染防控、传染病防治等知识，促进中医诊所依法执业；定期组织执业人员参加继续教育，提高其专业技术水平。

5. 要建立中医诊所不良执业行为记录制度，对违规操作、不合理收费、虚假宣传等进行记录，并作为对中医诊所进行监督管理的重要依据。

六、备案制中医诊所的有关法律责任

（一）中医药主管部门的法律责任

根据《中医诊所备案管理暂行办法》第19条的有关规定，县级以上地方中医药主管部门未履行该办法规定的职责，对符合备案条件但未及时发放备案证或者逾期未告知需要补正材料、未在规定时限内公开辖区内备案的中医诊所信息、未依法开展监督管理的，按照《中医药法》第53条的规定予以处理。

（二）备案制中医诊所擅自执业的法律责任

根据《中医诊所备案管理暂行办法》第20条的有关规定，未经县级中医药主管部门备案擅自执业的，由县级中医药主管部门责令改正，没收违法所得，并处3万元以下罚款，向社会公告相关信息；拒不改正的，责令其停止执业活动，其直接责任人员自处罚决定作出之日起5年内不得从事中医药相关活动。

（三）备案人提交虚假材料的法律责任

根据《中医诊所备案管理暂行办法》第21条的有关规定，提交虚假备案材料取得《中医诊所备案证》的，由县级中医药主管部门责令改正，没收违法所得，并处3万元以下罚款，向社会公告相关信息；拒不改正的，责令其停止执业活动并注销《中医诊所备案证》，其直接责任人员自处罚决定作出之日起5年内不得从事中医药相关活动。

（四）与《中医诊所备案证》不一致执业的法律责任

根据《中医诊所备案管理暂行办法》第 22 条的有关规定，中医诊所擅自更改设置未经备案或者实际设置与取得的《中医诊所备案证》记载事项不一致的，不得开展诊疗活动。擅自开展诊疗活动的，由县级中医药主管部门责令改正，给予警告，并处 1 万元以上 3 万元以下罚款；情节严重的，应当责令其停止执业活动，注销《中医诊所备案证》。

（五）出卖、转让、出借《中医诊所备案证》的法律责任

根据《中医诊所备案管理暂行办法》第 23 条的有关规定，出卖、转让、出借《中医诊所备案证》的，由县级中医药主管部门责令改正，给予警告，可以并处 1 万元以上 3 万元以下罚款；情节严重的，应当责令其停止执业活动，注销《中医诊所备案证》。

（六）超备案范围执业的法律责任

根据《中医诊所备案管理暂行办法》第 24 条的有关规定，中医诊所超出备案范围开展医疗活动的，由所在地县级中医药主管部门责令改正，没收违法所得，并处 1 万元以上 3 万元以下罚款。有下列情形之一的，应当责令其停止执业活动，注销《中医诊所备案证》，其直接负责的主管人员自处罚决定作出之日起 5 年内不得在医疗机构内从事管理工作：一是因超出备案范围开展医疗活动曾受过行政处罚的；二是超出备案范围从事医疗活动给患者造成伤害的；三是违反该办法规定造成其他严重后果的。

第四节　确有专长中医医师资格考核注册法律制度

一、确有专长中医医师的概念

根据《中医药法》和《中医医术确有专长人员医师资格考核注册管理暂行办法》（以下简称《暂行办法》）的规定，确有专长中医医师是指以师承方式学习中医或者经多年实践，医术确有专长的人员参加医师资格考核取得《中医（专长）医师资格证书》和《中医（专长）医师执业证书》后可从事中医医疗活动的人员。值得注意的是，《中医药法》与《暂行办法》规定的"确有专长人员"与《传统医学师承和确有专长人员医师资格考核考试办法》（卫生部令第 52 号）中规定的师承或中医医术"确有专长人员"是有区别的。

二、确有专长中医医师资格的考核申请

(一) 人员

根据《暂行办法》第 2 条的有关规定，以师承方式学习中医或者经多年实践，医术确有专长的人员，可以申请参加中医医术确有专长人员医师资格考核。通过其他途径达到医术确有专长人员能否提出考核申请，还存有争议，这一问题值得学术界和实务界继续斟酌。

(二) 条件

根据《暂行办法》第 5 条的有关规定，以师承方式学习中医的，申请参加医师资格考核应当同时具备下列条件：一是连续跟师学习中医满 5 年，对某些病证的诊疗，方法独特、技术安全、疗效明显，经指导老师评议合格。二是由至少 2 名中医类别执业医师推荐，推荐医师不包括其指导老师。根据《暂行办法》第 6 条的有关规定，经多年中医医术实践的，申请参加医师资格考核应当同时具备下列条件：一是具有医术渊源，在中医医师指导下从事中医医术实践活动满 5 年或者《中医药法》施行前已经从事中医医术实践活动满 5 年的。二是对某些病证的诊疗，方法独特、技术安全、疗效明显，并得到患者的认可。三是由至少 2 名中医类别执业医师推荐。

(三) 提交材料

根据《暂行办法》第 10 条的有关规定，申请参加中医医术确有专长人员医师资格考核的，应当提交以下材料：

1. 国家中医药管理局统一式样的《中医医术确有专长人员医师资格考核申请表》。

2. 本人有效身份证明。

3. 中医医术专长综述，包括医术的基本内容及特点描述、适应症或者适用范围、安全性及有效性的说明等，以及能够证明医术专长确有疗效的相关资料。

4. 至少 2 名中医类别执业医师的推荐材料。

5. 以师承方式学习中医的，还应当提供跟师学习合同，学习笔记、临床实践记录等连续跟师学习中医满 5 年的证明材料，以及指导老师出具的跟师学习情况书面评价意见、出师结论。经多年中医医术实践的，还应当提供医

术渊源的相关证明材料，以及长期临床实践所在地县级以上中医药主管部门或者所在居委会、村委会出具的从事中医医术实践活动满5年证明，或者至少10名患者的推荐证明。

（四）材料审核程序

根据《暂行办法》第11条的有关规定，县级中医药主管部门和设区的市级中医药主管部门分别对申请者提交的材料进行初审和复审，复审合格后报省级中医药主管部门。省级中医药主管部门对报送材料进行审核确认，对符合考核条件的人员、指导老师和推荐医师信息应当予以公示。申请者在临床实践中存在医疗纠纷且造成严重后果的，取消其报名资格。

三、确有专长中医医师资格的考核发证

（一）考核方式

根据《暂行办法》第12条至第13条的有关规定，中医医术确有专长人员医师资格考核实行专家评议方式，通过现场陈述问答、回顾性中医医术实践资料评议、中医药技术方法操作等形式对实践技能和效果进行科学量化考核。专家人数应当为不少于5人的奇数。考核专家应当对参加考核者使用中医药技术方法的安全性进行风险评估，并针对风险点考核其安全风险意识、相关知识及防范措施。根据参加考核者使用的中医药技术方法分为内服方药和外治技术两类进行考核。

（二）技能分类考核

根据《暂行办法》第14条的有关规定，内服方药类考核内容包括：医术渊源或者传承脉络、医术内容及特点；与擅长治疗的病证范围相关的中医基础知识、中医诊断技能、中医治疗方法、中药基本知识和用药安全等。考核程序分为医术专长陈述、现场问答、诊法技能操作和现场辨识相关中药等。考核专家应当围绕参加考核者使用的中药种类、药性、药量、配伍等进行安全性评估，根据风险点考核相关用药禁忌、中药毒性知识等。

根据《暂行办法》第15条的有关规定，外治技术类考核内容包括：医术渊源或者传承脉络、外治技术内容及特点；与其使用的外治技术相关的中医基础知识、擅长治疗的病证诊断要点、外治技术操作要点、技术应用规范及安全风险防控方法或者措施等。考核程序分为医术专长陈述、现场问答、外

治技术操作等。考核专家应当围绕参加考核者使用外治技术的操作部位、操作难度、创伤程度、感染风险等进行安全性评估，根据风险点考核其操作安全风险认知和有效防范方法等；外敷药物中含毒性中药的，还应当考核相关的中药毒性知识。

根据《暂行办法》第16条的有关规定，治疗方法以内服方药为主、配合使用外治技术，或者以外治技术为主、配合使用中药的，应当增加相关考核内容。

（三）考核评定

根据《暂行办法》第17条至第19条的有关规定，考核专家根据参加考核者的现场陈述，结合回顾性中医医术实践资料等，围绕相关病证的疗效评价关键要素进行分析评估并提问，对其医术专长的效果进行现场评定。必要时可采用实地调查核验等方式评定效果。经综合评议后，考核专家对参加考核者作出考核结论，并对其在执业活动中能够使用的中医药技术方法和具体治疗病证的范围进行认定。考核合格者，由省级中医药主管部门颁发《中医（专长）医师资格证书》。

四、确有专长中医医师资格的考核组织

（一）组织领导

根据《暂行办法》第21条至第22条的有关规定，省级中医药主管部门应当加强考核工作的组织领导，完善考核制度，强化考核工作人员和专家培训，严格考核管理，确保考核公平、公正、安全、有序进行。省级中医药主管部门每年定期组织中医医术确有专长人员医师资格考核，考核时间应当提前3个月向社会公告。

（二）考核专家库

根据《暂行办法》第23条的有关规定，省级中医药主管部门应当建立中医医术确有专长人员医师资格考核专家库。考核专家应当同时符合下列条件：一是中医类别执业医师。二是具有丰富的临床经验和技术专长，具备副主任医师以上专业技术职务任职资格或者从事中医临床工作15年以上具有师承或者医术确有专长渊源背景人员。三是遵纪守法，恪守职业道德，公平公正，原则性强，工作认真负责。

根据《暂行办法》第24条的有关规定，根据参加考核人员申报的医术专

长，由省级中医药主管部门在中医医术确有专长人员医师资格考核专家库内抽取考核专家。考核专家是参加考核人员的近亲属或者与其有利害关系的，应当予以回避。

五、确有专长中医医师资格实行医师区域注册管理

根据《暂行办法》第25条至第28条的有关规定，取得《中医（专长）医师资格证书》者，应当向其拟执业机构所在地县级以上地方中医药主管部门提出注册申请，经注册后取得《中医（专长）医师执业证书》。中医（专长）医师按照考核内容进行执业注册，执业范围包括其能够使用的中医药技术方法和具体治疗病证的范围。中医（专长）医师在其考核所在省级行政区域内执业。中医（专长）医师跨省执业的，须经拟执业所在地省级中医药主管部门同意并注册。取得《中医（专长）医师执业证书》者，即可在注册的执业范围内，以个人开业的方式或者在医疗机构内从事中医医疗活动。

六、确有专长中医医师资格考核注册的监督管理

根据《暂行办法》第29条至第33条的有关规定，中医药主管部门应加强中医（专长）医师执业的监督管理工作，具体内容如下：

1. 县级中医药主管部门负责对本行政区域内中医（专长）医师执业行为的监督检查，重点对其执业范围、诊疗行为以及广告宣传等进行监督检查。

2. 中医（专长）医师应当参加定期考核，每2年为一个周期。

3. 县级以上地方中医药主管部门应当加强对中医（专长）医师的培训，为中医（专长）医师接受继续教育提供条件。

4. 中医（专长）医师通过学历教育取得省级以上教育行政部门认可的中医专业学历的，或者执业时间满5年、期间无不良执业记录的，可以申请参加中医类别执业医师资格考试。

5. 建立中医（专长）医师管理信息系统，及时更新中医（专长）医师注册信息，实行注册内容公开制度，并提供中医（专长）医师注册信息查询服务。

七、确有专长中医医师资格考核注册制度与相关制度规定的衔接

（一）中医药一技之长人员

《暂行办法》实施前已经取得《乡村医生执业证书》的中医药一技之长

人员可以申请参加中医医术确有专长人员医师资格考核,也可继续以乡村医生身份执业,纳入乡村医生管理。自《暂行办法》施行后不再开展中医药一技之长人员纳入乡村医生管理工作。

(二) 传统医学师承和确有专长人员

《暂行办法》实施前已经按照《传统医学师承和确有专长人员医师资格考核考试办法》规定取得《传统医学师承出师证》的,可以按照《暂行办法》规定,在继续跟师学习满 2 年后申请参加中医医术确有专长人员医师资格考核。《暂行办法》实施前已经按照《传统医学师承和确有专长人员医师资格考核考试办法》规定取得《传统医学医术确有专长证书》的,可以按照《暂行办法》规定申请参加中医医术确有专长人员医师资格考核。

(三) 港澳台地区人员规定

港澳台地区人员在内地(大陆)以师承方式学习中医的,可在指导老师所在省、自治区、直辖市申请参加中医医术确有专长医师资格考核。

八、确有专长中医医师资格考核注册的有关法律责任

(一) 违纪违规的法律责任

根据《暂行办法》第 34 条的有关规定,参加中医医术确有专长人员资格考核的人员和考核工作人员,在考核过程中发生违纪违规行为的,按照国家医师资格考试违纪违规处理有关规定处罚;通过违纪违规行为取得《中医(专长)医师资格证书》《中医(专长)医师执业证书》的人员,由发证部门撤销并收回《中医(专长)医师资格证书》《中医(专长)医师执业证书》,并进行通报。

(二) 考核专家的法律责任

根据《暂行办法》第 35 条的有关规定,中医医术确有专长人员医师资格考核专家在考核工作中未依法履行工作职责的,省级中医药主管部门应当停止其参与考核工作;情节严重的,应当进行通报批评,并建议其所在单位依法给予相应的处分;存在其他违纪违规行为的,按照国家医师资格考试违纪违规处理有关规定处罚;构成犯罪的,依法追究刑事责任。

(三) 推荐医师或指导老师的法律责任

根据《暂行办法》第 36 条的有关规定,推荐中医医术确有专长人员的中

医医师、以师承方式学习中医的医术确有专长人员的指导老师，违反本办法有关规定，在推荐中弄虚作假、徇私舞弊的，由县级以上中医药主管部门依法责令暂停6个月以上1年以下执业活动；情节严重的，吊销其医师执业证书；构成犯罪的，依法追究刑事责任。

（四）超范围执业法律责任

根据《暂行办法》第37条的有关规定，中医（专长）医师在执业中超出注册的执业范围从事医疗活动的，由县级以上中医药主管部门责令暂停6个月以上1年以下执业活动，并处1万元以上3万元以下罚款；情节严重的，吊销其执业证书。造成患者人身、财产损害的，依法承担民事责任；构成犯罪的，依法追究刑事责任。

拓展阅读

实施中医药法见成效！
我国中医药传承创新能力逐步提升

全面贯彻实施中医药法
推进中医药事业发展和健康中国建设

推动中医药法贯彻实施
促进中医药事业健康发展

权威解读：中医药发展的里程碑

中华人民共和国中医药法

思考题

1. 简述《中华人民共和国中医药法》的立法背景、基本结构、主要内容、亮点特色、施行效果。
2. 简述中医药法律关系的构成与类别。
3. 简述备案制中医诊所的概念及其设立条件。
4. 简述确有专长中医医师资格考核注册的基本程序。

第九章 医疗纠纷处理法律制度

学习目标

掌握：医疗纠纷的处理法律制度。

熟悉：医疗纠纷的预防法律制度，医疗损害鉴定的法律制度。

了解：《中华人民共和国民法典》中关于医疗损害责任的相关规定。

章前案例

李某，女，22岁，怀孕9个多月，2007年11月20日，因"受凉后出现咳嗽，咳黄痰，伴咯血并发热10天，呼吸困难1周，端坐呼吸3天"，到北京市某中西医诊所就诊，接诊护士当时发现病人病情严重，立即劝其到大医院就诊。

2007年11月21日14时50分，李某在"丈夫"肖某的陪同下来到北京某医院呼吸内科就诊，初步诊断为重症肺炎、心功能不全、孕36周。李某入院后，由于病情危重，随时可能危及母子生命，医生建议马上实施剖宫产终止妊娠，以挽救母子生命。但陪同"家属"肖某不同意，他签字称："拒绝剖宫产生孩子，后果自负。"医生反复劝说其在手术同意书上签字，肖某最终也没有在事关两条生命的手术单上签字。最终，因抢救无效，李某及腹中胎儿双亡。[1]

---

[1] 张静、赵敏主编：《卫生法学》（第2版），清华大学出版社2020年版，第25~26页。

第一节 概 述

一、医疗纠纷处理的立法

1987年国务院颁布了《医疗事故处理办法》，这是我国第一个处理医疗事故的法律法规。该办法将医疗事故分为责任事故和技术事故。责任事故是指医务人员因违反规章制度、诊疗护理常规等失职行为所导致的事故；技术事故是指医务人员因技术过失所致的事故。该办法是"实行公费医疗的福利化政策"这一历史背景下的产物，基于此历史背景，该制度的设计更侧重于对医疗机构的保护。

2002年4月4日国务院公布了《医疗事故处理条例》，《医疗事故处理办法》同时作废。该条例于2002年9月1日施行。与《医疗事故处理办法》相比，该条例取消了医疗事故的分类，扩大了医疗事故的范围，将医疗事故由三级增加到四级；废除了一次性限额补偿制度，并将补偿改为赔偿，同时提高了赔偿标准；完善了医疗事故鉴定制度，将医疗事故技术鉴定由政府组织调整为由医学会组织。此外，该条例首次系统地规定了患者权利，并对患者及其家属实质性参与医疗事故争议的处理做了制度性和机制性安排。随后，卫生部又相继发布了《医疗事故技术鉴定暂行办法》《医疗事故分级标准（试行）》《医疗机构病历管理规定》《医疗事故争议中尸检机构及专业技术人员资格认定暂行办法》《重大医疗过失行为和医疗事故报告制度的规定》《病历书写基本规范（试行）》等配套规章。

2003年1月6日最高人民法院出台的《关于参照〈医疗事故处理条例〉审理医疗纠纷民事案件的通知》规定，《医疗事故处理条例》实施后发生的医疗事故引起的医疗赔偿纠纷，诉讼到法院的，参照条例的有关规定办理；因医疗事故以外的原因引起的其他医疗赔偿纠纷，适用《民法通则》的有关规定。2003年12月26日，最高人民法院出台了《关于审理人身损害赔偿案件适用法律若干问题的解释》详细规定了人身损害的赔偿项目和计算方法，但与《医疗事故处理条例》规定的医疗事故的赔偿项目和计算标准不一致。

2009年12月26日，第十一届全国人大常委会第十二次会议通过了《中华人民共和国侵权责任法》（以下称《侵权责任法》），该法于2010年7月1

日起实施,该法专设了"医疗损害责任"一章,共 11 条。"医疗损害责任"一章在继承和发展《医疗事故处理条例》民事赔偿的基础上,确定了医疗损害的基本构成、归责原则、过错责任及过错推定,对医疗服务中涉及患者权益受到侵犯的事项,如患者隐私、过度检查等,都作了明确规定。

为了平衡医患双方的权利和义务,维护双方的合法权益;加强医疗质量安全管理,畅通医患沟通渠道,从源头预防和减少纠纷;充分发挥人民调解在解决医疗纠纷中的主渠道作用,倡导以柔性方式化解医疗纠纷,促进医患和谐关系,2018 年 6 月 20 日国务院第 13 次常务会议通过了《医疗纠纷预防和处理条例》,自 2018 年 10 月 1 日起施行。

2020 年 5 月 28 日,第十三届全国人大三次会议通过了《中华人民共和国民法典》(以下简称《民法典》)。《民法典》在第七编第六章"医疗损害责任"部分,共 11 条,在《侵权责任法》的基础上进行了一定程度的修改,衔接新出台的法律法规。

二、医疗纠纷的概念及处理原则

医疗纠纷,是指医患双方因诊疗活动引发的争议。

为了预防和妥善处理医疗纠纷,保护医患双方的合法权益,维护医疗秩序,保障医疗安全,国家建立医疗质量安全管理体系,深化医药卫生体制改革,规范诊疗活动,改善医疗服务,提高医疗质量,减少医疗纠纷。

在诊疗活动中,医患双方应当互相尊重,维护自身权益,应当遵守有关法律、法规的规定。

处理医疗纠纷,应当遵循公平、公正、及时的原则,实事求是,依法处理。

三、医疗纠纷预防和处理中各职能部门的职责

县级以上人民政府应当加强对医疗纠纷预防和处理工作的领导、协调,将其纳入社会治安综合治理体系,建立部门分工协作机制,督促部门依法履行职责。

卫生主管部门负责指导、监督医疗机构做好医疗纠纷的预防和处理工作,引导医患双方依法解决医疗纠纷。

司法行政部门负责指导医疗纠纷人民调解工作。

公安机关依法维护医疗机构治安秩序,查处、打击侵害患者和医务人员合法权益以及扰乱医疗秩序等违法犯罪行为。

财政、民政、保险监督管理等部门和机构按照各自职责做好医疗纠纷预防和处理的有关工作。

国家建立完善医疗风险分担机制,发挥保险机制在医疗纠纷处理中的第三方赔付和医疗风险社会化分担的作用,鼓励医疗机构参加医疗责任保险,鼓励患者参加医疗意外保险。

新闻媒体应当加强医疗卫生法律、法规和医疗卫生常识的宣传,引导公众理性对待医疗风险;报道医疗纠纷,应当遵守有关法律、法规的规定,恪守职业道德,做到真实、客观、公正。

第二节 医疗纠纷预防

一、医疗机构及其医务人员的预防制度

医疗机构及其医务人员在诊疗活动中应当以患者为中心,加强人文关怀,严格遵守医疗卫生法律、法规、规章和诊疗相关规范、常规,恪守职业道德。

医疗机构应当对其医务人员进行医疗卫生法律、法规、规章和诊疗相关规范、常规的培训,并加强职业道德教育。

1. 医疗机构应当制定并实施医疗质量安全管理制度,设置医疗服务质量监控部门或者配备专(兼)职人员,加强对诊断、治疗、护理、药事、检查等工作的规范化管理,优化服务流程,提高服务水平。

医疗机构应当加强医疗风险管理,完善医疗风险的识别、评估和防控措施,定期检查措施落实情况,及时消除隐患。

2. 医疗机构应当按照国务院卫生主管部门制定的医疗技术临床应用管理规定,开展与其技术能力相适应的医疗技术服务,保障临床应用安全,降低医疗风险;采用医疗新技术的,应当开展技术评估和伦理审查,确保安全有效、符合伦理。

3. 医疗机构应当依照有关法律、法规的规定,严格执行药品、医疗器械、消毒药剂、血液等的进货查验、保管等制度。禁止使用无合格证明文件、过

期等不合格的药品、医疗器械、消毒药剂、血液等。

4. 医务人员在诊疗活动中应当向患者说明病情和医疗措施。需要实施手术，或者开展临床试验等存在一定危险性、可能产生不良后果的特殊检查、特殊治疗的，医务人员应当及时向患者说明医疗风险、替代医疗方案等情况，并取得其书面同意；在患者处于昏迷等无法自主作出决定的状态或者病情不宜向患者说明等情形下，应当向患者的近亲属说明，并取得其书面同意。

紧急情况下不能取得患者或者其近亲属意见的，经医疗机构负责人或者授权的负责人批准，可以立即实施相应的医疗措施。

5. 开展手术、特殊检查、特殊治疗等具有较高医疗风险的诊疗活动，医疗机构应当提前预备应对方案，主动防范突发风险。

6. 医疗机构及其医务人员应当按照国务院卫生主管部门的规定，填写并妥善保管病历资料。

因紧急抢救未能及时填写病历的，医务人员应当在抢救结束后 6 小时内据实补记，并加以注明。

任何单位和个人不得篡改、伪造、隐匿、毁灭或者抢夺病历资料。

二、患者的权利和义务

患者有权查阅、复制其门诊病历、住院志、体温单、医嘱单、化验单（检验报告）、医学影像检查资料、特殊检查同意书、手术同意书、手术及麻醉记录、病理资料、护理记录、医疗费用以及国务院卫生主管部门规定的其他属于病历的全部资料。

患者要求复制病历资料的，医疗机构应当提供复制服务，并在复制的病历资料上加盖证明印记。复制病历资料时，应当有患者或者其近亲属在场。医疗机构应患者的要求为其复制病历资料，可以收取工本费，收费标准应当公开。

患者死亡的，其近亲属可以依照规定，查阅、复制病历资料。

患者应当遵守医疗秩序和医疗机构有关就诊、治疗、检查的规定，如实提供与病情有关的信息，配合医务人员开展诊疗活动。

第三节 医疗纠纷的处理

一、医疗机构的告知义务

发生医疗纠纷,医疗机构应当告知患者或者其近亲属下列事项:①解决医疗纠纷的合法途径;②有关病历资料、现场实物封存和启封的规定;③有关病历资料查阅、复制的规定。

患者死亡的,还应当告知其近亲属有关尸检的规定。

二、病历资料和现场实物封存、启封制度

发生医疗纠纷需要封存、启封病历资料的,应当在医患双方在场的情况下进行。封存的病历资料可以是原件,也可以是复制件,由医疗机构保管。病历尚未完成需要封存的,对已完成病历先行封存;病历按照规定完成后,再对后续完成部分进行封存。医疗机构应当对封存的病历开列封存清单,由医患双方签字或者盖章,各执一份。

病历资料封存后医疗纠纷已经解决,或者患者在病历资料封存满 3 年未再提出解决医疗纠纷要求的,医疗机构可以自行启封。

疑似输液、输血、注射、用药等引起不良后果的,医患双方应当共同对现场实物进行封存、启封,封存的现场实物由医疗机构保管。需要检验的,应当由双方共同委托依法具有检验资格的检验机构进行检验;双方无法共同委托的,由医疗机构所在地县级人民政府卫生主管部门指定。

疑似输血引起不良后果,需要对血液进行封存保留的,医疗机构应当通知提供该血液的血站派员到场。

现场实物封存后医疗纠纷已经解决,或者患者在现场实物封存满 3 年未再提出解决医疗纠纷要求的,医疗机构可以自行启封。

三、尸检及尸体处理制度

患者死亡,医患双方对死因有异议的,应当在患者死亡后 48 小时内进行尸检;具备尸体冻存条件的,可以延长至 7 日。尸检应当经死者近亲属同意并签字,拒绝签字的,视为死者近亲属不同意进行尸检。不同意或者拖延尸

检，超过规定时间，影响对死因判定的，由不同意或者拖延的一方承担责任。

尸检应当由按照国家有关规定取得相应资格的机构和专业技术人员进行。

医患双方可以委派代表观察尸检过程。

患者在医疗机构内死亡的，尸体应当立即移放太平间或者指定的场所，死者尸体存放时间一般不得超过14日。逾期不处理的尸体，由医疗机构向所在地县级人民政府卫生主管部门和公安机关报告后，按照规定处理。

四、医疗纠纷的处理路径

根据《医疗纠纷预防和处理条例》规定，发生医疗纠纷，医患双方可以通过下列途径解决：①双方自愿协商；②申请人民调解；③申请行政调解；④向人民法院提起诉讼；⑤法律、法规规定的其他途径。

发生重大医疗纠纷的，医疗机构应当按照规定向所在地县级以上地方人民政府卫生主管部门报告。卫生主管部门接到报告后，应当及时了解掌握情况，引导医患双方通过合法途径解决纠纷。

医患双方应当依法维护医疗秩序。任何单位和个人不得实施危害患者和医务人员人身安全、扰乱医疗秩序的行为。

医疗纠纷中发生涉嫌违反治安管理行为或者犯罪行为的，医疗机构应当立即向所在地公安机关报案。公安机关应当及时采取措施，依法处置，维护医疗秩序。

（一）协商解决

医患双方选择协商解决医疗纠纷的，应当在专门场所协商，不得影响正常医疗秩序。医患双方人数较多的，应当推举代表进行协商，每方代表人数不超过5人。

协商解决医疗纠纷应当坚持自愿、合法、平等的原则，尊重当事人的权利，尊重客观事实。医患双方应当文明、理性表达意见和要求，不得有违法行为。

协商确定赔付金额应当以事实为依据，防止畸高或者畸低。对分歧较大或者索赔数额较高的医疗纠纷，鼓励医患双方通过人民调解的途径解决。

医患双方经协商达成一致的，应当签署书面和解协议书。

（二）人民调解

申请医疗纠纷人民调解的，由医患双方共同向医疗纠纷人民调解委员会提出申请；一方申请调解的，医疗纠纷人民调解委员会在征得另一方同意后进行调解。

申请人可以以书面或者口头形式申请调解。书面申请的，申请书应当载明申请人的基本情况、申请调解的争议事项和理由等；口头申请的，医疗纠纷人民调解员应当当场记录申请人的基本情况、申请调解的争议事项和理由等，并经申请人签字确认。

医疗纠纷人民调解委员会获悉医疗机构内发生重大医疗纠纷，可以主动开展工作，引导医患双方申请调解。

当事人已经向人民法院提起诉讼并且已被受理，或者已经申请卫生主管部门调解并且已被受理的，医疗纠纷人民调解委员会不予受理；已经受理的，终止调解。

医疗纠纷人民调解委员会应当自受理之日起30个工作日内完成调解。需要鉴定的，鉴定时间不计入调解期限。因特殊情况需要延长调解期限的，医疗纠纷人民调解委员会和医患双方可以约定延长调解期限。超过调解期限未达成调解协议的，视为调解不成。

医患双方经人民调解达成一致的，医疗纠纷人民调解委员会应当制作调解协议书。调解协议书经医患双方签字或者盖章，人民调解员签字并加盖医疗纠纷人民调解委员会印章后生效。

达成调解协议的，医疗纠纷人民调解委员会应当告知医患双方可以依法向人民法院申请司法确认。

(三) 行政调解

医患双方申请医疗纠纷行政调解的，向医疗纠纷发生地县级人民政府卫生主管部门提出申请。

卫生主管部门应当自收到申请之日起5个工作日内作出是否受理的决定。当事人已经向人民法院提起诉讼并且已被受理，或者已经申请医疗纠纷人民调解委员会调解并且已被受理的，卫生主管部门不予受理；已经受理的，终止调解。

卫生主管部门应当自受理之日起30个工作日内完成调解。需要鉴定的，鉴定时间不计入调解期限。超过调解期限未达成调解协议的，视为调解不成。

卫生主管部门调解医疗纠纷需要进行专家咨询的，可以从医疗损害鉴定专家库中抽取专家；医患双方认为需要进行医疗损害鉴定以明确责任的，可委托医学会或者司法鉴定机构进行鉴定。

医患双方经卫生主管部门调解达成一致的，应当签署调解协议书。

（四）提起诉讼

发生医疗纠纷，当事人协商、调解不成的，可以依法向人民法院提起诉讼。当事人也可以直接向人民法院提起诉讼。

发生医疗纠纷，需要赔偿的，赔付金额依照法律的规定确定。

第四节　医疗损害鉴定

一、医疗损害鉴定的概念

医疗损害鉴定，是指医疗机构及其医务人员，因为在日常医疗行为中存在法定过错并造成患者人身损害而导致的医疗损害纠纷中，对于医疗技术等专门问题对外委托的鉴定，统一称为"医疗损害鉴定"。

二、医疗损害鉴定的主体

我国的医疗损害的鉴定主体可以是医学会、司法鉴定机构或其他具有相关资质的专业性检验机构。从实践中看，目前医学会主要进行诊疗行为引起的医疗损害争议的鉴定；司法鉴定机构主要是根据司法行政部门授予的业务范围进行司法鉴定；检验机构则主要进行缺陷产品或者是不合格血液的质量鉴定。

医学会或者司法鉴定机构开展医疗损害鉴定，应当执行规定的标准和程序，尊重科学，恪守职业道德，对出具的医疗损害鉴定意见负责，不得出具虚假鉴定意见。医疗损害鉴定的具体管理办法由国务院卫生、司法行政部门共同制定。

三、医疗损害鉴定的提起

医疗纠纷处理过程中需要进行医疗损害鉴定以明确责任的，由医患双方共同委托医学会或者司法鉴定机构进行鉴定，也可以经医患双方同意，由医疗纠纷人民调解委员会或卫生主管部门或人民法院委托鉴定。

四、医疗损害鉴定的专家组成

医学会或者司法鉴定机构接受委托从事医疗损害鉴定，应当由鉴定事项所涉专业的临床医学、法医学等专业人员进行鉴定。

医疗损害鉴定专家库由设区的市级以上人民政府卫生、司法行政部门共同设立。专家库应当包含医学、法学、法医学等领域的专家。聘请专家进入专家库，不受行政区域的限制。

五、鉴定事项及鉴定结论

委托医学会或者司法鉴定机构进行鉴定的，委托鉴定书中应当有明确的鉴定事项和鉴定要求。鉴定人应当按照委托鉴定的事项和要求进行鉴定。

可以作为申请医疗损害鉴定的事项的专门性问题包括：①实施诊疗行为有无过错；②诊疗行为与损害后果之间是否存在因果关系以及原因力大小；③医疗机构是否尽到了说明义务、取得患者或者患者近亲属明确同意的义务；④医疗产品是否有缺陷、该缺陷与损害后果之间是否存在因果关系以及原因力的大小；⑤患者损伤残疾程度；⑥患者的护理期、休息期、营养期；⑦其他专门性问题。

医学会、司法鉴定机构作出的医疗损害鉴定意见应当载明并详细论述下列内容：①是否存在医疗损害以及损害程度；②是否存在医疗过错；③医疗过错与医疗损害是否存在因果关系；④医疗过错在医疗损害中的责任程度。

鉴定意见可以按照导致患者损害的全部原因、主要原因、同等原因、次要原因、轻微原因或者与患者损害无因果关系，表述诊疗行为或者医疗产品等造成患者损害的原因力大小。

当事人自行委托鉴定人作出的医疗损害鉴定意见，其他当事人认可的，可予采信。

当事人共同委托鉴定人作出的医疗损害鉴定意见，一方当事人不认可的，应当提出明确的异议内容和理由。经审查，有证据足以证明异议成立的，对鉴定意见不予采信；异议不成立的，应予采信。

六、咨询专家、鉴定人员回避的情形

咨询专家、鉴定人员有下列情形之一的，应当回避，当事人也可以以口

头或者书面形式申请其回避：①是医疗纠纷当事人或者当事人的近亲属；②与医疗纠纷有利害关系；③与医疗纠纷当事人有其他关系，可能影响医疗纠纷公正处理。

第五节　法律责任

一、民事责任

医患双方在医疗纠纷处理中，造成人身、财产或者其他损害的，依法承担民事责任。

二、行政责任

（一）医疗机构的责任

医疗机构篡改、伪造、隐匿、毁灭病历资料的，对直接负责的主管人员和其他直接责任人员，由县级以上人民政府卫生主管部门给予或者责令给予降低岗位等级或者撤职的处分，对有关医务人员责令暂停6个月以上1年以下执业活动；造成严重后果的，对直接负责的主管人员和其他直接责任人员给予或者责令给予开除的处分，对有关医务人员由原发证部门吊销执业证书；构成犯罪的，依法追究刑事责任。

医疗机构将未通过技术评估和伦理审查的医疗新技术应用于临床的，由县级以上人民政府卫生主管部门没收违法所得，并处5万元以上10万元以下罚款，对直接负责的主管人员和其他直接责任人员给予或者责令给予降低岗位等级或者撤职的处分，对有关医务人员责令暂停6个月以上1年以下执业活动；情节严重的，对直接负责的主管人员和其他直接责任人员给予或者责令给予开除的处分，对有关医务人员由原发证部门吊销执业证书；构成犯罪的，依法追究刑事责任。

（二）医疗机构及其医务人员的责任

医疗机构及其医务人员有下列情形之一的，由县级以上人民政府卫生主管部门责令改正，给予警告，并处1万元以上5万元以下罚款；情节严重的，对直接负责的主管人员和其他直接责任人员给予或者责令给予降低岗位等级或者撤职的处分，对有关医务人员可以责令暂停1个月以上6个月以下执业活动；构成犯罪的，依法追究刑事责任：①未按规定制定和实施医疗质量安全管理制度；②未按规定告知患者病情、医疗措施、医疗风险、替代医疗方案等；③开展具有较高医疗风险的诊疗活动，未提前预备应对方案防范突发风险；④未按规定填写、保管病历资料，或者未按规定补记抢救病历；⑤拒绝为患者提供查阅、复制病历资料服务；⑥未建立投诉接待制度、设置统一投诉管理部门或者配备专（兼）职人员；⑦未按规定封存、保管、启封病历资料和现场实物；⑧未按规定向卫生主管部门报告重大医疗纠纷；⑨其他未履行《医疗纠纷预防和处理条例》规定义务的情形。

(三) 医学会、司法鉴定机构的责任

医学会、司法鉴定机构出具虚假医疗损害鉴定意见的，由县级以上人民政府卫生、司法行政部门依据职责没收违法所得，并处5万元以上10万元以下罚款，对该医学会、司法鉴定机构和有关鉴定人员责令暂停3个月以上1年以下医疗损害鉴定业务，对直接负责的主管人员和其他直接责任人员给予或者责令给予降低岗位等级或者撤职的处分；情节严重的，该医学会、司法鉴定机构和有关鉴定人员5年内不得从事医疗损害鉴定业务或者撤销登记，对直接负责的主管人员和其他直接责任人员给予或者责令给予开除的处分；构成犯罪的，依法追究刑事责任。

(四) 尸检机构的责任

尸检机构出具虚假尸检报告的，由县级以上人民政府卫生、司法行政部门依据职责没收违法所得，并处5万元以上10万元以下罚款，对该尸检机构和有关尸检专业技术人员责令暂停3个月以上1年以下尸检业务，对直接负责的主管人员和其他直接责任人员给予或者责令给予降低岗位等级或者撤职的处分；情节严重的，撤销该尸检机构和有关尸检专业技术人员的尸检资格，对直接负责的主管人员和其他直接责任人员给予或者责令给予开除的处分；构成犯罪的，依法追究刑事责任。

(五) 医疗纠纷人民调解员的责任

医疗纠纷人民调解员有下列行为之一的，由医疗纠纷人民调解委员会给予批评教育、责令改正；情节严重的，依法予以解聘：①偏袒一方当事人；②侮辱当事人；③索取、收受财物或者牟取其他不正当利益；④泄露医患双方个人隐私等事项。

（六）卫生主管部门和其他有关部门及其工作人员的责任

县级以上人民政府卫生主管部门和其他有关部门及其工作人员在医疗纠纷预防和处理工作中，不履行职责或者滥用职权、玩忽职守、徇私舞弊的，由上级人民政府卫生等有关部门或者监察机关责令改正；依法对直接负责的主管人员和其他直接责任人员给予处分；构成犯罪的，依法追究刑事责任。

（七）新闻媒体的责任

新闻媒体编造、散布虚假医疗纠纷信息的，由有关主管部门依法给予处罚；给公民、法人或者其他组织的合法权益造成损害的，依法承担消除影响、恢复名誉、赔偿损失、赔礼道歉等民事责任。

构成违反治安管理行为的，由公安机关依法给予治安管理处罚。

三、刑事责任

违反《医疗纠纷预防和处理条例》的规定，构成犯罪的，依法追究刑事责任。

第六节 医疗损害责任

一、医疗损害责任的概念

我国《民法典》规定，患者在诊疗活动中受到损害，医疗机构或者其医务人员有过错的，由医疗机构承担赔偿责任。

二、医疗损害责任的归责原则

1. 过错责任原则。医务人员在诊疗活动中未尽到与当时的医疗水平相应的诊疗义务，造成患者损害的，医疗机构应当承担赔偿责任。

2. 推定过错原则。患者在诊疗活动中受到损害，有下列情形之一的，推定医疗机构有过错：①违反法律、行政法规、规章以及其他有关诊疗规范的规定；②隐匿或者拒绝提供与纠纷有关的病历资料；③遗失、伪造、篡改或者违法销毁病历资料。

3. 无过错责任原则。因药品、消毒产品、医疗器械的缺陷，或者输入不合格的血液造成患者损害的，患者可以向药品上市许可持有人、生产者、血液提供机构请求赔偿，也可以向医疗机构请求赔偿。患者向医疗机构请求赔偿的，医疗机构赔偿后，有权向负有责任的药品上市许可持有人、生产者、血液提供机构追偿。

三、医疗机构的免责事由

患者在诊疗活动中受到损害，有下列情形之一的，医疗机构不承担赔偿责任：①患者或者其近亲属不配合医疗机构进行符合诊疗规范的诊疗；②医务人员在抢救生命垂危的患者等紧急情况下已经尽到合理诊疗义务；③限于当时的医疗水平难以诊疗。

四、医疗机构及其医务人员的义务

医疗机构及其医务人员应当按照规定填写并妥善保管住院志、医嘱单、检验报告、手术及麻醉记录、病理资料、护理记录等病历资料。

患者要求查阅、复制前款规定的病历资料的，医疗机构应当及时提供。

医疗机构及其医务人员应当对患者的隐私和个人信息保密。泄露患者的隐私和个人信息，或者未经患者同意公开其病历资料的，应当承担侵权责任。

医疗机构及其医务人员不得违反诊疗规范实施不必要的检查。

五、医疗机构及其医务人员的法律保障

医疗机构及其医务人员的合法权益受法律保护。

干扰医疗秩序，妨碍医务人员工作、生活，侵害医务人员合法权益的，应当依法承担法律责任。

> 拓展阅读

医疗纠纷预防和处理条例

第九章 医疗纠纷处理法律制度

《中华人民共和国民法典》
关于医疗损害责任的条目

最高人民法院关于审理医疗损害责任纠纷
案件适用法律若干问题的解释

思考题

1. 什么是医疗纠纷？它与医疗事故的区别是什么？
2. 如发生医疗纠纷，医疗机构的告知义务有哪些？
3. 医疗纠纷的处理路径有哪些？
4. 医疗损害鉴定意见包括哪些内容？

第十章 食品安全法律制度

学习目标

掌握：食品安全的概念与适用范围；食品生产经营许可制度；食品安全事故的相关概念与处置。

熟悉：食品安全标准与食品检验；食品生产经营企业管理规定；食品安全监督管理的法律规定。

了解：食品安全法的历史沿革；食品安全风险监测与风险评估相关概念与过程；相关法律责任。

章前案例

广州某餐饮服务有限公司违法案

2023年5月，省市场监管局组织开展"全省学生集体用餐配送单位供餐质量安全监测"工作。现场检查发现广州天河区某餐饮服务有限公司（学生集体用餐配送单位）在原料控制、加工制作过程、场所和设备设施清洁维护等方面存在不符合《食品安全国家标准 餐饮服务通用卫生规范》（GB 31654-2021）和《餐饮服务食品安全操作规范》的情况，属地市场监管部门依据《中华人民共和国食品安全法》及其实施条例、《学校食品安全与营养健康管理规定》对该企业相关违法行为给予警告处罚，责令限期整改，并建议取缔其为学校供餐的资格。

第一节 概 述

一、食品安全法的概念

食品,是指各种供人食用或饮用的成品和原料,以及按照传统既是食品又是药品的物品,但是不包括以治疗为目的的物品。食品既包括经过加工而成的供人食用的各种食物,如糖果、糕点、酒类等;也包括供进一步加工的原料,如蔬菜、水果、粮油、肉类、水产品等。另外,中华民族历史悠久的药食同源文化,使得人们将诸如乌梅、百合、山药、山楂等物品既作食用,又作药用。

食品安全,是指食品无毒无害,符合应当有的营养要求,对人体健康不造成任何急性、亚急性或者慢性危害。根据世界卫生组织的定义,食品安全(food safety),是指"食物中有毒、有害物质对人体健康影响的公共卫生问题"。食品无毒无害,是指不造成食品食用者的任何急性、亚急性或者慢性的疾病,或食物中虽然含有微量有毒有害物质,但符合食品、食品添加剂、食品用产品的卫生标准和要求,在正常食用或者食用的情况下不致危害人体健康。符合应当有的营养要求,是指食品应包括一定的营养成分,同时应具有相应的消化吸收率和维持人体正常生理功能的作用。

我国的食品安全法,是指立法机关基于调整保证食品安全的目的,以防止、控制和消除食品污染以及食品中有害因素对人体的危害,预防和减少食源性疾病的发生,保障人民群众生命安全和身体健康,增强人民群众体质为宗旨而制定的调整相关法律关系的各种法律规范的总称。就外延而言,这里所定义的食品安全法有广义和狭义之分。广义的食品安全法泛指一切食品安全监督管理法律规范,不仅包括《中华人民共和国食品安全法》(以下简称《食品安全法》),也包括有关食品安全监督管理的法律、行政法规、行政规章、地方性法规和其他相关规范性法律文件,以及其他法律中有关食品安全的规定。狭义的食品安全法则仅指 2015 年 4 月 24 日修订并于同年 10 月 1 日起施行的《食品安全法》(该法于 2018 年 12 月 29 日第十三届全国人民代表大会常务委员会第七次会议,及 2021 年 4 月 29 日第十三届全国人民代表大会常务委员会第二十八次会议进行了两次修正)。

二、我国食品卫生领域立法沿革

(一) 新中国成立前的食品卫生立法

近代以前,我国法制史上关于食品卫生和食品安全的专门立法并不存在。不过,《唐律》《宋刑统》《元典章》《大明律》以及《大清律例》对官粮、军粮及民粮的成色、运输、仓储、除虫和防霉变等则都有所规定。这可以视为我国古代的食品安全立法的萌芽。

清民鼎革,中国法律思想和法制实践也发生了剧烈的近代化转型。民国时期,我国的食品卫生立法的醒目特征是出现了专门立法。民国政府先后出台了一系列的食品安全管理方面的规则条例,择其要者,计有《贩卖烟酒特许牌照税条例》(1914)、《屠宰场规则》(1928)、《饮食物及其用品取缔条例》(1928)、《牛乳营业取缔规则》(1928)、《清凉饮料水营业者取缔规则》(1928)、《饮食物防腐剂取缔规则》(1928)、《饮食品制造场所卫生管理规则》(1929)以及《取缔火酒规则》(1932)等。

(二) 新中国成立前的解放区食品卫生立法

1931年,赣东北特区苏维埃政府颁布《暂行刑律》,其中设定了"妨害饮料水罪"和"妨害卫生罪"。在抗日战争时期,解放区的卫生部要求各级政府和全军上下务必关心民众和战士饮食卫生,在《管理传染病规则》《防疫总会指示延安各防疫分会预防伤寒赤痢流行》《延安市公营商店防疫公约》等一系列法规中对食品安全都有所规定。新中国成立前夕,天津市人民政府相继公布了《屠宰牲畜暂行规则》《清凉饮食物品卫生管理暂行办法》《管理清凉饮食物品检验标准》《汽水制造业卫生设备最低标准及应行注意事项》等法规。这些法规虽有地区局限性,但为新中国食品安全立法奠定了基础。

(三) 新中国成立后的食品卫生立法

新中国成立后,我国食品卫生立法进入了一个崭新的时期。20世纪50—60年代是第一个阶段。这个阶段是食品卫生立法工作的起步阶段。为了贯彻"预防为主"的方针,主要针对一些食物中毒问题,卫生部和有关部门发布了一些单项规章和标准,对食品卫生进行监督管理。例如,1953年颁布的《清凉饮食物管理暂行办法》是新中国成立后我国第一部食品卫生法规,旨在扭转因冷饮不卫生引起食物中毒和肠道疾病暴发的状况;1960年颁布的《食用合成染料管理办法》旨在纠正当时滥用有毒、致癌色素等现象。这个时期还先后颁发了有关粮、油、肉、蛋、酒、乳的卫生标准和管理办法。1965 年，国务院转发了卫生部、商业部等五部委联合制定的《食品卫生管理试行条例》，强调加强食品卫生管理是保证食品质量，增进人民身体健康，防止食物中毒和肠道传染病的一项重要措施，该条例的颁布使我国食品卫生法制建设有了一个较为清晰的轮廓，食品卫生管理由单项管理向全面管理进行过渡，食品卫生行业逐步进入法制化的管理轨道。

20 世纪 70—80 年代是第二个阶段。这个时期，卫生部会同有关部门制定、修订了调味品、食品添加剂、汞、黄曲霉毒素等五十多种食品卫生标准、微生物、理化等检验方法标准以及食品容器、包装材料标准。1979 年，国务院正式颁发《中华人民共和国食品卫生管理条例》，将食品卫生管理重点从预防肠道传染病发展到防止一切食源性疾病的新阶段，并对食品卫生标准、食品卫生要求、食品包括进出口、食品卫生管理等方面作出了较详细的规定。《中华人民共和国食品卫生管理条例》的颁布使我国食品卫生法制建设又向前迈进一大步。1982 年，在总结新中国成立三十多年来食品卫生工作的经验和教训的基础上，第五届全国人大常委会第二十五次会议通过了《中华人民共和国食品卫生法（试行）》，这是新中国成立以来，我国在食品卫生方面颁布的第一部法律，该法对食品、食品添加剂、食品容器、包装材料和食品用工具、设备等方面卫生要求、食品卫生标准和管理办法的制定、食品卫生管理和监督、法律责任等都进行了翔实的规定，是一部内容比较完整、系统比较完善的食品卫生法律。

20 世纪 90 年代至今是第三个阶段。1995 年，全国人大常委会总结了《中华人民共和国食品卫生法（试行）》实施 12 年的实践经验，经第八届全国人大常委会第十六次会议审议，通过了《中华人民共和国食品卫生法》（以下简称《食品卫生法》）。该法在此前立法经验的基础上，进一步明确了食品卫生监督执法的主体是各级政府卫生行政机关，强化了主体执法责任，加大了对违法行为的处罚力度，还明确了保健食品的监管责任，加强了对食物中毒的控制措施。该法成为我国食品卫生法制建设的重要里程碑，标志着我国食品卫生管理工作进入了法制化管理的新阶段。

（四）《食品安全法》的颁布

《食品卫生法》实施的十多年里，随着社会的发展，人民的生活水平不断提高，社会公众不仅要求食品卫生，而且对食品安全问题越来越关注。我国不断爆发的食品安全事件，表明《食品卫生法》已经不适应当今中国社会的食品安全管理，促使我国必须出台新的有关食品安全的立法来应对社会快速发展所带来的一系列食品安全新问题。正是在这样的背景下，第十一届全国人大常委会第七次会议于2009年2月28日审议并通过了《食品安全法》；该法于同年6月1日正式施行，《食品卫生法》同时废止。《食品安全法》的颁布和实施，对于规范食品生产经营活动，防范食品安全事故发生，增强食品安全监管工作的规范性、科学性及有效性，提高我国食品安全整体水平，具有十分重要的意义。

随着《食品安全法》的实施，卫生部门和国务院有关部门也依法制定颁布了食品卫生管理办法、规范、程序、规程、条例、规定等单项法律文件计有一百多件，并设置食品卫生标准五百余项。此外，地方人大也相继出台与该法相配套的地方性法律文件。由此，目前我们基本构建了以《食品安全法》为核心的食品安全法律体系。

三、不断完善的食品安全法体系

2009年的《食品安全法》对规范食品生产经营活动、保障食品安全发挥了重要作用，食品安全整体水平得到提升，食品安全形势总体稳中向好。但不容否认的是，我国食品企业在同一时期违法生产经营现象依然存在；食品安全事件时有发生；监管体制、手段和制度等尚不能完全适应食品安全需要；法律责任偏轻，重典治乱威慑作用没有得到充分发挥。这些状况表明，我国食品安全形势依然严峻，由此，修订《食品安全法》具有强烈的必要性和紧迫性。

2015年4月24日，第十二届全国人大常委会第十四次会议审议并通过了新修订的《食品安全法》。其中，修订的主要内容包括以下几个方面：

1. 强化预防为主、风险防范的法律制度。一是完善基础性制度。增加风险监测计划调整、监测行为规范、监测结果通报等规定，明确应当开展风险评估的情形，补充风险信息交流制度，提出加快标准整合、跟踪评价标准实施情况等要求。二是增设生产经营者自查制度。三是增设责任约谈制度。四是增设风险分级管理要求。

2. 设立最严格的全过程监管法律制度。一是在食品生产环节，增设投料、半成品及成品检验等关键事项的控制要求，增加婴幼儿配方食品的配方备案和出厂逐批检验等义务，并明确规定不得以委托、贴牌、分装方式生产婴幼儿配方乳粉。二是在食品流通环节，增设批发企业的销售记录制度和网络食品交易相关主体的食品安全责任。三是在餐饮服务环节，增设餐饮服务提供者的原料控制义务以及学校等集中用餐单位的食品安全管理规范。四是完善食品追溯制度，细化生产经营者索证索票、进货查验记录等制度，增加规定食品和食用农产品全程追溯协作机制。五是补充规定保健食品的产品注册和备案制度以及广告审批制度，规范保健食品原料使用和功能声称；补充食品添加剂的经营规范和食品相关产品的生产管理制度。六是进一步明确进出口食品管理制度。七是完善食品安全监管体制，将现行分段监管体制修改为由食品药品监管部门统一负责食品生产、流通和餐饮服务监管的相对集中的体制。

3. 建立最严格的法律责任制度。一是突出民事赔偿责任；二是加大行政处罚力度；三是细化并加重对失职的地方政府负责人和食品安全监管人员的处分；四是做好与刑事责任的衔接。

4. 实行社会共治。一是规定食品安全有奖举报制度；二是规范食品安全信息发布；三是增设食品安全责任保险制度。

在 2015 年《食品安全法》修订的基础上，2018 年和 2021 年，第十三届全国人大常委会第七次会议及第二十八次会议对该法又先后进行了两次修正，使得相关法律制度进一步完善。

四、《食品安全法》的适用范围

关于《食品安全法》的适用范围，该法第 2 条中规定，在我国境内从事下列活动，悉当遵守该法：

1. 食品及其相关产品的生产和经营。包括食品、食品添加剂以及用于食品的包装材料、容器、洗涤剂、消毒剂和用于食品生产经营的工具、设备（以下简称"食品相关产品"）的生产、经营。其中，食品生产和加工称为"食品生产"，食品销售和餐饮服务称为"食品经营"。

2. 相关产品的使用。生产经营者使用食品添加剂、食品相关产品。

3. 安全管理。对食品、食品添加剂和食品相关产品的安全管理适用，应当遵守《食品安全法》。但供食用的源于农业的初级产品（以下简称"食用农产品"），如乳品、转基因食品、生猪屠宰、酒类和食盐的质量安全管理，遵守《中华人民共和国农产品质量安全法》的规定；转基因食品的安全管理，还应当遵守有关行政法规的规定。

4. 食用农产品的安全标准与信息公布。制定有关食用农产品的质量安全标准、公布食用农产品安全有关信息，应当遵守《食品安全法》的有关规定。

五、食品安全监督管理体制

（一）监督管理体制的沿革

2003年以前，中国的食品安全监管工作主要由卫生部、农业部、质检部、经贸部、工商部等部门负责。2003年以后，中国食品安全监管体制进行了重大改革，成立了国家食品药品监督管理局，赋予其食品、保健品安全管理的综合监督、组织协调和依法组织开展对重大事故的查处三个方面的职责，食品安全监管工作直接向国务院报告。2004年9月，国务院对食品安全监管体制做出了新的安排，形成了以部门按照食品链环节进行分工为主、品种监管为辅的监管框架。商务部、国家发展和改革委员会、财政部、中央宣传部、公安部等部门从不同角度参与了食品安全监管工作。2008年，国家食品药品监督管理局改由卫生部管理，将综合协调食品安全、组织查处食品安全重大事故的职责由国家食品药品监督管理局划入卫生部。2009年，《食品安全法》中对监管体制进行了调整，设立隶属于国务院的食品安全委员会负责总协调，确立分段监管和全程监管的食品安全监管体制，改变了过去以品种监管为主、环节监管为辅的监管模式，进一步明确了各监管部门的职责。2013年，国务院机构改革方案中，将国务院食品安全委员会办公室的职责、国家食品药品监督管理局的职责、国家质量监督检验总局的生产环节食品安全监督管理职责、国家工商行政管理总局的流通环节食品安全监督管理职责进行整合，组建国家食品药品监督管理总局，保留国务院食品安全委员会，具体工作由国家食品药品监督管理总局承担。2018年，国务院机构再度调整，国家食品药品监督管理总局不再保留，国家食品药品监督总局的职能经与其他部门整合，归入新组建的国家市场监督管理总局。新组建的国家市场监督管理总局负责食品安全工作,并透过其所管理的国家药品监督管理局管理药品、化妆品、医疗器械的注册及监督。

至此,国家食品药品安全监管工作将更加顺畅,更好地服务人民大众和市场需要。

(二) 中央食品安全监督管理部门及其职责

1. 国务院卫生行政部门。即国家卫生健康委员会,具体工作由食品安全标准与监测评估司承担。主要职责包括:组织拟订食品安全标准,组织开展食品安全风险监测、评估和交流,承担新食品原料、食品添加剂新品种、食品相关产品新品种的安全性审查,参与拟订食品安全检验机构资质认定的条件和检验规范。

2. 食品药品监督管理部门。即国家市场监督管理总局及其管理的国家药品监督管理局,其中,国家市场监督管理总局的主要职责包括以下几个方面:①负责食品安全监督管理综合协调。②组织制定食品安全重大政策并组织实施。③负责食品安全应急体系建设,组织指导重大食品安全事件应急处置和调查处理工作。④建立健全食品安全重要信息直报制度。⑤承担国务院食品安全委员会日常工作。⑥负责食品安全监督管理。⑦建立覆盖食品生产、流通、消费全过程的监督检查制度和隐患排查治理机制并组织实施,防范区域性、系统性食品安全风险。⑧推动建立食品生产经营者落实主体责任的机制,健全食品安全追溯体系。⑨组织开展食品安全监督抽检、风险监测、核查处置和风险预警、风险交流工作。⑩组织实施特殊食品注册、备案和监督管理。

国家药品监督管理局的职责包括:①负责药品(含中药、民族药,下同)、医疗器械和化妆品安全监督管理。拟订监督管理政策规划,组织起草法律法规草案,拟订部门规章,并监督实施。研究拟订鼓励药品、医疗器械和化妆品新技术新产品的管理与服务政策。②负责药品、医疗器械和化妆品标准管理。组织制定、公布国家药典等药品、医疗器械标准,组织拟订化妆品标准,组织制定分类管理制度,并监督实施。参与制定国家基本药物目录,配合实施国家基本药物制度。③负责药品、医疗器械和化妆品注册管理。制定注册管理制度,严格上市审评审批,完善审评审批服务便利化措施,并组织实施。④负责药品、医疗器械和化妆品质量管理。制定研制质量管理规范并监督实施。制定生产质量管理规范并依职责监督实施。制定经营、使用质量管理规范并指导实施。⑤负责药品、医疗器械和化妆品上市后风险管理。组织开展药品不良反应、医疗器械不良事件和化妆品不良反应的监测、评价和处置工作。依法承担药品、医疗器械和化妆品安全应急管理工作。⑥负责执业药师资格准入管理。制定执业药师资格准入制度，指导监督执业药师注册工作。⑦负责组织指导药品、医疗器械和化妆品监督检查。制定检查制度，依法查处药品、医疗器械和化妆品注册环节的违法行为，依职责组织指导查处生产环节的违法行为。⑧负责药品、医疗器械和化妆品监督管理领域对外交流与合作，参与相关国际监管规则和标准的制定。⑨负责指导省、自治区、直辖市药品监督管理部门工作。⑩完成党中央、国务院交办的其他任务。

(三) 地方食品安全监督管理机构及其职责

县级以上地方人民政府统一、负责、领导、组织协调本行政区域的食品安全监管工作，并依照《食品安全法》和国务院有关规定确定本级相关部门的食品安全监督管理职责。

第二节　食品安全风险监测和评估

一、食品安全风险监测制度

(一) 食品安全风险监测的概念

食品安全风险监测，是指通过系统和持续地收集食源性疾病、食品污染以及食品中有害因素的监测数据及相关信息，并进行综合分析和及时通报的活动。其目的是全面掌握食品安全状况，有针对性地对食品安全进行监管，并将结果作为制定食品安全标准、确定检查对象和检查频率的科学依据。

食品安全风险监测和评估是预防食品安全危害发生的重要制度，它体现了食品安全监督管理的"预防在先"的理念。

(二) 食品安全风险监测机构及职责

国务院卫生行政部门会同国家食品监督管理等部门在综合利用现有监测机构能力的基础上，根据国家食品安全风险监测工作的需要，制定和实施加强国家食品安全风险监测能力的建设规划，建立覆盖全国各省、自治区、直辖市的国家食品安全风险监测网络。

国家食品监督管理等有关部门获知有关食品安全风险信息后，应当立即向国务院卫生行政部门通报。国务院卫生行政部门会同有关部门对信息核实后，应当及时调整食品安全风险监测计划。

省、自治区、直辖市人民政府卫生行政部门根据国家食品安全风险监测计划，结合本行政区域的具体情况，组织同级相关部门，依法制定本行政区域的食品安全风险监测方案，报送国务院卫生行政部门备案。国务院卫生行政部门应当将备案情况向国家食品监督管理等相关部门通报。

食品安全风险监测工作由省级以上人民政府卫生行政部门会同同级食品药品监督管理等部门确定的技术机构承担。承担食品安全风险监测工作的技术机构应当根据食品安全风险监测计划和监测方案开展监测工作，保证监测数据真实、准确，并按照食品安全风险监测计划和监测方案的要求，将监测数据和分析结果报送省级以上人民政府卫生行政部门和下达监测任务的部门。食品安全风险监测工作人员采集样品、收集相关数据，可以进入相关食用农产品种植养殖、食品生产、食品流通或者餐饮场所。

采集样品过程中，应当按照市场价格支付样品费用。

(三) 食品安全风险监测的内容

食品安全风险监测的内容主要包括食源性疾病、食品污染和食品中的有害因素。

食品安全风险监测分析结果表明可能存在食品安全隐患的，省级卫生行政部门应当及时将相关信息通报本行政区域设区的市级和县级人民政府及其卫生行政部门。国务院卫生行政部门应当收集、汇总食品安全风险监测数据和分析结果，并向相关部门通报。

二、食品安全风险评估制度

食品安全风险评估，是指对食品及食品添加剂中生物性、化学性和物理性危害对人体健康可能造成的不良影响所进行的科学评估，包括危害识别、危害特征描述、暴露评估、风险特征描述四个部分。食品安全风险评估应当运用科学方法，根据食品安全风险监测信息、科学数据以及其他有关信息进行。

这里所说的危害，是指食品及食品添加剂中所含有的对健康有潜在不良影响的生物、化学、物理因素或存在的状况。危害识别，是指根据流行病学、动物试验、体外试验、结构活性关系等科学数据和文献信息确定人体暴露于某种危害后是否会对健康造成不良影响以及造成不良影响的可能性，以及可能处于风险之中的人群和范围。危害特征描述，是指对与危害相关的不良健康作用进行定性或定量描述。可以利用动物实验、临床研究以及流行病学研究确定危害与各种不良健康作用之间的剂量反应关系、作用机制等。如果可能，对于毒性作用有阈值的危害应建立人体安全摄入量水平。暴露评估，是指描述危害进入人体的途径，估算不同人群摄入危害的水平。根据危害在膳食中的水平和人群膳食消费量，初步估算危害的膳食总摄入量，同时考虑其他非膳食进入人体的途径，估算人体总摄入量并与安全摄入量进行比较。风险特征描述，是指在危害识别、危害特征描述和暴露评估的基础上，综合分析危害对人群健康产生不良作用的风险及其程度，同时应当描述和解释风险评估过程中的不确定性。

(一) 食品安全风险评估机构及职责

国家的食品安全风险评估工作由国务院卫生行政部门负责组织。成立由医学、农业、食品、营养等方面的专家组成的食品安全风险评估专家委员会，进行食品安全风险评估。在对农药、肥料、生长调节剂、兽药、饲料和饲料添加剂等的安全性评估时，应当有食品安全风险评估专家委员会的专家参加。

国务院卫生行政部门通过食品安全风险监测或者接到举报发现食品可能存在安全隐患的，应当立即组织进行检验和食品安全风险评估。

国务院有关部门应当向国务院卫生行政部门提出食品安全风险评估的建议，并提供有关信息和资料。食品安全风险评估结果的通报是国务院各有关部门加强沟通、密切配合，按照各自职责分工，依法行使职权的重要措施。

(二) 食品安全风险评估结果的效力

食品安全风险评估结果是制定、修订食品安全标准和对食品安全实施监督管理的科学依据。食品安全风险评估结果得出食品不安全结论的，国家食品监督管理部门等应当依据各自职责立即采取相应措施，确保该食品停止生产经营，并告知消费者停止食用；需要制定、修订相关食品安全国家标准的，国务院卫生行政部门应当立即制定、修订。

国务院卫生行政部门应当会同国务院有关部门，根据食品安全风险评估结果、食品安全监督管理信息，对食品安全状况进行综合分析。对经综合分析表明可能具有较高程度安全风险的食品，国务院卫生行政部门应当及时提出食品安全风险警示，并予以公布。

第三节 食品安全标准及食品检验

一、食品安全标准的概念

食品安全标准，是指为了保证食品安全，对食品生产经营过程中影响食品安全的各种要素以及各关键环节所规定的统一技术要求。食品安全标准制定的宗旨是保障公众身体健康；制定的原则是科学合理、安全可靠。

二、食品安全标准的内容

食品安全标准有以下八项内容：①食品、食品相关产品中的致病性微生物、农药残留、兽药残留、重金属、污染物质以及其他危害人体健康物质的限量规定；②食品添加剂的品种、使用范围、用量；③专供婴幼儿和其他特定人群的主辅食品的营养成分要求；④对与食品安全、营养有关的标签、标识、说明书的要求；⑤食品生产经营过程的卫生要求；⑥与食品安全有关的质量要求；⑦食品检验方法与规程；⑧其他需要制定为食品安全标准的内容。

三、食品安全标准的性质

食品安全标准是保障人民群众身体健康权和生命权的重要标准，食品安全标准是强制执行性标准，在实施过程中带有强制性和唯一性的特点。

食品安全标准应当供社会公众免费查阅。

四、食品安全标准的制定

我国食品安全标准可分为国家标准、地方标准和企业标准三种。

（一）食品安全国家标准的制定

1. 国家标准的制定机构。食品安全国家标准由国务院卫生行政部门负责制定、公布，国务院标准化行政部门提供国家标准编号。食品安全国家标准应当经食品安全国家标准审评委员会审查通过。食品安全国家标准审评委员会由医学、农业、食品、营养等方面的专家以及国务院有关部门的代表组成。

食品中农药残留、兽药残留的限量规定及其检验方法与规程由国务院卫生行政部门、国务院农业行政部门制定。屠宰畜、禽的检验规程由国务院有关主管部门会同国务院卫生行政部门制定

2. 食品安全国家标准制定工作的内容。根据2023年施行的《食品安全标准管理办法》第5条规定，食品安全国家标准制定工作包括规划、计划、立项、起草、征求意见、审查、批准、公布以及跟踪评价、修订、修改等。同时，该办法还重点对立项、起草、审查和公布几个环节作了更具体的规定。

3. 国家标准制定的相关规定。《食品安全法》规定，有关产品国家标准涉及食品安全国家标准规定内容的，应当与食品安全国家标准相一致。国务院卫生行政部门应当对现行的食用农产品质量安全标准、食品卫生标准、食品质量标准和有关食品的行业标准中强制执行的标准予以整合，统一公布为食品安全国家标准。食品安全国家标准公布前，食品生产经营者应当按照现行食用农产品质量安全标准、食品卫生标准、食品质量标准和有关食品的行业标准生产经营食品。制定食品安全国家标准，应当依据食品安全风险评估结果并充分考虑食用农产品质量安全风险评估结果，参照相关的国际标准和国际食品安全风险评估结果，并广泛听取食品生产经营者和消费者的意见。《食品安全法》第28条中规定，食品安全国家标准应当经食品安全国家标准审评委员会审查通过。

(二) 食品安全地方标准的制定

《食品安全法》第29条规定，对地方特色食品，没有食品安全国家标准的，省、自治区、直辖市人民政府卫生行政部门可以制定并公布食品安全地方标准。省级政府卫生行政部门组织制定并发布的食品安全地方标准，应当报国务院卫生行政部门备案。食品安全国家标准制定后，该地方标准即行废止。

(三) 食品安全企业标准的制定

企业生产的食品没有食品安全国家标准或者地方标准的，应当制定企业标准，作为组织生产的依据。依据《食品安全法》第30条规定，国家鼓励食品生产企业制定严于食品安全国家标准或者地方标准的企业标准。企业标准应当报省级政府卫生行政部门备案，在本企业内部适用。

五、食品检验

食品检验，是指食品检验机构根据有关国家标准，对食品原料、辅助材

料、成品质量和安全性进行的检验,包括对食品理化指标、卫生指标、外观特性及外包装、内包装、标志等进行的检验。

(一) 食品检验主体

食品检验活动应由符合条件并按照国家有关认证认可的规定取得认定资质的食品检验机构承担。食品检验机构的资质认定条件和检验规范,由国务院卫生行政部门规定。《食品安全法》施行前经国务院有关主管部门批准设立或者经依法认定的食品检验机构,可以依法继续从事食品检验活动。食品检验由食品检验机构指定的检验人独立进行。检验人应当依照有关法律、法规的规定,并依照食品安全标准和检验规范对食品进行检验,尊重科学,恪守职业道德,保证出具的检验数据和结论客观、公正,不得出具虚假的检验报告。

(二) 食品检验具体实施

食品检验实行食品检验机构与检验人负责制。食品检验报告应当加盖食品检验机构公章,并有检验人的签名或者盖章。食品检验机构和检验人对出具的食品检验报告负责。食品安全监督管理部门对食品不得实施免检。县级以上质量监督、工商行政管理、食品药品监督管理部门应当对食品进行定期或者不定期的抽样检验。进行抽样检验,应当购买抽取的样品,不收取检验费和其他任何费用。

县级以上质量监督、工商行政管理、食品药品监督管理部门在执法工作中需要对食品进行检验的,应当委托符合《食品安全法》规定的食品检验机构进行,并支付相关费用。对检验结论有异议的,可以依法进行复检。食品生产经营企业可以自行对所生产的食品进行检验,也可以委托符合《食品安全法》规定的食品检验机构进行检验。

食品行业协会等组织、消费者需要委托食品检验机构对食品进行检验的,应当委托符合《食品安全法》规定的食品检验机构进行。

第四节 食品生产经营

一、食品生产经营许可

食品生产经营,是指一切食品的生产、采集、收购、加工、贮存、运输、供应、销售等活动。国家对食品生产经营实行许可制度。凡是从事食品生产、食品流通、餐饮服务,均应当依法取得食品生产许可、食品流通许可、餐饮服务许可。

食品生产许可、食品流通许可以及餐饮服务许可的有效期限是3年。

(一) 食品安全许可的种类、申请人及主管部门

设立食品生产企业,应当预先核准企业名称,依法取得食品生产许可证后,办理工商登记。县级以上质量监督管理部门依照有关法律、行政法规中的相关规定审核相关资料、核查生产场所、检验相关产品;对相关资料、场所符合规定要求以及相关产品符合食品安全标准或要求的,应当作出准予许可的决定。

其他食品生产经营者应当在依法取得相应的食品生产许可、食品流通许可、餐饮服务许可后,办理工商登记。法律、法规对食品生产加工小作坊和食品摊贩另有规定的,依照其规定。

凡是取得食品生产许可的食品生产者在其生产场所销售其生产的食品,不需要取得食品流通的许可;取得餐饮服务许可的餐饮服务提供者在其餐饮服务场所出售其制作加工的食品,不需要取得食品生产和流通的许可;农民个人销售其自产的食用农产品,不需要取得食品流通的许可。

依据《食品安全法》第36条的规定,食品生产加工小作坊和食品摊贩等从事食品生产经营活动,应当符合《食品安全法》规定的与其生产经营规模、条件相适应的食品安全要求,保证所生产的食品卫生、安全、无毒、无害,各相关部门应对其加强监督管理。《食品安全法》授权各省、自治区、直辖市人民代表大会常务委员会依照《食品安全法》制定具体管理办法。县级以上地方人民政府鼓励食品生产加工小作坊改进生产条件;鼓励食品摊贩进入集中交易市场、店铺等固定营业场所。

(二) 申请食品安全许可需具备的条件和需提供的材料

根据《食品生产许可管理办法》规定,申请食品生产许可,应当符合下列条件:①具有与生产的食品品种、数量相适应的食品原料处理和食品加工、包装、贮存等场所,保持该场所环境整洁,并与有毒、有害场所以及其他污染源保持规定的距离;②具有与生产的食品品种、数量相适应的生产设备或者设施,有相应的消毒、更衣、盥洗、采光、照明、通风、防腐、防尘、防蝇、防鼠、防虫、洗涤以及处理废水、存放垃圾和废弃物的设备或者设施;

保健食品生产工艺有原料提取、纯化等前处理工序的，需要具备与生产的品种、数量相适应的原料前处理设备或者设施；③有专职或者兼职的食品安全专业技术人员、食品安全管理人员和保证食品安全的规章制度；④具有合理的设备布局和工艺流程，防止待加工食品与直接入口食品、原料与成品交叉污染，避免食品接触有毒物、不洁物；⑤法律、法规规定的其他条件。

该办法同时规定，申请食品生产许可，应当向申请人所在地县级以上地方市场监督管理部门提交下列材料：①食品生产许可申请书；②食品生产设备布局图和食品生产工艺流程图；③食品生产主要设备、设施清单；④专职或者兼职的食品安全专业技术人员、食品安全管理人员信息和食品安全管理制度。

申请保健食品、特殊医学用途配方食品、婴幼儿配方食品等特殊食品的生产许可，还应当提交与所生产食品相适应的生产质量管理体系文件以及相关注册和备案文件。

二、食品生产经营

食品生产经营者应当按照法律、法规和食品安全标准从事生产经营活动，建立健全食品安全管理制度，采取有效措施，保证食品安全。

（一）食品生产经营的要求

①具有与生产经营的食品品种、数量相适应的食品原料处理和食品加工、包装、贮存等场所，保持该场所环境整洁，并与有毒、有害场所以及其他污染源保持规定的距离。②具有与生产经营的食品品种、数量相适应的生产经营设备或者设施，有相应的消毒、更衣、盥洗、采光、照明、通风、防腐、防尘、防蝇、防鼠、防虫、洗涤以及处理废水、存放垃圾和废弃物的设备或者设施。③有专职或者兼职的食品安全专业技术人员、管理人员和保证食品安全的规章制度。④具有合理的设备布局和工艺流程，防止待加工食品与直接入口食品、原料与成品交叉污染，避免食品接触有毒物、不洁物。⑤餐具、饮具和盛放直接入口食品的容器，使用前应当洗净、消毒，炊具、用具用后应当洗净，保持清洁。⑥贮存、运输和装卸食品的容器、工具和设备应当安全、无害，保持清洁，防止食品污染，并符合保证食品安全所需的温度等特殊要求，不得将食品与有毒、有害物品一同贮存、运输。⑦直接入口的食品

应当使用无毒、清洁的包装材料、餐具、饮具和容器。⑧食品生产经营人员应当保持个人卫生,生产经营食品时,应当将手洗净,穿戴清洁的工作衣、帽等;销售无包装的直接入口食品时,应当使用无毒、清洁的容器、售货工具和设备。⑨用水应当符合国家规定的生活饮用水卫生标准。⑩使用的洗涤剂、消毒剂应当对人体安全、无害。⑪法律、法规规定的其他要求。

(二) 禁止生产经营的食品

①用非食品原料生产的食品或者添加食品添加剂以外的化学物质和其他可能危害人体健康物质的食品,或者用回收食品作为原料生产的食品。②致病性微生物、农药残留、兽药残留、生物毒素、重金属等污染物质以及其他危害人体健康的物质含量超过食品安全标准限量的食品。③用超过保质期的食品原料、食品添加剂生产的食品。④超范围、超限量使用食品添加剂的食品。⑤营养成分不符合食品安全标准的专供婴幼儿和其他特定人群的主辅食品。⑥腐败变质、油脂酸败、霉变生虫、污秽不洁、混有异物、掺假掺杂或者感官性状异常的食品。⑦病死、毒死或者死因不明的禽、畜、兽、水产动物肉类及其制品。⑧未经动物卫生监督机构检疫或者检疫不合格的肉类,或者未经检验或者检验不合格的肉类制品。⑨被包装材料、容器、运输工具等污染的食品。⑩超过保质期的食品。⑪无标签的预包装食品。⑫国家为防病等特殊需要明令禁止生产经营的食品。⑬其他不符合食品安全标准或者要求的食品。

(三) 食品的标签和说明书

食品标签,是指在食品包装容器上或附于食品包装容器上的一切附签、吊牌、文字、图形、符号说明书。预包装食品的包装上应当有标签,标签应当标明下列事项:①名称、规格、净含量、生产日期;②成分或者配料表;③生产者的名称、地址、联系方式;④保质期;⑤产品标准代号;⑥贮存条件;⑦所使用的食品添加剂在国家标准中的通用名称;⑧生产许可证编号;⑨法律、法规或者食品安全标准规定必须标明的其他事项。

专供婴幼儿和其他特定人群的主辅食品,其标签还应当标明主要营养成分及其含量。

此外,《食品安全法》规定,食品的标签、说明书中不得含有虚假、夸大的内容;不得涉及疾病预防、治疗功能。生产者对标签、说明书上所载明的内容负责。食品的标签、说明书应当清楚、明显，容易辨识。食品的标签、说明书所载明的内容与形式应相符，不符的不得上市销售。

三、食品添加剂的许可管理

食品添加剂，是指改善食品色、香、味等品质，以及为防腐和加工工艺的需要而加入食品中的化合物质或者天然物质。目前，我国食品添加剂有23个类别、2000多个品种，包括酸度调节剂、抗结剂、消泡剂、抗氧化剂、漂白剂、膨松剂、着色剂、护色剂、酶制剂、增味剂、营养强化剂、防腐剂、甜味剂、增稠剂、香料等。

《食品安全法》第40条规定，食品添加剂应当在技术上确有必要且经过风险评估证明安全可靠，方可列入允许使用的范围。食品生产者应当依照食品安全标准关于食品添加剂的品质、适用范围、用量的规定使用食品添加剂；不得在食品生产中使用食品添加剂以外的化学物质和其他可能危害人体健康的物质。

（一）食品添加剂生产许可

国家对食品添加剂的生产实行许可制度，由国务院卫生行政部门审查许可申请；对符合食品安全要求的，依法决定准予许可并予以公布；对不符合食品安全要求的，决定不予许可并书面说明理由。食品添加剂生产许可证有效期为5年。

食品添加剂应当在技术上确有必要且经过风险评估证明安全可靠，方可列入允许使用的范围。国务院卫生行政部门应当根据技术必要性和食品安全风险评估结果，及时对食品添加剂的品种、适用范围、用量的标准进行修订。

申请食品添加剂新品种生产、经营、使用或者进口的单位或者个人，应当提出食品添加剂新品种许可申请，并提交以下材料：①添加剂的通用名称、功能分类，用量和使用范围；②证明技术上确有必要和使用效果的资料或者文件；③食品添加剂的质量规格要求、生产工艺和检验方法，食品中该添加剂的检验方法或者相关情况说明；④安全性评估材料，包括生产原料或者来源、化学结构和物理特性、生产工艺、毒理学安全性评价资料或者检验报告、质量规格检验报告；⑤标签、说明书和食品添加剂产品样品；⑥其他国家（地区）、国际组织允许生产和使用等有助于安全性评估的资料。

(二) 食品添加剂新品种管理

为加强对食品添加剂新品种的管理，根据《食品安全法》及《食品安全法实施条例》规定，利用新的食品原料生产食品，或者生产食品添加剂新品种、食品相关产品新品种，应当向国务院卫生行政部门提交相关产品的安全性评估材料。进口利用新的食品原料生产的食品或者进口食品添加剂新品种、食品相关产品新品种，也应依照上述规定办理。

(三) 食品添加剂新品种使用

使用食品添加剂应符合下列要求：①不应当掩盖食品腐败变质；②不应当掩盖食品本身或者加工过程中的质量缺陷；③不以掺杂、掺假、伪造为目的而使用食品添加剂；④不应当降低食品本身的营养价值；⑤在达到预期的效果下尽可能降低在食品中的用量；⑥食品工业用加工助剂应当在制成最后成品之前去除，有规定允许残留量的除外。

(四) 食品添加剂的标签、说明书和包装

食品添加剂应当有标签、说明书和包装，应在标签上载明"食品添加剂"字样。在食品添加剂的标签、说明书中不得含有虚假、夸大的内容，不得涉及疾病预防、治疗功能。生产者对标签、说明书上所载明内容负责。食品添加剂标签、说明书应当清楚、明显，容易辨识。食品添加剂与其标签、说明书所载明的内容不符的，不得上市销售。食品经营者应当按照食品标签标示的警示标志、警示说明或者注意事项的要求销售食品。

《食品安全法》第71条规定，食品和食品添加剂的标签、说明书，不得含有虚假内容，不得涉及疾病预防、治疗功能。生产经营者对标签、说明书上所载明的内容负责。食品和食品添加剂的标签、说明书应当清楚、明显，生产日期、保质期等事项应当显著标注，容易辨识。食品和食品添加剂与其标签、说明书所载明的内容不符的，不得上市销售。

四、食品生产经营企业的安全管理

食品生产经营企业应当建立健全本企业的食品安全管理制度，加强对职工食品安全知识的培训，配备专职或者兼职的食品安全管理人员，做好对所生产经营食品的检验工作，依法从事食品生产经营活动。

(一) 从业人员健康管理

食品生产经营者应当建立并执行从业人员健康管理制度。患有痢疾、伤寒、病毒性肝炎等消化道传染病的人员，以及患有活动性肺结核、化脓性或者渗出性皮肤病等有碍食品安全的疾病的人员，不得从事接触直接入口食品的工作。食品生产经营人员每年应当进行健康检查，取得健康证明后方可参加工作。

(二) 进货查验和食品出厂检验记录

食品生产者采购食品原料、食品添加剂、食品相关产品，应当查验供货者的许可证和产品合格证明文件；对无法提供合格证明文件的食品原料，应当依照食品安全标准进行检验；不得采购或者使用不符合食品安全标准的食品原料、食品添加剂、食品相关产品。食品生产企业应当建立食品原料、食品添加剂、食品相关产品进货查验记录制度，如实记录食品原料、食品添加剂、食品相关产品的名称、规格、数量、供货者名称及联系方式、进货日期等内容。食品原料、食品添加剂、食品相关产品进货查验记录应当真实，保存期限不得少于2年。

食品经营企业应当建立食品进货查验记录制度，如实记录食品的名称、规格、数量、生产批号、保质期、供货者名称及联系方式、进货日期等内容。食品进货查验记录应当真实，保存期限不得少于2年。

食品生产企业应当建立食品出厂检验记录制度，查验出厂食品的检验合格证和安全状况，并如实记录食品的名称、规格、数量、生产日期、生产批号、检验合格证号、购货者名称及联系方式、销售日期等内容。食品出厂检验记录应当真实，保存期限不得少于2年。

(三) 食品贮存

食品经营者应当按照保证食品安全的要求贮存食品，定期检查库存食品，及时清理变质或者超过保质期的食品。

(四) 散装及预包装食品的管理

散装食品又称"裸装食品"，是指那些没有进行包装的食品、食品原料及加工半成品。食品经营者贮存散装食品，应当在贮存位置标明食品的名称、生产日期、保质期、生产者名称及联系方式等内容。食品经营者销售散装食品，应当在散装食品的容器、外包装上标明食品的名称、生产日期、保质期、生产经营者名称及联系方式等内容。

预包装食品，是指根据有关事项要求经预先定量包装好或装入灌入容器中向消费者直接提供的食品。预包装食品的包装上应当有标签，标签应当标明下列事项：①名称、规格、净含量、生产日期；②成分或者配料表；③生产者的名称、地址、联系方式；④保质期；⑤产品标准代号；⑥贮存条件；⑦所使用的食品添加剂在国家标准中的通用名称；⑧生产许可证编号；⑨法律、法规或者食品安全标准规定必须标明的其他事项。专供婴幼儿和其他特定人群的主辅食品，其标签还应当标明主要营养成分及其含量。食品经营者应当按照食品标签标示的警示说明或者注意事项的要求，销售预包装食品。

五、保健食品管理

保健食品，是指声称具有特定保健功能或者以补充维生素、矿物质为目的的食品，即适宜于特定人群食用，具有调节机体功能，不以治疗疾病为目的，并且对人体不产生任何急性、亚急性或者慢性危害的食品，《食品安全法》将保健食品纳入其监管范围。保健食品不得产生急性、亚急性或者慢性危害。其标签、说明书不得涉及疾病预防、治疗功能，内容必须真实，应当载明适宜人群、不适宜人群、功效成分或者标志性成分及其含量等；产品的功能和成分必须与标签、说明书相一致。

六、进口食品管理

进口食品管理，是指非本国品牌的食品，通俗地讲就是其他国家和地区食品，包含在其他国家和地区生产并在国内分包装的食品。进口的食品、食品添加剂以及食品相关产品应当符合我国食品安全国家标准。进口的食品应当经出入境检验检疫机构检验合格后，海关凭出入境检验检疫机构签发的通关证明放行。

进口尚无食品安全国家标准的食品，或者首次进口食品添加剂新品种、食品相关产品新品种，进口商应当向国务院卫生行政部门提出申请并提交相关的安全性评估材料。国务院卫生行政部门依照《食品安全法》的规定作出是否准予许可的决定，并及时制定相应的食品安全国家标准。进口的预包装食品应当有中文标签、中文说明书。标签、说明书应当符合《食品安全法》以及我国其他有关法律、行政法规的规定和食品安全国家标准的要求，载明食品的原产地以及境内代理商的名称、地址、联系方式。预包装食品没有中文标签、中文说明书或者标签、说明书不符合本条规定的，不得进口。

七、食品召回

《食品安全法》第 63 条规定了国家建立食品召回制度。食品召回，是指食品生产者按照规定程序，对由其生产原因造成的某一批次或类别的不安全食品，通过换货、退货、补充或修正消费说明等方式，及时消除或减少食品安全危害的活动。食品召回有两种不同形式，即主动召回和责令召回。

（一）主动召回

食品生产经营者发现其生产的食品不符合食品安全标准，应当立即停止生产，召回已经上市销售的食品，通知相关生产经营者和消费者，并记录召回和通知情况。食品生产经营发现其经营的食品不符合食品安全标准，应当立即停止经营，通知相关生产经营者和消费者，并记录停止经营和通知情况。

召回后处理应采取补救、无害化处理、销毁等措施；并将食品召回和处理情况向县级以上质量监督部门报告。

（二）责令召回

食品生产经营者未依照规定召回或者停止经营不符合食品安全标准的食品，县级以上质量监督、工商行政管理、食品药品监督管理部门可以责令其召回或者停止经营。

八、食品广告管理

食品广告的内容应当真实合法不得含有虚假、夸大的内容；不得涉及疾病预防、治疗功能；食品安全监督管理部门或者承担食品检验职责的机构、食品行业协会、消费者协会不得以广告或其他形式向消费者推荐食品。社会团体或者其他组织、个人在虚假广告中向消费者推荐食品，使消费者的合法权益受到损害的，与食品生产经营者承担连带责任。

九、交易市场管理

《食品安全法》第 61 条规定，集中交易市场的开办者、柜台出租者和展销会举办者，应当审查入场食品经营者的许可证，明确入场食品经营者的食品安全管理责任，定期对入场食品经营者的经营环境和条件进行检查，发现其行为违反了法律规定的,应当及时制止并立即报告所在地县级工商行政管理部门或者食品药品监督管理部门。

集中交易市场的开办者、柜台出租者和展销会举办者没有履行上述义务,对其管理范围内发生的食品安全事故,承担连带责任。

第五节 食品安全事故处置

一、食品安全事故的概念

食品安全事故,是指食物中毒、食源性疾病、食品污染等源于食品,对人体健康有危害或者可能有危害的事故。食物中毒,是指食用了被有毒有害物质污染的食品或者食用了含有毒有害物质的食品后出现的急性、亚急性以及其他食源性疾病。它具有潜伏期短,患者临床表现近似并且互相不传染,通常与某种事物相关并且具有区域性和季节性。食源性疾病,是指食品中致病因素进入人体引起的感染性、中毒性疾病以及其他疾病。包括常见的食物中毒、肠道传染病、人畜共患传染病、寄生虫病以及化学性有毒有害物质所引起的疾病。食品污染,是指食品生产经营过程中,可能对人体健康产生危害的物质介入食品的现象。主要包括金属污染物、农药残留、兽药残留、超范围或超剂量使用的食品添加剂、真菌毒素以及致病微生物、寄生虫等。

二、食品安全事故应急预案

国务院组织制定国家食品安全事故应急预案。为了建立健全应对食品安全事故运行机制,有效预防、积极应对食品安全事故,高效组织应急处置工作,最大限度地减少食品安全事故的危害,保障公众健康与生命安全,维护正常的社会经济秩序,国务院于 2011 年 10 月 5 日修订了 2006 年制定的《国家重大食品安全事故应急预案》并更名为《国家食品安全事故应急预案》。该预案将食品安全事故共分为四级,即特别重大食品安全事故（Ⅰ级）、重大食品安全事故（Ⅱ级）、较大食品安全事故（Ⅲ级）和一般食品安全事故（Ⅳ级）。事故等级的评估核定,由卫生行政部门会同有关部门依照有关规定进行。

县级以上地方人民政府应当根据有关法律、法规的规定和上级人民政府的食品安全事故应急预案以及本地区的实际情况，制定本行政区域的食品安全事故应急预案，并报上一级人民政府备案。

食品生产经营企业应当制定食品安全事故处置方案，定期检查本企业各项食品安全防范措施的落实情况，及时消除食品安全事故隐患。

三、食品安全事故的报告与通报

（一）食品安全事故的应急处置和报告

发生食品安全事故的单位应当立即予以处置，防止事故扩大。发生食品安全事故的单位对导致或者可能导致食品安全事故的食品以及原料、工具、设备等，应当立即采取封存等控制措施，并自事故发生之时起2小时内向所在地县级人民政府卫生行政部门报告。事故发生单位和接收病人进行治疗的单位应当及时向事故发生地县级卫生行政部门报告。

（二）食品安全事故的通报和上报

食品药品监督管理等相关部门在日常监督管理中发现食品安全事故，或者接到有关食品安全事故的举报，应当立即向卫生行政部门报告。

发生重大食品安全事故的，接到报告的县级卫生行政部门应当按照规定向本级人民政府和上级人民政府卫生行政部门报告。县级人民政府和上级人民政府卫生行政部门应当按照规定上报。

任何单位或者个人不得对食品安全事故隐瞒、谎报、缓报，不得毁灭有关证据。

（三）食品安全事故应急措施

县级以上卫生行政部门接到食品安全事故的报告后，应当立即会同有关部门进行调查处理，并采取下列措施，防止或者减轻社会危害：①开展应急救援工作，对因食品安全事故导致人身伤害的人员，卫生行政部门应当立即组织救治；②封存可能导致食品安全事故的食品及其原料，并立即进行检验；对确认属于被污染的食品及其原料，责令食品生产经营者依《食品安全法》第63条的规定予以召回、停止经营并销毁；③封存被污染的食品用工具及用具，并责令进行清洗消毒；④做好信息发布工作；依法对食品安全事故及其处理情况进行发布，并对可能产生的危害加以解释、说明。

（四）食品安全事故的处置

食品安全事故分为特别重大食品安全事故、重大食品安全事故、较大食品安全事故和一般食品安全事故。事故等级的评估核定，由卫生行政部门会同有关部门依照有关规定进行。

发生食品安全事故，应依照"以人为本，减少危害；统一领导，分级负责；科学评估，依法处置；居安思危，预防为主"四项原则来处置。食品安全事故发生后，卫生行政部门依法组织对事故进行分析评估，核定事故级别，并依据事故级别设置相应的应急处置指挥部。指挥部根据需要由多个部门参与组成，同时，由由卫生部、食品安全办等有关部门人员组成指挥部办公室。各成员单位在指挥部统一领导下开展工作，加强对事故发生地人民政府有关部门工作的督促、指导，积极参与应急救援工作。指挥部下设工作组，工作组主要有事故调查组、危害控制组、医疗救治组、检测评估组、维护稳定组、新闻宣传组、专家组组成。

为更好处置食品安全事故，有关部门应依照该预案规定，建立健全信息保障机制，医疗保障机制，人员及技术保障机制，物资与经费保障机制，社会动员保障机制等。

此外，事故报告也是处置食品安全事故的重要内容。

（五）食品安全事故的调查

《食品安全法》第 107 条规定，调查食品安全事故，应当坚持实事求是、尊重科学的原则，及时、准确查清事故性质和原因，认定事故责任，提出整改措施。

食品安全事故调查与食品安全事故处理应同步进行，一旦发生重大食品安全事故应立即组织人员进行责任调查，并在事故处理结束 10 日内出具调查报告。

食品安全事故调查部门有权向有关单位和个人了解与事故有关的情况，并要求提供相关资料和样品。有关单位和个人应当予以配合，按照要求提供相关资料和样品，不得拒绝。任何单位和个人不得阻挠、干涉食品安全事故的调查处理。

调查食品安全事故，除了查明事故单位的责任，还应当查明有关监督管理部门、食品检验机构、认证机构及其工作人员的责任。

发生食品安全事故，县级以上疾病预防控制机构应当对事故现场进行卫生处理，并对与事故有关的因素开展流行病学调查，有关部门应当予以协助。

县级以上疾病预防控制机构应当向同级食品安全监督管理、卫生行政部门提交流行病学调查报告。

第六节　法律责任

一、行政责任

关于食品生产经营者，从事与食品相关活动者的行政责任，《食品安全法》规定了广泛的内容，需负行政责任的情形概述如下：

1. 未取得相关生产许可从事非法生产经营的行为。包括未取得食品生产经营许可从事食品生产经营活动，未取得食品添加剂生产许可从事食品添加剂生产活动，及明知从事前款规定的违法行为，仍为其提供生产经营场所或者其他条件的行为。

2. 取得生产许可，但生产过程违法，尚不够成犯罪的行为。包括①用非食品原料生产食品、在食品中添加食品添加剂以外的化学物质和其他可能危害人体健康的物质，或者用回收食品作为原料生产食品，或者经营上述食品；②生产经营营养成分不符合食品安全标准的专供婴幼儿和其他特定人群的主辅食品；③经营病死、毒死或者死因不明的禽、畜、兽、水产动物肉类，或者生产经营其制品；④经营未按规定进行检疫或者检疫不合格的肉类，或者生产经营未经检验或者检验不合格的肉类制品；⑤生产经营国家为防病等特殊需要明令禁止生产经营的食品；⑥生产经营添加药品的食品。

此外，明知从事前款规定的违法行为，仍为其提供生产经营场所或者其他条件的，也应承担行政责任。

违法使用剧毒、高毒农药的，除依照有关法律、法规规定给予处罚外，可以由公安机关依照前款规定给予拘留。

3. 生产产品要素不达标的情形，包括①生产经营致病性微生物，农药残留、兽药残留、生物毒素、重金属等污染物质以及其他危害人体健康的物质含量超过食品安全标准限量的食品、食品添加剂；②用超过保质期的食品原料、食品添加剂生产食品、食品添加剂，或者经营上述食品、食品添加剂；③生产经营超范围、超限量使用食品添加剂的食品；④生产经营腐败变质、油脂酸败、霉变生虫、污秽不洁、混有异物、掺假掺杂或者感官性状异常的食品、食品添加剂；⑤生产经营标注虚假生产日期、保质期或者超过保质期的食品、食品添加剂；⑥生产经营未按规定注册的保健食品、特殊医学用途配方食品、婴幼儿配方乳粉，或者未按注册的产品配方、生产工艺等技术要求组织生产；⑦以分装方式生产婴幼儿配方乳粉，或者同一企业以同一配方生产不同品牌的婴幼儿配方乳粉；⑧利用新的食品原料生产食品，或者生产食品添加剂新品种，未通过安全性评估；⑨食品生产经营者在食品安全监督管理部门责令其召回或者停止经营后，仍拒不召回或者停止经营。

此外，生产经营不符合法律、法规或者食品安全标准的食品、食品添加剂的，以及生产食品相关产品新品种，未通过安全性评估，或者生产不符合食品安全标准的食品相关产品的也需要负相应行政责任。

4. 生产产品相关外围要素不合规的情形。包括①生产经营被包装材料、容器、运输工具等污染的食品、食品添加剂；②生产经营无标签的预包装食品、食品添加剂或者标签、说明书不符合《食品安全法》规定的食品、食品添加剂；③生产经营转基因食品未按规定进行标示；④食品生产经营者采购或者使用不符合食品安全标准的食品原料、食品添加剂、食品相关产品；⑤生产经营的食品、食品添加剂的标签、说明书存在瑕疵但不影响食品安全且不会对消费者造成误导的。

5. 生产过程重要环节不合规的行为。包括①食品、食品添加剂生产者未按规定对采购的食品原料和生产的食品、食品添加剂进行检验；②食品生产经营企业未按规定建立食品安全管理制度，或者未按规定配备或者培训、考核食品安全管理人员；③食品、食品添加剂生产经营者进货时未查验许可证和相关证明文件，或者未按规定建立并遵守进货查验记录、出厂检验记录和销售记录制度等共13项内容。

餐具、饮具集中消毒服务单位违反《食品安全法》规定用水，使用洗涤剂、消毒剂，或者出厂的餐具、饮具未按规定检验合格并随附消毒合格证明，或者未按规定在独立包装上标注相关内容的情形；食品相关产品生产者未按规定对生产的食品相关产品进行检验的等也应承担行政责任。

6. 违法行为未处理未报告的行为。

7. 涉及进出口食品的违法行为。包括违反《食品安全法》规定，①提供虚假材料，进口不符合我国食品安全国家标准的食品、食品添加剂、食品相关产品；②进口尚无食品安全国家标准的食品，未提交所执行的标准并经国务院卫生行政部门审查，或者进口利用新的食品原料生产的食品或者进口食品添加剂新品种、食品相关产品新品种，未通过安全性评估；③未遵守《食品安全法》的规定出口食品；④进口商在有关主管部门责令其依照《食品安全法》规定召回进口的食品后，仍拒不召回。

违反《食品安全法》规定，进口商未建立并遵守食品、食品添加剂进口和销售记录制度、境外出口商或者生产企业审核制度的。

涉及本类违法由出入境管理部门处罚。

8. 相关经营者违法行为的行政责任。违反《食品安全法》规定，集中交易市场的开办者、柜台出租者、展销会的举办者允许未依法取得许可的食品经营者进入市场销售食品，或者未履行检查、报告等义务的行为。

食用农产品批发市场违反《食品安全法》相关规定的，依照本类规定承担责任。

9. 网络食品交易第三方平台提供者的违法责任。违反《食品安全法》规定，网络食品交易第三方平台提供者未对入网食品经营者进行实名登记、审查许可证，或者未履行报告、停止提供网络交易平台服务等义务的。

10. 其他主体的行政责任。包括违反《食品安全法》规定，未按要求进行食品贮存、运输和装卸的行为；违反《食品安全法》规定，拒绝、阻挠、干涉有关部门、机构及其工作人员依法开展食品安全监督检查、事故调查处理、风险监测和风险评估的行为；违反《食品安全法》规定，对举报人以解除、变更劳动合同或者其他方式打击报复的行为。

此外，《食品安全法》还规定了大量其他相关组织和人员的食品安全违法责任。

二、民事责任

《食品安全法》针对各违法主体的违法行为，造成了他人人身、财产或者其他合法权益损害的情形，也规定了广泛的民事赔偿责任，并规定，生产经营者财产不足以同时承担民事赔偿责任和缴纳罚款、罚金时，先承担民事赔偿责任。

三、刑事责任

违反《食品安全法》的规定,构成犯罪的,依法追究刑事责任。具体罪名及责任应当依据刑法实体法确定。

拓展阅读

中华人民共和国食品安全法

国家食品安全事故应急预案(2011年修订)

食品相关产品质量安全监督管理暂行办法

思考题

1. 什么是《中华人民共和国食品安全法》?该法具有怎样的现实意义?
2. 什么是食品安全风险监测?其具体监测的内容有哪些?
3. 什么是食品安全风险评估?其具体对哪几个方面进行评估?
4. 什么是食品安全标准?其内容包括哪些?
5. 禁止生产经营的食品有哪些?
6. 什么是食品安全事故?其应急措施有哪些?

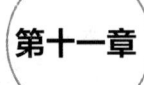

第十一章
药品管理法律制度

学习目标

掌握：医疗机构的药品管理制度；假药、劣药的定义以及属于假药、劣药的法定情形。

熟悉：药品管理法的调整对象和适用范围；药品储备制度以及处方药与非处方药管理规定。

了解：药品管理法的立法宗旨；药品包装、价格和广告管理的相关法律规定；违反药品管理法的法律责任。

章前案例

被告人田某，2015年在北京开办了北京田某中医药研究院临沂第二分院，有营业执照和税务登记证，没有办其他手续。该分院有两种药，一种是"百骨通"胶囊，另一种是"万能综合药"药丸。两种药都是其加工生产的，但这两种药都没有办医药部门的任何手续。药丸加工是把中药材熬成药汤，废渣扔掉，配上一部分中药粉，加上淀粉做成药丸；胶囊加工是把中药熬成汤，废渣扔掉，把汤汁熬干，加工成面，然后装在胶囊里，做成胶囊药。胶囊已销售五六年，药丸已销售十多年。

2016年田某被刑事拘留，临沂市罗庄区人民检察院提起公诉，指控被告人田某未经临沂市罗庄区药品监督管理部门许可，在其经营的"北京田某中医药研究院临沂第二分院"内，多次销售非法私自生产加工的假药（"万能综合药"药丸及"百骨通"胶囊)。

被告人田某不认罪,辩称他的药不是假药,研究院生产加工药品不需要得到许可。2016年7月5日,临沂市罗庄区人民法院依法组成合议庭,公开开庭进行审理,经审理,判决被告人田某犯生产、销售假药罪,判处有期徒刑1年,并处罚金人民币6万元。

思考题:

1. 田某辩称他的药不是假药,研究院生产加工药品不需要得到许可。其辩称法院会采纳吗?请提出法律依据。
2. 法院判决田某犯生产、销售假药罪的法律依据是什么?请分析。

第一节 概 述

一、我国药品管理立法

中华人民共和国成立以来,一直非常重视药品管理,1950年开始就有药品管理的法律。改革开放以来,药品管理立法内容更加完善、更加具体。1984年,全国人大常委会通过了《中华人民共和国药品管理法》,随后国务院相继发布了《麻醉药品管理办法》(1987年11月28日)、《精神药品管理办法》(1988年12月27日)、《医疗用毒性药品管理办法》(1988年12月27日)、《放射性药品管理办法》(1989年1月13日)。国家药品监督管理局成立后,相继颁布了《进口药品管理办法》《新药审批办法》《新生物制品审批办法》《处方药与非处方药分类管理办法(试行)》《戒毒药品管理办法》等。根据我国经济形势的发展、药品管理的需要,2001年2月28日,第九届全国人大常委会第二十次会议通过了修订的《中华人民共和国药品管理法》(以下简称《药品管理法》),2002年8月4日,国务院发布了《中华人民共和国药品管理法实施条例》,2005年8月3日,国务院发布了《麻醉药品和精神药品管理条例》。这一系列立法活动,充分体现了国家对药品管理的重视,为药品管理提供了详尽的法律制度依据。

《药品管理法》是我国药品监管的基本法律。现行《药品管理法》于

1984年制定，2001年首次全面修订，2013年和2015年两次修正部分条款。《药品管理法》的颁布实施，对于规范药品生产经营活动，加强药品监督管理，保障公众用药安全，促进药品产业发展，发挥了巨大作用。但是，随着社会经济以及药品产业的发展，现行《药品管理法》与党中央、国务院对药品安全的新要求，与人民群众对药品安全的新期待，与药品监管工作和产业发展面临的新形势等都存在一定差距，为适应当前的新要求、新期待、新形势，进一步完善药品安全治理体系，提升药品安全治理能力，2019年8月26日，第十三届全国人大常委会第十二次会议通过《药品管理法》修订案。新修订的《药品管理法》将于2019年12月1日施行。这是《药品管理法》自1984年颁布以来的第二次系统性、结构性的重大修改，将药品领域改革成果和行之有效的做法上升为法律，为公众健康提供更有力的法治保障。

二、药品及其特殊性

我国《药品管理法》对药品做出如下定义：药品，是指用于预防、治疗、诊断人的疾病，有目的地调节人的生理机能并规定有适应症或者功能主治、用法和用量的物质，包括中药、化学药和生物制品等。这一药品定义是依据我国医药发展的水平、人们传统用药习惯和药品管理体制制定的。

三、药品管理法的概念、宗旨及适用范围

药品管理法是调整在药品管理，保证药品质量，保障公众用药安全和合法权益，保护和促进公众健康活动中产生的各种社会关系的法律规范的总和。

《药品管理法》第1条阐明了立法宗旨："为了加强药品管理，保证药品质量，保障公众用药安全和合法权益，保护和促进公众健康，制定本法。"

《药品管理法》第2条规定："在中华人民共和国境内从事药品研制、生产、经营、使用和监督管理活动，适用本法。"该规定指明了该法的适用范围。

四、药品管理

（一）药品管理理念

药品管理注重药品安全"社会共治"的理念，强化地方政府、有关部门、

药品行业协会、新闻媒体等各方面的责任，齐心合力共同保障药品安全。

首先，药品管理应当以人民健康为中心，坚持风险管理、全程管控、社会共治的原则，建立科学、严格的监督管理制度，全面提升药品质量，保障药品的安全、有效、可及。

其次，各级人民政府及其有关部门、药品行业协会等应当加强药品安全宣传教育，开展药品安全法律法规等知识的普及工作。新闻媒体应当开展药品安全法律法规等知识的公益宣传，并对药品违法行为进行舆论监督。有关药品的宣传报道应当全面、科学、客观、公正。

再次，药品行业协会应当加强行业自律，建立健全行业规范，推动行业诚信体系建设，引导和督促会员依法开展药品生产经营等活动。

最后，县级以上人民政府及其有关部门对在药品研制、生产、经营、使用和监督管理工作中做出突出贡献的单位和个人，按照国家有关规定给予表彰、奖励。

(二) 药品管理部门

国务院药品监督管理部门主管全国药品监督管理工作。国务院有关部门在各自职责范围内负责与药品有关的监督管理工作。国务院药品监督管理部门配合国务院有关部门，执行国家药品行业发展规划和产业政策。

省、自治区、直辖市人民政府药品监督管理部门负责本行政区域内的药品监督管理工作。设区的市级、县级人民政府承担药品监督管理职责的部门（下称"药品监督管理部门"）负责本行政区域内的药品监督管理工作。县级以上地方人民政府有关部门在各自职责范围内负责与药品有关的监督管理工作。

县级以上地方人民政府对本行政区域内的药品监督管理工作负责，统一领导、组织、协调本行政区域内的药品监督管理工作以及药品安全突发事件应对工作，建立健全药品监督管理工作机制和信息共享机制。

县级以上人民政府应当将药品安全工作纳入本级国民经济和社会发展规划，将药品安全工作经费列入本级政府预算，加强药品监督管理能力建设，为药品安全工作提供保障。

(三) 药品管理制度

1. 药品上市许可持有人制度。国家对药品管理实行药品上市许可持有人制度，明确药品全生命周期质量安全责任。药品上市许可持有人依法对药品研制、生产、经营、使用全过程中药品的安全性、有效性和质量可控性负责。

药品上市许可持有人，是指取得药品注册证书的企业或者药品研制机构等。其对药品的非临床研究、临床试验、生产经营、上市后研究、不良反应监测及报告与处理等承担责任，其他从事药品研制、生产、经营、储存、运输、使用等活动的单位和个人依法承担相应责任，药品上市许可持有人的法定代表人、主要负责人对药品质量全面负责。

药品上市许可持有人应当建立药品质量保证体系，配备专门人员独立负责药品质量管理；应当对受托药品生产企业、药品经营企业的质量管理体系进行定期审核，监督其持续具备质量保证和控制能力；可以自行销售其取得药品注册证书的药品，也可以委托药品经营企业销售；从事药品零售活动的，应当取得药品经营许可证。

2. 药品追溯制度。国务院药品监督管理部门应当制定统一的药品追溯标准和规范，推进药品追溯信息互通互享，实现药品可追溯。药品上市许可持有人、药品生产企业、药品经营企业和医疗机构应当建立并实施药品追溯制度，按照规定提供追溯信息，保证药品可追溯。

3. 药物警戒制度。建立药物警戒制度，对药品不良反应及其他与用药有关的有害反应进行监测、识别、评估和控制。

第二节 药品研制、注册、生产、经营、药品上市后管理

一、药品研制和注册

（一）药品标准

药品标准是国家对药品质量规格及其检验方法所作的技术规定，是药品生产、流通、使用、检验和监督管理部门共同遵循的法定依据。国家药品标准由法定的机关依据法定的程序制定和修改，与国家药品管理法律体系中的其他法律规范具有相同的性质和法律效力，是药品管理法律体系不可分割的组成部分。

（二）药品研制和注册

《药品管理法》规定药品应当符合国家药品标准。国务院药品监督管理部

门颁布的《中华人民共和国药典》[1]和药品标准为国家药品标准。在中国境内上市的药品，应当经国务院药品监督管理部门批准，取得药品注册证书；但是，未实施审批管理的中药材和中药饮片除外。申请药品注册，应当提供真实、充分、可靠的数据、资料和样品，证明药品的安全性、有效性和质量可控性。

列入国家药品标准的药品名称为药品通用名称。已经作为药品通用名称的，该名称不得作为药品商标使用。

二、药品生产

（一）药品生产

从事药品生产活动，应当遵守药品生产质量管理规范，建立健全药品生产质量管理体系，保证药品生产全过程持续符合法定要求。

中药饮片应当按照国家药品标准炮制；国家药品标准没有规定的，应当按照省、自治区、直辖市人民政府药品监督管理部门制定的炮制规范炮制。省、自治区、直辖市人民政府药品监督管理部门制定的炮制规范应当报国务院药品监督管理部门备案。不符合国家药品标准或者不按照省、自治区、直辖市人民政府药品监督管理部门制定的炮制规范炮制的，不得出厂、销售。

（二）药品包装

药品包装应当适合药品质量的要求，方便储存、运输和医疗使用。发运中药材应当有包装。在每件包装上，应当注明品名、产地、日期、供货单位，并附有质量合格的标志。

药品包装应当按照规定印有或者贴有标签并附有说明书。标签或者说明书应当注明药品的通用名称、成份、规格、上市许可持有人及其地址、生产企业及其地址、批准文号、产品批号、生产日期、有效期、适应症或者功能主治、用法、用量、禁忌、不良反应和注意事项。标签、说明书中的文字应

---

[1]《中华人民共和国药典》是由国家（药典编辑委员会）主持制定和修改、政府颁布实施、具有法律约束力的药品质量规格标准的法典。药典是药品标准的最高法定形式。《中华人民共和国药典》每5年编纂一次，现行药典是《中华人民共和国药典》（2020年版），由一部、二部、三部和四部构成，收载品种共计5911种。一部中药收载2711种。二部化学药收载2712种。三部生物制品收载153种。四部收载通用技术要求361个，其中制剂通则38个、检测方法及其他通则281个、指导原则42个；药用辅料收载335种。

当清晰，生产日期、有效期等事项应当显著标注，容易辨识。

麻醉药品、精神药品、医疗用毒性药品、放射性药品、外用药品和非处方药的标签、说明书，应当印有规定的标志。

三、药品经营

（一）药品经营许可证制度

从事药品批发活动，应当经所在地省、自治区、直辖市人民政府药品监督管理部门批准，取得药品经营许可证。从事药品零售活动，应当经所在地县级以上地方人民政府药品监督管理部门批准，取得药品经营许可证。无药品经营许可证的，不得经营药品。

药品经营许可证应当标明有效期和经营范围，到期重新审查发证。药品监督管理部门实施药品经营许可，除依据《药品管理法》第52条规定的条件外，还应当遵循方便群众购药的原则。

（二）从事药品经营活动的条件

1. 有依法经过资格认定的药师或者其他药学技术人员。
2. 有与所经营药品相适应的营业场所、设备、仓储设施和卫生环境。
3. 有与所经营药品相适应的质量管理机构或者人员。
4. 有保证药品质量的规章制度，并符合国务院药品监督管理部门依据《药品管理法》制定的药品经营质量管理规范要求。

（三）药品经营质量管理

从事药品经营活动，应当遵守药品经营质量管理规范，建立健全药品经营质量管理体系，保证药品经营全过程持续符合法定要求。国家鼓励、引导药品零售连锁经营。从事药品零售连锁经营活动的企业总部，应当建立统一的质量管理制度，对所属零售企业的经营活动履行管理责任。药品经营企业的法定代表人、主要负责人对本企业的药品经营活动全面负责。

（四）药品分类管理制度

国家对药品实行处方药与非处方药分类管理制度。具体办法由国务院药品监督管理部门会同国务院卫生健康主管部门制定。国家禁止生产（包括配制，下同）、销售、使用假药、劣药。

1. 假药情形。
(1) 药品所含成份与国家药品标准规定的成份不符。
(2) 以非药品冒充药品或者以他种药品冒充此种药品。
(3) 变质的药品。
(4) 药品所标明的适应症或者功能主治超出规定范围。
2. 劣药情形。
(1) 药品成份的含量不符合国家药品标准。
(2) 被污染的药品。
(3) 未标明或者更改有效期的药品。
(4) 未注明或者更改产品批号的药品。
(5) 超过有效期的药品。
(6) 擅自添加防腐剂、辅料的药品。
(7) 其他不符合药品标准的药品。

禁止未取得药品批准证明文件生产、进口药品；禁止使用未按照规定审评、审批的原料药、包装材料和容器生产药品。

（五）药品一般经营

药品上市许可持有人、药品生产企业、药品经营企业和医疗机构应当从药品上市许可持有人或者具有药品生产、经营资格的企业购进药品；但是，购进未实施审批管理的中药材除外。

药品经营企业购进药品，应当建立并执行进货检查验收制度，验明药品合格证明和其他标识；不符合规定要求的，不得购进和销售。

药品经营企业购销药品，应当有真实、完整的购销记录。购销记录应当注明药品的通用名称、剂型、规格、产品批号、有效期、上市许可持有人、生产企业、购销单位、购销数量、购销价格、购销日期及国务院药品监督管理部门规定的其他内容。

（六）药品网络经营

药品上市许可持有人、药品经营企业通过网络销售药品，应当遵守《药品管理法》药品经营的有关规定。但疫苗、血液制品、麻醉药品、精神药品、医疗用毒性药品、放射性药品、药品类易制毒化学品等国家实行特殊管理的药品不得在网络上销售。

药品网络交易第三方平台提供者应当按照国务院药品监督管理部门的规定，向所在地省、自治区、直辖市人民政府药品监督管理部门备案。

第三方平台提供者应当依法对申请进入平台经营的药品上市许可持有人、药品经营企业的资质等进行审核，保证其符合法定要求，并对发生在平台的药品经营行为进行管理。

第三方平台提供者发现进入平台经营的药品上市许可持有人、药品经营企业有违反《药品管理法》规定行为的，应当及时制止并立即报告所在地县级人民政府药品监督管理部门；发现严重违法行为的，应当立即停止提供网络交易平台服务。

四、药品上市后管理

药品上市许可持有人、药品生产企业、药品经营企业和医疗机构应当经常考察本单位所生产、经营、使用的药品质量、疗效和不良反应。发现疑似不良反应的，应当及时向药品监督管理部门和卫生健康主管部门报告。

药品存在质量问题或者其他安全隐患的，药品上市许可持有人应当立即停止销售，告知相关药品经营企业和医疗机构停止销售和使用，召回已销售的药品，及时公开召回信息，必要时应当立即停止生产，并将药品召回和处理情况向省、自治区、直辖市人民政府药品监督管理部门和卫生健康主管部门报告。

药品上市许可持有人依法应当召回药品而未召回的，省、自治区、直辖市人民政府药品监督管理部门应当责令其召回。

药品上市许可持有人应当对已上市药品的安全性、有效性和质量可控性定期开展上市后评价。必要时，国务院药品监督管理部门可以责令药品上市许可持有人开展上市后评价或者直接组织开展上市后评价。经评价，对疗效不确切、不良反应大或者因其他原因危害人体健康的药品，应当注销药品注册证书。已被注销药品注册证书的药品，不得生产或者进口、销售和使用。

已被注销药品注册证书、超过有效期等的药品，应当由药品监督管理部门监督销毁或者依法采取其他无害化处理等措施。

第三节　药品价格和广告管理法律制度

一、药品价格管理

国家完善药品采购管理制度，对药品价格进行监测，开展成本价格调查，加强药品价格监督检查，依法查处价格垄断、哄抬价格等药品价格违法行为，维护药品价格秩序。

二、药品广告管理

药品广告的内容应当真实、合法，以国务院药品监督管理部门核准的药品说明书为准，不得含有虚假的内容。药品广告不得含有表示功效、安全性的断言或者保证；不得利用国家机关、科研单位、学术机构、行业协会或者专家、学者、医师、药师、患者等的名义或者形象作推荐、证明。非药品广告不得有涉及药品的宣传。

根据《中华人民共和国广告法》规定，麻醉药品、精神药品、医疗用毒性药品、放射性药品等特殊药品，药品类易制毒化学品，以及戒毒治疗的药品、医疗器械和治疗方法，不得作广告。前款规定以外的处方药，只能在国务院卫生行政部门和国务院药品监督管理部门共同指定的医学、药学专业刊物上作广告。

药品广告的内容不得与国务院药品监督管理部门批准的说明书不一致，并应当显著标明禁忌、不良反应。处方药广告应当显著标明"本广告仅供医学药学专业人士阅读"，非处方药广告应当显著标明"请按药品说明书或者在药师指导下购买和使用"。

除医疗、药品广告外，禁止其他任何广告涉及疾病治疗功能，并不得使用医疗用语或者易使推销的商品与药品相混淆的用语。广播电台、电视台、报刊音像出版单位、互联网信息服务提供者不得以介绍健康、养生知识等形式变相发布药品广告。

保健食品广告不得含有下列内容：①表示功效、安全性的断言或者保证；②涉及疾病预防、治疗功能；③声称或者暗示广告商品为保障健康所必需；④与药品、其他保健食品进行比较；⑤利用广告代言人作推荐、证明等；⑥法律、行政法规规定禁止的其他内容。

保健食品广告应当显著标明"本品不能代替药物"。

第四节 药品储备和供应

一、药品储备制度

我国实行药品储备制度,根据《国家医药储备管理办法》规定,国家医药储备包括政府储备和企业储备,政府储备由中央与地方(省、自治区、直辖市)两级医药储备组成,实行分级负责的管理体制。中央医药储备主要储备应对特别重大和重大突发公共事件、重大活动安全保障以及存在较高供应短缺风险的医药产品;地方医药储备主要储备应对较大和一般突发公共事件、重大活动区域性保障以及本辖区供应短缺的医药产品。企业储备是医药企业依据法律法规明确的社会责任,结合医药产品生产经营状况建立的企业库存。

政府储备实行实物储备、生产能力储备、技术储备相结合的管理模式,由符合条件的医药企业或卫生事业单位承担储备任务。生产能力储备是对常态需求不确定、专门应对重大灾情疫情的特殊医药产品,通过支持建设并维护生产线和供应链稳定,保障基本生产能力,能够按照指令组织生产和应急供应。技术储备是对无常态需求的潜在疫情用药,或在专利保护期内的产品,通过支持建设研发平台,开发并储备相应技术,在必要时能够迅速转化为产品。

二、药品供求监测体系

国家建立药品供求监测体系,及时收集和汇总分析短缺药品供求信息,对短缺药品实行预警,采取应对措施。

三、短缺药品清单管理制度

国家实行短缺药品清单管理制度。具体办法由国务院卫生健康主管部门会同国务院药品监督管理部门等部门制定。药品上市许可持有人停止生产短缺药品的,应当按照规定向国务院药品监督管理部门或者省、自治区、直辖市人民政府药品监督管理部门报告。

四、短缺药品优先审评制度

国家鼓励短缺药品的研制和生产,对临床急需的短缺药品、防治重大传染病和罕见病等疾病的新药予以优先审评审批。

对短缺药品,国务院可以限制或者禁止出口。必要时,国务院有关部门可以采取组织生产、价格干预和扩大进口等措施,保障药品供应。药品上市许可持有人、药品生产企业、药品经营企业应当按照规定保障药品的生产和供应。

第五节 监督管理

国家禁止生产(包括配制,下同)、销售、使用假药、劣药。药品监督管理部门根据监督管理的需要,可以对药品质量进行抽查检验。抽查检验应当按照规定抽样,并不得收取任何费用;抽样应当购买样品。所需费用按照国务院规定列支。

对有证据证明可能危害人体健康的药品及其有关材料,药品监督管理部门可以查封、扣押,并在7日内作出行政处理决定;药品需要检验的,应当自检验报告书发出之日起15日内作出行政处理决定。

当事人对药品检验结果有异议的,可以自收到药品检验结果之日起7日内向原药品检验机构或者上一级药品监督管理部门设置或者指定的药品检验机构申请复验,也可以直接向国务院药品监督管理部门设置或者指定的药品检验机构申请复验。受理复验的药品检验机构应当在国务院药品监督管理部门规定的时间内作出复验结论。

药品监督管理部门发现药品违法行为涉嫌犯罪的,应当及时将案件移送公安机关。对依法不需要追究刑事责任或者免予刑事处罚,但应当追究行政责任的,公安机关、人民检察院、人民法院应当及时将案件移送药品监督管理部门。公安机关、人民检察院、人民法院商请药品监督管理部门、生态环境主管部门等部门提供检验结论、认定意见以及对涉案药品进行无害化处理等协助的,有关部门应当及时提供,予以协助。

第六节 法律责任

一、生产、销售假药、劣药情形

生产、销售假药的，没收违法生产、销售的药品和违法所得，责令停产停业整顿，吊销药品批准证明文件，并处违法生产、销售的药品货值金额15倍以上30倍以下的罚款；货值金额不足10万元的，按10万元计算；情节严重的，吊销药品生产许可证、药品经营许可证或者医疗机构制剂许可证，10年内不受理其相应申请；药品上市许可持有人为境外企业的，10年内禁止其药品进口。

生产、销售劣药的，没收违法生产、销售的药品和违法所得，并处违法生产、销售的药品货值金额十倍以上20倍以下的罚款；违法生产、批发的药品货值金额不足10万元的，按10万元计算，违法零售的药品货值金额不足1万元的，按1万元计算；情节严重的，责令停产停业整顿直至吊销药品批准证明文件、药品生产许可证、药品经营许可证或者医疗机构制剂许可证。生产、销售的中药饮片不符合药品标准，尚不影响安全性、有效性的，责令限期改正，给予警告；可以处10万元以上50万元以下的罚款。

生产、销售假药，或者生产、销售劣药且情节严重的，对法定代表人、主要负责人、直接负责的主管人员和其他责任人员，没收违法行为发生期间自本单位所获收入，并处所获收入30%以上3倍以下的罚款，终身禁止从事药品生产经营活动，并可以由公安机关处5日以上15日以下的拘留。对生产者专门用于生产假药、劣药的原料、辅料、包装材料、生产设备予以没收。

药品使用单位使用假药、劣药的，按照销售假药、零售劣药的规定处罚；情节严重的，法定代表人、主要负责人、直接负责的主管人员和其他责任人员有医疗卫生人员执业证书的，还应当吊销执业证书。

知道或者应当知道属于假药、劣药，而为其提供储存、运输等便利条件的，没收全部储存、运输收入，并处违法收入1倍以上5倍以下的罚款；情节严重的，并处违法收入5倍以上15倍以下的罚款；违法收入不足5万元的，按五5元计算。

对假药、劣药的处罚决定，应当依法载明药品检验机构的质量检验结论。

二、无许可证、证明文件情形

未取得药品生产许可证、药品经营许可证或者医疗机构制剂许可证生产、销售药品的，责令关闭，没收违法生产、销售的药品和违法所得，并处违法生产、销售的药品（包括已售出和未售出的药品，下同）货值金额15倍以上30倍以下的罚款；货值金额不足10万元的，按10万元计算。

伪造、变造、出租、出借、非法买卖许可证或者药品批准证明文件的，没收违法所得，并处违法所得1倍以上5倍以下的罚款（10万~50万以下）；情节严重的，并处违法所得5倍以上15倍以下的罚款（50万~75万以下），吊销药品生产许可证、药品经营许可证、医疗机构制剂许可证或者药品批准证明文件，对法定代表人、主要负责人、直接负责的主管人员和其他责任人员，处2万元以上20万元以下的罚款，10年内禁止从事药品生产经营活动，并可以由公安机关处5日以上15日以下的拘留；违法所得不足10万元的，按10万元计算。

提供虚假的证明、数据、资料、样品或者采取其他手段骗取临床试验许可、药品生产许可、药品经营许可、医疗机构制剂许可或者药品注册等许可的，撤销相关许可，10年内不受理其相应申请，并处50万元以上500万元以下的罚款；情节严重的，对法定代表人、主要负责人、直接负责的主管人员和其他责任人员，处2万元以上20万元以下的罚款，10年内禁止从事药品生产经营活动，并可以由公安机关处5日以上15日以下的拘留。

有下列行为之一的，没收违法生产、进口、销售的药品和违法所得以及专门用于违法生产的原料、辅料、包装材料和生产设备，责令停产停业整顿，并处违法生产、进口、销售的药品货值金额15倍以上30倍以下的罚款（150万~300万以下）；货值金额不足10万元的，按10万元计算；情节严重的，吊销药品批准证明文件直至吊销药品生产许可证、药品经营许可证或者医疗机构制剂许可证，对法定代表人、主要负责人、直接负责的主管人员和其他责任人员，没收违法行为发生期间自本单位所获收入，并处所获收入30%以上3倍以下的罚款，10年直至终身禁止从事药品生产经营活动，并可以由公安机关处5日以上15日以下的拘留：

（1）未取得药品批准证明文件生产、进口药品。

（2）使用采取欺骗手段取得的药品批准证明文件生产、进口药品。

（3）使用未经审评审批的原料药生产药品。

（4）应当检验而未经检验即销售药品。

（5）生产、销售国务院药品监督管理部门禁止使用的药品。

（6）编造生产、检验记录。

（7）未经批准在药品生产过程中进行重大变更。

有下列行为之一的，没收违法生产、销售的药品和违法所得以及包装材料、容器，责令停产停业整顿，并处50万元以上500万元以下的罚款；情节严重的，吊销药品批准证明文件、药品生产许可证、药品经营许可证，对法定代表人、主要负责人、直接负责的主管人员和其他责任人员处2万元以上20万元以下的罚款，10年直至终身禁止从事药品生产经营活动：①未经批准开展药物临床试验；②使用未经审评的直接接触药品的包装材料或者容器生产药品，或者销售该类药品；③使用未经核准的标签、说明书。

三、未遵守相关管理规范情形

药品上市许可持有人、药品生产企业、药品经营企业、药物非临床安全性评价研究机构、药物临床试验机构等未遵守药品生产质量管理规范、药品经营质量管理规范、药物非临床研究质量管理规范、药物临床试验质量管理规范等的，责令限期改正，给予警告；逾期不改正的，处10万元以上50万元以下的罚款；情节严重的，处50万元以上200万元以下的罚款，责令停产停业整顿直至吊销药品批准证明文件、药品生产许可证、药品经营许可证等，药物非临床安全性评价研究机构、药物临床试验机构等五年内不得开展药物非临床安全性评价研究、药物临床试验，对法定代表人、主要负责人、直接负责的主管人员和其他责任人员，没收违法行为发生期间自本单位所获收入，并处所获收入10%以上50%以下的罚款，10年直至终身禁止从事药品生产经营等活动。

有下列行为之一的，责令限期改正，给予警告；逾期不改正的，处10万元以上50万元以下的罚款：

（1）开展生物等效性试验未备案。

（2）药物临床试验期间，发现存在安全性问题或者其他风险，临床试验申办者未及时调整临床试验方案、暂停或者终止临床试验，或者未向国务院药品监督管理部门报告。

（3）未按照规定建立并实施药品追溯制度。

（4）未按照规定提交年度报告。

（5）未按照规定对药品生产过程中的变更进行备案或者报告。

（6）未制定药品上市后风险管理计划。

（7）未按照规定开展药品上市后研究或者上市后评价。

除依法应当按照假药、劣药处罚的外，药品包装未按照规定印有、贴有标签或者附有说明书，标签、说明书未按照规定注明相关信息或者印有规定标志的，责令改正，给予警告；情节严重的，吊销药品注册证书。

药品上市许可持有人、药品生产企业、药品经营企业或者医疗机构未从药品上市许可持有人或者具有药品生产、经营资格的企业购进药品的，责令改正，没收违法购进的药品和违法所得，并处违法购进药品货值金额2倍以上10倍以下的罚款；情节严重的，并处货值金额10倍以上30倍以下的罚款，吊销药品批准证明文件、药品生产许可证、药品经营许可证或者医疗机构执业许可证；货值金额不足5万元的，按5万元计算。

药品经营企业购销药品未按照规定进行记录，零售药品未正确说明用法、用量等事项，或者未按照规定调配处方的，责令改正，给予警告；情节严重的，吊销药品经营许可证。

药品网络交易第三方平台提供者未履行资质审核、报告、停止提供网络交易平台服务等义务的，责令改正，没收违法所得，并处20万元以上200万元以下的罚款；情节严重的，责令停业整顿，并处200万元以上500万元以下的罚款。

药品上市许可持有人未按照规定开展药品不良反应监测或者报告疑似药品不良反应的，责令限期改正，给予警告；逾期不改正的，责令停产停业整顿，并处10万元以上100万元以下的罚款。药品经营企业未按照规定报告疑似药品不良反应的，责令限期改正，给予警告；逾期不改正的，责令停产停业整顿，并处5万元以上50万元以下的罚款。医疗机构未按照规定报告疑似药品不良反应的，责令限期改正，给予警告；逾期不改正的，处5万元以上50万元以下的罚款。

药品上市许可持有人在省、自治区、直辖市人民政府药品监督管理部门责令其召回后，拒不召回的，处应召回药品货值金额 5 倍以上 10 倍以下的罚款；货值金额不足 10 万元的，按 10 万元计算；情节严重的，吊销药品批准证明文件、药品生产许可证、药品经营许可证，对法定代表人、主要负责人、直接负责的主管人员和其他责任人员，处 2 万元以上 20 万元以下的罚款。药品生产企业、药品经营企业、医疗机构拒不配合召回的，处 10 万元以上 50 万元以下的罚款。

四、从重处罚情形

有下列行为之一的，在《药品管理法》规定的处罚幅度内从重处罚：

（1）以麻醉药品、精神药品、医疗用毒性药品、放射性药品、药品类易制毒化学品冒充其他药品，或者以其他药品冒充上述药品。

（2）生产、销售以孕产妇、儿童为主要使用对象的假药、劣药。

（3）生产、销售的生物制品属于假药、劣药。

（4）生产、销售假药、劣药，造成人身伤害后果。

（5）生产、销售假药、劣药，经处理后再犯。

（6）拒绝、逃避监督检查，伪造、销毁、隐匿有关证据材料，或者擅自动用查封、扣押物品。

五、渎职情形

药品上市许可持有人、药品生产企业、药品经营企业或者医疗机构违反《药品管理法》规定聘用人员的，由药品监督管理部门或者卫生健康主管部门责令解聘，处 5 万元以上 20 万元以下的罚款。

药品上市许可持有人、药品生产企业、药品经营企业或者医疗机构在药品购销中给予、收受回扣或者其他不正当利益的，药品上市许可持有人、药品生产企业、药品经营企业或者代理人给予使用其药品的医疗机构的负责人、药品采购人员、医师、药师等有关人员财物或者其他不正当利益的，由市场监督管理部门没收违法所得，并处 30 万元以上 300 万元以下的罚款；情节严重的，吊销药品上市许可持有人、药品生产企业、药品经营企业营业执照，并由药品监督管理部门吊销药品批准证明文件、药品生产许可证、药品经营许可证。药品上市许可持有人、药品生产企业、药品经营企业在药品研制、生产、经营中向国家工作人员行贿的,对法定代表人、主要负责人、直接负责的主管人员和其他责任人员终身禁止从事药品生产经营活动。

药品上市许可持有人、药品生产企业、药品经营企业的负责人、采购人员等有关人员在药品购销中收受其他药品上市许可持有人、药品生产企业、药品经营企业或者代理人给予的财物或者其他不正当利益的,没收违法所得,依法给予处罚;情节严重的,5年内禁止从事药品生产经营活动。医疗机构的负责人、药品采购人员、医师、药师等有关人员收受药品上市许可持有人、药品生产企业、药品经营企业或者代理人给予的财物或者其他不正当利益的,由卫生健康主管部门或者本单位给予处分,没收违法所得;情节严重的,还应当吊销其执业证书。

六、用药者受到损害情形

药品上市许可持有人、药品生产企业、药品经营企业或者医疗机构违反《药品管理法》规定,给用药者造成损害的,依法承担赔偿责任。因药品质量问题受到损害的,受害人可以向药品上市许可持有人、药品生产企业请求赔偿损失,也可以向药品经营企业、医疗机构请求赔偿损失。接到受害人赔偿请求的,应当实行首负责任制,先行赔付;先行赔付后,可以依法追偿。生产假药、劣药或者明知是假药、劣药仍然销售、使用的,受害人或者其近亲属除请求赔偿损失外,还可以请求支付价款10倍或者损失3倍的赔偿金;增加赔偿的金额不足1000元的,为1000元。货值金额以违法生产、销售药品的标价计算;没有标价的,按照同类药品的市场价格计算。

拓展阅读

中华人民共和国药品管理法

> **思考题**

1. 什么是药品和药品管理法?
2. 什么是药品标准?
3. 禁止生产和销售假药与劣药有哪些规定?

第十二章 特殊药品管理法律制度

学习目标

掌握：麻醉药品、精神药品、医疗用毒性药品和放射性药品的概念及种类。

熟悉：特殊药品的监管部门及监管措施。

了解：违反特殊药品管理法规所应承担的法律责任。

章前案例

被告人张某，男，1972年出生，北京市某医院主任医师。

被告人周某，男，1988年出生，北京市某医院医生。

被告人赫某，女，1994年出生，北京市某医院护士。

被告人康某，女，1993年出生，北京市某医院护士。

2017年至2020年间，被告人张某利用其北京市某医院泌尿外科主任医师的身份，自行或者指使他人多次私自将国家规定管制的麻醉药品盐酸哌替啶（杜冷丁）及第二类精神药品地佐辛开具在住院患者名下，然后将上述药品拿走自用。其中，其开具的3836支地佐辛药费483 336元，经由住院患者杨某某等人的账户支付结算。

被告人周某受张某指使，利用其北京市某医院泌尿外科医生的身份，多次通过开具医嘱、补写药方等方式向张某提供盐酸哌替啶和地佐辛；被告人赫某、康某受张某指使，在该医院多次通过开具、处理医嘱等方式，将盐酸哌替啶、地佐辛提供给张某使用。

2021年3月19日，北京市海淀区人民检察院以张某犯诈骗罪，周某、赫某、康某犯非法提供麻醉药品、精神药品罪，依法提起公诉。同年12月3日，北京市海淀区人民法院以犯诈骗罪，依法判处张某有期徒刑7年，并处罚金7万元；以犯非法提供麻醉药品、精神药品罪，依法分别判处周某、赫某、康某有期徒刑1年6个月至1年7个月不等，并处罚金。张某不服，提出上诉。2022年4月26日，北京市第一中级人民法院作出二审裁定，驳回上诉，维持原判。[1]

第一节 麻醉药品和精神药品管理法律制度

一、麻醉药品和精神药品的概念和种类

（一）麻醉药品的概念和种类

麻醉药品，是指连续使用后易产生生理依赖性，能成瘾癖的药品。麻醉药品是具有依赖性潜力的药品，滥用或不合理使用易产生生理依赖性和精神依赖性。

《药品管理法》第112条规定："国务院对麻醉药品、精神药品、医疗用毒性药品、放射性药品、药品类易制毒化学品等有其他特殊管理规定的，依照其规定。"因此包括麻醉药品在内的上述药品被称为"特殊管理药品"或"特殊药品"。它们在医疗领域广泛使用，具有其他药品难以替代的特殊疗效。但这几类药品又具有特殊的毒副作用，若因管理不当造成药物滥用甚至流入非法渠道，将会对个人和社会造成严重危害，所以各国对麻醉药品等特殊药品进行了更为严格的管理。

《麻醉药品和精神药品管理条例》中规定的麻醉药品，是指列入麻醉药品目录的药品和其他物质。在我国，麻醉药品目录由国务院药品监督管理部门会同国务院公安部门、国务院卫生主管部门制定、调整并公布。2007年公布的《麻醉药品品种目录》（2007年版）中，麻醉药品共123种。2013年11

---

[1]《惩治麻醉药品、精神药品失管涉毒犯罪典型案例》，载 https://www.spp.gov.cn/spp/xwfbh/wsfbt/202306/t20230626_618454.shtml#2，最后访问日期：2023年6月26日。

月，国家食品药品监督管理总局、公安部和国家卫生和计划生育委员会公布了《麻醉药品品种目录》（2013年版），目录中的麻醉药品为121种。2023年4月14日，国家药监局、公安部、国家卫生健康委发布《关于调整麻醉药品和精神药品目录的公告》（2023年第43号），自2023年7月1日起将奥赛利定等品种列入麻醉药品目录。

（二）精神药品的概念和种类

精神药品，是指直接作用于中枢神经系统，使之兴奋或抑制，连续使用能产生依赖性的药品。

依据精神药品使人体产生的依赖性和危害人体健康的程度，可将其分为第一类精神药品和第二类精神药品。根据2007年公布的《精神药品品种目录》（2007年版），精神药品共132种，其中第一类精神药品53种，第二类精神药品79种。2013年11月公布的《精神药品品种目录》（2013年版）中，精神药品共149种，第一类精神药品68种，第二类精神药品81种。2015年5月1日起，将含可待因复方口服液体制剂被列入二类精神药品。2019年9月1日起，将口服固体制剂每剂量单位含羟考酮碱大于5毫克，且不含其他麻醉药品、精神药品或药品类易制毒化学品的复方制剂列入第一类精神药品管理；口服固体制剂每剂量单位含羟考酮碱不超过5毫克，且不含其他麻醉药品、精神药品或药品类易制毒化学品的复方制剂列入第二类精神药品管理；丁丙诺啡与纳洛酮的复方口服固体制剂列入第二类精神药品管理。2020年1月1日起，将瑞马唑仑（包括其可能存在的盐、单方制剂和异构体）列入第二类精神药品管理。2023年7月1日起，将苏沃雷生、吡仑帕奈、依他佐辛、曲马多复方制剂列入第二类精神药品目录管理；将每剂量单位含氢可酮碱大于5毫克，且不含其他麻醉药品、精神药品或药品类易制毒化学品的复方口服固体制剂列入第一类精神药品目录；将每剂量单位含氢可酮碱不超过5毫克，且不含其他麻醉药品、精神药品或药品类易制毒化学品的复方口服固体制剂列入第二类精神药品目录。

2023年7月1日后，我国管制的麻精药品和非药用类麻精药品品种已达456种（含新增1种麻醉药品和6种精神药品）。

二、麻醉药品与精神药品的立法

1909年，世界上第一次关于鸦片问题的国际会议在我国上海举行，共有

13个国家参加，会议通过了管理烟毒的原则。1912年，美、日、英、法、德等国在海牙缔结了《海牙禁止鸦片公约》。1931年，54个国家缔结了《限制麻醉药品制造、运输公约》。作为一个由主权国家组成的国际组织，联合国先后通过了《1961年麻醉品单一公约》和《1971年精神药物公约》，要求各缔约方对麻醉药品和精神药品实行严格管制，并保证合理用药需求。我国于1985年宣布加入上述两个公约。由于国际毒品犯罪的日益猖獗，而《1961年麻醉品单一公约》和《1971年精神药物公约》尚不足以对其进行遏制，国际社会一直呼吁制定一项新公约，将贩毒明确为国际犯罪。1988年，在联合国与各国政府共同努力下，通过了《禁止非法贩运麻醉药品和精神药物公约》。该公约是对经修正的《1961年麻醉品单一公约》和《1971年精神药物公约》的重要补充和发展。

我国同样非常重视对麻醉药品和精神药品的管理与立法。1950年，当时的中央人民政府政务院发布了《关于严禁鸦片烟毒的通令》，卫生部公布了《管理麻醉药品暂行条例》及实施细则。1978年，国务院颁发了新的《麻醉药品管理条例》，1979年卫生部发布了《麻醉药品管理条例细则》。1984年《药品管理法》发布，其中第39条规定："国家对麻醉药品、精神药品、毒性药品、放射性药品，实行特殊的管理办法。管理办法由国务院制定。"根据《药品管理法》的规定，国务院于1987年和1988年分别发布了《麻醉药品管理办法》和《精神药品管理办法》。2000年，国家药品监督管理局与卫生部联合发布了《医疗机构麻醉药品、一类精神药品供应管理办法》。根据2001年修订的《药品管理法》和有关国际公约的规定，国务院于2005年发布了《麻醉药品和精神药品管理条例》，原《麻醉药品管理办法》和《精神药品管理办法》同时废止。随后，国家食品药品监督管理局于2005年先后印发了《麻醉药品和精神药品邮寄管理办法》《麻醉药品和精神药品生产管理办法（试行）》《麻醉药品和精神药品经营管理办法（试行）》《麻醉药品和精神药品运输管理办法》。卫生部也于2005年印发了《麻醉药品、精神药品处方管理规定》《医疗机构麻醉药品、第一类精神药品管理规定》。一系列法律法规的制定体现出国家对麻醉药品和精神药品依法监管的不懈努力。

三、麻醉药品、精神药品的监督管理

(一) 麻醉药品药用原植物的种植

国家对麻醉药品药用原植物的种植实行总量控制。国务院药品监督管理部门和国务院农业主管部门根据麻醉药品年度生产计划,制定麻醉药品药用原植物年度种植计划。

麻醉药品药用原植物种植企业由国务院药品监督管理部门和国务院农业主管部门共同确定,其他单位和个人不得种植麻醉药品药用原植物。麻醉药品药用原植物种植企业应当根据年度种植计划种植麻醉药品药用原植物,并应当向国务院药品监督管理部门和国务院农业主管部门定期报告种植情况。

(二) 麻醉药品和精神药品的实验研究

开展麻醉药品和精神药品实验研究活动应当具备下列条件,并经国务院药品监督管理部门批准:①以医疗、科学研究或者教学为目的;②有保证实验所需麻醉药品和精神药品安全的措施和管理制度;③单位及其工作人员 2 年内没有违反有关禁毒的法律、行政法规规定的行为。

麻醉药品和第一类精神药品的临床试验,不得以健康人为受试对象。

(三) 麻醉药品和精神药品的生产

国家对麻醉药品和精神药品实行定点生产制度。国务院药品监督管理部门应当根据麻醉药品和精神药品的需求总量,确定麻醉药品和精神药品定点生产企业的数量和布局,并根据年度需求总量对数量和布局进行调整、公布。

定点生产企业应当具备法定条件并经药品监督管理部门审查批准。

定点生产企业生产麻醉药品和精神药品,应当依照药品管理法的规定取得药品批准文号。未取得药品批准文号的,不得生产麻醉药品和精神药品。定点生产企业应当严格按照麻醉药品和精神药品年度生产计划安排生产,并依照规定向所在地省、自治区、直辖市人民政府药品监督管理部门报告生产情况。

(四) 麻醉药品和精神药品的经营

国家对麻醉药品和精神药品实行定点经营制度。国务院药品监督管理部门应当根据麻醉药品和第一类精神药品的需求总量,确定麻醉药品和第一类精神药品的定点批发企业布局,并应当根据年度需求总量对布局进行调整、公布。

麻醉药品和精神药品定点批发企业应当具备法定条件并经药品监督管理部门审查批准。

麻醉药品和第一类精神药品不得零售。禁止使用现金进行麻醉药品和精神药品交易，但是个人合法购买麻醉药品和精神药品的除外。

经所在地设区的市级药品监督管理部门批准，实行统一进货、统一配送、统一管理的药品零售连锁企业可以从事第二类精神药品零售业务。第二类精神药品零售企业应当凭执业医师出具的处方，按规定剂量销售第二类精神药品，并将处方保存2年备查；禁止超剂量或者无处方销售第二类精神药品；不得向未成年人销售第二类精神药品。

全国性批发企业和区域性批发企业向医疗机构销售麻醉药品和第一类精神药品，应当将药品送至医疗机构。医疗机构不得自行提货。麻醉药品和精神药品实行政府定价，在制定出厂和批发价格的基础上，逐步实行全国统一零售价格。具体办法由国务院价格主管部门制定。

(五) 麻醉药品和精神药品的使用

医疗机构需要使用麻醉药品和第一类精神药品的，应当经所在地设区的市级人民政府卫生主管部门批准，取得麻醉药品、第一类精神药品购用印鉴卡。医疗机构应当凭印鉴卡向本省、自治区、直辖市行政区域内的定点批发企业购买麻醉药品和第一类精神药品。设区的市级人民政府卫生主管部门发给医疗机构印鉴卡时，应当将取得印鉴卡的医疗机构情况抄送所在地设区的市级药品监督管理部门，并报省级人民政府卫生主管部门备案。

医疗机构取得印鉴卡应当具备下列条件：①有专职的麻醉药品和第一类精神药品管理人员；②有获得麻醉药品和第一类精神药品处方资格的执业医师；③有保证麻醉药品和第一类精神药品安全储存的设施和管理制度。

执业医师取得麻醉药品和第一类精神药品的处方资格后，方可在本医疗机构开具麻醉药品和第一类精神药品处方，但不得为自己开具该种处方。药师取得麻醉药品和第一类精神药品调剂资格后，方可在本机构调剂麻醉药品和第一类精神药品。医务人员应当根据国务院卫生主管部门制定的临床应用指导原则，使用麻醉药品和精神药品。

门（急）诊癌症疼痛患者和中、重度慢性疼痛患者需长期使用麻醉药品和第一类精神药品的，首诊医师应当亲自诊查患者，建立相应的病历，要求其签署《知情同意书》。除需长期使用麻醉药品和第一类精神药品的门（急）诊癌症疼痛患者和中、重度慢性疼痛患者外，麻醉药品注射剂仅限于医疗机构内使用。

执业医师应当使用专用处方开具麻醉药品和精神药品，专用处方的格式以及单张处方的最大用量应当符合《处方管理办法》的规定。对麻醉药品和第一类精神药品处方，处方的调配人、核对人应当仔细核对，签署姓名，并予以登记；对不符合《麻醉药品和精神药品管理条例》规定的，处方的调配人、核对人应当拒绝发药。

麻醉药品和精神药品处方由调剂处方药品的医疗机构妥善保存。麻醉药品和第一类精神药品处方保存期限为 3 年，第二类精神药品处方保存期限为 2 年。医疗机构还应当根据麻醉药品和精神药品处方开具情况，按照麻醉药品和精神药品品种、规格对其消耗量进行专册登记，登记内容包括发药日期、患者姓名、用药数量，专册保存期限为 3 年。

对临床需要而市场无供应的麻醉药品和精神药品，持有医疗机构制剂许可证和印鉴卡的医疗机构需要配制制剂的，应当经所在地省、自治区、直辖市人民政府药品监督管理部门批准。医疗机构配制的麻醉药品和精神药品制剂只能在本医疗机构使用，不得对外销售。

（六）麻醉药品和精神药品的储存与运输

1. 储存管理。麻醉药品药用原植物种植企业、定点生产企业、全国性批发企业和区域性批发企业以及国家设立的麻醉药品储存单位，应当设置储存麻醉药品和第一类精神药品的专库；麻醉药品和第一类精神药品的使用单位应当设立专库或者专柜储存麻醉药品和第一类精神药品。以上专库或专柜的有关设施应当符合国家法定要求。

上述单位应当配备专人负责管理工作，并建立储存麻醉药品和第一类精神药品的专用账册。药品入库双人验收，出库双人复核，做到账物相符。专用账册的保存期限应当自药品有效期期满之日起不少于 5 年。

2. 运输管理。通过铁路运输麻醉药品和第一类精神药品的，应当使用集装箱或者铁路行李车运输。没有铁路需要通过公路或者水路运输麻醉药品和第一类精神药品的，应当由专人负责押运。托运或者自行运输麻醉药品和第一类精神药品的单位，应当向所在地设区的市级人民政府药品监督管理部门申请领取运输证明。运输证明有效期为1年。

邮寄麻醉药品和精神药品，寄件人应当提交所在地设区的市级人民政府药品监督管理部门出具的准予邮寄证明。

第二节 医疗用毒性药品管理法律制度

一、医疗用毒性药品的概念和种类

（一）医疗用毒性药品的概念

医疗用毒性药品，是指毒性剧烈、治疗剂量与中毒剂量相近，使用不当会致人中毒或死亡的药品。

（二）医疗用毒性药品的种类

1988年，国务院发布的《医疗用毒性药品管理办法》中把医疗用毒性药品分为毒性中药品种和西药毒药品种两大类，并列举了具体品种。《医疗用毒性药品管理办法》发布以后，在实际贯彻过程中遇到一些具体问题。1990年，卫生部药政局在《关于〈医疗用毒性药品管理办法〉的补充规定》中，指出"闹阳花、生马前于应按《中国药典》（1985年版）所用的名称：闹羊花、生马钱子"；"红粉、红升丹系同物异名。《中国药典》（1985年版）以'红粉'收载。今后毒性药品品种表修订时将取消'红升丹'的名称。"目前，我国医疗用毒性药品包括以下品种：

1. 毒性中药品种。毒性中药品种共27种，包括砒石（红砒、白砒）、砒霜、生川乌、生马钱子、生甘遂、生草乌、雄黄、红娘虫、生白附子、生附子、水银、生巴豆、白降丹、生千金子、生半夏、斑蝥、青娘虫、洋金花、生天仙子、生南星、红粉（红升丹）、生藤黄、蟾酥、雪上一枝蒿、生狼毒、轻粉、闹羊花。

2. 西药毒药品种。西药毒药品种共11种，包括去乙酰毛花甙丙、阿托品、洋地黄毒苷、氢溴酸后马托品、三氧化二砷、毛果芸香碱、升汞、水杨酸毒扁豆碱、亚砷酸钾、氢溴酸东莨菪碱、士的宁。

二、医疗用毒性药品的立法

因为医疗用毒性药品具有毒性剧烈、治疗剂量与中毒剂量相近的特点，如果对其管理不严而发生流失，将会对社会造成重大影响和危害。因此，国家必须对毒性药品的生产、经营、储运和使用进行立法控制并实施严格监管。

1964年4月，卫生部、商业部、化工部发布了《管理毒药、限制性剧药暂行规定》，1964年12月，卫生部、商业部发布了《管理毒性中药的暂行办法》，1979年6月，卫生部、国家医药管理总局发布了《医疗用毒药、限制性剧药管理规定》。

1984年颁布的《药品管理法》第39条规定了国家对毒性药品实行特殊的管理办法。1988年，国务院发布了《医疗用毒性药品管理办法》，同时《管理毒药、限制性剧药暂行规定》《管理毒性中药的暂行办法》和《医疗用毒药、限制性剧药管理规定》随之废止。2001年修订后的《药品管理法》第35条规定了国家对医疗用毒性药品实行特殊管理。

三、医疗用毒性药品的监督管理部门及监管措施

我国医疗用毒性药品的监督管理职权由药品监督管理部门行使。其监管措施包括对医疗用毒性药品的生产、经营与使用的监督与管理。

(一) 医疗用毒性药品的生产管理

毒性药品年度生产计划，由省、自治区、直辖市药品监督管理部门根据医疗需要制定并下达给指定的毒性药品生产单位，并抄报国务院药品监督管理部门和国家中医药管理局。生产单位不得擅自改变生产计划，自行销售。

药品生产企业（含医疗机构制剂室）涉及毒性药品的，要建立严格的管理制度，必须由医药专业人员负责生产、配制和质量检验。严防与其他药品混杂，每次配料必须经2人以上复核签字。生产（配制）毒性药品及制剂，必须严格执行生产（配制）操作规程，建立完整的记录，详细记录每次生产所用原料和成品数，经手人要签字备查。所有工具、容器要处理干净，以防污染其他药品。标示量要准确无误，包装容器要有毒药标志。

凡加工炮制毒性中药，必须按照《中华人民共和国药典》或者省、自治区、直辖市卫生行政部门制定的《炮制规范》的规定进行。药材符合药用要求的，方可供应、配方和用于中成药生产。生产毒性药品及其制剂，必须严格执行生产工艺操作规程，在本单位药品检验人员的监督下准确投料，并建立完整的生产记录，保存5年备查。在生产毒性药品过程中产生的废弃物，

必须妥善处理，不得污染环境。

（二）医疗用毒性药品的经营与使用管理

毒性药品收购、供应和配制计划，由省、自治区、直辖市药品监督管理部门根据医疗需要制定并下达。毒性药品的收购和经营，由药品监督管理部门指定的药品经营企业承担；配方用药由有关药品零售企业、医疗机构负责供应。其他任何单位或者个人均不得从事毒性药品的收购、经营和配方业务。

药品经营企业（含医疗机构药房）要严格按照 GSP 或相关规定的要求，建立健全保管、验收、领发、核对等制度。毒性药品应专柜加锁并由专人保管，做到双人、双锁，专账记录。必须建立健全保管、验收、领发、核对等制度，严防收假、发错，严禁与其他药品混杂。毒性药品的包装容器上必须印有毒药标志，在运输毒性药品的过程中，应当采取有效措施，防止发生事故。药品零售企业供应毒性药品，须凭盖有医生所在医疗机构公章的处方。医疗机构供应和调配毒性药品，须凭医生签名的处方。每次处方剂量不得超过 2 日剂量。调配处方时，必须认真负责，计量准确，按医嘱注明要求，并由配方人员及具有药师以上技术职称的复核人员签名盖章后方可发出。对处方未注明"生用"的毒性中药，应当付炮制品。如对处方有疑问时，须经原处方医生重新审定后再行调配。取药后处方保存 2 年备查。

科研和教学单位所需的毒性药品，必须持本单位的证明信，经所在地县级以上药品监督管理部门批准后，供应单位方能发售。

第三节 放射性药品管理法律制度

一、放射性药品的概念和种类

放射性药品，是指用于临床诊断或者治疗的放射性核素制剂或者其标记物。包括裂变制品、堆照制品、加速器制器、放射性同位素发生器及其配套药盒、放射免疫分析药盒等。

放射性药品分为两大类，一类为放射性同位素本身就是药物的主要成分；另一类为放射性同位素标记的药物，其示踪作用是通过被标记药本身的代谢过程来体现的，2005 年版《中华人民共和国药典》共收载 17 种放射药品标准，2015 年版《中华人民共和国药典》继续收载，2020 年版《中华人民共和国药典》中收载放射性药品 30 个。

由于放射性药品释放出的射线具有穿透性，通过人体时可与组织发生电离作用，因此对其质量要求比一般药品更严，既保证达到诊断与治疗的目的，又不使正常组织受到损害。

二、放射性药品的立法

根据《药品管理法》的规定，放射性药品被确定为特殊管理的药品。1989 年 1 月，国务院发布了《放射性药品管理办法》，具体规定了放射性新药的研制、临床研究和审批、放射性药品的生产、经营和进出口、包装和运输、使用、放射性药品标准和检验。当前，随着社会的发展，相关部门对放射性药品监管职能和监管方式已经发生了变化，放射性药品管理的相关规定需要进一步完善。2012 年 1 月，国务院印发《国家药品安全"十二五"规划》，明确提出将对《放射性药品管理办法》进行修订。根据 2022 年 3 月 29 日《国务院关于修改和废止部分行政法规的决定》，对《放射性药品管理办法》进行了第三次修订，自 2022 年 5 月 1 日起施行。

三、放射性药品的监督管理部门及监管措施

凡在中华人民共和国领域内进行放射性药品的研究、生产、经营、运输、使用、检验、监督管理的单位和个人都必须遵守《放射性药品管理办法》。

国务院药品监督管理部门负责全国放射性药品监督管理工作。国务院国防科技工业主管部门依据职责负责与放射性药品有关的管理工作。国务院环境保护主管部门负责与放射性药品有关的辐射安全与防护的监督管理工作。

监管措施包括对放射性新药的研制、临床研究和审批、放射性药品的生产、经营和进出口、包装和运输、使用、标准和检验等各个环节的监督与管理活动。

（一）放射性新药的研制、临床研究和审批

放射性新药的研制内容，包括工艺路线、质量标准、临床前药理及临床研究。研制单位在制订新药工艺路线的同时，必须研究该药的理化性能、纯度（包括核素纯度）及检验方法、药理、毒理、动物药代动力学、放射性比活度、剂量、剂型、稳定性等。

研制单位对放射免疫分析药盒必须进行可测限度、范围、特异性、准确度、精密度、稳定性等方法学的研究。

研制单位研制的放射性新药,在进行临床试验或者验证前,应当向国务院药品监督管理部门提出申请,按规定报送资料及样品,经国务院药品监督管理部门审批同意后,在国务院药品监督管理部门指定的药物临床试验机构进行临床研究。在放射性新药临床研究结束后,向国务院药品监督管理部门提出申请,经国务院药品监督管理部门审核批准,发给新药证书。国务院药品监督管理部门在审核批准时,应当征求国务院国防科技工业主管部门的意见。

放射性新药投入生产,需由生产单位或者取得放射性药品生产许可证的研制单位,凭新药证书(副本)向国务院药品监督管理部门提出生产该药的申请,并提供样品,由国务院药品监督管理部门审核发给批准文号。

(二) 放射性药品的生产、经营和进出口

国家根据需要,对放射性药品的生产企业实行合理布局。

开办放射性药品生产、经营企业,必须具备《药品管理法》规定的条件,符合国家有关放射性同位素安全和防护的规定与标准,并履行环境影响评价文件的审批手续;开办放射性药品生产企业,经所在省、自治区、直辖市国防科技工业主管部门审查同意,所在省、自治区、直辖市药品监督管理部门审核批准后,由所在省、自治区、直辖市药品监督管理部门发给《放射性药品生产企业许可证》;开办放射性药品经营企业,经所在省、自治区、直辖市药品监督管理部门审核并征求所在省、自治区、直辖市国防科技工业主管部门意见后批准的,由所在省、自治区、直辖市药品监督管理部门发给《放射性药品经营企业许可证》。无许可证的生产、经营企业,一律不准生产、销售放射性药品。

《放射性药品生产企业许可证》《放射性药品经营企业许可证》的有效期为 5 年,期满前 6 个月,放射性药品生产、经营企业应当分别向原发证的药品监督管理部门重新提出申请,按审批程序批准后,换发新证。

放射性药品生产企业生产已有国家标准的放射性药品,必须经国务院药品监督管理部门征求国务院国防科技工业主管部门意见后审核批准,并发给批准文号。凡是改变国务院药品监督管理部门已批准的生产工艺路线和药品标准的,生产单位必须按原报批程序提出补充申请,经国务院药品监督管部门批准后方能生产。

放射性药品生产、经营企业，必须建立质量检验机构，严格实行生产全过程的质量控制和检验。产品出厂前，须经质量检验。符合国家药品标准的产品方可出厂，不符合标准的产品一律不准出厂。

经国务院药品监督管理部门审核批准的含有短半衰期放射性核素的药品，可以边检验边出厂，但发现质量不符合国家药品标准时，该药品的生产企业应当立即停止生产、销售，并立即通知使用单位停止使用，同时报告国务院药品监督管理、卫生行政、国防科技工业主管部门。

放射性药品的生产、经营单位和医疗单位凭省、自治区、直辖市药品监督管理部门发给的《放射性药品生产企业许可证》《放射性药品经营企业许可证》，医疗单位凭省、自治区、直辖市药品监督管理部门发给的《放射性药品使用许可证》，开展放射性药品的购销活动。

进口的放射性药品品种，必须符合我国的药品标准或者其他药用要求，并依照《药品管理法》的规定取得进口药品注册证书。应当按照国家有关对外贸易、放射性同位素安全和防护的规定，办理进出口手续。

进口放射性药品，必须经国务院药品监督管理部门指定的药品检验机构抽样检验；检验合格的，方准进口。对于经国务院药品监督管理部门审核批准的含有短半衰期放射性核素的药品，在保证安全使用的情况下，可以采取边进口检验，边投入使用的办法。进口检验单位发现药品质量不符合要求时，应当立即通知使用单位停止使用，并报告国务院药品监督管理、卫生行政、国防科技工业主管部门。

（三）放射性药品的包装和运输

放射性药品的包装必须安全实用，符合放射性药品质量要求，具有与放射性剂量相适应的防护装置。包装必须分内包装和外包装两部分，外包装必须贴有商标、标签、说明书和放射性药品标志，内包装必须贴有标签。

标签必须注明药品品名、放射性比活度、装量。

说明书除注明前款内容外，还须注明生产单位、批准文号、批号、主要成份、出厂日期、放射性核素半衰期、适应症、用法、用量、禁忌症、有效期和注意事项等。

放射性药品的运输，按国家运输、邮政等部门制订的有关规定执行。严禁任何单位和个人随身携带放射性药品乘坐公共交通运输工具。

(四) 放射性药品的使用

医疗单位设置核医学科、室（同位素室），必须配备与其医疗任务相适应的并经核医学技术培训的技术人员。非核医学专业技术人员未经培训，不得从事放射性药品使用工作。

医疗单位使用放射性药品，必须符合国家有关放射性同位素安全和防护的规定。所在地的省、自治区、直辖市药品监督管理部门，应当根据医疗单位核医疗技术人员的水平、设备条件，核发相应等级的《放射性药品使用许可证》，无许可证的医疗单位不得临床使用放射性药品。

《放射性药品使用许可证》有效期为5年，期满前6个月，医疗单位应当向原发证的行政部门重新提出申请，经审核批准后，换发新证。

持有《放射性药品使用许可证》的医疗单位，必须负责对使用的放射性药品进行临床质量检验，收集药品不良反应等项工作，并定期向所在地药品监督管理、卫生行政部门报告。由省、自治区、直辖市药品监督管理、卫生行政部门汇总后分别报国务院药品监督管理、卫生行政部门。

(五) 放射性药品的标准和检验

放射性药品的国家标准，由国务院药品监督管理部门药典委员会负责制定和修订，报国务院药品监督管理部门审批颁发。

放射性药品的检验由国务院药品监督管理部门公布的药品检验机构承担。

第四节 法律责任

一、违反《麻醉药品和精神药品管理条例》的法律责任

(一) 行政责任

1. 行政处分。药品监督管理部门、卫生主管部门违反《麻醉药品和精神药品管理条例》的规定，有下列情形之一的，由其上级行政机关或者监察机关责令改正；情节严重的，对直接负责的主管人员和其他直接责任人员依法给予行政处分：①对不符合条件的申请人准予行政许可或者超越法定职权作出准予行政许可决定的；②未到场监督销毁过期、损坏的麻醉药品和精神药品的；③未依法履行监督检查职责，应当发现而未发现违法行为、发现违

行为不及时查处,或者未依照条例规定的程序实施监督检查的;④违反本条例规定的其他失职、渎职行为。

取得印鉴卡的医疗机构违反《麻醉药品和精神药品管理条例》的规定,有下列情形之一的,对直接负责的主管人员和其他直接责任人员,依法给予降级、撤职、开除的处分:①未依照规定购买、储存麻醉药品和第一类精神药品的;②未依照规定保存麻醉药品和精神药品专用处方,或者未依照规定进行处方专册登记的;③未依照规定报告麻醉药品和精神药品的进货、库存、使用数量的;④紧急借用麻醉药品和第一类精神药品后未备案的;⑤未依照规定销毁麻醉药品和精神药品的。

发生麻醉药品和精神药品被盗、被抢、丢失案件的单位,违反《麻醉药品和精神药品管理条例》的规定未采取必要的控制措施或者未依照规定报告的,由其上级主管部门对直接负责的主管人员和其他直接责任人员,依法给予降级、撤职的处分。

2. 行政处罚。麻醉药品药用原植物种植企业、定点生产企业、定点批发企业、第二类精神药品零售企业、医疗机构、执业医师、处方的调配人与核对人等特定主体,以及其他单位或个人有违反《麻醉药品和精神药品管理条例》行为的,药品监督管理部门将根据不同情况分别给予警告、罚款、没收违法所得或非法药品、责令停产停业、吊销证书或证明文件、取消特定资格等行政处罚。

(二) 刑事责任

有违反《麻醉药品和精神药品管理条例》规定的以下行为,构成犯罪的,将由国家有关部门追究刑事责任:①药品监督管理部门、卫生主管部门违反本条例规定,超越职权或有其他失职、渎职行为,构成犯罪的;②未取得麻醉药品和第一类精神药品处方资格的执业医师擅自开具麻醉药品和第一类精神药品处方,构成犯罪的;③药物临床试验机构以健康人为麻醉药品和第一类精神药品临床试验的受试对象,构成犯罪的;④依法取得麻醉药品药用原植物种植或者麻醉药品和精神药品实验研究、生产、经营、使用、运输等资格的单位,倒卖、转让、出租、出借、涂改其麻醉药品和精神药品许可证明文件,构成犯罪的;⑤使麻醉药品和精神药品流入非法渠道造成危害,构成犯罪的。

二、违反《医疗用毒性药品管理办法》的法律责任

违反《医疗用毒性药品管理办法》规定，擅自生产、收购、经营毒性药品的单位或者个人，由药品监督管理部门没收其全部毒性药品，并处以警告或按非法所得的5倍~10倍罚款。情节严重、致人伤残或死亡，构成犯罪的，由司法机关依法追究其刑事责任。

三、违反《放射性药品管理办法》的法律责任

对违反《放射性药品管理办法》规定的单位或者个人，由药品监督管理部门按照《药品管理法》和有关法规的规定处罚。

▶ 拓展阅读

麻醉药品和精神药品管理条例

医疗用毒性药品管理办法

放射性药品管理办法

▶ 思考题

1. 我国《药品管理法》规定对哪几种药品实行特殊管理？
2. 试述我国对于麻醉药品和精神药品经营的法律规定。
3. 试述医疗用毒性药品的经营与使用管理。

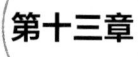

第十三章 传染病防治法律制度

学习目标

识记：我国传染病防治法的报告制度和监督管理制度。
掌握：我国传染病的最新分类情况、传染病防治的保障措施及法律责任。
熟悉：我国传染病防治法的基本原则、主要法律制度。
了解：我国传染病防治领域的立法沿革、疫情报告相关要求。

章前案例

基本案情： 被告人闫某旺系位于沈阳市皇姑区的沈阳谱康医院有限公司（以下简称"谱康医院"）的法定代表人，担任院长职务。2020年12月，被告人闫某旺违反传染病防治法的规定，拒绝执行县级以上人民政府、疾病预防控制机构对新型冠状病毒肺炎（以下简称"新冠肺炎"）疫情的预防、控制措施，致使谱康医院医护人员在接诊处诊过程中，未严格落实"预检分诊""一患一消杀"等防控措施，擅自收治发热患者尹某某，后尹某某被确诊为新冠肺炎病例。

后续在沈阳确诊新冠肺炎患者共计37人，其中有27名确诊患者与谱康医院存在直接或间接交集，206人成为谱康医院的第一密切接触者，其中179人被医学隔离观察，外地关联人员16人，具有引起新冠肺炎疫情传播的严重风险。

2021年5月21日，经公安机关电话传唤，被告人闫某旺及时到案。

法律依据及处罚：根据公安部门规章，违反传染病防治法的规定，引起甲类或者按照甲类管理的传染病传播或者有传播严重危险，涉嫌下列情形之一的，应予立案追诉：

（一）供水单位供应的饮用水不符合国家规定的卫生标准的；

（二）拒绝按照疾病预防控制机构提出的卫生要求，对传染病病原体污染的污水、污物、粪便进行消毒处理的；

（三）准许或者纵容传染病病人、病原携带者和疑似传染病病人从事国务院卫生行政部门规定禁止从事的易使该传染病扩散的工作的；

（四）拒绝执行疾病预防控制机构依照传染病防治法提出的预防、控制措施的。

"甲类传染病"，是指鼠疫、霍乱；"按甲类管理的传染病"，是指乙类传染病中传染性非典型肺炎、炭疽中的肺炭疽、人感染高致病性禽流感以及国务院卫生行政部门根据需要报经国务院批准公布实施的其他需要按甲类管理的乙类传染病和突发原因不明的传染病。

值得注意的是，2020年全国人大常委会通过的《刑法修正案（十一）》明确将"拒绝执行县级以上人民政府、疾病预防控制机构依法提出的预防、控制措施"的行为，纳入妨害传染病防治罪具体表现形式之一。

法院认为，被告人闫某旺违反传染病防治法的规定，拒绝执行县级以上人民政府、疾病预防控制机构依照传染病防治法提出的预防、控制措施，具有引起新冠肺炎疫情传播的严重风险，其行为已构成妨害传染病防治罪。公诉机关的指控成立，法院予以支持。被告人闫某旺经电话传唤及时到案，并能如实供述罪行，系自首，可以从轻处罚。辩护人所提辩护意见合理，法院予以采信。依据《刑法》第330条、第67条第1款之规定，判决如下：

被告人闫某旺犯妨害传染病防治罪，判处有期徒刑1年2个月。（刑期从判决执行之日起计算。判决执行以前先行羁押的，羁押一日折抵刑期一日。即自2021年5月21日起至2022年7月20日止。）

第一节 概 述

一、传染病防治法的概念及立法沿革

传染病，是由各种病原体引起的能在人与人、动物与动物或人与动物之间相互传播的一类疾病。由于这类疾病具有传染性、流行性和反复性等特点，因而发病率高，一旦发生流行，就会严重危害人类健康，对公共健康造成巨大威胁，还可能导致大批人员死亡。

传染病防治法，是指调整预防、控制和消除传染病的发生与流行，保障人体健康活动中产生的各种社会关系的法律规范的总称。

为了加强传染病的管理、预防控制和消除传染病的发生和流行，保障人体健康，1989年2月21日，第七届全国人大常委会第六次会议通过并公布了《中华人民共和国传染病防治法》（以下简称《传染病防治法》），同年9月1日施行。1991年12月6日，经国务院批准，卫生部发布了《中华人民共和国传染病防治法实施办法》。2003年，非典型肺炎在我国暴发流行，在抗击非典的过程中，暴露出疫情信息报告、通报渠道不畅，紧急控制措施的制度不够完善等立法问题，使我国传染病防治的法律遭受了一次巨大的挑战。为了进一步完善传染病防治法律制度，以适应目前传染病防治中出现的新情况，2004年8月28日，第十届全国人大常委会第十一次会议修订通过了《传染病防治法》，并于同年12月1日起施行。2013年6月29日，第十二届全国人大常委会第三次会议对《传染病防治法》进行了修正。2020年暴发的全球性新冠疫情对我国的传染病防控和治理又一次提出了新的挑战，《传染病防治法》的新一轮修订工作启动。2020年10月2日，《传染病防治法（修订草案征求意见稿）》向社会公开征求意见。

《传染病防治法》及其实施办法的颁布实施，系统地确立了我国对传染病的预防、疫情报告与公布、控制和监督的法律制度，标志着我国传染病防治工作开始全面走上法制化轨道。值得一提的是，2020年10月2日《传染病防治法（修订草案征求意见稿）》一方面认真总结在党中央集中统一领导下，发挥中国特色社会主义制度优势做好重大疫情各项防控工作的成功经验，将联防联控、四方责任、平战结合等这些成功经验上升为法律制度；另一方面

总结分析此次疫情防控中暴露出的短板和弱项，完善传染病疫情监测、预警、报告、信息公布等制度不足，增强法律的有效性和可操作性。

二、传染病防治法的基本原则

（一）政府主导、联防联控、群防群控原则

2020年10月2日《传染病防治法（修订草案征求意见稿）》第2条明确了政府主导、联防联控、群防群控原则。规定了国家、地方人民政府、各级行政部门、居（村）民委员会、各级疾病预防控制机构和医疗机构以及公民的义务和责任。

（二）风险预防原则

风险预防原则要求建立完善的风险预警机制。《传染病防治法（修订草案征求意见稿）》规定，国务院卫生健康主管部门组建全国传染病防治专家咨询委员会，为传染病防治政策制定及实施提供咨询、评估、论证等技术支撑。各级疾控机构应当根据多渠道传染病监测信息和风险评估结果，向社会发布健康风险提示，并根据需要向同级卫生健康主管部门报告预警建议，由卫生健康主管部门及时组织评估后，向同级人民政府提出建议，由县级以上人民政府决定发布预警并启动应急响应。

（三）分类管理原则

根据各种传染病的传染性强弱、传播途径难易、传播速度的快慢、人群易感范围等因素对其进行分类，对于不同类型传染病采取不同的预防控制措施，在科学分类的基础上实行分类监测、分类监督管理。

（四）传染病人、病原携带者、疑似传染病人及公民合法权益保护原则

《传染病防治法（修订草案征求意见稿）》规定国家和社会应当关心、帮助传染病患者、病原携带者和疑似患者，使其得到及时救治。任何单位和个人不得歧视传染病患者、病原携带者和疑似患者，不得泄露涉及个人隐私的相关信息。相关人民政府、卫生健康及其他部门、疾病预防控制机构和医疗机构等实施的行政管理和预防、控制措施，侵犯单位和个人合法权益的，有关单位和个人可以依法申请行政复议或者提起诉讼。

三、法定传染病的分类

根据传染病的危害程度和我国实际情况，《传染病防治法（修订草案征求

意见稿）》将全国发病率较高、流行面较大、危害较严重的 41 种急慢性传染病定为法定管理的传染病，并根据其对人类的危害程度及传播方式和速度的不同分为甲、乙、丙三类，实行分类管理。分类管理既有利于把有限的卫生资源合理配置、有效投入，也有利于突出重点，争取最大效益。

甲类传染病（2 种）是指：鼠疫、霍乱。

乙类传染病（28 种）是指：传染性非典型肺炎（严重急性呼吸综合征）、艾滋病、病毒性肝炎、脊髓灰质炎、人感染高致病性禽流感、麻疹、流行性出血热、狂犬病、流行性乙型脑炎、登革热、炭疽、细菌性和阿米巴性痢疾、肺结核、伤寒和副伤寒、流行性脑脊髓膜炎、百日咳、白喉、新生儿破伤风、猩红热、布鲁氏菌病、淋病、梅毒、钩端螺旋体病、血吸虫病、疟疾、猴痘、人感染 H7N9 禽流感、新型冠状病毒肺炎。

丙类传染病（11 种）是指：流行性感冒、流行性腮腺炎、风疹、急性出血性结膜炎、麻风病、流行性和地方性斑疹伤寒、黑热病、包虫病、丝虫病，其他感染性腹泻病、手足口病。

国务院疾病预防控制部门根据传染病暴发、流行情况和危害程度，及时提出调整各类传染病名录的建议，经国务院卫生健康部门同意后予以公布。

《传染病防治法（修订草案征求意见稿）》规定对乙类传染病中传染性非典型肺炎、炭疽中的肺炭疽采取甲类传染病的预防、控制措施。其他乙类传染病和突发原因不明的传染病需要采取该法所称甲类传染病的预防、控制措施的，由国务院卫生健康、疾病预防控制部门及时报经国务院批准后予以公布、实施。

第二节 《传染病防治法》主要法律制度

一、传染病预防制度

防治大于预防是应对传染病问题的关键。《传染病防治法（修订草案征求意见稿）》针对传染病预防具体制定了以下制度：

（一）爱国卫生运动

《传染病防治法（修订草案征求意见稿）》规定各级人民政府组织开展

爱国卫生运动，完善公共卫生设施，改善人居环境状况，加强社会健康管理，提升全民健康水平。该规定总结了新冠肺炎疫情防控斗争经验，丰富了爱国卫生工作内涵，创新了方式方法，推动从环境卫生治理向全面社会健康管理的转变。

（二）免疫规划制度

《传染病防治法（修订草案征求意见稿）》规定国家实行免疫规划制度，政府免费向居民提供免疫规划疫苗，国务院疾病预防控制部门制定国家免疫规划，省级人民政府在执行国家免疫规划时，可以根据本行政区域疾病预防控制需要增加免疫规划疫苗种类，加强儿童及重点地区重点人群的预防接种，报国务院疾病预防控制部门备案。国家对儿童实行预防接种制度。

（三）医疗机构内部传染病感染预防与控制制度

为了防止传染病在医疗机构内的传播扩散，医疗机构应当严格执行国家规定的管理制度、操作规范，医疗机构基本标准、建筑设计和服务流程应当符合要求。

二级以上医疗机构应当有专门的科室并指定专门的人员，承担本机构的传染病预防、控制及责任区域内的传染病预防工作。

基层医疗卫生机构应当有专门的科室或者指定人员负责传染病预防、控制管理工作，在疾病预防控制机构指导下，承担本机构的传染病预防、控制和责任区域内的传染病健康教育、预防接种、传染病疫情报告、传染病患者健康监测以及城乡社区传染病疫情防控指导等工作。

二、疫情报告、通报和信息公布制度

疫情信息及时、准确地公布有利于人民群众的参与，符合政府信息公开的法治要求，也是社会公众对疫情享有知情权的必要保障。

（一）疫情报告制度

国家建立健全传染病疫情报告制度。传染病疫情报告包括传染病报告、突发原因不明的传染病报告、新发传染病报告和其他传染病暴发、流行报告。传染病疫情报告遵循属地管理原则，报告的内容和程序由国务院疾病预防控制部门制定。

1. 疫情报告主体。报告义务主体包括：第一类为相关医疗机构及其工作人员,即普通医疗机构、军队医疗机构和采供血机构及其执行职务的人员。第二类为非专业机构和非专业人员,即学校、托幼机构、养老机构、康复机构、福利机构、救助管理机构、体育场馆、监管场所、车站、港口、机场等重点场所。第三类为民航铁路等部门,即交通运输经营单位以及车站、港口、机场等相关场所的运营单位。第四类为疾病预防控制机构。

2. 疫情报告程序。

(1) 实行网络直报责任疫情的报告单位。发现甲类传染病和乙类传染病中的肺炭疽、传染性非典型肺炎、脊髓灰质炎、高致病性禽流感的病人、疑似病人,以及其他暴发传染病、新发传染病以及原因不明的传染病疫情时,接诊医生诊断后应于2小时内以最快的方式(电话)向当地县级疾病预防控制机构报告,同时将传染病报告卡通过网络进行报告。

对其他乙、丙类传染病病人、疑似病人、按规定报告传染病的病原携带者在诊断后应于24小时内进行网络报告。

(2) 尚未实行网络直报责任疫情的报告单位。发现甲类传染病和乙类传染病中的肺炭疽、传染性非典型肺炎、脊髓灰质炎、高致病性禽流感的病人、疑似病人,以及其他暴发传染病、新发或不明原因传染病疫情时,接诊医生诊断后城镇2小时内、农村6小时内以最快的方式向当地县级疾病预防控制机构报告,同时24小时内送(寄)出传染病报告卡。

(二) 疫情预警、监测、通报制度

根据相关立法规定,通报主要体现在政府部门平级之间信息互通以及信息由上往下的传递。县级以上地方人民政府卫生健康主管部门,应当及时向本行政区域内的疾病预防控制机构和医疗机构通报传染病疫情以及监测预警的相关信息。

(三) 疫情信息公布制度

国家建立健全传染病疫情信息公布制度。国务院疾病预防控制部门定期向社会公布全国传染病疫情信息。县级以上地方人民政府疾病预防控制部门定期向社会公布本行政区域的传染病疫情信息。传染病暴发、流行时,县级以上地方人民政府疾病预防控制部门应当及时、准确地向社会公布本行政区域传染病名称、流行传播范围以及确诊病例、疑似病例、死亡病例数量等传染病疫情信息。传染病跨省级行政区域暴发、流行时,国务院疾病预防控制部门应当及时、准确地向社会公布上述信息。

三、疫情控制制度

(一) 医疗机构发现传染病时应采取的控制措施

医疗机构、疾病预防控制机构发现甲类传染病时，应当及时采取下列措施：对甲类传染病患者、病原携带者予以隔离治疗、医学观察；对甲类传染病疑似患者，在确诊前单独隔离治疗；对甲类传染病患者、病原携带者、疑似患者的密切接触者予以医学观察，并采取其他必要的预防措施。以上隔离治疗、医学观察措施，隔离期限、医学观察期限根据传染病疫情防控要求确定。

甲类传染病患者、病原携带者、疑似患者以及上述人员的密切接触者应当主动接受和配合医学检查、隔离治疗、医学观察等措施；拒绝隔离治疗、医学观察或者隔离期限、医学观察期限未满擅自脱离的，由医疗机构、疾病预防控制机构采取强制隔离治疗、医学观察措施，公安机关予以协助。

医疗机构发现乙类或者丙类传染病患者时，应当根据病情采取必要的治疗和控制传播措施。

县级以上地方人民政府疾病预防控制部门指定的医疗机构对肺结核患者进行治疗；对具有传染性的肺结核患者进行耐药检查和规范的隔离治疗，对其密切接触者进行筛查。基层医疗卫生机构对肺结核患者进行全程管理。肺结核患者应当采取必要的防护措施，按照指定的医疗机构的意见停工、停课，持指定的医疗机构出具的证明方能复工、复课。

(二) 疾病预防控制机构发现传染病时应采取的控制措施

对传染病疫情进行流行病学调查，根据调查情况提出划定疫点、疫区的建议，对被污染的场所进行卫生处理，判定密切接触者，指导做好对密切接触者的管理，并向疾病预防控制部门提出传染病疫情防控方案。传染病暴发、流行时，对疫点、疫区进行卫生处理向疾病预防控制部门提出传染病疫情防控方案，并按照传染病疫情防控相关要求采取措施。疾病预防控制机构开展流行病学调查，需要有关部门和单位协助的，有关部门和单位应当予以协助。

发生传染病疫情时，疾病预防控制机构和省级以上人民政府疾病预防控制部门指派的其他与传染病有关的专业技术机构,可以进入疫点、疫区进行调查、采集样本、技术分析和检验检测被调查单位和个人应当如实提供信息;任何单位和个人不得隐瞒信息、阻碍调查。

(三)人民政府在掌握疫情后可以采取的控制措施

传染病暴发、流行时,县级以上地方人民政府应当立即组织力量,按照传染病预防控制应急预案进行防治,控制传染源,切断传染病的传播途径,经评估必要时,可以采取下列紧急措施并予以公告:限制或者停止集市、影剧院演出或者其他人群聚集的活动;停工、停业、停课;封闭或者封存被传染病病原体污染的公共饮用水源食品以及相关物品;控制或者扑杀染疫动物;封闭可能造成传染病扩散的场所;在一定范围内实施调减运力、控制旅客人数、持医学证明乘坐交通工具、限制交通措施;在一定范围内实施人员排查、健康监测、医学观察应急接种;运用大数据、人工智能、云计算、区块链等技术,按照必要且最小化原则开展信息采集、病例识别、传染源追踪、风险提示等工作。

第三节 传染病的医疗救治

一、医疗救治的主体

县级以上人民政府应当加强和完善常态与应急相结合的传染病医疗救治服务网络建设,指定具备传染病救治条件和能力的医疗机构承担传染病救治任务,或者根据传染病救治需要设置传染病医院。

健全优化重大传染病疫情医疗救治体系,建立由传染病专科医院、综合医院、中医医院、院前急救机构、临时性救治场所,基层医疗卫生机构、血站等构成的综合医疗救治体系,根据患者疾病分型和病情进展情况等进行分类救治。

二、医疗救治的内容

医疗机构应当对传染病患者、疑似患者提供医疗救护、现场救援和接诊治疗,按照规定填写并妥善保管病历记录以及其他有关资料。

医疗机构应当按照国务院卫生健康部门的规定设置发热门加强发热门诊

标准化建设，优化服务流程，提高服务能力。医疗机构应当实行传染病预检、分诊制度；对传染病患者、疑似患者，应当引导至相对隔离的分诊点进行初诊。医疗机构不具备相应救治能力的，应当将传染病患者、疑似患者及其病历记录一并转至具备相应救治能力的医疗机构。转诊过程中，对传染病患者、疑似患者应当采取必要的防护措施。

医疗机构应当按照传染病诊断标准和治疗要求，采取相应措施，提高传染病诊断和救治能力。在医疗救治中，应当注重发挥中西医各自优势，中西医结合，提高救治效果。国家支持和鼓励医疗机构结合自身特色，加强传染病诊断和救治研究。

三、医疗救治药物使用制度

国家鼓励传染病防治用药品的研制和创新，对重大传染病防治用药品予以优先审评审批。

因重大传染病疫情医疗救治紧急需要，医师可以按照国家统一制定的诊疗方案，在一定范围和期限内采用药品说明书以外的用法进行救治。

发生重大传染病疫情时，国务院卫生健康部门根据传染病预防、控制和医疗救治需要提出紧急使用药物的建议，经国务院药品监督管理部门组织论证同意后可以在一定范围和期限内紧急使用。

第四节 传染病的保障措施和监督管理

一、传染病的保障措施

（一）经费保障措施

国家将传染病防治工作纳入国民经济和社会发展规划，县级以上地方人民政府将传染病防治工作纳入本行政区域的国民经济和社会发展规划。

县级以上地方人民政府按照本级政府职责，负责本行政区域传染病预防、控制工作经费。

国务院卫生健康、疾病预防控制部门会同国务院有关部门根据传染病流行趋势，确定全国传染病预防、控制、救治、监测、预测、预警、监督检查等项目。各级财政按照事权划分做好经费保障。

省级人民政府根据本行政区域传染病流行趋势，在国务院卫生健康、疾病预防控制部门确定的项目基础上，确定传染病预监督检防、控制、救治、监测、检测、风险评估、预测、预警、检查等项目，并保障项目的实施经费。县级以上人民政府应当按照规定落实疾病预防控制机构基本建设、设备购置、学科建设、人才培养等相关经费；对医疗卫生机构承担疾病预防控制任务所需经费按照规定予以保障。

（二）信息共享保障措施

县级以上人民政府应当加强疾病预防控制信息化建设，将其纳入全民健康信息化建设。县级以上人民政府应当建立传染病预防控制信息共享机制利用全民健康信息平台、政务数据共享平台、应急管理信息系统等，共享并综合应用相关数据，发挥大数据在传染病监测分析防控救治、疫情溯源以及资源调配等方面的作用。

（三）医疗保险保障措施

对符合条件的传染病医疗费用，基本医疗保险按照规定予以支付。国家对患有特定传染病的困难人群实行医疗救助，减免医疗费用。患者、疑似患者治疗甲类传染病以及采取甲类传染控制措施的乙类传染病的医疗费用在基本医疗保险、大病保险、医疗救助等按照规定支付后的个人负担部分，政府按照规定给予补助。

（四）公共卫生应急物资保障措施

国家建立健全公共卫生应急物资保障体系，提高传染病疫情防控应急物资保障水平，发展改革部门统筹防控应急物资保障工作。

国家加强医药储备，将传染病防治相关药品、医疗防护物资以及其他物资纳入公共卫生应急物资保障体系，实行中央和地方两级储备。国务院工业和信息化部门会同国务院有关部门，根据传染病预防、控制和公共卫生应急准备的需要，加强医药实物储备、产能储备、技术储备，指导地方开展医药储备工作，完善储备调整、调用和轮换机制。

二、传染病的监督管理

（一）报告并接受监督

县级以上人民政府建立定期研究部署重大传染病疫情防控等疾病预防控

制工作的机制,定期发布传染病防治工作报告,向同级人民代表大会常务委员会报告传染病防治工作,依法接受监督。

县级以上人民政府对下级人民政府履行传染病防治职责进行监督。地方人民政府未履行传染病防治职责的,上级人民政府可以对其主要负责人进行约谈。被约谈的地方人民政府应当立即采取措施进行整改,约谈和整改情况应当纳入地方人民政府工作评议。履行传染病防治职责不力、失职失责,造成严重后果或者恶劣影响的,依法对负有责任的领导人员进行问责。

(二)县级以上人民政府疾病预防控制部门对传染病防治工作的监督检查职责

对下级人民政府疾病预防控制部门履行法律规定的职责进行监督检查;对疾病预防控制机构、医疗机构、采供血机构的传染病预防、控制工作进行监督检查;对用于传染病防治的消毒产品及其生产企业、饮用水供水单位以及涉及饮用水卫生安全的产品进行监督检查;对公共场所、学校、托幼机构的卫生条件和传染病预防、控制措施进行监督检查。

第五节 法律责任

一、行政责任

地方各级人民政府未依照《传染病防治法》的规定履行报告职责,或者隐瞒、谎报、缓报传染病疫情,或者在传染病暴发、流行时,未及时组织救治、采取控制措施的,由上级人民政府责令改正,通报批评;造成传染病传播、流行或者其他严重后果的,对负有责任的主管人员,依法给予行政处分。

县级以上人民政府卫生行政部门有下列情形之一的,由本级人民政府、上级人民政府卫生行政部门责令改正,通报批评;造成传染病传播、流行或者其他严重后果的,对负有责任的主管人员和其他直接责任人员,依法给予行政处分:①未依法履行传染病疫情通报、报告或者公布职责,或者隐瞒、谎报、缓报传染病疫情的;②发生或者可能发生传染病传播时未及时采取预防、控制措施的;③未依法履行监督检查职责,或者发现违法行为不及时查处的;④未及时调查、处理单位和个人对下级卫生行政部门不履行传染病防治职责的举报的;⑤违反《传染病防治法》的其他失职、渎职行为。

县级以上人民政府有关部门未依规定履行传染病防治和保障职责的,由本级人民政府或者上级人民政府有关部门责令改正,通报批评;造成传染病传播、流行或者其他严重后果的,对负有责任的主管人员和其他直接责任人员,依法给予行政处分。

疾病预防控制机构有下列情形之一的,由县级以上人民政府卫生行政部门责令限期改正,通报批评,给予警告;对负有责任的主管人员和其他直接责任人员,依法给予降级、撤职、开除的处分,并可以依法吊销有关责任人员的执业证书:①未依法履行传染病监测职责的;②未依法履行传染病疫情报告、通报职责,或者隐瞒、谎报、缓报传染病疫情的;③未主动收集传染病疫情信息,或者对传染病疫情信息和疫情报告未及时进行分析、调查、核实的;④发现传染病疫情时,未依据职责及时采取《传染病防治法》规定的措施的;⑤故意泄露传染病病人、病原携带者、疑似传染病病人、密切接触者涉及个人隐私的有关信息、资料的。

医疗机构有下列情形之一的,由县级以上人民政府卫生行政部门责令改正,通报批评,给予警告;造成传染病传播、流行或者其他严重后果的,对负有责任的主管人员和其他直接责任人员,依法给予降级、撤职、开除的处分,并可以依法吊销有关责任人员的执业证书:①未按照规定承担本单位的传染病预防、控制工作、医院感染控制任务和责任区域内的传染病预防工作的;②未按照规定报告传染病疫情,或者隐瞒、谎报、缓报传染病疫情的;③发现传染病疫情时,未按照规定对传染病病人、疑似传染病病人提供医疗救护、现场救援、接诊、转诊的,或者拒绝接受转诊的;④未按照规定对本单位内被传染病病原体污染的场所、物品以及医疗废物实施消毒或者无害化处置的;⑤未按照规定对医疗器械进行消毒,或者对按照规定一次使用的医疗器具未予销毁,再次使用的;⑥在医疗救治过程中未按照规定保管医学记录资料的;⑦故意泄露传染病病人、病原携带者、疑似传染病病人、密切接触者涉及个人隐私的有关信息、资料的。

采供血机构未按照规定报告传染病疫情,或者隐瞒、谎报、缓报传染病疫情,或者未执行国家有关规定,导致因输入血液引起经血液传播疾病发生的,由县级以上人民政府卫生行政部门责令改正,通报批评,给予警告;造成传染病传播、流行或者其他严重后果的，对负有责任的主管人员和其他直接责任人员，依法给予降级、撤职、开除的处分，并可以依法吊销采供血机构的执业许可证。

非法采集血液或者组织他人出卖血液的，由县级以上人民政府卫生行政部门予以取缔，没收违法所得，可以并处 10 万元以下的罚款。

国境卫生检疫机关、动物防疫机构未依法履行传染病疫情通报职责的，由有关部门在各自职责范围内责令改正，通报批评；造成传染病传播、流行或者其他严重后果的，对负有责任的主管人员和其他直接责任人员，依法给予降级、撤职、开除的处分。

铁路、交通、民用航空经营单位未依照《传染病防治法》的规定优先运送处理传染病疫情的人员以及防治传染病的药品和医疗器械的，由有关部门责令限期改正，给予警告；造成严重后果的，对负有责任的主管人员和其他直接责任人员，依法给予降级、撤职、开除的处分。

有下列情形之一，导致或者可能导致传染病传播、流行的，由县级以上人民政府卫生行政部门责令限期改正，没收违法所得，可以并处 5 万元以下的罚款；已取得许可证的，原发证部门可以依法暂扣或者吊销许可证：①饮用水供水单位供应的饮用水不符合国家卫生标准和卫生规范的；②涉及饮用水卫生安全的产品不符合国家卫生标准和卫生规范的；③用于传染病防治的消毒产品不符合国家卫生标准和卫生规范的；④出售、运输疫区中被传染病病原体污染或者可能被传染病病原体污染的物品，未进行消毒处理的；⑤生物制品生产单位生产的血液制品不符合国家质量标准的。

有下列情形之一的，由县级以上地方人民政府卫生行政部门责令改正，通报批评，给予警告，已取得许可证的，可以依法暂扣或者吊销许可证；造成传染病传播、流行以及其他严重后果的，对负有责任的主管人员和其他直接责任人员，依法给予降级、撤职、开除的处分，并可以依法吊销有关责任人员的执业证书：①疾病预防控制机构、医疗机构和从事病原微生物实验的单位，不符合国家规定的条件和技术标准，对传染病病原体样本未按照规定进行严格管理，造成实验室感染和病原微生物扩散的；②违反国家有关规定，采集、保藏、携带、运输和使用传染病菌种、毒种和传染病检测样本的；③疾病预防控制机构、医疗机构未执行国家有关规定，导致因输入血液、使用血液制品引起经血液传播疾病发生的。

未经检疫出售、运输与人畜共患传染病有关的野生动物、家畜家禽的，由县级以上地方人民政府畜牧兽医行政部门责令停止违法行为，并依法给予行政处罚。

在国家确认的自然疫源地兴建水利、交通、旅游、能源等大型建设项目，未经卫生调查进行施工的，或者未按照疾病预防控制机构的意见采取必要的传染病预防、控制措施的，由县级以上人民政府卫生行政部门责令限期改正，给予警告，处5000元以上3万元以下的罚款；逾期不改正的，处3万元以上10万元以下的罚款，并可以提请有关人民政府依据职责权限，责令停建、关闭。

二、刑事责任

1. 妨害传染病防治罪。本罪是指违反《传染病防治法》的规定，有下列情形之一，引起甲类传染病以及依法确定采取甲类传染病预防、控制措施的传染病传播或者有传播严重危险的行为：①供水单位供应的饮用水不符合国家规定的卫生标准的；②拒绝按照疾病预防控制机构提出的卫生要求，对传染病病原体污染的污水、污物、场所和物品进行消毒处理的；③准许或者纵容传染病病人、病原携带者和疑似传染病病人从事国务院卫生行政部门规定禁止从事的易使该传染病扩散的工作的；④出售、运输疫区中被传染病病原体污染或者可能被传染病病原体污染的物品，未进行消毒处理的；⑤拒绝执行县级以上人民政府、疾病预防控制机构依照传染病防治法提出的预防、控制措施的。

2. 传染病菌种、毒种扩散罪。本罪是指从事实验、保藏、携带、运输传染病菌种、毒种的人员，违反国务院卫生行政部门的有关规定，造成传染病菌种、毒种扩散，后果严重的行为。我国在《传染病防治法》及其实施办法等法律、法规中，对传染病菌种、毒种的实验、保藏、携带、运输及防止扩散作了专门性的规定。

3. 传染病防治失职罪。本罪用于惩治有关国家机关工作人员在传染病防治工作中的渎职行为，是指从事传染病防治的政府卫生行政部门的工作人员严重不负责任，导致传染病传播或者流行，情节严重的行为。根据全国人大常委会《关于〈中华人民共和国刑法〉第九章渎职罪主体适用问题的解释》的规定精神，即使没有列入国家机关人员编制，但只要代表政府从事非典等传染病防治工作的人员，亦可以构成本罪。

4. 投放危险物质罪。本罪是指行为人如果投放传染病病原体，只要足以危及公共安全，即使没有造成实际危害后果，也应处 3 年以上 10 年以下有期徒刑；致人重伤、死亡或者公私财产遭受重大损失的，最高可处以死刑。

5. 非法制造、买卖、运输、储存危险物质罪。本罪是指违反国家有关毒害性、放射性、传染病病原体等物质制造、买卖、运输、储存的规定，擅自制造、买卖、运输、储存这些危险物质，危害公共安全的行为。凡自然人或单位，没有获得合法批准或者超出批准的种类、数量而擅自制造、买卖、运输、储存传染病病原体等物质的，即使没有造成实际危害，也可以构成本罪；情节严重的可以判处死刑。

6. 盗窃、抢夺危险物质罪和抢劫危险物质罪。前罪是指以秘密方法窃取或者公然夺取毒害性、放射性、传染病病原体等物质，危害公共安全的行为；后罪是指以暴力、胁迫或者其他方法劫取毒害性、放射性、传染病病原体等物质，危害公共安全的行为。构成前罪，最低处 3 年有期徒刑，最高可以判处死刑；构成后罪，最低处 10 年有期徒刑，最高可以判处死刑。

7. 投放虚假危险物质罪和编造、故意传播虚假恐怖信息罪。故意将虚假的传染病病原体予以投放，严重扰乱社会秩序的行为构成前罪；编造生化威胁等恐怖信息，或者明知是编造的恐怖信息而故意传播，严重扰乱社会秩序的行为构成后罪。行为人如果故意编造虚假的非典信息或者传播编造的虚假信息，给社会造成恐慌的，可以后罪定罪处罚，造成严重后果的处 5 年以上有期徒刑。

三、民事责任

单位和个人违反《传染病防治法》规定，导致传染病传播、流行，给他人人身、财产造成损害的，应当依法承担民事责任。

拓展阅读

关于印发对新型冠状病毒感染实施"乙类乙管"总体方案的通知

思考题

1. 简述传染病防治法与传染病的概念。
2. 简述法定传染病的分类管理的规定。
3. 简述对传染病的报告制度的理解。
4. 简述疫情预警制度。

第十四章 公共卫生法律制度

学习目标

掌握：学校卫生的概念、公共场所卫生法的概念、放射卫生的概念。

熟悉：学校卫生工作管理、公共场所卫生监督、生活饮用水标准、放射卫生监督的法律规定。

了解：违反学校卫生法、公共场所卫生法、生活饮用水卫生法、放射卫生法及控制吸烟法的法律责任。

章前案例

案例一

● 案情简介[1]

2022年10月，重庆市黔江区卫生健康综合行政执法支队接到区疾控中心学校卫生"双随机"检测报告。疾控中心专业技术人员使用设备对被抽取的十余所学校随机选择教室对黑板尺寸、黑板下缘与讲台地面的垂直距离、采光系数、窗地面积比、课桌面照度、黑板照度、黑板反射比、后侧墙反射比、采光方向、防眩光措施、二氧化碳、噪声等项目进行了检查，其中某学校某年级某班黑板面照度均匀度、课桌面照度均匀度不符合《中小学校教室采光

---

[1]《某学校违反〈学校卫生工作条例〉案》，载 https://www.sohu.com/a/619005034_121106884，最后访问日期：2023年12月15日。

和照明卫生标准》。

经调查核实,该学校违反了《学校卫生工作条例》第6条第1款"学校教学建筑、环境噪声、室内微小气候、采光、照明等环境质量以及黑板、课桌椅的设置应当符合国家有关标准"的规定,可依据《学校卫生工作条例》第33条的规定,即"违反本条例第6条第1款、第7条和第10条规定的,由卫生行政部门对直接责任单位或者个人给予警告并责令限期改进。情节严重的,可以同时建议教育行政部门给予行政处分"。据此,区卫生健康综合行政执法支队执法人员依法对其下达了《卫生监督意见书》及《当场行政处罚决定书》,予以该学校警告处罚,并责令90日内改正其违法行为。

《中小学校教室采光和照明卫生标准》适用于城市、县镇的新建、改建和扩建的普通中小学校、中等师范学校和幼儿师范学校,于2011年5月1日实施,规定教室窗地面积比不应低于1:5,黑板应设局部照明灯,维持平均照度不应低于500lx,而该校被抽教室窗地面积比和黑板照度均达不到标准。黑板下缘与讲台地面的垂直距离、窗地面积比、黑板照度属于教室采光照明及黑板设置方面的问题,因此,该行为认定为某学校教室采光、照明等环境质量以及黑板设置不符合国家有关标准。

● 案例评述

第八次全国学生体质与健康调研结果显示,我国学生视力不良和近视率偏高问题日益严重。而学校教室的采光照明是影响学生视力的主要因素之一。我国中小学生每天约有8~10小时在教室学习,不良的照明环境会影响视觉系统的工作状态。因此学校教室采光照明应严格按照国家标准,从源头上保护好祖国花朵们的"心灵窗户",避免"蒙尘"。

案例二

● 案情简介

资阳市某游泳馆未取得《公共场所卫生许可证》从事游泳服务活动案[1]。

2023年7月,安岳县卫生健康局执法人员在对安岳县某游泳馆开展游泳场所卫生安全专项监督检查时发现,该游泳馆现场不能出示《公共场所卫生许可证》。经查,安岳县某游泳馆在未取得《公共场所卫生许可证》的情况

---

[1]《资阳市2023年卫生健康行政处罚典型案例(第二批)》,载http://swjw.ziyang.gov.cn/index.php?m=content&c=index&a=show&catid=73&id=8335,最后访问日期:2023年12月15日。

下，于 2023 年 7 月 6 日至检查当天，为顾客提供游泳服务。该游泳馆的行为违反了《四川省公共场所卫生管理办法》第 25 条第 1 款的规定，安岳县卫生健康局依据《四川省公共场所卫生管理办法》第 37 条第 1 款第 1 项的规定，对该游泳馆作出了警告、罚款 4000 元的行政处罚。

● 案例评述

根据《四川省公共场所卫生管理办法》第 2 条第 2 款第 4 项的规定，体育场（馆）、游泳馆属于甲类公共场所。《四川省公共场所卫生管理办法》第 25 条第 1 款规定，除体育场（馆）、公共交通工具外的甲类场所应当取得卫生行政部门发放的公共卫生许可证。《四川省公共场所卫生管理办法》第 37 条规定，除体育场（馆）、公共交通工具外的甲类场所违反本办法第 25 条规定，有下列行为之一的，由县级以上卫生行政部门责令限期改正，给予警告，并处 1 万元以下的罚款；逾期不改者，处 2 万元以下罚款：①未取得公共场所卫生许可证从事经营活动的……广大经营者在开展涉及公共场所的经营服务时，应当事先了解经营服务场所是否为甲类公共场所，是否需要取得公共卫生许可证。根据《四川省公共场所卫生管理办法》第 25 条和第 41 条的规定，以下场所应当办理卫生许可证：宾馆、旅店、招待所，公共浴室、理发店、美容店，影剧院、录像厅（室）、游艺厅（室）、舞厅、音乐厅，游泳场（馆），展览馆、博物馆、美术馆、图书馆，商场（店）（2000 平米以上）、书店（200 平米以上），候诊室、候车（机、船）室。

案例三

● 案情简介[1]

2023 年 2 月 2 日，某区卫生健康委员会在对该区供水有限责任公司某水厂供应的生活饮用水进行监督检查中，委托该区疾控中心对其水质进行常规抽样检测。疾控中心出具的水质检验报告显示，该公司供应的饮用水总大肠菌群 101.3MPN/100ML、耐热大肠菌群 9.2MPN/100ML 不符合《生活饮用水卫生标准》（GB 5749-2022）规定的不得检出限值指标要求，该区卫生健康委员会决定对其立案。

---

[1]《以案释法：生活饮用水不达标将受处罚》，载 http://www.cqnc.gov.cn/ztzl_197/fzzfjs/fzzfjsldxf/202310/t20231017_12436486.html，最后访问日期：2023 年 12 月 15 日。

- 案例评述

《生活饮用水卫生监督管理办法》第 6 条规定：供水单位供应的饮用水必须符合国家生活饮用水卫生标准。该公司违反了《生活饮用水卫生监督管理办法》第 6 条规定，依据《生活饮用水卫生监督管理办法》第 26 条第 4 项的规定，给予当事人罚款 1000 元的行政处罚，同时责令立即改正违法行为。因此，供水单位不得供应不符合国家生活饮用水卫生标准的饮用水，一经查实，将受法律处罚。

案例四

- 案情简介[1]

2021 年 11 月 10 日，上海市松江区健促办组织对开设于仓汇路 600 弄 1 号 401 的公共场所进行监督检查，检查时该场所在正常营业中；在该场所台球桌旁休息区查见盛放有烟灰烟蒂的烟具 10 个、打火机 7 个、烟盒 7 个。调查证实，被处罚人作为禁止吸烟场所所在单位，未履行禁止吸烟义务，在禁止吸烟场所内设置了与吸烟有关的器具、未对吸烟者进行劝阻。依据《上海市公共场所控制吸烟行政处罚裁量基准》情节严重情形中"因违反第 9 条规定，禁烟场所所在单位三次及以上受到行政处罚的"，处 20 000 元以上，30 000 元以下罚款。最终按照《上海市公共场所控制吸烟条例》第 18 条的规定，有关执法部门对上述违法行为给予人民币 30 000 元的罚款处罚，成为松江区首例被顶格处罚的禁止吸烟场所。

- 案例评述

这是松江区持续开展控烟行动和监管执法的一个缩影和典型案例。松江区依据健康中国、健康上海、健康松江战略规划纲要及行动文件要求，积极推进控烟专项行动，把控烟工作纳入健康城区三年行动计划核心内容，突出部门合力，开展系列控烟推进活动。

---

[1]《荣占 5 席！上海经验入选健康中国行动控烟行动优秀案例（三）》，载 https://m.thepaper.cn/baijiahao_21290275，最后访问日期：2023 年 12 月 15 日。

第十四章 公共卫生法律制度

第一节 学校卫生法律制度

一、学校卫生及学校卫生法概述

(一) 学校卫生及学校卫生法释义

1. 学校卫生的概念。学校卫生,是指根据儿童和青少年生长发育的特点,通过制定相应的法律规定,提出相应的学校卫生要求和卫生标准,消除各种不利于儿童和青少年学习、生活的因素,创造良好的学校教育环境,保护和促进学生的正常发育、身心健康,以实现德、智、体全面发展的社会主义教育目标的卫生活动。学校卫生包括普通中小学、农业中学、职业中学、中等专业学校、技工学校、普通高等学校的卫生。

2. 学校卫生法的概念。学校卫生法,是指调整因改善和加强学校卫生工作、提高学生健康水平而产生的各种社会关系的法律规范的总称。

(二) 学校卫生立法

1. 学校卫生法的创立。新中国成立以后,为了加强学校卫生工作,当时的政务院、教育部、卫生部等部门陆续颁布了《关于改善各级学校学生健康状况的决定》《关于开展学校保健工作的指示》《关于加强学校保健工作领导的联合指示》《关于在各级学校中大搞爱国卫生运动和加强体育运动的通知》《关于保护学生视力的通知》等有关学校卫生的全国性规范性文件。

2. 学校卫生法的形成。改革开放以来,我国学校卫生立法工作得到长足发展,教育部、卫生部等部门先后颁布了《中、小学卫生工作暂行规定(草案)》《高等院校卫生工作暂行规定(草案)》《保护学生视力工作实施办法(试行)》,以及《中小学教室采光和照明卫生标准》《电视教室座位布置范围和照度卫生标准》《中小学和大专学生、学龄前儿童课桌椅卫生标准》《中小学校建筑间距卫生标准》《中小学健康教育规范》等 17 项卫生标准。1990年 6 月 4 日,国家教育委员会、卫生部发布了《学校卫生工作条例》,至此,我国的学校卫生法规体系基本形成。

3. 学校卫生法的完善。1996 年,卫生部发布了《学生集体用餐卫生监督办法》;1999 年,卫生部根据世界卫生组织《健康促进学校发展纲领》制定了《健康促进学校工作指南》。2002 年 5 月,教育部、卫生部联合发布了《关于加强学校预防艾滋病健康教育工作的通知》。2002年9月，教育部、卫生部联合公布了《学校食堂与学生集体用餐卫生管理规定》。2003年7月，国务院办公厅转发了教育部、卫生部《关于加强学校卫生防疫与食品卫生安全工作的意见》。2010年2月，卫生部办公厅、教育部办公厅联合发布了《关于进一步加强学校卫生管理与监督工作的通知》。2021年7月，教育部办公厅和国家卫生健康委办公厅联合发布《关于进一步加强新冠肺炎疫情防控常态化下学校卫生管理工作的通知》。2021年8月，教育部等五部门联合颁布了《关于全面加强和改进新时代学校卫生与健康教育工作的意见》，该《意见》是自1990年发布《学校卫生工作条例》以来学校卫生与健康教育工作最重要的纲领性政策文件，具有开创性、突破性、指导性。

此外，国家还批准颁布了一系列学校卫生国家标准，包括《中小学校设计规范》（GB 50099-2011）、《中小学校教室采光和照明卫生标准》（GB 7793-2010）等。进一步完善了学校卫生法律体系。

二、学校卫生的法律规定

（一）学校卫生工作的任务

学校卫生工作的主要任务是：①监测学生健康状况；②对学生进行健康教育，培养学生良好的卫生习惯；③改善学校卫生环境和教育卫生条件；④加强对传染病、学生常见病的预防和治疗。

（二）学校卫生的主要内容

1. 教学过程卫生。

（1）教学和作息时间。教学过程要严格遵守卫生保健原则，根据学生年龄，合理安排教学进度和作息时间，使学生的学习能力保持在最佳状态。根据我国相关规定，学生每日学习时间（包括自习）为：小学不超过6个学时，中学不超过8个学时，大学不超过10个学时。学校还必须保证学生有课间休息的时间，课间休息时间应当至少保证有10分钟。

（2）劳动卫生。学校应当根据学生的年龄，组织学生参加适当的劳动，安排适当的劳动工种和劳动量。对参加劳动的学生，要进行安全生产教育，严格遵守操作规程，并采取必要的安全和卫生防护措施。

普通中小学校组织学生参加劳动，不得让学生接触有毒有害物质或者从事不安全工种的作业,不得让学生参加夜班劳动。

普通高等学校、中等专业学校、技工学校、农业中学、职业中学组织学生参加生产劳动,接触有毒有害物质的,按照国家有关规定,提供保健待遇。学校应当定期对他们进行体格检查,加强卫生防护。

(3) 体育卫生。体育卫生主要指包括体育课、课外体育活动和假期活动在内的卫生。学校应保证学生每天至少有一个小时的体育活动时间,体育及格率在85%以上。学校要根据学生的生理承受能力和体质健康状况,合理安排适合学生的运动项目和运动强度,防止发生伤害事故。还应当注意女学生的生理特点,给予必要的照顾。

2. 教学环境设施卫生。

(1) 学校在新建、改建、扩建校舍时,其选址、设计应当符合国家的卫生标准,并取得当地卫生行政部门的许可,竣工验收应当有当地卫生行政部门参加。

(2) 学校教学建筑、环境噪声、室内微小气候、采光、照明等环境质量以及黑板、课桌椅的设置应当符合国家有关标准。

(3) 学校应当按照有关规定为学生提供充足的符合卫生标准的饮用水。

(4) 学校体育场地和器材应当符合卫生和安全要求。

(5) 设置厕所和洗手设施;寄宿制学校还应当为学生提供相应的洗漱、洗澡等卫生设施。

3. 学生卫生保健与疾病预防。

(1) 完善学生健康管理制度。学校应当建立学生健康管理制度,根据条件定期对学生进行体格检查,建立学生体质健康卡片,纳入学生档案。加强对学生个人卫生、环境卫生以及教室、宿舍卫生的管理。

(2) 开展健康检查与疾病预防。学校应当积极做好近视眼、弱视、沙眼、龋齿、寄生虫、营养不良、贫血、脊柱弯曲、神经衰弱等学生常见疾病的群体预防和矫治工作。学校对体格检查中发现学生有器质性疾病的,应当配合学生家长做好转诊治疗。学校应当认真贯彻执行传染病防治法律、法规,做好急、慢性传染病的预防和控制管理工作,同时做好地方病的预防和控制管理工作。学校对残疾、体弱学生,应当加强医学照顾和心理卫生工作。

4. 营养与饮食卫生。学校应当认真贯彻执行食品安全法律、法规，加强饮食卫生管理，办好学生膳食，加强营养指导。

5. 学生用品卫生。供学生使用的文具、娱乐器具、保健用品，必须符合国家有关卫生标准。

6. 卫生宣传与健康教育。学校应当把健康教育纳入教学计划。普通中小学必须开设健康教育课，普通高等学校、中等专业学校、技工学校、农业中学、职业中学应当开设健康教育选修课或者讲座。落实各学段健康教育教学时间，中小学校每学期应在体育与健康课程总课时中安排4个健康教育课时。学校应当开展学生健康咨询活动。

三、学校卫生工作管理的法律规定

我国学校卫生工作由教育行政部门、卫生行政部门共同管理。

（一）学校卫生管理机构

普通高等学校、中等专业学校、技工学校和规模较大的农业中学、职业中学、普通小学可以设立学校卫生管理机构。普通高等学校设校医院或卫生科；城市普通中小学、农村中心小学和普通中学设卫生室，并按学生人数600∶1的比例配备专职卫生技术人员；中等专业学校、技工学校、农业中学、职业中学可根据需要，配备专职卫生技术人员。学生人数不足600人的学校，可以配备专职或者兼职保健教师，开展学校卫生工作。

（二）区域性中小学生卫生保健机构

经本地区卫生行政部门批准，教育行政部门可以成立区域性中小学生卫生保健机构。其主要任务是：调查研究本地区中小学生体质健康状况；开展中小学生常见疾病的预防与矫治；开展中小学卫生技术人员的技术培训和业务指导。

（三）疾病预防控制机构的任务

各级疾病预防控制机构，对学校卫生工作承担下列任务：①实施学校卫生监测，掌握本地区学生生长发育和健康状况，掌握学生常见病、传染病、地方病动态；②制定学生常见病、传染病、地方病的防治计划；③对本地区学校卫生工作进行技术指导；④开展学校卫生服务。

四、学校卫生工作监督的法律规定

（一）学校卫生工作监督机构及职责

县以上卫生行政部门对学校卫生工作行使监督职权。其职责是：①对新建、改建、扩建校舍的选址、设计实行卫生监督；②对学校内影响学生健康的学习、生活、劳动、环境、食品等方面的卫生和传染病防治工作实行卫生监督；③对学生使用的文具、娱乐器具、保健用品实行卫生监督。

国务院卫生行政部门可以委托国务院其他有关部门的卫生主管机构，在本系统内根据上述①、②职责行使学校卫生监督职权。

（二）学校卫生监督员及职责

行使学校卫生监督职权的机构设立学校卫生监督员，由省级以上卫生行政部门聘任并发给学校卫生监督员证书。学校卫生监督员执行卫生行政部门或者其他有关部门交付的学校卫生监督任务。学校卫生监督员在执行任务时应出示证件，在进行卫生监督时，有权查阅与卫生监督有关的资料，搜集与卫生监督有关情况，被监督的单位或者个人应当给予配合。学校卫生监督员对所掌握的资料、情况负有保密责任。

五、法律责任

1. 未经卫生行政部门许可新建、改建、扩建校舍的，由卫生行政部门对直接责任单位或个人给予警告、责令停止施工或者限期改正。

2. 学校环境设施不符合国家有关标准的，由卫生行政部门对直接责任单位或者个人给予警告并责令限期改进，情节严重的，可以同时建议教育行政部门给予行政处分。

3. 在组织学生参加劳动时违反学校卫生有关规定致使学生健康受到损害的，由卫生行政部门对直接责任单位或个人给予警告，责令限期改正。

4. 供学生使用的文具、娱乐器具、保健用品，不符合国家有关卫生标准的，由卫生行政部门对直接责任单位或个人给予警告；情节严重的可以会同市场监督管理部门没收其不符合国家有关卫生标准的物品，并处以非法所得2倍以下的罚款。

5. 拒绝或者妨碍学校卫生监督员依照《学校卫生工作条例》实施卫生监

督的，由卫生行政部门对直接责任单位或者个人给予警告；情节严重的，可以建议教育行政部门给予行政处分或者处以200元以下罚款。

第二节　公共场所卫生法律制度

一、公共场所及公共场所卫生法概述

（一）公共场所的概念

广义的公共场所，是指供公众进行社交、工作、学习、休息、娱乐、体育、参观、游览和满足部分生活需求所使用的公共建筑物、场所及其设施。依据《公共场所卫生管理条例》的规定，公共场所是指公共使用的具有围护结构的场所，包括七大类28种：

1. 宾馆、饭馆、旅店、招待所、车马店、咖啡馆、酒吧、茶座。
2. 公共浴室、理发店、美容店。
3. 影剧院、录像厅（室）、游艺厅（室）、舞厅、音乐厅。
4. 体育场（馆）、游泳场（馆）、公园。
5. 展览馆、博物馆、美术馆、图书馆。
6. 商场（店）、书店。
7. 候诊室、候车（机、船）室、公共交通工具。

（二）公共场所卫生法的概念

公共场所卫生法，是指国家为创造良好的公共场所卫生条件，预防疾病，保障人体健康而制定的，由国家强制力保证实施的，用以调整在公共场所卫生管理与监督过程中产生的各种社会关系的法律规范的总和。

（三）公共场所卫生立法

公共场所是人群聚集的活动环境，加强公共场所卫生管理是预防疾病、保障大众健康的重要环节。为此，1987年4月1日，国务院发布了《公共场所卫生管理条例》，这是新中国成立以来，由国家最高行政机关发布的第一部公共场所卫生管理法规，它标志着我国公共场所卫生监督进入了法制化管理轨道。1991年3月11日，卫生部发布了《公共场所卫生管理条例实施细则》，2011年卫生部又对该实施细则进行了修订并重新发布，使之更加完善和更具操作性。2016年1月19日，国家卫生计生委对该实施细则进行了第一次修

正，2017 年 12 月 26 日又进行了第二次修正。此外，卫生部还于 1987 年、1988 年陆续制定了《公共场所卫生监督监测要点》《公共场所从业人员培训大纲》《旅店业卫生标准》等 12 项公共场所国家卫生标准，初步形成了公共场所卫生法律体系。2016 年 2 月 6 日，国务院对《公共场所卫生管理条例》进行了第一次修订；2019 年 4 月 23 日进行了第二次修订。通过这两次修订，我国公共场所卫生管理法律制度更加全面和规范。

二、公共场所卫生质量的法律规定

《公共场所卫生管理条例》与《公共场所卫生管理条例实施细则》规定，公共场所的下列项目应符合国家卫生标准和要求：

1. 空气。公共场所经营者应当保持公共场所空气流通，室内空气质量应当符合国家卫生标准和要求。公共场所采用集中空调通风系统的，应当符合公共场所集中空调通风系统相关卫生规范和规定的要求。集中空调通风系统，是指为使房间或者封闭空间空气温度、湿度、洁净度和气流速度等参数达到设定的要求，而对空气进行集中处理、输送、分配的所有设备、管道及附件、仪器仪表的总和。

2. 水质。公共场所经营者提供给顾客使用的生活饮用水应当符合国家生活饮用水卫生标准要求。游泳场（馆）和公共浴室水质应当符合国家卫生标准和要求。

3. 采光照明、噪音。公共场所的采光照明、噪声应当符合国家卫生标准和要求。公共场所应当尽量采用自然光。自然采光不足的，公共场所经营者应当配置与其经营场所规模相适应的照明设施。公共场所经营者应当采取措施降低噪声。

4. 顾客用具。公共场所经营者提供给顾客使用的用品用具应当保证卫生安全，可以反复使用的用品用具应当一客一换，按照有关卫生标准和要求清洗、消毒、保洁。禁止重复使用一次性用品用具。

5. 卫生设施。公共场所经营者应当根据经营规模、项目设置清洗、消毒、保洁、盥洗等设施设备和公共卫生间。建立卫生设施设备维护制度，定期检查卫生设施设备，确保其正常运行，不得擅自拆除、改造或者挪作他用。公共场所设置的卫生间，应当有单独的通风排气设施，保持清洁无异味。

6. 预防控制蚊、蝇、蟑螂、鼠和其他病媒生物的设施设备及废弃物存放专用设施设备。公共场所经营者应当配备安全、有效的预防控制蚊、蝇、蟑螂、鼠和其他病媒生物的设施设备及废弃物存放专用设施设备,并保证相关设施设备的正常使用,及时清运废弃物。

7. 建筑设施。公共场所的选址、设计、装修应当符合国家相关标准和规范的要求。公共场所室内装饰装修期间不得营业。进行局部装饰装修的,经营者应当采取有效措施,保证营业的非装饰装修区域室内空气质量合格。

8. 控制吸烟。室内公共场所禁止吸烟,公共场所经营者应当设置醒目的禁止吸烟警语和标志。室外公共场所设置的吸烟区不得位于行人必经的通道上。公共场所不得设置自动售烟机。公共场所经营者应当开展吸烟危害健康的宣传,并配备专(兼)职人员对吸烟者进行劝阻。

三、公共场所卫生管理的法律规定

(一)建立卫生管理制度

公共场所的主管部门应当建立卫生管理制度,配备专职或者兼职卫生管理人员,并对所属经营单位(包括个体经营者,下同)的卫生状况进行经常性检查,并提供必要条件。

公共场所的法定代表人或者负责人是其经营场所卫生安全的第一责任人。

公共场所经营者应当设立卫生管理部门或者配备专(兼)职卫生管理人员,具体负责本公共场所的卫生工作,建立健全卫生管理制度和卫生管理档案。

(二)卫生知识的培训和考核

公共场所经营者应当建立卫生培训制度,组织从业人员学习相关卫生法律知识和公共场所卫生知识,并进行考核。对考核不合格的,不得安排上岗。

(三)从业人员持证上岗

公共场所经营者应当组织从业人员每年进行健康检查,从业人员在取得有效健康合格证明后方可上岗。患有痢疾、伤寒、甲型病毒性肝炎、戊型病毒性肝炎等消化道传染病的人员,以及患有活动性肺结核、化脓性或者渗出性皮肤病等疾病的人员,治愈前不得从事直接为顾客服务的工作。

(四)卫生检测

公共场所经营者应当按照卫生标准、规范的要求对公共场所的空气、微小气候、水质、采光、照明、噪声、顾客用品用具等进行卫生检测，检测每年不得少于一次；检测结果不符合卫生标准、规范要求的应当及时整改。公共场所经营者不具备检测能力的，可以委托检测。公共场所经营者应当在醒目位置如实公示检测结果，并对其卫生检测的真实性负责，依法依规承担相应后果。

（五）事故应急与报告

公共场所危害健康事故，是指公共场所内发生的传染病疫情或者因空气质量、水质不符合卫生标准、用品用具或者设施受到污染导致的危害公众健康事故。公共场所经营者应当制定公共场所危害健康事故应急预案或者方案，定期检查公共场所各项卫生制度、措施的落实情况，及时消除危害公众健康的隐患。

公共场所发生危害健康事故的，经营者应当立即处置，防止危害扩大，并及时向县级人民政府卫生行政部门报告。任何单位或者个人对危害健康事故不得隐瞒、缓报、谎报或者授意他人隐瞒、缓报、谎报。

四、公共场所卫生监督的法律规定

（一）公共场所卫生监督机构

《公共场所卫生管理条例实施细则》第 3 条规定，卫健委主管全国公共场所卫生监督管理工作。

县级以上地方各级人民政府卫生行政部门负责本行政区域的公共场所卫生监督管理工作。

国境口岸及出入境交通工具的卫生监督管理工作由出入境检验检疫机构按照有关法律法规的规定执行。

铁路部门所属的卫生主管部门负责对管辖范围内的车站、等候室、铁路客车以及主要为本系统职工服务的公共场所的卫生监督管理工作。

（二）公共场所卫生监督机构的职责

1. 对公共场所实行卫生许可证管理。公共场所经营者取得工商行政管理部门颁发的营业执照后，还应当按照规定向县级以上地方人民政府卫生行政部门申请卫生许可证。公共场所经营者申请卫生许可证的，应当提交下列资料：①卫生许可证申请表；②法定代表人或者负责人身份证明；③公共场所地址方位示意图、平面图和卫生设施平面布局图；④公共场所卫生检测或者评价报告；⑤公共场所卫生管理制度；⑥省、自治区、直辖市卫生行政部门要求提供的其他材料。使用集中空调通风系统的，还应当提供集中空调通风系统卫生检测或者评价报告。

县级以上地方人民政府卫生行政部门应当自受理公共场所卫生许可申请之日起20日内，对申报资料进行审查，对现场进行审核，符合规定条件的，作出准予公共场所卫生许可的决定；对不符合规定条件的，作出不予行政许可的决定并书面说明理由。

公共场所卫生许可证应当载明编号、单位名称、法定代表人或者负责人、经营项目、经营场所地址、发证机关、发证时间、有效期限。公共场所卫生许可证有效期为4年。公共场所卫生许可证应当在经营场所醒目位置公示。

公共场所卫生监督的具体范围由省、自治区、直辖市人民政府卫生行政部门公布。

公共场所经营者变更单位名称、法定代表人或者负责人的，应当向原发证卫生行政部门办理变更手续。预防性卫生审查程序和具体要求由省、自治区、直辖市人民政府卫生行政部门制定。公共场所经营者变更经营项目、经营场所地址的，应当向县级以上地方人民政府卫生行政部门重新申请卫生许可证。公共场所经营者需要延续卫生许可证的，应当在卫生许可证有效期届满30日前，向原发证卫生行政部门提出申请。

2. 对公共场所进行新建、改建、扩建的，按照有关规定办理预防性卫生审查手续。

3. 对公共场所的健康危害因素进行监测、分析，为制定法律法规、卫生标准和实施监督管理提供科学依据。县级以上疾病预防控制机构应当承担卫生行政部门下达的公共场所健康危害因素监测任务。

4. 对公共场所卫生监督实施量化分级管理，根据卫生监督量化评价的结果确定公共场所的卫生信誉度等级和日常监督频次。公共场所卫生信誉度等级应当在公共场所醒目位置公示。

5. 依据有关卫生标准和要求，采取现场卫生监测、采样、查阅和复制文件、询问等方法对公共场所进行监督检查。有关单位和个人不得拒绝或者隐瞒。

6. 加强公共场所卫生监督抽检,并将抽检结果向社会公布。

7. 对发生危害健康事故的公共场所,可以依法采取封闭场所、封存相关物品等临时控制措施。经检验,属于被污染的场所、物品,应当进行消毒或者销毁;对未被污染的场所、物品或者经消毒后可以使用的物品,应当解除控制措施。

8. 开展公共场所卫生检验、检测、评价等业务的技术服务机构,应当具有相应专业技术能力,按照有关卫生标准、规范的要求开展工作,不得出具虚假检验、检测、评价等报告。

五、法律责任

(一)行政责任

1. 公共场所经营者违反公共场所卫生法律规定,卫生行政部门可以根据情节轻重,给予警告、罚款、停业整顿、吊销卫生许可证等行政处罚:

(1)对未依法取得公共场所卫生许可证擅自营业的,由县级以上地方人民政府卫生行政部门责令限期改正,给予警告,并处以 500 元以上 5000 元以下罚款;有下列情形之一的,处以 5000 元以上 3 万元以下罚款:①擅自营业曾受过卫生行政部门处罚的;②擅自营业时间在 3 个月以上的;③以涂改、转让、倒卖、伪造的卫生许可证擅自营业的。

(2)对涂改、转让、倒卖有效卫生许可证的,由原发证的卫生行政部门予以注销。

(3)公共场所经营者有下列情形之一的,由县级以上地方人民政府卫生行政部门责令限期改正,给予警告,并可处以 2000 元以下罚款;逾期不改正,造成公共场所卫生质量不符合卫生标准和要求的,处以 2000 元以上 2 万元以下罚款;情节严重的,可以依法责令停业整顿,直至吊销卫生许可证:①未按照规定对公共场所的空气、微小气候、水质、采光、照明、噪声、顾客用品用具等进行卫生检测的;②未按照规定对顾客用品用具进行清洗、消毒、保洁,或者重复使用一次性用品用具的。

(4)公共场所经营者有下列情形之一的,由县级以上地方人民政府卫生行政部门责令限期改正;逾期不改的,给予警告,并处以 1000 元以上 1 万元以下罚款;对拒绝监督的,处以 1 万元以上 3 万元以下罚款;情节严重的,可以依法责令停业整顿，直至吊销卫生许可证：①未按照规定建立卫生管理制度、设立卫生管理部门或者配备专（兼）职卫生管理人员，或者未建立卫生管理档案的；②未按照规定组织从业人员进行相关卫生法律知识和公共场所卫生知识培训，或者安排未经相关卫生法律知识和公共场所卫生知识培训考核的从业人员上岗的；③未按照规定设置与其经营规模、项目相适应的清洗、消毒、保洁、盥洗等设施设备和公共卫生间，或者擅自停止使用、拆除上述设施设备，或者挪作他用的；④未按照规定配备预防控制鼠、蚊、蝇、蟑螂和其他病媒生物的设施设备以及废弃物存放专用设施设备，或者擅自停止使用、拆除预防控制鼠、蚊、蝇、蟑螂和其他病媒生物的设施设备以及废弃物存放专用设施设备的；⑤未按照规定索取公共卫生用品检验合格证明和其他相关资料的；⑥未按照规定对公共场所新建、改建、扩建项目办理预防性卫生审查手续的；⑦公共场所集中空调通风系统未经卫生检测或者评价不合格而投入使用的；⑧未按照规定公示公共场所卫生许可证、卫生检测结果和卫生信誉度等级的。

（5）公共场所经营者安排未获得有效健康合格证明的从业人员从事直接为顾客服务工作的，由县级以上地方人民政府卫生行政部门责令限期改正，给予警告，并处以500元以上5000元以下罚款；逾期不改正的，处以5000元以上15 000元以下罚款。

（6）公共场所经营者对发生的危害健康事故未立即采取处置措施，导致危害扩大，或者隐瞒、缓报、谎报的，由县级以上地方人民政府卫生行政部门处以5000元以上3万元以下罚款；情节严重的，可以依法责令停业整顿，直至吊销卫生许可证。

（7）公共场所经营者违反其他卫生法律、行政法规规定，应当给予行政处罚的，按照有关卫生法律、行政法规规定进行处罚。

2. 县级以上人民政府卫生行政部门及其工作人员玩忽职守、滥用职权、收取贿赂的，由有关部门对单位负责人、直接负责的主管人员和其他责任人员依法给予行政处分。

（二）民事责任

违反《公共场所卫生管理条例》规定造成严重危害公民健康的事故或中毒事故的经营单位或者个人，依法应当对受害者赔偿损失。

（三）刑事责任

公共场所经营者对发生的危害健康事故未立即采取处置措施，导致危害扩大，或者隐瞒、缓报、谎报，构成犯罪的，依法追究刑事责任。

卫生行政部门及其工作人员玩忽职守、滥用职权、收取贿赂，构成犯罪的，依法追究刑事责任。

第三节 生活饮用水卫生法律制度

一、生活饮用水卫生及生活饮用水卫生法概述

（一）生活饮用水卫生的概念

生活饮用水卫生，是指由集中式供水单位直接供给居民作为饮水和生活用水，该水的水质必须确保居民终生饮用安全。

（二）生活饮用水卫生法的概念

生活饮用水卫生法，是指国家为保证生活饮用水卫生安全，保障人体健康而制定的，由国家强制力保证实施的，用以调整在对供水单位和涉及饮用水卫生安全的产品卫生监督管理过程中产生的各种社会关系的法律规范的总和。

（三）我国生活饮用水卫生立法

新中国成立初期，各级政府就行文号召各地群众做好水源卫生防护和饮水消毒，减少疾病的发生。1959年，建工部、卫生部联合颁布了《生活饮用水卫生规程》，为生活饮用水卫生管理提供了依据。

1985年，卫生部制定了《生活饮用水卫生标准》（GB 5749-1985）。1989年《传染病防治法》的颁布为依法管理生活饮用水提供了法律依据。1994年国务院发布的《城市供水条例》对卫生行政部门在城市供水和水源地保护中的职责予以了规定。1997年1月1日起施行的《生活饮用水卫生监督管理办法》，标志着我国生活饮用水卫生监督管理进入了一个新阶段。2016年4月，住房城乡建设部和国家卫生计生委对该管理办法进行了修改。2001年9月1日起实施的《生活饮用水卫生规范》引用世界卫生组织制定的《饮用水水质准则》（1993年版）中规定的项目及限值，并针对我国地面水有机物及藻类污染日益严重的情况，把水质指标从《生活饮用水卫生监督管理办法》规定

的 35 项增加到了 96 项。2006 年卫生部发布了《生活饮用水卫生标准》（GB 5749-2006），同时发布的还有 13 项生活饮用水卫生检验方法国家标准，将我国的生活饮用水卫生标准提高到国际水平。2022 年 3 月 15 日，国家市场监督管理总局和国家标准化管理委员会联合批准发布 GB 5749-2022《生活饮用水卫生标准》，代替 GB 5749-2006《生活饮用水卫生标准》，自 2023 年 4 月 1 日起实施。到 2025 年，我国将建立较为完善的城市供水全流程保障体系和基本健全的城市供水应急体系。

二、生活饮用水卫生的法律规定

（一）生活饮用水水质卫生的要求

生活饮用水水质应符合下列基本要求，保证用户饮水安全：

1. 生活饮用水中不得含有病原微生物。
2. 生活饮用水中对健康有害的化学物质不得危害人体健康。
3. 生活饮用水中放射性物质不得危害人体健康。
4. 生活饮用水的感官性状良好。
5. 生活饮用水应经消毒处理。
6. 生活饮用水水质应符合《生活饮用水卫生标准》（GB 5749-2022）水质常规指标及限值和水质扩张指标及限值的卫生要求。出厂水和末梢水中消毒剂限值、消毒剂余量均应符合《生活饮用水卫生标准》（GB 5749-2022）饮用水中消毒剂常规指标及要求。

（二）生活饮用水水源卫生的要求

1. 采用地表水为生活饮用水水源时应符合《地表水环境质量标准》（GB 3838-2002）要求。
2. 采用地下水为生活饮用水水源时应符合《地下水质量标准》（GB/T 14848-2017）中第四章的要求。

三、生活饮用水卫生管理的法律规定

1. 供水单位供应的饮用水必须符合国家生活饮用水卫生标准。
2. 集中式供水单位取得工商行政管理部门颁发的营业执照后，还应当取得县级以上地方人民政府卫生主管部门颁发的卫生许可证，方可供水。

3. 供水单位新建、改建、扩建的饮用水供水工程项目，应当符合卫生要求，选址和设计审查、竣工验收必须有建设卫生主管部门参加。新建、改建、扩建的城市公共饮用水供水工程项目由建设行政主管部门负责组织选址、设计审查和竣工验收，卫生主管部门参加。

4. 供水单位应建立饮用水卫生管理规章制度，配备专职或兼职人员，负责饮用水卫生管理工作。

5. 集中式供水单位必须有水质净化消毒设施及必要的水质检验仪器、设备和人员，对水质进行日常性检验，并向当地人民政府卫生主管部门和建设行政主管部门报送检测资料。城市自来水供水企业和自建设施对外供水的企业，其生产管理制度的建立和执行、人员上岗的资格和水质日常检测工作由城市住房城乡建设主管部门负责管理。

6. 直接从事供、管水的人员必须取得体检合格证后方可上岗工作，并每年进行一次健康检查。凡患有痢疾、伤寒、甲型病毒性肝炎、戊型病毒性肝炎、活动性肺结核、化脓性或渗出性皮肤病及其他有碍饮用水卫生的疾病的和病原携带者，不得直接从事供、管水工作。直接从事供、管水的人员，未经卫生知识培训不得上岗工作。

7. 生产涉及饮用水卫生安全的产品的单位和个人，必须按规定向政府卫生主管部门申请办理产品卫生许可批准文件，取得批准文件后，方可生产和销售。任何单位和个人不得生产、销售、使用无批准文件的前款产品。

8. 饮用水水源地必须设置水源保护区。保护区内严禁修建任何可能危害水源水质卫生的设施及一切有碍水源水质卫生的行为。

9. 二次供水设施选址、设计、施工及所用材料，应保证不使饮用水水质受到污染，并有利于清洗和消毒。各类蓄水设施要加强卫生防护，定期清洗和消毒。具体管理办法由省、自治区、直辖市根据本地区情况另行规定。

10. 当饮用水被污染，可能危及人体健康时，有关单位或责任人应立即采取措施，消除污染，并向当地人民政府卫生主管部门和城市住房城乡建设主管部门报告。

四、生活饮用水卫生监督的法律规定

国务院卫生主管部门主管全国饮用水卫生监督工作，县级以上地方人民

政府卫生行政部门主管本辖区内饮用水卫生监督工作。

供水单位的供水范围在本行政区域内的，由该行政区人民政府卫生主管部门负责其饮用水卫生监督监测工作；供水单位的供水范围超出其所在行政区域的，由供水单位所在行政区域的上一级人民政府卫生主管部门负责其饮用水卫生监督监测工作；供水单位的供水范围超出其所在省、自治区、直辖市的，由该供水单位所在省、自治区、直辖市人民政府卫生主管部门负责其饮用水卫生监督监测工作。铁道、交通、民航行政主管部门设立的卫生监督机构，行使国务院卫生主管部门会同国务院有关部门规定的饮用水卫生监督职责。

（一）饮用水卫生监督管理的对象

依照《生活饮用水卫生监督管理办法》的规定，饮用水卫生监督的对象为集中式供水、二次供水单位、涉及饮用水卫生安全的产品和直接从事供、管水的人员。

（二）卫生行政部门对生活饮用水卫生监督的职责

1. 负责本行政区域内供水单位和涉及饮用水卫生安全的产品的日常卫生监督和饮用水水质的监测和评价。

2. 负责本行政区域内新建、改建、扩建集中式供水项目的预防性卫生监督和饮用水的水源水质监测和评价。

3. 负责本行政区域内饮用水污染事故对人体健康影响的调查。

4. 对本行政区域内供水单位实施卫生许可证制度，监督供水单位从业人员的健康体检。

5. 按照分级管理的原则，省级卫生行政部门和国务院卫生主管部门分别对相关涉及饮用水卫生安全的产品进行卫生安全性评价。

五、法律责任

（一）行政责任

1. 集中式供水单位安排未取得体检合格证的人员从事直接供、管水工作或安排患有有碍饮用水卫生疾病的或病原携带者从事直接供、管水工作的，县级以上地方人民政府卫生行政部门应当责令限期改进，并可对供水单位处以 20 元以上 1000 元以下的罚款。

2. 违反《生活饮用水卫生监督管理办法》规定，有下列情形之一的，县级以上地方人民政府卫生主管部门应当责令限期改进，并可处以 20 元以上 5000 元以下的罚款：①在饮用水水源保护区修建危害水源水质卫生的设施或进行有碍水源水质卫生的作业的；②新建、改建、扩建的饮用水供水项目未经卫生主管部门参加选址、设计审查和竣工验收而擅自供水的；③供水单位未取得卫生许可证而擅自供水的；④供水单位供应的饮用水不符合国家规定的生活饮用水卫生标准的。

3. 违反《生活饮用水卫生监督管理办法》规定，生产或者销售无卫生许可批准文件的涉及饮用水卫生安全的产品的，县级以上地方人民政府卫生主管部门应当责令改进，并可处以违法所得 3 倍以下的罚款，但最高不超过 3 万元，或处以 500 元以上 1 万元以下的罚款。

4. 城市自来水供水企业和自建设施对外供水的企业，有下列行为之一的，由建设行政主管部门责令限期改进，并可处以违法所得 3 倍以下的罚款，但最高不超过 3 万元，没有违法所得的可处以 1 万元以下罚款：①新建、改建、扩建的饮用水供水工程项目未经建设行政主管部门设计审查和竣工验收而擅自建设并投入使用的；②未按规定进行日常性水质检验工作的。

（二）民事责任

因生活饮用水以及涉水产品不符合国家卫生标准，造成他人人身健康损害的，供水单位或涉及生活饮用水产品的生产经营者应依法承担民事赔偿责任。

（三）刑事责任

供水单位提供的生活饮用水以及涉水产品不符合国家卫生标准，引起甲类传染病或者有严重传播危险，构成犯罪的，依法追究刑事责任。

第四节 放射卫生法律制度

一、放射卫生及放射卫生法概述

（一）放射卫生及放射卫生法的概念

1. 放射卫生的概念。放射卫生，是指以放射性生产厂矿企业、放射性同位素和射线装置使用单位、放射工作人员以及社会公众和环境为对象，对放射工作场所、放射工作人员及社会公众的受射线照射剂量进行监测与卫生学评价，提出预防放射性危害的卫生防护措施的一门科学。

2. 放射卫生法的概念。放射卫生法，是指调整因保护放射工作人员与广大公众的健康与安全以及生态系统，防止和减少电离辐射造成的危害而产生的各种社会关系的法律规范的总称。

（二）放射卫生立法

我国历来重视放射卫生防护工作，1960年1月，国务院颁发了《放射性工作卫生防护暂行规定》，随后卫生部、国家科委制订了《电离辐射的最大容许浓度》等3项标准，并于1964年发布并试行了《放射性同位素工作卫生防护管理办法》，从而奠定了我国放射卫生法制的基础。

改革开放以后，我国的放射卫生法制建设得到了长足的发展，相继颁布了一批放射诊断、治疗及工、农业科研领域的规章标准。1989年10月，国务院发布了《放射性同位素与射线装置放射防护条例》，根据该条例赋予卫生行政部门的职责，卫生部先后出台了放射卫生管理规章或规范性文件24个，放射卫生防护标准65项，放射病诊断标准25项，初步形成了放射卫生防护法规标准体系。

从1999年开始，卫生部有计划地对放射卫生管理规章进行了清理修订，并重新发布了《放射工作卫生防护管理办法》和《放射防护器材与含放射性产品卫生管理办法》，并会同公安部修订发布了《放射事故管理规定》。2003年6月28日，第十届全国人民代表大会常务委员会第三次会议通过了《中华人民共和国放射性污染防治法》。2005年8月31日，国务院第104次常务会议通过了《放射性同位素与射线装置安全和防护条例》。2005年6月2日，卫生部部务会议讨论通过了《放射诊疗管理规定》。2007年3月23日，卫生部部务会议讨论通过了《放射工作人员职业健康管理办法》。2011年3月24日，环境保护部审议通过了《放射性同位素与射线装置安全和防护管理办法》。2019年3月2日，国务院对《放射性同位素与射线装置安全和防护条例》进行了修订。这些新的规章的颁布和实施，对进一步推进全国放射卫生工作起到了积极作用。

二、放射卫生防护的任务和内容

（一）放射卫生防护的任务

放射卫生防护的任务是以放射性生产厂矿企业，放射性同位素和射线装置使用单位、放射工作人员以及社会公众和环境为对象，对放射工作场所、放射工作人员及社会公众的受射线照射剂量，进行监测与卫生学评价，提出改善放射作业环境，减少受照射剂量，预防放射性危害的卫生防护措施，保护放射工作人员和社会公众的健康与安全，促进核技术和射线应用事业的发展。

（二）放射卫生防护的内容

1. 放射工作场所的卫生防护。包括放射工作场所外照射剂量、工作场所表面污染剂量、工作场所空气污染所致工作人员内照射剂量等，控制在国家标准之下。

2. 放射工作人员的卫生防护。包括放射工作人员外照射剂量、工作服和皮肤表面污染、个人体内照射的所受剂量，控制在国家标准以下。

3. 广大公众的卫生防护。包括环境放射性水平所致群体剂量、公众个人受照剂量、其中特别是由于医疗照射、使用含放射性产品和日用消费品所致受照剂量，控制在国家标准以下。

4. 放射事故的卫生防护。包括由放射性同位素与射线装置所致各类放射事故，造成放射工作人员与广大公众的受照剂量，控制事故造成的损害最小，并做好医学应急和善后处理工作。

三、放射卫生防护的法律规定

（一）放射卫生监督制度

1. 放射卫生监督分级管理制度。国务院生态环境主管部门对全国放射性同位素、射线装置的安全和防护工作实施统一监督管理。国务院公安、卫生等部门按照职责分工和《放射性同位素与射线装置安全和防护条例》的规定，对有关放射性同位素、射线装置的安全和防护工作实施监督管理。县级以上地方人民政府生态环境主管部门和其他有关部门，按照职责分工和《放射性同位素与射线装置安全和防护条例》的规定，对本行政区域内放射性同位素、射线装置的安全和防护工作实施监督管理。

2. 放射卫生监督分类管理制度。国家对放射源和射线装置实行分类管理。根据放射源、射线装置对人体健康和环境的潜在危害程度，从高到低将放射源分为Ⅰ类、Ⅱ类、Ⅲ类、Ⅳ类、Ⅴ类，具体分类办法由国务院生态环境保护主管部门制定；将射线装置分为Ⅰ类、Ⅱ类、Ⅲ类，具体分类办法由国务院生态环境主管部门、国务院卫生主管部门制定。

(二) 放射卫生许可制度

1. 放射卫生许可证的取得。生产、销售、使用放射性同位素和射线装置的单位，应当取得许可证。

（1）生产放射性同位素、销售和使用Ⅰ类放射源、销售和使用Ⅰ类射线装置的单位的许可证，由国务院生态环境主管部门审批颁发。生产放射性同位素、销售和使用Ⅰ类放射源、销售和使用Ⅰ类射线装置之外的单位的许可证，由省、自治区、直辖市人民政府生态环境主管部门审批颁发。国务院生态环境主管部门向生产放射性同位素的单位颁发许可证前，应当将申请材料印送其行业主管部门征求意见。生态环境主管部门应当将审批颁发许可证的情况通报同级公安部门、卫生主管部门。

（2）医疗机构设置放射诊疗项目，新建、扩建、改建放射诊疗建设项目，应当向相应的卫生行政部门提交申请，卫生行政部门对申请项目进行审查，合格的予以批准，发给《放射诊疗许可证》。未取得《放射诊疗许可证》或未进行诊疗科目登记的，不得开展放射诊疗工作。同时开展不同类别放射诊疗工作的，向具有高类别审批权的卫生行政部门申请办理。

2. 放射卫生许可申请必须具备的条件。生产、销售、使用放射性同位素和射线装置的单位申请领取许可证，应当具备下列条件：

（1）有与所从事的生产、销售、使用活动规模相适应的，具备相应专业知识和防护知识及健康条件的专业技术人员。

（2）有符合国家环境保护标准、职业卫生标准和安全防护要求的场所、设施和设备。

（3）有专门的安全和防护管理机构或者专职、兼职安全和防护管理人员，并配备必要的防护用品和监测仪器。

（4）有健全的安全和防护管理规章制度、辐射事故应急措施。

（5）产生放射性废气、废液、固体废物的，具有确保放射性废气、废液、固体废物达标排放的处理能力或者可行的处理方案。

3. 放射卫生许可证办理的程序。其一，申请。生产、销售、使用放射性同位素和射线装置的单位，应当事先向有审批权的生态环境主管部门提出许可申请,并提交符合《放射性同位素与射线装置安全和防护条例》第17条所规定条件的证明材料。使用放射性同位素和射线装置进行放射诊疗的医疗卫生机构,还应当获得卫生行政部门的许可。其二,审批。生态环境主管部门、卫生行政部门应当自受理申请之日起20个工作日内完成审查,符合条件的,颁发许可证,并予以公告;不符合条件的,书面通知申请单位并说明理由。

4. 放射卫生许可证的变更、重新申请与注销。持证单位变更单位名称、地址、法定代表人的,应当自变更登记之日起20日内,向原发证机关申请办理许可证变更手续。

有下列情形之一的,持证单位应当按照原申请程序,重新申请领取许可证:①改变所从事活动的种类或者范围的;②新建或者改建、扩建生产、销售、使用设施或者场所的。

持证单位部分终止或者全部终止生产、销售、使用放射性同位素和射线装置活动的,应当向原发证机关提出部分变更或者注销许可证申请,由原发证机关核查合格后,予以变更或者注销许可证。

5. 放射卫生许可证的有效期。许可证的有效期为5年。有效期届满,需要延续的,持证单位应当于许可证有效期届满30日前,向原发证机关提出延续申请。原发证机关应当自受理延续申请之日起,在许可证有效期届满前完成审查,符合条件的,予以延续;不符合条件的,书面通知申请单位并说明理由。

(三) 放射卫生防护管理制度

放射工作单位的上级行政管理部门,负责管理本系统的放射防护工作,并定期对本系统执行国家放射防护法规和标准进行检查。管理制度主要包括:

1. 放射性标志制度。生产、销售、使用、贮存放射性同位素和射线装置的场所,应当按照国家有关规定设置明显的放射性标志,其入口处应当按照国家有关安全和防护标准的要求,设置安全和防护设施以及必要的防护安全联锁、报警装置或者工作信号。射线装置的生产调试和使用场所,应当具有防止误操作、防止工作人员和公众受到意外照射的安全措施。放射性同位素的包装容器、含放射性同位素的设备和射线装置,应当设置明显的放射性标识和中文警示说明;放射源上能够设置放射性标识的,应当一并设置。运输放射性同位素和含放射源的射线装置的工具,应当按照国家有关规定设置明显的放射性标志或者显示危险信号。

在室外、野外使用放射性同位素和射线装置的，应当按照国家安全和防护标准的要求划出安全防护区域，设置明显的放射性标志，必要时设专人警戒。

2. 持有放射源的单位将废旧放射源交回生产单位、返回原出口方或者送交放射性废物集中贮存单位贮存的，应当在该活动完成之日起20日内向其所在地省、自治区、直辖市人民政府生态环境主管部门备案。

放射性同位素应当单独存放，不得与易燃、易爆、腐蚀性物品等一起存放，并指定专人负责保管。贮存、领取、使用、归还放射性同位素时，应当进行登记、检查，做到账物相符。对放射性同位素贮存场所应当采取防火、防水、防盗、防丢失、防破坏、防射线泄漏的安全措施。对放射源还应当根据其潜在危害的大小，建立相应的多层防护和安全措施，并对可移动的放射源定期进行盘存，确保其处于指定位置，具有可靠的安全保障。

3. 放射性产品管理制度。生产放射性同位素的单位，应当建立放射性同位素产品台账，并按照国务院生态环境主管部门制定的编码规则，对生产的放射源统一编码。放射性同位素产品台账和放射源编码清单应当报国务院生态环境主管部门备案。生产的放射源应当有明确标号和必要说明文件。其中，Ⅰ类、Ⅱ类、Ⅲ类放射源的标号应当刻制在放射源本体或者密封包壳体上，Ⅳ类、Ⅴ类放射源的标号应当记录在相应说明文件中。国务院生态环境主管部门负责建立放射性同位素备案信息管理系统，与有关部门实行信息共享。未列入产品台账的放射性同位素和未编码的放射源，不得出厂和销售。

辐射防护器材、含放射性同位素的设备和射线装置，以及含有放射性物质的产品和伴有产生X射线的电器产品，应当符合辐射防护要求。不合格的产品不得出厂和销售。

4. 放射诊疗管理制度。放射诊疗工作人员对患者和受检者进行医疗照射时，应当遵守医疗照射正当化和放射防护最优化的原则，有明确的医疗目的，严格控制受照剂量；对邻近照射野的敏感器官和组织进行屏蔽防护，并事先告知患者和受检者辐射对健康的影响。

医疗机构在实施放射诊断检查前应当对不同检查方法进行利弊分析，在保证诊断效果的前提下，优先采用对人体健康影响较小的诊断技术。

5. 放射工作人员健康管理制度。放射工作人员健康管理制度包括放射工作人员个人剂量管理制度、放射工作人员健康管理制度、放射工作人员培训考核发放《放射工作人员证》制度。

（四）放射事故管理制度

1. 分级管理。根据辐射事故的性质、严重程度、可控性和影响范围等因素，从重到轻将辐射事故分为特别重大辐射事故、重大辐射事故、较大辐射事故和一般辐射事故四个等级。

2. 报告制度。发生辐射事故时，生产、销售、使用放射性同位素和射线装置的单位应当立即启动本单位的应急方案，采取应急措施，并立即向当地生态环境主管部门、公安部门、卫生主管部门报告。生态环境主管部门、公安部门、卫生主管部门接到辐射事故报告后，应当立即派人赶赴现场，进行现场调查，采取有效措施，控制并消除事故影响，同时将辐射事故信息报告本级人民政府和上级人民政府生态环境主管部门、公安部门、卫生主管部门。县级以上地方人民政府及其有关部门接到辐射事故报告后，应当按照事故分级报告的规定及时将辐射事故信息报告上级人民政府及其有关部门。发生特别重大辐射事故和重大辐射事故后，事故发生地省、自治区、直辖市人民政府和国务院有关部门应当在4小时内报告国务院；特殊情况下，事故发生地人民政府及其有关部门可以直接向国务院报告，并同时报告上级人民政府及其有关部门。

3. 应急处理。

（1）在发生辐射事故或者有证据证明辐射事故可能发生时，县级以上人民政府生态环境主管部门有权采取下列临时控制措施：一是责令停止导致或者可能导致辐射事故的作业；二是组织控制事故现场。

（2）辐射事故发生后，有关县级以上人民政府应当按照辐射事故的等级，启动并组织实施相应的应急预案。县级以上人民政府生态环境主管部门、公安部门、卫生主管部门，按照职责分工做好相应的辐射事故应急工作：①生态环境主管部门负责辐射事故的应急响应、调查处理和定性定级工作，协助公安部门监控追缴丢失、被盗的放射源；②公安部门负责丢失、被盗放射源的立案侦查和追缴；③卫生主管部门负责辐射事故的医疗应急。

（3）生态环境主管部门、公安部门、卫生主管部门应当及时相互通报辐射事故应急响应、调查处理、定性定级、立案侦查和医疗应急情况。国务院指定的部门根据生态环境主管部门确定的辐射事故的性质和级别，负责有关国际信息通报工作。

（4）发生辐射事故的单位应当立即将可能受到辐射伤害的人员送至当地卫生主管部门指定的医院或者有条件救治辐射损伤病人的医院，进行检查和治疗，或者请求医院立即派人赶赴事故现场，采取救治措施。

四、放射卫生防护监督的法律规定

（一）放射防护监督机构及其职责

放射防护监督由卫生行政部门、生态环境主管部门和公安部门三个行政部门实施。

1. 卫生行政部门的监督职责。国务院卫生行政部门负责全国放射诊疗工作的监督管理。县级以上卫生行政部门负责本行政区域内放射诊疗工作的监督管理，其主要职责是：①定期对本行政区域内开展放射诊疗活动的医疗机构进行监督检查；②对使用放射性同位素与射线装置诊疗工作实施许可登记，发放放射诊疗工作许可证；③会同有关部门调查处理放射事故。

2. 生态环境主管部门的监督职责。国务院生态环境主管部门对全国放射性同位素、射线装置的安全和防护工作实施统一监督管理。县级以上地方人民政府环境保护行政主管部门对本辖区内的放射性同位素与射线装置的安全和防护工作实施监督管理，其主要职责是：①依法对生产、销售、使用放射性同位素和射线装置的单位进行监督检查；②对生产、销售、使用放射性同位素和射线装置的单位进行审批，颁发许可证；③会同有关部门处理放射性环境污染事故。

3. 公安部门的监督职责。县级以上公安部门对放射性同位素应用中的安全保卫实施监督管理，其主要职责是：①登记放射性同位素和放射源；②检查放射性同位素及放射源保存、保管的安全性；③负责丢失和被盗放射源的立案、侦查和追缴；④参与放射事故处理。

（二）放射防护监督员及职责

县级以上人民政府生态环境主管部门应当配备辐射防护安全监督员。辐射防护安全监督员由从事辐射防护工作,具有辐射防护安全知识并经省级以上人民政府生态环境主管部门认可的专业人员担任。省级以上人民政府生态环境主管部门辐射防护安全监督员由环境保护部认可,设区的市级、县级人民政府生态环境主管部门辐射防护安全监督员由省级人民政府生态环境主管部门认可。

县级以上的卫生行政部门设放射防护监督员,由省级卫生行政部门任命。放射防护监督员依法对本辖区内放射工作进行监督和检查。

五、法律责任

(一) 行政责任

1. 对违反放射卫生法规的单位或者个人,县级以上人民政府生态环境主管部门、卫生行政部门依照《放射性同位素与射线装置安全和防护条例》的职责分工,可以视其情节轻重,给予警告并限期改进、停止违法行为、停产停业,或者处以罚款和没收违法所得,直至吊销其许可证。

2. 发生放射事故的单位和个人拒绝、阻碍卫生行政部门、公安机关的工作人员依法执行职务,构成违反治安管理行为的,由公安机关依法予以治安管理处罚。

3. 卫生行政部门及其卫生监督执法人员、公安机关工作人员、县级以上人民政府环境保护部门的工作人员在放射防护执法活动中玩忽职守、滥用职权、徇私舞弊,情节轻微的,由所在单位或上级主管部门予以行政处罚。

(二) 民事责任

违反放射卫生法规的规定,发生放射事故的单位或者个人,给他人造成损害的,应当依法承担民事责任。

(三) 刑事责任

1. 对于违反放射卫生防护法规造成严重后果,构成犯罪的,依法追究刑事责任。

2. 对利用放射性同位素或者射线装置进行破坏活动或者有意伤害他人,构成犯罪的,依法追究刑事责任。

3. 卫生行政部门及其卫生监督执法人员、公安机关工作人员、县级以上人民政府环境保护部门的工作人员，在放射防护执法活动中玩忽职守、滥用职权、徇私舞弊，构成犯罪的，依法追究刑事责任。

第五节 控制吸烟法律制度

一、域外控制吸烟立法

（一）概况

人类为了控制吸烟，减少吸烟对人体的危害已进行了一百多年的斗争。在当代，随着科学与社会的发展，控制吸烟成为历史性潮流和发展趋势，为此，有关国际组织和许多国家及地区纷纷进行控烟立法。据统计，目前世界上已有九十多个国家制定了有关控烟的法规，并有许多国家制定了在公共场所禁止吸烟的法规，且数量不断增加。其中，在公共场所全面禁止吸烟的国家有澳大利亚、加拿大、爱尔兰、新西兰、挪威、南非和美国（纽约、加利福尼亚）等；实施部分禁烟的国家有比利时、塞浦路斯、捷克共和国、爱沙尼亚、法国、芬兰、希腊、匈牙利、意大利、拉脱维亚、立陶宛、马耳他、波兰、俄罗斯、斯洛伐克、斯洛文尼亚、西班牙和瑞典等。2003年5月，世界卫生大会批准了《烟草控制框架公约》，成为第一部国际性的烟草控制公约。

（二）禁烟场所

世界各国对禁止吸烟的场所立法规定不尽相同，但一般可概括为三种场所：一是公共场所，包括医院、电影院、车站、商场等；二是公共交通运输工具，包括飞机、火车、地铁、汽车、船只等；三是特殊场所，包括会议场所、政府机关办公场所等。

（三）禁烟群体

目前世界各国立法普遍将未成年人规定为禁止吸烟的群体，如英国、意大利、日本、澳大利亚、爱尔兰等。

（四）对烟草制品生产经营的控制

包括对烟草制品毒害物质含量的限制，实行烟草制品专卖，烟草制品包装上的有害告诫、禁止香烟广告等。

二、我国控制吸烟立法概况

我国控烟立法工作相对滞后,至今还没有一部专门控制烟草的国家法律,全国性的控烟立法主要散见于其他法规,如《公共场所卫生管理条例》《中华人民共和国烟草专卖法》《中华人民共和国未成年人保护法》《公共场所卫生管理条例实施细则》《关于在公共交通工具及其等候室禁止吸烟的规定》等。随着《烟草控制框架公约》的生效,我国也于 2005 年 8 月 28 日正式批准了《烟草控制框架公约》,成为《烟草控制框架公约》的缔约国,并开始承担该公约规定的各项控烟管理义务。

此外,目前我国有 45.7% 的城市先后制定了公共场所禁止吸烟的地方性法规,如《上海市公共场所控制吸烟条例》《深圳经济特区控制吸烟条例》《北京市控制吸烟条例》《天津市控制吸烟条例》《杭州市公共场所控制吸烟条例》《重庆市公共场所控制吸烟条例》等。2014 年 11 月 24 日,卫生计生委起草的《公共场所控制吸烟条例(送审稿)》向社会公开征求意见。送审稿明确,所有室内公共场所一律禁止吸烟。此外,体育、健身场馆的室外观众坐席、赛场区域;公共交通工具的室外等候区域等也全面禁止吸烟。

三、我国控制吸烟的法律规定

(一) 禁止吸烟场所

1. 室内公共场所禁止吸烟。具体包括:宾馆、饭店、酒吧、影剧院、游艺厅(室)、展览馆、候车(机、船)室等场所。

2. 公共交通运输工具禁止吸烟。具体包括:各类旅客列车的软卧、硬卧、软座、硬座、旅客餐车车厢内;各类客运轮船的旅客座舱、卧舱及会议室、阅览室等公共场所,长途客运汽车;民航国内、国际航班各等客舱内;地铁、轻轨列车,各类公共汽车、电车(包括有轨电车)出租汽车,各类客渡轮(船)、游轮(船)、客运索道及缆车。

3. 中小学校、幼儿园、托儿所的教室、寝室、活动室和其他未成年人集中活动的场所禁止吸烟。

4. 医疗机构的候诊室、诊疗室、病房等。

(二) 禁烟场所经营者的职责

禁止吸烟场所的经营者或管理单位应履行下列职责:

1. 在禁止吸烟场所必须设立明显的禁止吸烟标志。

2. 在禁止吸烟场所不得设置烟草广告标志，不放置吸烟器具；公共交通工具车身不得设置烟草广告标志。

3. 在禁止吸烟场所可以指定吸烟的区域或设置有通风装置的吸烟室。

4. 指定吸烟的区域和设置的吸烟室必须设立准许吸烟的明显标志。

5. 禁止吸烟场所的经营或管理单位必须对禁止吸烟的工作进行严格管理，设置卫生检查员监督管理本场所的禁烟工作，劝阻吸烟。

6. 禁止吸烟场所的经营或管理单位有责任和义务，采取各种形式开展吸烟有害的健康教育工作。

（三）禁止吸烟的场所被动吸烟者的权利

在禁止吸烟场所内，有权要求该场所内的吸烟者停止吸烟，有权要求该场所的经营或管理单位、卫生检查员劝阻吸烟。

四、法律责任

禁止吸烟场所的经营或管理单位违反有关法律规定，由卫生及有关主管部门责令其改正，或通报批评、取消有关荣誉称号，并根据情节轻重可以给予警告、罚款 500~1000 元的行政处罚，以上处罚可以单独使用，也可合并使用。

对在禁止吸烟场所吸烟者，卫生检查员应对其进行教育，责令其停止吸烟，并处以 10 元的罚款；经教育、劝阻仍不执行法律规定者，可处以 2~5 倍罚款。

拒绝、阻碍卫生及有关主管部门的管理人员、卫生检查员依法执行公务，并使用暴力威胁的，由公安部门按照《中华人民共和国治安管理处罚法》处理；对构成犯罪的，依法追究其刑事责任。

卫生及有关主管部门管理人员、卫生检查员应当严格遵守法纪、秉公执法。对徇私舞弊、索贿受贿、玩忽职守的给予行政处分；构成犯罪的，依法追究其刑事责任。

拓展阅读

学校卫生工作条例

公共场所卫生管理条例

生活饮用水卫生标准
（GB 5749-2022）正式出版

放射性同位素与射线装置安全
和防护条例

思考题

1. 学校卫生工作的任务是什么？《学校卫生工作条例》对学校卫生工作管理是如何规定的？

2. 什么是公共场所？《公共场所卫生管理条例》对公共场所卫生监督的法律规定有哪些？

3. 《生活饮用水卫生监督管理办法》对生活饮用水卫生监督主体与监督对象是如何规定的？《生活饮用水卫生标准》（GB 5749-2022）对生活饮用水卫生质量要求是如何规定的？违反生活饮用水卫生法规的法律责任是什么？

4. 什么是放射卫生法？放射卫生防护的任务和内容是什么？

5. 我国控制吸烟的法律规定有哪些？应如何完善我国控制吸烟法律规范？

第十五章 突发公共卫生事件法律制度

○ 学习目标

掌握：突发公共卫生事件的概念和特征。
熟悉：突发公共卫生事件的分级。
了解：突发公共卫生事件的处理原则、应急处理的法律规定。

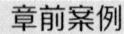 章前案例

非典病毒

2003年春季，中国广东出现了一种新型的传染病，人们称它为"非典病毒"，正式名称是SARS（严重急性呼吸综合征）。这种病毒具有极强的传染性和致死性，令当时的中国和世界各国都陷入了卫生危机。

非典病毒的突发，在短短几个月内迅速蔓延到全国各地，给人们带来了恐慌和畏惧。但是，中国政府及时采取了严格的封锁措施和大规模的医疗救治措施，使得非典病毒在较短时间内得到了控制和消灭。

新冠病毒

2019年底，一种新型冠状病毒在中国武汉暴发，人们称它为"新冠病毒"，正式名称是COVID-19（冠状病毒病2019）。这种病毒具有极强的传染性和致死性，是一次全球性的公共卫生紧急事件。

新冠病毒在短短的几个月内迅速蔓延到世界各地，给人们带来了巨大的恐慌和痛苦。各个国家和组织纷纷采取了严格的防控措施和医疗救治措施，但由于疫情的复杂性和不确定性，效果不尽如人意，全球疫情形势一度非常严峻。

第一节 概 述

一、突发公共卫生事件的概念及其特征

1. 突发公共卫生事件的概念。突发公共卫生事件，是指突然发生，造成或者可能造成社会公众健康严重损害的重大传染病疫情、群体性不明原因疾病、重大食物中毒和职业中毒以及其他严重影响公众健康的事件。

2. 突发公共卫生事件的特征。突发公共卫生事件具有以下特征：

（1）突发性。突发公共卫生事件都是突然发生。一般来讲，突发公共卫生事件的发生是不易预测的，但突发公共卫生事件的发生和转归也具有一定的规律性。

（2）公共性。突发公共卫生事件所危及的对象为不特定的社会群体。

（3）危害的严重性。突发公共卫生事件可能对公众健康和生命安全、社会经济发展、生态环境等造成不同程度的危害，这种危害可以是对社会造成即时性严重损害，也可以是对社会未来造成严重的影响。

（4）处理的综合性和系统性。突发公共卫生事件不仅仅是一个公共卫生问题，还是一个社会问题，它的处理涉及多系统、多部门，需要各有关部门共同努力，全社会共同参与，将其危害降到最低程度。

二、突发公共卫生事件分级

根据突发公共卫生事件的性质、危害程度、涉及范围，突发公共卫生事件被划分为四级：特别重大突发公共卫生事件（Ⅰ级）、重大突发公共卫生事件（Ⅱ级）、较大突发公共卫生事件（Ⅲ级）、一般突发公共卫生事件（Ⅳ级）。

1. 特别重大突发公共卫生事件（Ⅰ级）。特别重大突发公共卫生事件主

要包括：

（1）肺鼠疫、肺炭疽在大、中城市发生并伴有扩散趋势，或肺鼠疫、肺炭疽疫情波及两个以上的省份，并有进一步扩散趋势。

（2）发生传染性非典型肺炎、人感染高致病性禽流感病例，并有扩散趋势。

（3）涉及多个省份的群体性不明原因疾病，并有扩散趋势。

（4）发生烈性病菌株、毒株、致病因子等丢失事件。

（5）发生新传染病或我国尚未发现的传染病发生或传入，并有扩散趋势，或发现我国已经消灭的传染病重新流行。

（6）周边以及与我国通航的国家和地区发生特大传染病疫情，并出现输入性病例，严重危及我国公共卫生安全的事件。

（7）国务院卫生行政部门认定的其他特别重大突发公共卫生事件。

2. 重大突发公共卫生事件（Ⅱ级）。有下列情形之一的为重大突发公共卫生事件：

（1）在一个县（市）行政区域内，一个平均潜伏期内（6天）发生5例以上肺鼠疫、肺炭疽病例，或者相关联的疫情波及两个以上县（市）。

（2）发生传染性非典型肺炎、人感染高致病性禽流感疑似病例。

（3）腺鼠疫发生流行，在一个市（地）行政区域内，一个平均潜伏期内多点连续发病20例以上，或流行范围波及两个以上市（地）。

（4）霍乱在一个市（地）行政区域内流行，一周内发病30例以上，或波及两个以上市（地），有扩散趋势。

（5）乙类、丙类传染病波及两个以上县（市），一周内发病水平超过前5年同期平均发病水平2倍以上。

（6）我国尚未发现的传染病发生或传入，尚未造成扩散。

（7）发生群体性不明原因疾病，扩散到县（市）以外的地区。

（8）发生重大医源性感染事件。

（9）预防接种或群体预防性服药出现人员死亡。

（10）一次食物中毒人数超过100人并出现死亡病例，或出现10例以上死亡病例。

（11）一次性发生急性职业中毒50人以上，或死亡5人以上。

(12) 境内外隐匿运输、邮寄烈性生物病原体、生物毒素造成我境内人员感染或死亡的。

(13) 省级以上人民政府卫生行政部门认定的其他重大突发公共卫生事件。

3. 较大突发公共卫生事件（Ⅲ级）。有下列情形之一的为较大突发公共卫生事件：

(1) 发生肺鼠疫、肺炭疽病例，一个平均潜伏期内病例数未超过5例，流行范围在一个县（市）行政区域内。

(2) 腺鼠疫发生流行，在一个县（市）行政区域内，一个平均潜伏期内连续发病10例以上，或波及两个以上县（市）。

(3) 霍乱在一个县（市）行政区域内一周内发病10~29例或波及两个以上县（市），或市（地）级以上城市的市区首次发生。

(4) 一周内在一个县（市）行政区域内，乙、丙类传染病发病水平超过前5年同期平均发病水平1倍以上。

(5) 一个县（市）行政区域内发现群体性不明原因疾病。

(6) 一次性食物中毒100人，或出现死亡病例。

(7) 预防接种或群体预防性服药出现群体心因性反应或不良反应。

(8) 一次发生急性职业中毒10~49人，或死亡4人以下。

(9) 市（地）级以上人民政府卫生行政部门认定的其他较大突发公共卫生事件。

4. 一般突发公共卫生事件（Ⅳ级）。有下列情形之一的为一般突发公共卫生事件：

(1) 肺鼠疫在一个县（市）行政区域内发生，一个平均潜伏期内病例数未超过10例。

(2) 霍乱在一个县（市）行政区域内，一周内发病9例以下。

(3) 一次食物中毒人数30~99人，未出现死亡病例。

(4) 一次性发生急性职业中毒9人以下，未出现死亡病例。

(5) 县级以上人民政府卫生行政部门认定的其他一般突发公共卫生事件。

三、突发公共卫生事件立法

我国应对突发公共卫生事件法律法规的建立，经历了一个逐渐发展的过程，1978 年颁布的《中华人民共和国急性传染病管理条例》和 1989 年颁布的《传染病防治法》，标志着我国公共卫生的法制建设进入了一个崭新时期。经过二十余年的发展，国家相继制定和颁布了一系列与公共卫生相关的法律法规，2003 年 5 月 9 日，国务院颁布了《突发公共卫生事件应急条例》；2004 年 8 月 28 日，第十届全国人大常委会第十一次会议对《传染病防治法》进行了修订。最新《传染病防治法》（2013 年修正）和《突发公共卫生事件应急条例》（2011 年修订）的颁布和实施，标志着我国应对突发公共卫生事件进一步纳入法制化的轨道，也标志着我国突发公共卫生事件应急机制进一步完善。

目前，已经颁布的与突发公共卫生事件应急有关的法律法规还有《职业病防治法》《食品安全法》《医师法》《使用有毒物品作业场所劳动保护条例》《危险化学品安全管理条例》《放射事故管理规定》《突发公共卫生事件与传染病疫情监测信息报告管理办法》等。

第二节　突发公共卫生事件的处理原则及监测预警

一、突发公共卫生事件的处理原则

1. 预防为主，常备不懈。预防为主是我国卫生工作的基本方针。在突发公共卫生事件的预防中，主要是提高突发公共卫生事件发生的全社会防范意识，落实各项防范措施，有针对性地制定应急处理预案，对各种可能引发突发公共卫生事件的情况进行及时分析、预警、报告，做到早发现、早报告、早处理，有效应对和处理各种突发事件。

2. 统一领导，分级负责。在突发公共卫生事件应急处理的各项工作中，必须坚持由各级人民政府统一领导，成立应急指挥部，对处理工作实行统一指挥。各有关部门在应急指挥部的领导下，根据部署和分工，开展各项应急处理工作。

3. 反应及时，措施果断。反应及时，措施果断，是有效控制突发公共卫生事件事态的前提。在突发公共卫生事件发生后，有关人民政府及其有关部门应当及时做出反应，决定是否启动应急预案，及时搜集、报告疫情，组织调查，积极开展救治工作，提出处理建议，有效控制事态发展。

4.依靠科学，加强合作。处理突发公共卫生事件要尊重科学、依靠科学，开展防治突发公共卫生事件相关科学研究。各有关部门、学校、科研单位等要通力合作，实现资源共享。

二、突发公共卫生事件的监测和预警

为了有效预防、及时控制和消除突发公共卫生事件及其危害，指导和规范各类突发公共卫生事件的应急处理工作，最大限度地减少危害，保障公众身心健康与生命安全。国家建立统一的突发公共卫生事件监测、预警与报告网络体系。

1.突发公共卫生事件的监测。各级医疗、疾病预防控制、卫生监督和出入境检疫机构负责开展突发公共卫生事件的日常监测工作。省级人民政府卫生行政部门要按照国家统一规定和要求，结合实际，组织开展重点传染病和突发公共卫生事件的主动监测。国务院卫生行政部门和地方各级人民政府卫生行政部门要加强对监测工作的管理和监督，保证监测质量。

2.突发公共卫生事件的预警。各级人民政府卫生行政部门根据医疗机构、疾病预防控制机构、卫生监督机构提供的监测信息，按照公共卫生事件的发生、发展规律和特点，及时分析其对公众身心健康的危害程度、可能的发展趋势，及时做出响应级别的预警，依次用红色、橙色、黄色和蓝色表示特别严重、严重、较重和一般四个预警级别。

第三节　突发公共卫生事件报告及通报、信息发布制度

一、突发公共卫生事件应急报告及通报制度

1.责任报告单位和责任报告人。

（1）责任报告单位，是指县级以上各级人民政府卫生行政部门指定的突发公共卫生事件监测机构；各级、各类医疗卫生机构；卫生行政部门；县级以上地方人民政府；其他有关单位，主要包括发生突发公共卫生事件的单位、与群众健康和卫生保健工作密切相关的机构，如检验、检疫机构、食品、药品监督管理机构、环境保护、监测机构、教育机构等。

（2）责任报告人，是指执行职务的各级、各类医疗卫生机构的工作人员、

个体开业医生。

2. 报告时限。

（1）突发公共卫生事件监测机构、医疗卫生机构及有关单位发现突发公共卫生事件，应当在 2 小时内向所在地县级人民政府卫生行政主管部门报告；接到报告的卫生行政主管部门应当在 2 小时内向本级人民政府报告，并同时向上级人民政府卫生行政主管部门和国务院卫生行政主管部门报告。县级人民政府应当在接到报告后 2 小时内向设区的市级人民政府或者上一级人民政府报告；设区的市级人民政府应当在接到报告后 2 小时内向省、自治区、直辖市人民政府报告；各级人民政府应在接到事件报告后的 2 小时内向上一级人民政府报告。

（2）有下列情形之一的，省、自治区、直辖市人民政府应当在接到报告1 小时内，向国务院卫生行政主管部门报告：①发生或者可能发生传染病暴发、流行的；②发生或者发现不明原因的群体性疾病的；③发生传染病菌种、毒种丢失的；④发生或者可能发生重大食物和职业中毒事件的。

（3）国务院卫生行政主管部门对可能造成重大社会影响的突发事件，应当立即向国务院报告。

3. 通报。国务院卫生行政主管部门应当根据发生突发事件的情况，及时向国务院有关部门和各省、自治区、直辖市人民政府卫生行政主管部门以及军队有关部门通报。突发事件发生地的省、自治区、直辖市人民政府卫生行政主管部门，应当及时向毗邻省、自治区、直辖市人民政府卫生行政主管部门通报。接到通报的省、自治区、直辖市人民政府卫生行政主管部门，必要时应当及时通知本行政区域内的医疗卫生机构。县级以上地方人民政府有关部门，已经发生或者发现可能引起突发事件的情形时，应当及时向同级人民政府卫生行政主管部门通报。

二、突发公共卫生事件信息发布制度

国家建立突发事件的信息发布制度。国务院卫生行政主管部门负责向社会发布突发事件的信息。必要时，可以授权省、自治区、直辖市人民政府卫生行政主管部门向社会发布本行政区域内突发事件的信息。

信息发布应当及时、准确、全面。

第四节 突发公共卫生事件应急处理的法律规定

一、启动应急预案

突发事件发生后,卫生行政主管部门应当组织专家对突发事件进行综合评估,初步判断突发事件的类型,提出是否启动突发事件应急预案的建议。

在全国范围内或者跨省、自治区、直辖市范围内启动全国突发事件应急预案,由国务院卫生行政主管部门报国务院批准后实施。省、自治区、直辖市启动突发事件应急预案,由省、自治区、直辖市人民政府决定,并向国务院报告。

二、监督与指导应急处理

全国突发事件应急处理指挥部对突发事件应急处理工作进行督察和指导,地方各级人民政府及其有关部门应当予以配合。省、自治区、直辖市突发事件应急处理指挥部对本行政区域内突发事件应急处理工作进行督察和指导。

三、应急处理措施

1. 专业技术机构的工作。省级以上人民政府卫生行政主管部门或者其他有关部门指定的突发公共卫生事件应急处理专业技术机构,负责突发公共卫生事件的技术调查、确证、处置、控制和评价工作。

2. 政府有关部门的工作。突发公共卫生事件发生后,国务院有关部门和县级以上地方人民政府及其有关部门,应当保证突发公共卫生事件应急处理所需的医疗救护设备、救治药品、医疗器械等物资的生产、供应;铁路、交通、民用航空行政主管部门应当保证及时运送。

3. 医疗卫生机构的工作。医疗卫生机构应当对因突发公共卫生事件致病的人员提供医疗救护和现场救援,对就诊病人必须接诊治疗,并书写详细、完整的病历记录;对需要转送的病人,应当按照规定将病人及其病历记录的复印件转送至接诊的或者指定的医疗机构。

4. 指挥部可采取的控制措施。突发公共卫生事件应急处理指挥部有权紧急调集人员、储备的物资、交通工具以及相关设施、设备。必要时,对人员进行疏散或者隔离，并可以依法对传染病疫区实行封锁。

5. 公安部门的工作。在突发公共卫生事件中需要接受隔离治疗、医学观察措施的病人、疑似病人和传染病病人密切接触者在卫生行政主管部门或者有关机构采取医学措施时应当予以配合；拒绝配合的，由公安机关依法协助强制执行。

第五节　法律责任

一、各级政府部门的责任

1. 县级以上地方人民政府及其卫生行政主管部门对突发事件隐瞒、缓报谎报或者授意他人隐瞒、缓报、谎报的，对政府主要领导人及其卫生行政主管部门主要负责人，依法给予降级或者撤职的行政处分；造成传染病传播、流行或者对社会公众健康造成其他严重危害后果的，依法给予开除的行政处分；构成犯罪的，依法追究刑事责任。

2. 国务院有关部门、县级以上地方人民政府及其有关部门未依照《突发公共卫生事件应急条例》的规定，完成突发事件应急处理所需要的设施、设备、药品和医疗器械等物资的生产、供应、运输和储备的，对政府主要领导人和政府部门主要负责人依法给予降级或者撤职的行政处分；造成传染病传播、流行或者对社会公众健康造成其他严重危害后果的，依法给予开除的行政处分；构成犯罪的，依法追究刑事责任。

3. 突发事件发生后，县级以上地方人民政府及其有关部门对上级人民政府有关部门的调查不予配合，或者采取其他方式阻碍、干涉调查的，对政府主要领导人和政府部门主要负责人依法给予降级或者撤职的行政处分；构成犯罪的，依法追究刑事责任。

4. 县级以上各级人民政府卫生行政主管部门和其他有关部门在突发事件调查、控制、医疗救治工作中玩忽职守、失职、渎职的，由本级人民政府或者上级人民政府有关部门责令改正、通报批评、给予警告；对主要负责人、负有责任的主管人员和其他责任人员依法给予降级、撤职的行政处分；造成传染病传播、流行或者对社会公众健康造成其他严重危害后果的，依法给予开除的行政处分；构成犯罪的，依法追究刑事责任。

5. 县级以上各级人民政府有关部门拒不履行应急处理职责的，由同级人民政府或者上级人民政府有关部门责令改正、通报批评、给予警告；对主要负责人、负有责任的主管人员和其他责任人员依法给予降级、撤职的行政处分；造成传染病传播、流行或者对社会公众健康造成其他严重危害后果的，依法给予开除的行政处分；构成犯罪的，依法追究刑事责任。

二、医疗卫生机构的责任

医疗卫生机构有下列行为之一的，由卫生行政主管部门责令改正、通报批评、给予警告；情节严重的，吊销《医疗机构执业许可证》；对主要负责人、负有责任的主管人员和其他直接责任人员依法给予降级或者撤职的纪律处分；造成传染病传播、流行或者对社会公众健康造成其他严重危害后果，构成犯罪的，依法追究刑事责任：①未依照《突发公共卫生事件应急条例》的规定履行报告职责，隐瞒、缓报或者谎报的；②未依照《突发公共卫生事件应急条例》的规定及时采取控制措施的；③未依照《突发公共卫生事件应急条例》的规定履行突发事件监测职责的；④拒绝接诊病人的；⑤拒不服从突发事件应急处理指挥部调度的。

三、有关单位和个人的责任

1. 在突发事件应急处理工作中，有关单位和个人未依照《突发公共卫生事件应急条例》的规定履行报告职责，隐瞒、缓报或者谎报，阻碍突发事件应急处理工作人员执行职务，拒绝国务院卫生行政主管部门或者其他有关部门指定的专业技术机构进入突发事件现场，或者不配合调查、采样、技术分析和检验的，对有关责任人员依法给予行政处分或者纪律处分；触犯《中华人民共和国治安管理处罚法》，构成违反治安管理行为的，由公安机关依法予以处罚；构成犯罪的，依法追究刑事责任。

2. 在突发事件发生期间，散布谣言、哄抬物价、欺骗消费者，扰乱社会秩序、市场秩序的，由公安机关或者工商行政管理部门依法给予行政处罚；构成犯罪的，依法追究刑事责任。

拓展阅读

突发公共卫生事件应急条例

中华人民共和国传染病防治法

思考题

1. 突发公共卫生事件应急工作的基本原则是什么？
2. 《突发公共卫生事件应急条例》制定的目的是什么？
3. 我国在应对突发"非典病毒"和"新冠病毒"时的具体做法是什么？

第十六章
职业病防治法律制度

学习目标

掌握：职业病的概念与种类。
熟悉：劳动者的职业卫生权利。
了解：职业病的预防与防护制度、职业病诊断与职业病病人的待遇，以及违反职业病防治法的法律责任。

章前案例

2004年3月2日，常熟市卫生局接到常熟市疾病预防控制中心"关于王某某等人职业病诊断的报告"，常熟市某公司王某某等5名职工被诊断为苯中毒，另有4名职工为观察对象，市卫生局组织调查组对该公司进行了调查处理。该公司主要从事工艺包装、塑料制品、木制工艺品制造与加工，使用的胶水粘合剂中存在苯、甲苯、二甲苯等职业病危害因素，但未向卫生行政部门申报产生职业危害的项目。对于接触职业病危害因素的职工，该公司未按规定为其配备符合职业病防护要求的个人防护用品，仅提供了普通的纱布口罩。常熟市疾控中心于2003年3月对该公司生产车间空气中的职业危害因素进行了检测，该公司生产车间空气中苯、甲苯等物质的浓度不符合国家职业卫生标准。该公司于2003年8月及2004年3月对全厂职工进行了两次在岗期间的职业健康检查，但是未安排接触职业病危害因素的职工进行上岗前体检。

第一节 概 述

一、职业病的概念与种类

(一) 职业病的概念

职业病是由于职业活动而产生的疾病,但并不是所有在劳动中所患的疾病都是职业病。依据《中华人民共和国职业病防治法》(以下简称《职业病防治法》)的规定,法定职业病,是指企业、事业单位和个体经济组织等用人单位的劳动者在职业活动中,因接触粉尘、放射性物质和其他有毒、有害物质等因素而引起的疾病。

(二) 职业病的种类

由于职业病危害因素种类很多,导致职业病范围很广,不可能把所有职业病都纳入法定职业病范围。根据我国的经济发展水平,并参考国际上通行的做法,2013年12月23日,国家卫生计生委、人力资源和社会保障部、国家安全生产监督管理总局和中华全国总工会联合组织联合印发的《职业病分类和目录》规定我国的职业病为十大类132种,具体包括:职业性尘肺病及其他呼吸系统疾病19种、职业性眼病3种、职业性皮肤病9种、职业性耳鼻喉口腔疾病4种、职业性放射性疾病11种、职业性化学中毒60种、物理因素所致职业病7种、职业性传染病5种、职业性肿瘤11种、其他职业病3种。

值得注意的是,本次《职业病分类和目录》的调整增加了对医疗卫生人员的职业感染的关注,将医疗卫生人员职业活动中感染的艾滋病增加到了职业性传染病中。

二、职业病防治的立法

职业病防治法,是指调整在预防、控制和消除职业病危害,保护劳动者健康和相关权利,促进经济发展等活动过程中所发生的各种社会关系的法律规范的总称。

新中国成立以来,国家十分重视职业病的防治,并通过立法,在计划经济时期就职业病防治取得了巨大成绩。1956年,国务院颁布了《工厂安全卫生规程》；1957 年，卫生部发布了《职业病范围和职业病患者处理办法的规定》。随着改革开放和工业化进程的加快，我国职业病危害日益突出，为此国家不断加强职业病防治立法。1987 年 12 月 3 日，国务院颁布了《中华人民共和国尘肺病防治条例》；2001 年 10 月 27 日，第九届全国人民代表大会常务委员会第二十四次会议通过了《职业病防治法》。其后，卫生部发布了《职业病危害事故调查处理办法》《职业卫生技术服务机构管理办法》《使用有毒物品作业场所劳动保护条例》。为了更好的预防、控制和消除职业病危害，防治职业病，保护劳动者健康及其相关权益，促进经济社会发展，2011 年 12 月 31 日，全国人民代表大会常务委员会对《职业病防治法》进行了修正。2013 年 2 月 19 日，卫生部公布了卫生部令第 91 号《职业病诊断与鉴定管理办法》。2013 年 12 月 23 日，国家卫生计生委、人力资源和社会保障部、国家安全生产监督管理总局和中华全国总工会联合组织发布了《职业病分类和目录》，对 2002 年卫生部联合原劳动保障部发布的《职业病目录》中的职业病分类和目录进行了调整。此后，全国人民代表大会常务委员会又分别于 2016 年、2017 年和 2018 年对《职业病防治法》进行了三次修正。

三、职业病防治的原则

（一）预防为主、防治结合原则

所谓预防为主，就是在整个职业病防治过程中，要把预防措施作为根本措施和首要环节放在先导地位，控制职业病危害源头，并在一切职业活动中尽可能控制和消除职业病危害因素的产生，使工作场所职业卫生防护符合国家职业卫生标准和卫生要求。同时，减少职业病对劳动者健康的危害还要坚持防治结合的原则，做到"防"中有"治"，"治"中有"防"，以"治"促"防"，通过"防"解决"治"的问题。这样，才能更好地保护劳动者的权益。

（二）用人单位负责原则

用人单位负责原则，是指用人单位对本单位职业病工作全面承担责任，单位负责人对本单位职业病防治全面负责。

用人单位应当建立、健全职业病防治责任制，加强对职业病防治的管理，提高职业病防治水平，对本单位产生的职业病危害承担责任。用人单位的主要负责人对本单位的职业病防治工作全面负责，所有用人单位必须依法参加工伤保险。职业病防治的各种措施需要用人单位落实才能真正减少职业病危害，保护劳动者的健康权益。

（三）国家机关监督原则

国务院卫生行政部门、劳动保障行政部门依照《职业病防治法》和国务院确定的职责，负责全国职业病防治的监督管理工作。国务院有关部门在各自的职责范围内负责职业病防治的有关监督管理工作。

县级以上地方人民政府卫生行政部门、劳动保障行政部门依据各自职责，负责本行政区域内职业病防治的监督管理工作。县级以上地方人民政府有关部门在各自的职责范围内负责职业病防治的有关监督管理工作。

县级以上人民政府卫生行政部门、劳动保障行政部门（以下统称"职业卫生监督管理部门"）应当加强沟通，密切配合，按照各自职责分工，依法行使职权，承担责任。

（四）分类管理、综合治理原则

由于导致职业病危害的因素很多，职业病的危害程度也不完全相同，所以，在职业病防治管理工作中需要按照不同危害类别对职业病进行分类管理。综合治理就是要将职业病防治作为一项系统工程来抓，卫生行政部门作为国家主管部门进行统一的监督管理，同时要加强对职业病防治的宣传教育，普及职业病防治的知识，增强用人单位的职业病防治观念，提高劳动者的职业健康意识、自我保护意识和行使职业卫生保护权利的能力。

第二节 职业病的预防和防护

一、职业病的前期预防

（一）工作场所的职业卫生要求

用人单位应当依照法律、法规要求，严格遵守国家职业卫生标准，落实职业病预防措施，从源头上控制和消除职业病危害。产生职业病危害的用人单位的设立除应当符合法律、行政法规规定的设立条件外，其工作场所还应当符合下列职业卫生要求：

1. 职业病危害因素的强度或者浓度符合国家职业卫生标准。
2. 有与职业病危害防护相适应的设施。

3. 生产布局合理，符合有害与无害作业分开的原则。

4. 有配套的更衣间、洗浴间、孕妇休息间等卫生设施。

5. 设备、工具、用具等设施符合保护劳动者生理、心理健康的要求。

6. 法律、行政法规和国务院卫生行政部门关于保护劳动者健康的其他要求。

（二）职业病危害项目申报制度

职业病危害，是指对从事执业活动的劳动者可能导致职业病的各种危害。《职业病危害因素分类目录》由国务院卫生行政部门制定、调整并公布。用人单位工作场所存在职业病目录所列职业病的危害因素的，应当及时、如实向所在地卫生行政部门申报危害项目，接受监督。职业病危害项目申报的具体办法由国务院卫生行政部门制定。

（三）建设项目职业病危害预评价报告制度

新建、扩建、改建建设项目和技术改造、技术引进项目（以下统称"建设项目"）可能产生职业病危害的，建设单位在可行性论证阶段应当进行职业病危害预评价。

医疗机构建设项目可能产生放射性职业病危害的，建设单位应当向卫生行政部门提交放射性《职业病危害预评价报告》。卫生行政部门应当自收到预评价报告之日起 30 日内，作出审核决定并书面通知建设单位。未提交预评价报告或者预评价报告未经卫生行政部门审核同意的，不得开工建设。

《职业病危害预评价报告》应当对建设项目可能产生的职业病危害因素及其对工作场所和劳动者健康的影响作出评价，确定危害类别和职业病防护措施。

建设项目职业病危害分类管理办法由国务院卫生行政部门制定。

二、劳动过程中的防护与管理

（一）用人单位的防护与管理义务

1. 职业病防治日常管理上的义务。用人单位应当采取下列职业病防治管理措施：

（1）设置或者指定职业卫生管理机构或者组织，配备专职或者兼职的职业卫生专业人员，负责本单位的职业病防治工作。

（2）制定职业病防治计划和实施方案。

（3）建立、健全职业卫生管理制度和操作规程。

（4）建立、健全职业卫生档案和劳动者健康监护档案。

（5）建立、健全工作场所职业病危害因素监测及评价制度。

（6）建立、健全职业病危害事故应急救援预案。

2. 如实告知劳动者职业病危害的义务。用人单位与劳动者订立劳动合同（含聘用合同，下同）时，应当将工作过程中可能产生的职业病危害及其后果、职业病防护措施和待遇等如实告知劳动者，并在劳动合同中写明，不得隐瞒或者欺骗。

劳动者在已订立劳动合同期间因工作岗位或者工作内容变更，从事与所订立劳动合同中未告知的存在职业病危害的作业时，用人单位应当向劳动者履行如实告知的义务，并协商变更原劳动合同相关条款。否则，劳动者有权拒绝从事存在职业病危害的作业，用人单位不得因此解除或者终止与劳动者所订立的劳动合同。

3. 职业卫生培训的义务。用人单位的负责人应当接受职业卫生培训，遵守职业病防治法律、法规，依法组织本单位的职业病防治工作。

用人单位应当对劳动者进行上岗前的职业卫生培训和在岗期间的定期职业卫生培训，普及职业卫生知识，督促劳动者遵守职业病防治法律、法规、规章和操作规程，指导劳动者正确使用职业病防护设备和个人使用的职业病防护用品。

4. 采取新技术减少职业病危害的义务。用人单位应当优先采用有利于防治职业病和保护劳动者健康的新技术、新工艺、新设备、新材料，逐步替代会导致职业病危害严重的技术、工艺、设备、材料。

5. 对严重危害岗位提醒的义务。产生职业病危害的用人单位，应当在醒目位置设置公告栏，公布有关职业病防治的规章制度、操作规程、职业病危害事故应急救援措施和工作场所职业病危害因素检测结果。对产生严重职业病危害的作业岗位，应当在其醒目位置设置警示标识和中文警示说明。警示说明应当载明产生职业病危害的种类、后果、预防以及应急救治措施等内容。

6. 提供职业病防护设备的义务。用人单位必须采用有效的职业病防护设施，并为劳动者提供个人使用的职业病防护用品。用人单位为劳动者个人提供的职业病防护用品必须符合防治职业病的要求；不符合要求的，不得使用。

对职业病防护设备、应急救援设施和个人使用的职业病防护用品，用人单位应当进行经常性的维护、检修，定期检测其性能和效果，确保其处于正常状态，不得擅自拆除或者停止使用。

对可能发生急性职业损伤的有毒、有害工作场所，用人单位应当设置报警装置，配置现场急救用品、冲洗设备、应急撤离通道和必要的泄险区。对放射工作场所和放射性同位素的运输、贮存，用人单位必须配置防护设备和报警装置，保证接触放射线的工作人员佩戴个人剂量计。

7. 提供职业危害健康检查的义务。对从事接触职业病危害的作业的劳动者，用人单位应当按照国务院卫生行政部门的规定组织上岗前、在岗期间和离岗时的职业健康检查，并将检查结果如实告知劳动者。职业健康检查费用由用人单位承担。

用人单位不得安排未经上岗前职业健康检查的劳动者从事接触职业病危害的作业；不得安排有职业禁忌的劳动者从事其所禁忌的作业；对在职业健康检查中发现有与所从事的职业相关的健康损害的劳动者，应当调离原工作岗位，并妥善安置；对未进行离岗前职业健康检查的劳动者不得解除或者终止与其订立的劳动合同。职业健康检查应当由省级以上人民政府卫生行政部门批准的医疗卫生机构承担。

用人单位应当为劳动者建立职业健康监护档案，并按照规定的期限妥善保存。职业健康监护档案应当包括劳动者的职业史、职业病危害接触史、职业健康检查结果和职业病诊疗等有关个人健康资料。劳动者离开用人单位时，有权索取本人职业健康监护档案复印件，用人单位应当如实、无偿提供，并在所提供的复印件上签章。

8. 职业病防护禁止性规定。任何单位和个人不得生产、经营、进口和使用国家明令禁止使用的可能产生职业病危害的设备或者材料。

任何单位和个人不得将产生职业病危害的作业转移给不具备职业病防护条件的单位和个人。不具备职业病防护条件的单位和个人不得接受产生职业病危害的作业。

用人单位不得安排未成年工从事接触职业病危害的作业；不得安排孕期、哺乳期的女职工从事对其本人和胎儿、婴儿有危害的作业。

(二)使用有毒物品作业场所职业病中毒的防护

1. 作业场所的预防措施。

(1)"三同时"审查。建设项目可能产生职业中毒危害的,应当依照《职业病防治法》的规定进行职业中毒危害预评价,并经卫生行政部门审核同意;可能产生职业中毒危害的建设项目的职业中毒危害防护设施应当与主体工程同时设计,同时施工,同时投入生产和使用;建设项目竣工,应当进行职业中毒危害控制效果评价,并经卫生行政部门验收合格。

(2)隔离措施。用人单位的使用有毒物品作业场所,除应当符合《职业病防治法》规定的职业卫生,作业场所与生活场所分开,作业场所不得住人;有害作业与无害作业分开,高毒作业场所与其他作业场所隔离。

(3)通风排毒。用人单位的使用有毒物品作业场所应当设置有效的通风装置;可能突然泄漏大量有毒物品或者易造成急性中毒的作业场所,设置自动报警装置和事故通风设施;高毒作业场所设置应急撤离通道和必要的泄险区。

(4)警示措施。使用有毒物品作业场所应当设置黄色区域警示线、警示标识和中文警示说明。警示说明应当载明产生职业中毒危害的种类、后果、预防以及应急救治措施等内容。

高毒作业场所应当设置红色区域警示线、警示标识和中文警示说明,并设置通讯报警设备。

(5)应急措施。从事使用高毒物品作业的用人单位,应当配备应急救援人员和必要的应急救援器材、设备,制定事故应急救援预案,并根据实际情况变化对应急救援预案适时进行修订,定期组织演练。事故应急救援预案和演练记录应当报当地卫生行政部门和公安部门等备案。

2. 劳动过程的防护。

(1)配备职业卫生人员。用人单位应当依照《职业病防治法》的有关规定,采取有效的职业卫生防护管理措施,加强劳动过程中的防护与管理。从事使用高毒物品作业的用人单位,应当配备专职或者兼职的职业卫生医师和护士;不具备配备专职或者兼职的职业卫生医师和护士条件的,应当与依法取得资质认证的职业卫生技术服务机构签订合同,由其提供职业卫生服务。

(2)特别防护。需要进入存在高毒物品的设备、容器或者狭窄封闭场所作业时，用人单位应当事先采取的措施包括保持作业场所良好的通风状态，确保作业场所职业中毒危害因素浓度符合国家职业卫生标准；为劳动者配备符合国家职业卫生标准的防护用品；设置现场监护人员和现场救援设备。

（3）转换制度。用人单位应当按照规定对从事使用高毒物品作业的劳动者进行岗位轮换。用人单位应当为从事使用高毒物品作业的劳动者提供岗位津贴。

（4）个人卫生措施。从事使用高毒物品作业的用人单位应当设置淋浴间和更衣室，并设置清洗、存放或者处理从事使用高毒物品作业劳动者的工作服、工作鞋帽等物品的专用间。劳动者结束作业时，其使用的工作服、工作鞋帽等物品必须存放在高毒作业区域内，不得穿戴到非高毒作业区域。

（5）环境监测与评价。用人单位应当按照国务院卫生行政部门的规定，定期对使用有毒物品作业场所职业中毒危害因素进行检测、评价。检测、评价结果存入用人单位职业卫生档案，定期向所在地卫生行政部门报告并向劳动者公布。从事使用高毒物品作业的用人单位应当至少每一个月对高毒作业场所进行一次职业中毒危害因素检测；至少每半年进行一次职业中毒危害控制效果评价。

第三节　劳动者的职业卫生保护权利与义务

一、劳动者的职业卫生保护权利

职业卫生保护，是指为保护和增进职业健康，预防职业病危害，创造和改善适合人体生理、心理健康要求的工作环境和工作条件所采取的各种管理与技术措施。根据《职业病防治法》的规定，劳动者享有下列职业卫生保护权利：

1. 获得职业卫生教育、培训的权利。
2. 获得职业健康检查、职业病诊疗、康复等职业病防治服务的权利。
3. 了解工作场所产生或者可能产生的职业病危害因素、危害后果和应当采取的职业病防护措施的权利。
4. 要求用人单位提供符合防治职业病要求的职业病防护设施和个人使用的职业病防护用品，改善工作条件的权利。

5. 对违反职业病防治法律、法规以及危及生命健康的行为提出批评、检举和控告的权利。

6. 拒绝违章指挥和强令进行没有职业病防护措施的作业的权利。

7. 参与用人单位职业卫生工作的民主管理，对职业病防治工作提出意见和建议的权利。

二、劳动者的职业卫生保护义务

根据《职业病防治法》的规定，劳动者应当履行下列职业卫生义务：

1. 学习和掌握相关的职业卫生知识。

2. 遵守职业病防治法律、法规、规章和操作规程，正确使用、维护职业病防护设备和个人使用的职业病防护用品。

3. 发现职业病危害事故隐患应当及时报告。

第四节 职业病诊断与职业病病人的保障

一、职业病诊断

（一）职业病诊断机构

1. 职业病诊断资质的取得。医疗卫生机构开展职业病诊断工作，应当在开展之日起15个工作日内向省级卫生健康主管部门备案。

省级卫生健康主管部门应当自收到完整备案材料之日起15个工作日内向社会公布备案的医疗卫生机构名单、地址、诊断项目（即《职业病分类和目录》中的职业病类别和病种）等相关信息。

2. 职业病诊断机构应具备的条件。医疗机构申请取得职业病诊断批准应当具备如下条件：①持有《医疗机构执业许可证》；②具有相应的诊疗科目及与开展职业病诊断相适应的职业病诊断医师等相关医疗卫生技术人员；③具有与开展职业病诊断相适应的场所和仪器、设备；④具有健全的职业病诊断质量管理制度。

3. 职业病诊断机构的职责。①受理并负责职业病诊断工作；②按照国家职业病诊断标准与诊断规范，进行执业范围内的职业病诊断，并出具《职业病诊断证明书》；③承担职业病报告工作；④承担《职业病防治法》中规定的其他职责。

(二) 职业病诊断人员

1. 职业病诊断人员应具备的条件。从事职业病诊断的人员应当具备下列条件,并取得省级卫生行政部门颁发的《职业病诊断资格证书》:①具有《医师执业证书》;②具有中级以上卫生专业技术职务任职资格;③熟悉职业病防治相关法律法规和职业病诊断标准;④从事职业病诊断、鉴定相关工作3年以上;⑤按规定参加职业病诊断医师相应专业的培训,并考核合格。

2. 职业病诊断人员的职责。职业病诊断医师应当依法在其资质范围内从事职业病诊断工作,不得从事超出其资质范围的职业病诊断工作。

(三) 职业病的诊断

1. 劳动者职业病诊断的选择权。申请职业病诊断时,劳动者可以选择用人单位所在地、本人户籍所在地或者经常居住地的职业病诊断机构进行职业病诊断。职业病诊断费用由用人单位承担。

2. 劳动者进行职业病诊断需提供的材料。劳动者进行职业病诊断需要提供下列材料:①职业史和职业病危害接触史(包括在岗时间、工种、岗位、接触的职业病危害因素名称等);②职业健康检查结果;③工作场所职业病危害因素检测结果;④职业性放射性疾病诊断还需要个人剂量监测档案等资料。

3. 职业病诊断的依据。职业病诊断应当综合分析病人的职业史、职业病危害接触史和现场危害调查与评价、临床表现以及辅助检查结果等。职业病诊断医师应当独立分析、判断、提出诊断意见,任何单位和个人无权干预。

4. 职业病诊断的组织。职业病诊断机构可以根据诊断需要,聘请其他单位职业病诊断医师参加诊断。必要时,可以邀请相关专业专家提供咨询意见。

没有证据否定职业病危害因素与病人临床表现之间的必然联系的,应当诊断为职业病。

职业病诊断机构作出职业病诊断结论后,应当出具职业病诊断证明书。职业病诊断证明书应当由参与诊断的取得职业病诊断资格的执业医师签署。

职业病诊断机构应当对职业病诊断医师签署的职业病诊断证明书进行审核,确认诊断的依据与结论符合有关法律法规、标准的要求,并在职业病诊断证明书上盖章。

5. 职业病的处理。用人单位和医疗卫生机构发现职业病病人或者疑似职业病病人时，应当及时向所在地卫生行政部门报告。确诊为职业病的，用人单位还应当向所在地劳动保障行政部门报告。接到报告的部门应当依法作出处理。

卫生行政部门和劳动保障行政部门接到报告后，应当依法作出处理。县级以上地方人民政府卫生行政部门负责本行政区域内的职业病统计报告的管理工作，并按照规定上报。

(四) 职业病的鉴定

1. 鉴定的申请。劳动者可以在用人单位所在地、本人户籍所在地或者经常居住地依法承担职业病诊断的医疗卫生机构进行职业病诊断。

用人单位应当如实提供职业病诊断、鉴定所需的劳动者职业史和职业病危害接触史、工作场所职业病危害因素检测结果等资料；卫生行政部门应当监督检查和督促用人单位提供上述资料；劳动者和有关机构也应当提供与职业病诊断、鉴定有关的资料。

职业病诊断、鉴定机构需要了解工作场所职业病危害因素情况时，可以对工作场所进行现场调查，也可以向卫生行政部门提出，卫生行政部门应当在十日内组织现场调查。用人单位不得拒绝、阻挠。

职业病诊断、鉴定过程中，用人单位不提供工作场所职业病危害因素检测结果等资料的，诊断、鉴定机构应当结合劳动者的临床表现、辅助检查结果和劳动者的职业史、职业病危害接触史，并参考劳动者的自述、卫生行政部门提供的日常监督检查信息等，作出职业病诊断、鉴定结论。

劳动者对用人单位提供的工作场所职业病危害因素检测结果等资料有异议，或者因劳动者的用人单位解散、破产，无用人单位提供上述资料的，诊断、鉴定机构应当提请卫生行政部门进行调查，卫生行政部门应当自接到申请之日起 30 日内对存在异议的资料或者工作场所职业病危害因素情况作出判定；有关部门应当配合。

职业病诊断、鉴定过程中，在确认劳动者职业史、职业病危害接触史时，当事人对劳动关系、工种、工作岗位或者在岗时间有争议的，可以向当地的劳动人事争议仲裁委员会申请仲裁；接到申请的劳动人事争议仲裁委员会应当受理，并在 30 日内作出裁决。

2. 鉴定的受理、组织。卫生行政机关设立职业病鉴定办事机构负责受理职业病鉴定申请。职业病诊断鉴定办公机构应当在受理鉴定后，在鉴定专家库中抽取 5 人以上单数专家组成鉴定委员会，并在 60 日内组织鉴定并作出鉴定结论。

3. 鉴定的费用。职业病鉴定的费用由用人单位承担。

二、职业病病人的保障

1. 职业病病人依法享受国家规定的职业病待遇。用人单位应当按照国家有关规定，安排职业病病人进行治疗、康复和定期检查。用人单位对不适宜继续从事原工作的职业病病人，应当调离原岗位并妥善安置。用人单位对从事接触职业病危害的作业的劳动者，应当给予适当岗位津贴。

2. 职业病病人的诊疗、康复费用，伤残以及丧失劳动能力的职业病病人的社会保障，按照国家有关工伤社会保险的规定执行。

职业病病人除依法享有工伤社会保险外，依照有关民事法律，尚有获得赔偿的权利的，有权向用人单位提出赔偿要求。

3. 劳动者被诊断患有职业病，但用人单位没有依法参加工伤保险的，其医疗和生活保障由该用人单位承担。

4. 职业病病人变动工作单位，其依法享有的待遇不变。用人单位发生分立、合并、解散、破产等情形的，应当对从事接触职业病危害的作业的劳动者进行健康检查，并按照国家有关规定妥善安置职业病病人。

5. 2010 年国务院发布、2011 年施行的《工伤保险条例》对于患有职业病的劳动者，详细规定了能够享有的工伤保险待遇：①医疗费；②住院伙食补助费；③康复费；④残疾用具费；⑤停工留薪期待遇；⑥护理费；⑦一次性伤残补助金；⑧伤残津贴；⑨死亡补助金；⑩丧葬补助金；⑪供养亲属抚恤金；⑫国家规定的其他工伤保险待遇。

第五节 职业病防治的监督检查

依据《职业病防治法》第 62 条的规定，县级以上人民政府职业卫生监督管理部门依照职业病防治法律、法规、国家职业卫生标准和卫生要求，依据职责划分，对职业病防治工作进行监督检查。

一、卫生行政部门在执法过程中可采取的行政措施

为了确保卫生行政部门依法履行监督检查职责，《职业病防治法》第63条规定，卫生行政部门履行监督检查职责时，有权采取下列行政措施：

1. 进入被检查单位和职业病危害现场，了解情况，调查取证。
2. 查阅或者复制与违反职业病防治法律、法规的行为有关的资料和采集样品。
3. 责令违反职业病防治法律、法规的单位和个人停止违法行为。

二、卫生行政部门可以采取的临时控制措施

发生职业病危害事故或者有证据证明危害状态可能导致职业病危害事故发生时，卫生行政部门可以采取下列临时控制措施：

1. 责令暂停导致职业病危害事故的作业。
2. 封存造成职业病危害事故或者可能导致职业病危害事故发生的材料和设备。
3. 组织控制职业病危害事故现场。

在职业病危害事故或者危害状态得到有效控制后，卫生行政部门应当及时解除控制措施。

三、职业卫生监督执法人员的执法行为规范

1. 职业卫生监督执法人员应当依法经过资格认定。
2. 职业卫生监督执法人员依法执行职务时，应当出示监督执法证件。
3. 职业卫生监督执法人员应当忠于职守，秉公执法，严格遵守执法规范；涉及用人单位的秘密的，应当为其保密。
4. 卫生行政部门及其职业卫生监督执法人员履行职责时，不得有下列行为：①对不符合法定条件的，发给建设项目有关证明文件、资质证明文件或者予以批准；②对已经取得有关证明文件的，不履行监督检查职责；③发现用人单位存在职业病危害的，可能造成职业病危害事故，不及时依法采取控制措施；④其他违反《职业病防治法》的行为。

职业卫生监督执法人员依法执行职务时，被检查单位应当接受检查并予以支持配合，不得拒绝和阻碍。

第六节　法律责任

一、行政责任

(一) 建设单位的行政责任

1. 建设单位有下列行为之一的，由卫生行政部门给予警告，责令限期改正；逾期不改正的，处 10 万元以上 50 万元以下的罚款；情节严重的，责令停止产生职业病危害的作业，或者提请有关人民政府按照国务院规定的权限责令停建、关闭：

(1) 未按照规定进行职业病危害预评价的。

(2) 医疗机构可能产生放射性职业病危害的建设项目未按照规定提交放射性职业病危害预评价报告，或者放射性职业病危害预评价报告未经卫生行政部门审核同意，开工建设的。

(3) 建设项目的职业病防护设施未按照规定与主体工程同时设计、同时施工、同时投入生产和使用的。

(4) 建设项目的职业病防护设施设计不符合国家职业卫生标准和卫生要求，或者医疗机构放射性职业病危害严重的建设项目的防护设施设计未经卫生行政部门审查同意擅自施工的。

(5) 未按照规定对职业病防护设施进行职业病危害控制效果评价的。

(6) 建设项目竣工投入生产和使用前，职业病防护设施未按照规定验收合格的。

2. 建设单位有下列行为之一的，由卫生行政部门给予警告，责令限期改正；逾期不改正的，处 10 万元以下的罚款：

(1) 工作场所职业病危害因素检测、评价结果没有存档、上报、公布的。

(2) 未采取《职业病防治法》第 20 条规定的职业病防治管理措施的。

(3) 未按照规定公布有关职业病防治的规章制度、操作规程、职业病危害事故应急救援措施的。

(4) 未按照规定组织劳动者进行职业卫生培训，或者未对劳动者个人职业病防护采取指导、督促措施的。

（5）国内首次使用或者首次进口与职业病危害有关的化学材料，未按照规定报送毒性鉴定资料以及经有关部门登记注册或者批准进口的文件的。

（二）用人单位的行政责任

1. 用人单位有下列行为之一的，由卫生行政部门责令限期改正，给予警告，可以并处5万元以上10万元以下的罚款：

（1）未按照规定及时、如实向卫生行政部门申报产生职业病危害的项目的。

（2）未实施由专人负责的职业病危害因素日常监测，或者监测系统不能正常监测的。

（3）订立或者变更劳动合同时，未告知劳动者职业病危害真实情况的。

（4）未按照规定组织职业健康检查、建立职业健康监护档案或者未将检查结果如实告知劳动者的。

（5）未依照《职业病防治法》规定在劳动者离开用人单位时提供职业健康监护档案复印件的。

2. 用人单位有下列行为之一的，由卫生行政部门给予警告，责令限期改正，逾期不改正的，处5万元以上20万元以下的罚款；情节严重的，责令停止产生职业病危害的作业，或者提请有关人民政府按照国务院规定的权限责令关闭：

（1）工作场所职业病危害因素的强度或者浓度超过国家职业卫生标准的。

（2）未提供职业病防护设施和个人使用的职业病防护用品，或者提供的职业病防护设施和个人使用的职业病防护用品不符合国家职业卫生标准和卫生要求的。

（3）对职业病防护设备、应急救援设施和个人使用的职业病防护用品未按照规定进行维护、检修、检测，或者不能保持正常运行、使用状态的。

（4）未按照规定对工作场所职业病危害因素进行检测、评价的。

（5）工作场所职业病危害因素经治理仍然达不到国家职业卫生标准和卫生要求时，未停止存在职业病危害因素的作业的。

（6）未按照规定安排职业病病人、疑似职业病病人进行诊治的。

（7）发生或者可能发生急性职业病危害事故时，未立即采取应急救援和控制措施或者未按照规定及时报告的。

（8）未按照规定在产生严重职业病危害的作业岗位醒目位置设置警示标识和中文警示说明的。

（9）拒绝职业卫生监督管理部门监督检查的。

（10）隐瞒、伪造、篡改、毁损职业健康监护档案、工作场所职业病危害因素检测评价结果等相关资料，或者拒不提供职业病诊断、鉴定所需资料的。

（11）未按照规定承担职业病诊断、鉴定费用和职业病病人的医疗、生活保障费用的。

3. 向用人单位提供可能产生职业病危害的设备、材料，未按照规定提供中文说明书或者设置警示标识和中文警示说明的，由卫生行政部门责令限期改正，给予警告，并处 5 万元以上 20 万元以下的罚款。

4. 用人单位和医疗卫生机构未按照规定报告职业病、疑似职业病的，由有关主管部门责令限期改正，给予警告，可以并处 1 万元以下的罚款；弄虚作假的，并处 2 万元以上 5 万元以下的罚款；对直接负责的主管人员和其他直接责任人员，可以依法给予降级或者撤职的处分。

5. 用人单位有下列情形之一的，由卫生行政部门责令限期治理，并处 5 万元以上 30 万元以下的罚款；情节严重的，责令停止产生职业病危害的作业，或者提请有关人民政府按照国务院规定的权限责令关闭：

（1）隐瞒技术、工艺、材料所产生的职业病危害而采用的。

（2）隐瞒本单位职业卫生真实情况的。

（3）可能发生急性职业损伤的有毒、有害工作场所、放射工作场所或者放射性同位素的运输、贮存不符合法律规定的。

（4）使用国家明令禁止使用的可能产生职业病危害的设备或者材料的。

（5）将产生职业病危害的作业转移给没有职业病防护条件的单位和个人，或者没有职业病防护条件的单位和个人接受产生职业病危害的作业的。

（6）擅自拆除、停止使用职业病防护设备或者应急救援设施的。

（7）安排未经职业健康检查的劳动者、有职业禁忌的劳动者、未成年工或者孕期、哺乳期女职工从事接触职业病危害的作业或者禁忌作业的。

（8）违章指挥和强令劳动者进行没有职业病防护措施的作业的。

6. 生产、经营或者进口国家明令禁止使用的可能产生职业病危害的设备或者材料的，依照有关法律、行政法规的规定给予处罚。

7. 用人单位违反《职业病防治法》规定，已经对劳动者生命健康造成严重损害的，由卫生行政部门责令停止产生职业病危害的作业，或者提请有关人民政府按照国务院规定的权限责令关闭，并处 10 万元以上 50 万元以下的罚款。

（三）医疗机构的行政责任

1. 未取得职业卫生技术服务资质认证擅自从事职业卫生技术服务的，或者医疗卫生机构未经批准擅自从事职业病诊断的，由卫生行政部门依据职责分工责令立即停止违法行为，没收违法所得；违法所得 5000 元以上的，并处违法所得 2 倍以上 10 倍以下的罚款；没有违法所得或者违法所得不足 5000 元的，并处 5000 元以上 5 万元以下的罚款；情节严重的，对直接负责的主管人员和其他直接责任人员，依法给予降级、撤职或者开除的处分。

2. 从事职业卫生技术服务的机构和承担职业病诊断的医疗卫生机构有下列行为之一的，由卫生行政部门责令立即停止违法行为，给予警告，没收违法所得；违法所得 5000 元以上的，并处违法所得 2 倍以上 5 倍以下的罚款；没有违法所得或者违法所得不足 5000 元的，并处 5000 元以上 2 万元以下的罚款；情节严重的，由原认可或者批准机关取消其相应的资格；对直接负责的主管人员和其他直接责任人员，依法给予降级、撤职或者开除的处分：①超出资质认可或者诊疗项目登记范围从事职业卫生技术服务或者职业病诊断的；②不按照规定履行法定职责的；③出具虚假证明文件的。

3. 职业病诊断鉴定委员会组成人员收受职业病诊断争议当事人的财物或者其他好处的，给予警告，没收收受的财物，可以并处 3000 元以上 5 万元以下的罚款，取消其担任职业病诊断鉴定委员会组成人员的资格，并从省、自治区、直辖市人民政府卫生行政部门设立的专家库中予以除名。

（四）政府、职业病监督管理机关及其工作人员的行政责任

1. 卫生行政部门不按照规定报告职业病和职业病危害事故的，由上一级行政部门责令改正，通报批评，给予警告；虚报、瞒报的，对单位负责人、直接负责的主管人员和其他直接责任人员依法给予降级、撤职或者开除的处分。

2. 县级以上地方人民政府在职业病防治工作中未依照《职业病防治法》

履行职责，本行政区域出现重大职业病危害事故、造成严重社会影响的，依法对直接负责的主管人员和其他直接责任人员给予记大过直至开除的处分。

县级以上人民政府职业卫生监督管理部门不履行《职业病防治法》规定的职责，滥用职权、玩忽职守、徇私舞弊，依法对直接负责的主管人员和其他直接责任人员给予记大过或者降级的处分；造成职业病危害事故或者其他严重后果的，依法给予撤职或者开除的处分。

二、刑事责任

（一）用人单位的刑事责任

用人单位违反《职业病防治法》的规定，造成重大职业病危害事故或者其他严重后果，构成犯罪的，对直接负责的主管人员和其他直接责任人员，依法追究刑事责任。

（二）医疗卫生机构的刑事责任

从事职业卫生技术服务的机构和承担职业病诊断的医疗卫生机构违反《职业病防治法》规定，有下列行为之一，构成犯罪的，对直接负责的主管人员和其他直接责任人员，依法追究刑事责任：①超出资质认可或者诊疗项目登记范围从事职业卫生技术服务或者职业病诊断的；②不按照《职业病防治法》规定履行法定职责的；③出具虚假证明文件的。

（三）国家机关工作人员的刑事责任

国家机关工作人员在职业病防治中违反《职业病防治法》规定，构成犯罪的，依法追究刑事责任。

三、民事责任

1. 职业病病人除依法享有工伤保险外，依照有关民事法律，尚有获得赔偿的权利的，有权向用人单位提出赔偿要求。

2. 劳动者被诊断患有职业病，但用人单位没有依法参加工伤保险的，其医疗和生活保障由该用人单位承担。

拓展阅读

不容忽视！对照查看：10个职业卫生典型处罚案例

思考题

1. 用人单位职业病防治的义务有哪些？
2. 简述劳动者职业卫生保护的权利与义务。
3. 职业病诊断的依据是什么？
4. 简述职业病患者的法定待遇。
5. 谈谈对我国职业病防治法律制度的看法。

第十七章 医药知识产权法律制度

掌握：医药知识产权的概念与种类、医药专利权的概念与类型、药品商标的概念和要求、医药商业秘密的概念与特征。

熟悉：医药知识产权申请与审批的法律规定、药品商标权取得与转让的法律规定。

了解：医药知识产权保护的法律规定及法律责任、药品商标保护的法律规定与法律责任、中药品种保护的法律规定、中医药商业秘密保护的内容。

章前案例

中国首例药品专利链接诉讼案

基本案情： 2022年中外制药株式会社依据《中华人民共和国专利法》第76条第1款向北京知识产权法院提起药品专利链接诉讼，请求确认温州海鹤公司的"艾地骨化醇软胶囊"仿制药技术方案落入涉案专利权利要求的保护范围。一审法院判决驳回中外制药株式会社的诉讼请求。中外制药株式会社不服，提起上诉。最高人民法院二审认为，温州海鹤公司未针对保护范围最大的权利要求做出声明，未将声明及声明依据及时通知上市许可持有人中外制药株式会社，其行为有所不当，应予批评；关于仿制药技术方案是否落入专利权利要求保护范围的判断，原则上应当以仿制药申请人的申报资料为依据比对评判；经比对，涉案仿制药技术方案未落入专利权利要求保护范围。遂判决驳回上诉，维持原判。

典型意义：本案系我国首例药品专利链接诉讼案件。我国药品专利链接制度初建，尚处于探索阶段，本案判决对药品专利链接制度实践初期出现的新问题进行了符合立法目的的探索性法律适用，受到中外媒体和医药界的普遍关注和广泛好评。

第一节 概 述

一、知识产权的概念与特征

（一）知识产权的概念

知识产权（intellectual property）又称"智慧财产权""智力财产权"，是指人们基于自己的智力活动创造的成果和经营管理活动中的经验而依法享有的民事权利。是对包括著作权、专利权、商标权、发明权、发现权、商业秘密、商号、地理标识等科学技术成果权在内的一类民事权利的统称。

（二）知识产权的特征

作为一种财产权，知识产权属于民事权利的范畴，但与其他民事权利相比，知识产权具有以下特征：

1. 无形性。知识产权区别于其他有形财产权的最根本特征在于知识产权的无形性。它是人们对无形的智力成果所拥有的权利，其贸易的标的物只能是无形财产的使用权，而不能是有形商品的使用权和所有权。

2. 法定性。知识产权是法律授予的一种权利，必须严格依法申请、审批，依法产生，才能够依法得到保护。

3. 专有性。知识产权的无形性决定了它有可能为多数人同时拥有，并为多数人同时使用而获得利益。知识产权的专有性表现为独占性和排他性，即知识产权只能授予权利人一次专有权，权利人只能有一个，只有权利所有人本人才能享有法律保护，未经权利人许可，他人不得利用此知识产权。

4. 地域和时间的有限性。知识产权是依一个国家的法律确认和保护的，因此一般只在该国领域内具有法律效力，在其他国家原则上不发生效力，这就是知识产权的地域性。知识产权所有权人对其智力成果的专有性也不是无限期存在的,即知识产权仅在一个法定期限内受到保护,超过这一期限,专有权利即终止,其智力成果即可进入公有领域,为人类所共享,这就是知识产权的时间性。

5. 可复制性。知识产权作为智力劳动的成果,必然通过一定的有形物,即载体表现出来,如作家的构思形成的手稿,根据专利技术生产的产品。知识产权作为财产权的性质,就是通过利用其而生产和复制的产品、作品或其他物品体现出来的。因此知识产权具有可复制性,并通过这种复制进一步表现知识产权的财产和价值。

二、医药知识产权的概念与种类

（一）医药知识产权的概念

医药知识产权,是指人们对在医药领域中所创造的一切智力劳动成果依法享有的权利的统称。

（二）医药知识产权的种类

医药知识产权不限于某一新产品、新技术,也不限于某一专利或商标,它是一个完整的体系,是相互联系、相互作用、相互影响的有机体。按照知识产权的范围划分,医药知识产权的种类应包括五大类:

1. 医药专利权。主要包括要申请专利和不要申请专利的新产品、新物质、新技术、新工艺、新材料、新配方、新构造、新设计、新用途以及动植物、微生物和矿物新品种的生产方法等。

2. 医药商标权。医药商标权主要包括已注册的标志、原产地名称以及不为公众所知的由医药企业拥有的涉及管理、工程、设计、市场、服务、研究开发、财务分析和技术转让等方面的信息。

3. 医药著作权。医药领域涉及的版权主要是由医药企业或人员创作或提供资金、资料等创作条件或承担责任的医药类百科全书、年鉴、辞书、教材、摄影、录像等作品的著作权和邻接权;以及医药计算机软件或多媒体软件,如药物信息咨询系统、药厂 GMP 系统、《药事管理学》教学课件等。

4. 医药商业秘密权。根据《中华人民共和国反不正当竞争法》的规定,商业秘密是指不为公众所知悉、能为权利人带来经济利益、具有实用性并经权利人采取保密措施的技术信息和经营信息,如中药复方制剂的秘方,制药企业的商业情报等。

5. 原产地标记权。原产地标记指某一特定产品来源于某一特定地域（可以是国家，也可以是地区），而且其特性与该地理环境（包括自然因素和人为因素）密切相关，符合这些基本规定的特定地域即为原产地，其产品即为原产地域产品，如我国道地药材等。

三、我国医药知识产权立法

我国医药知识产权立法，既有着相同于其他知识产权立法的普遍性，也有着区别于其他知识产权的特殊性。其普遍性主要表现为：我国在专利、商标、版权、反不正当竞争、海关边境保护等方面所进行的宏观层面的知识产权立法，共同为医药以及其他产业和技术领域提供了普遍性的知识产权保护制度。其特殊性主要表现为：在微观层面上，医药领域的知识产权保护面临着一些专属于该领域的特殊问题，为了使医药知识产权得到充分有效的保护，国家在立法上作出了专门规定。

（一）宏观层面知识产权立法

20世纪80年代以前，我国有关专利、商标的知识产权主要通过行政法规予以保护。国家有关部门先后制定了《保障发明权与专利权暂行条例》（1950年）、《商标管理条例》（1963年）及有关版权的政策性文件、规章等，保护专利权、商标权及版权所有者的权益，并为知识产权立法奠定了基础。

20世纪80年代以后，随着我国法律体系的健全和对知识产权保护认识的日渐深入，我国知识产权保护的法律体系逐渐形成。1982年8月23日，第五届全国人大常委会第二十四次会议通过了《中华人民共和国商标法》（以下简称《商标法》）；1984年3月12日，第六届全国人大常委会第四次会议通过了《中华人民共和国专利法》（以下简称《专利法》）；1990年9月7日，第七届全国人大常委会第十五次会议通过了《中华人民共和国著作权法》（以下简称《著作权法》）；1991年6月，国务院发布《计算机软件保护条例》；1993年9月，第八届全国人大常委会第三次会议通过了《中华人民共和国反不正当竞争法》（以下简称《反不正当竞争法》），我国知识产权保护从此走上正常有序的法制轨道。1995年7月《中华人民共和国知识产权海关保护条例》（以下简称《知识产权海关保护条例》）的颁布实施和1997年3月《中华人民共和国植物新品种保护条例》的颁布实施，进一步扩大了知识产权保护的范围和权限。

为适应我国社会、经济、科技的发展，满足与国际接轨的需要，我国知识产权立法步伐进一步加快，20世纪90年代以后，我国参照国际知识产权保护惯例，对专利法、商标法等法律进行了重大修改。1992年9月、2000年8月、2008年12月、2020年10月，全国人大常委会先后四次修正《专利法》，专利法律保护体系日趋完善。1993年2月、2001年10月、2013年8月、2019年4月，全国人大常委会先后四次修正《商标法》。2003年4月，国家工商行政管理总局根据《商标法》和《商标法实施条例》的修正发布了《驰名商标认定和保护规定》《集体商标、证明商标注册和管理办法》及《马德里商标国际注册实施办法》，我国的商标法制度进一步完善。2001年10月、2010年2月、2020年11月，全国人大常委会先后三次修正《著作权法》；2001年12月国务院发布了新的《计算机软件保护条例》，并于2011年1月、2013年1月先后两次修订《计算机软件保护条例》；另外，2003年12月国务院发布了新的《知识产权海关保护条例》，实现了我国知识产权法律法规与世界贸易组织的全面衔接。

我国在建立知识产权法律保护制度的同时，积极参加知识产权的国际保护体系。1980年我国加入了世界知识产权组织，1985年加入了《保护工业产权巴黎公约》，1989年加入了《商标国际注册马德里协定》，1992年加入了《保护文学和艺术作品伯尔尼公约》，同年加入《世界版权公约》，1993年加入了《专利合作条约》。2001年11月11日，我国正式加入世界贸易组织，成为《与贸易有关的知识产权协定》（以下简称《TRIPS协定》）成员之一，我国知识产权的保护逐渐融入世界知识产权保护体系之中。

目前，我国以专利、商标、版权为三大支柱的知识产权法律框架已基本形成，知识产权的法律体系已基本建立，这些法律的基本框架和保护的水平都适应了国际发展的趋势，不仅有利于促进国际的科技合作和经济贸易，而且也为我国医药事业的发展创造了有利的法律环境。

（二）专属于医药领域的微观层面知识产权立法

医药知识产权保护具有明显区别于其他知识产权的特殊性，因此，只有针对这种特殊性加强专属于药品领域的微观知识产权立法工作，并使之与宏观层面的知识产权保护制度相互协调，才能构建一个完备的药品知识产权保护网。目前，我国已建立的专属于药品领域的微观知识产权制度主要有：

1987年3月24日卫生部发布并施行的《关于新药保护及技术转让的规定》，1992年10月14日国务院发布的《中药品种保护条例》，2020年1月15日经国家市场监督管理总局2020年第1次局务会议审议通过的《药品注册管理办法》，自2020年7月1日起施行。这些法规与规章既能单独对药品的保护起到一定的作用，又能起到弥补专利保护不足的作用。

第二节 医药专利保护法律制度

一、专利与医药专利概述

（一）专利的概念与特征

1. 专利的概念。专利（patent），是指法律保障创造发明者在一定时期内由于创造发明而独自享有的利益。包含专利权、获得专利权的发明创造、专利文献，其核心是专利权。

2. 专利的特征。专利属于知识产权的一部分，是一种无形的财产，具有与其他财产不同的特点。

（1）排他性。排他性是指同一发明在一定的区域范围内，其他任何人未经许可都不能对其进行制造、使用和销售等，否则属于侵权行为。专利权人对其权利的客体享有占有、使用、收益和处分的权利。

（2）区域性。区域性是指专利权是一种有区域范围限制的权利，它只有在法律管辖区域内有效。除了在有些情况下，依据保护知识产权的国际公约，以及个别国家承认另一国批准的专利权有效以外，技术发明在哪个国家申请专利，就由哪个国家授予专利权，而且只在专利授予国的范围内有效，而对其他国家则不具有法律的约束力，其他国家不承担任何保护义务。但是，同一发明可以同时在两个或两个以上的国家申请专利，获得批准后其发明便可以在所有申请国获得法律保护。

（3）时间性。时间性是指专利只有在法律规定的期限内才有效。专利权的有效保护期限结束以后，专利权人所享有的专利权便自动丧失，一般不能续展。发明便随着保护期限的结束而成为社会公有的财富，其他人便可以自由地使用该发明来创造产品。专利受法律保护的期限的长短由有关国家的专利法或有关国际公约规定。目前世界各国的专利法对专利的保护期限规定不一。《TRIPS协定》第33条规定，专利"保护的有效期应不少于自提交申请之日起的第20年年终"。

（4）实施性。除美国等少数几个国家外，绝大多数国家都要求专利权人必须在一定期限内，在给予保护的国家内实施其专利权，即利用专利技术制造产品或转让其专利。

（二）医药专利的类型

《专利法》第2条规定，专利包括发明、实用新型和外观设计三类。发明，是指对产品、方法或者其改进所提出的技术方案，包括产品发明和方法发明两类；实用新型，是指对产品的形状、构造或其结合所提出的适于实用的新的技术方案；外观设计，是指对产品的形状、图案、色彩或其结合所作出的富有美感并适于工业上应用的新设计。

根据《专利法》的规定，医疗领域的专利包括以下类型：

1. 医药发明专利。医药领域可授予专利权的发明主要有合成药及合成方法发明，药物制剂及制备工艺、配方发明，生化药及生物技术发明，天然药物及提取方法发明等，以及医药器械、设备发明等。按照一般发明专利的划分，可分为下面两大类：

（1）产品发明。产品发明是指人工制造的各种有形物品的发明，是人们通过研究开发出来的关于各种新产品、新材料、新物质等的技术方案。医药产品发明包括：①新物质。包括有一定医疗用途的新化合物；新基因工程产品（生物制品）；用于制造药品的新原料、新辅料、中间体、代谢物和药物前体；新的异构体；新的有效晶型；新分离或提取得到的天然物质。②已知化合物。包括首次发现其医疗价值，或发现其第二医疗用途者。③药物组合物。由两种或两种以上物质组成，至少一种是活性成分，组合后具有协同作用或增强疗效作用者，主要是复方制剂和药物新剂型。④微生物及其代谢产物。当其经过分离成为纯培养物，并且具有特定工业用途时，可申请产品发明专利。⑤制药设备及药物分析仪器、医疗器械等。

（2）方法发明。方法发明包括所有利用自然规律的方法，是人们对制造产品或解决某个技术课题而研究开发出来的操作方法、制造方法及工艺流程等技术方案。方法发明可分为制造方法和操作使用方法两种类型。医药方法发明主要有两类：①制备方法、生产工艺，如上述产品的合成、制备、提取、纯化等方法。现实领域中，医药企业和科研机构往往在申请产品专利的同时申请其制备方法的专利，如"一类对血管紧张素Ⅱ受体具有阻滞作用的酰胺类化合物及其制备方法及用途"的专利。②药物新用途、药物的新适应症等。

2. 实用新型专利。医药领域中的实用新型专利主要是某些与功能有关的药物剂型、形状、结构的改变，如新的药物剂型；诊断用药的试剂盒与功能有关的形状、结构；某些药品的包装容器的形状、结构；某些医疗器械的新构造等。

3. 外观设计专利。主要是药品外观或包装容器外观等，包括有形药品的新造型或其与图案、色彩的搭配与组合；新的盛放容器，如药瓶、药袋、药品瓶盖等；富有美感和特色的说明书、容器等；包装盒等。

二、医药专利的申请与审批

（一）授予医药专利权的条件

依据《TRIPS协定》以及各国专利法公认的授予专利权的必要条件，授予专利权的发明和实用新型应具备新颖性、创造性和实用性。

1. 新颖性。新颖性，是指在申请日以前没有同样的发明或者实用新型在国内外出版物上公开发表过、在国内公开使用过或者以其他方式为公众所知，也没有同样的发明或者实用新型由他人向国务院专利行政部门提出过申请并且登记在申请日以后公布的专利申请文件中。新颖性一般以申请日为准，凡在申请日以前已经公开的发明创造，就成为现有技术的一部分，不能再取得专利权。但我国专利法规定，申请专利的发明创造在申请日以前6个月内，有下列情形之一的，不丧失新颖性：①在国家出现紧急状态或者非常情况时，为公共利益目的首次公开的；②在中国政府主办或者承认的国际展览会上首次展出的；③在规定的学术会议或者技术会议上首次发表的；④他人未经申请人同意而泄露其内容的。

2. 创造性。创造性，是指同申请日以前已有的技术相比，该发明有突出的实质性特点和显著的进步，该实用新型有实质性特点和进步。

3. 实用性。实用性，是指该发明或者实用新型能够制造或者使用，并且能够产生积极效果。

授予专利权的外观设计，应当不属于现有设计；也没有任何单位或者个人就同样的外观设计在申请日以前向国务院专利行政部门提出过申请，并记载在申请日以后公告的专利文件中。

对于科学发现、智力活动的规则和方法、疾病的诊断和治疗方法、动物和植物品种以及用原子核变换方法获得的物质等，不授予专利权。但动物和植物品种的生产方法可依照《专利法》规定授予专利权。

（二）医药专利的申请

1. 专利申请的原则。依据《专利法》的规定，专利的申请遵循以下基本原则：

（1）书面原则。即办理专利申请手续时，必须采用书面形式。

（2）申请单一性原则。即一件专利申请只限于一项发明创造。属于一个总的发明构思的两项以上的发明或者实用新型，可以作为一件申请提出。用于同一类别并且成套出售或者使用的产品的两项以上的外观设计，可以作为一件申请提出。

（3）先申请原则。即两个或两个以上申请人就同样的发明申请专利时，专利权授予最先申请的人。判断申请先后的标准为申请日。我国《专利法》规定，国务院专利行政部门收到专利申请文件之日为申请日。如果申请文件是邮寄的，以寄出的邮戳日为申请日。

（4）优先权原则。即申请人自发明或者实用新型在外国第一次提出专利申请之日起 12 个月内，或者自外观设计在外国第一次提出专利申请之日起 6 个月内，又在中国就相同主题提出专利申请的，依照该外国同中国签订的协议或者共同参加的国际条约，或者依照相互承认优先权的原则，可以享有优先权。申请人自发明或者实用新型在中国第一次提出专利申请之日起 12 个月内，又向国务院专利行政部门就相同主题提出专利申请的，可以享有优先权。优先权须以书面形式提出。

2. 医药专利的申请。申请医药发明或实用新型专利的，提交请求书、说明书及其摘要和权利要求书等文件；申请外观专利设计的，应当提交请求书以及该外观设计的图片或者照片等文件，并且应当写明使用该外观设计的产品及其所属类别。

关于当前很多医药专利涉及的国际申请，我国专利法规定，中国单位或者个人将其在国内完成的发明创造向外国申请专利的，应当先向国务院专利行政部门申请专利，委托其指定的专利代理机构办理，并遵守有关保密的规定。

3. 医药专利的申请审查和批准。医药发明专利实行早期公开、请求审查制，实用新型和外观设计只进行初步审查。

（1）发明专利申请的审查和批准程序。依据我国《专利法》的规定，发明专利的审批程序分为受理、初步审查、公布、实质审查和授权五个阶段：受理→初步审查→自申请日起18个月内，即行公布（可根据申请人的请求早日公布）→自申请日起3年内，根据申请人请求进行实质审查→经实质审查没有发现驳回理由的，由国务院专利行政部门授予专利权，并予登记和公告。发明专利权自公告之日起生效。

（2）实用新型和外观设计的审查和批准程序。受理→初步审查→未发现驳回理由的，由国务院专利行政部门授予实用新型专利权或外观设计专利权，并予以登记和公告。专利权自公告之日起生效。

（3）复审。专利申请人对国务院专利行政部门驳回申请的决定不服的，可自收到通知之日起3个月内向国务院专利行政部门请求复审。专利申请人对复审决定不服的，可自收到通知之日起3个月内向人民法院起诉。

（三）专利权人的权利和义务

1. 专利权人的范围。有权申请专利和取得专利权，并承担相应义务的自然人和法人是专利权人。根据我国《专利法》的规定，医药职务发明创造的专利权人为单位；非职务发明创造的专利权人为自然人或设计人；医药发明创造的专利权人还包括共同发明人，合法受让人以及依照其所属国同中国签订的协议或共同参加的国际条约，或依照互惠原则，成为专利权主体的外国人、外事企业或外国其他组织。

2. 专利权人的权利。专利权人对其专利依法拥有独占实施权、转让权、许可实施权和标记权。

（1）独占实施权。独占实施权，是指专利权人对其专利产品依法享有的进行制造、使用、销售、允许销售的专有权利，或者专利权人对其专利方法依法享有的专有使用权以及对依照该专利方法直接获得的产品的专有使用权和销售权。

（2）转让权。转让权，是指专利权人将其获得的专利所有权转让给他人的权利。转让专利权的，当事人应当订立书面合同，并向国务院专利行政部门登记，由国务院专利行政部门予以公告。专利权的转让自登记之日起生效。中国单位或者个人向外国人转让专利权的，必须经国务院有关主管部门批准。

（3）许可实施权。许可实施权，是指专利权人通过实施许可合同的方式，许可他人实施其专利并收取专利使用费的权利。

（4）标记权。标记权，是指专利权人有权自行决定是否在其专利产品或者该产品的包装上标明专利标记和专利号。

3. 专利权人的义务。专利权人在享有权利的同时，负有实施其专利发明创造和缴纳年费的义务。为保证发明创造能够得到及时实施和应用，我国《专利法》中规定了"强制许可"和"指定许可"的制度。专利权人未以合理的条件在合理的时间内许可他人实施其专利时，国务院专利行政部门可给予实施专利的强制许可。在国家出现紧急状态或非常情况时，或为了公共利益目的，国务院专利行政部门可给予实施专利的强制许可。一项专利较以前的专利具有显著经济意义的重大技术进步，其实施有赖于前一专利的实施，国务院专利行政部门可根据后一专利权人申请对前者实施强制许可。国有企事业单位的发明专利，对国家利益或公共利益具有重大意义时，经国务院批准，可在批准范围内推广使用，允许指定单位实施。

三、医药专利权的保护

（一）医药专利权的保护范围和期限

1. 医药专利权的保护范围。医药发明或实用新型专利权的保护范围和其他专利一样，以其权利要求的内容为准，说明书及附图可用于解释权利要求；外观设计专利权的保护范围以表示在图片或者照片中的该外观设计专利产权为准。

2. 医药专利权的保护期限。医药发明专利权的期限为20年，实用新型专利权的期限为10年，外观设计专利权的期限为15年，均自申请日起计算。

（二）医药专利权的终止和无效

1. 医药专利权的终止。专利权在期限届满时终止。没有按规定缴纳年费的，或专利权人以书面声明放弃其专利权的，专利局可在期限届满前终止其专利权。

2. 医药专利权的无效。自国务院专利行政部门公告授予专利权之日起，任何单位或个人认为该专利权的授予不符合《专利法》有关规定的，可请求国务院专利行政部门宣告该专利权无效。国务院专利行政部门对请求及时审查，作出决定，并公告专利权无效的决定，由国务院专利行政部门登记公告。宣告无效的专利权视为自始即不存在。

(三) 药品专利链接制度

1. 药品专利链接制度的概念。药品专利链接 (patent linkage)，是指仿制药上市批准与创新药品专利期满相"链接"，即仿制药注册申请应当考虑先前已上市药品的专利状况，从而避免可能的专利侵权。

药品专利链接制度，是指国家药品注册主管部门在审批药品注册申请的过程中，不仅对申请注册药品的安全性、有效性和质量可控性进行审查，同时还适度考虑该药品是否存在侵犯他人专利权的法律制度。

2. 药品专利链接法律规定。

(1) 专利信息登记。国家药品审评机构负责建立并维护中国上市药品专利信息登记平台。申请人在申报药品上市时，登记药品名称、专利相关信息、上市许可持有人相关信息等内容。对已申报或上市药品相关专利，持有人可补充提交有关专利信息。化学药品注册申请人提交药品上市许可申请时，可在平台登记药物活性成分化合物专利、含活性成分的药物组合物专利、医药用途专利。

(2) 专利申明。化学仿制药申请人提交药品上市许可申请时，应当对照已在中国上市药品专利信息登记平台载明的专利信息，针对被仿制药每一件相关的药品专利做出声明，并提供依据。

(3) 专利挑战程序。当仿制药申请人提交第四类声明时，专利权人/原研药上市许可持有人可以在仿制药申请公示之日起45天内向人民法院提起诉讼或向国务院专利行政部门申请行政裁决，同时在立案或者受理之日起10日内将受理通知书副本提交国家药品审评机构，形成对药品专利保护范围或者有效性提高的挑战。如果是化学仿制药，自立案或者受理之日起，药品监管部门设置9个月的等待期，等待期内国家药品审评机构不停止技术审评。此外，需要说明的是生物药和中药不适用等待期。

（4）市场独占期鼓励政策。对首个挑战专利成功且首个获批上市的化学仿制药品，给予市场独占期，即药品监管部门在该药品获批之日起12个月内不再批准同品种仿制药上市，市场独占期不超过被挑战药品的专利权期限。市场独占期内国家药品审评机构不停止技术审评。对其他技术审评通过的化学仿制药注册申请，待市场独占期到期前20个工作日将相关化学仿制药申请转入行政审批环节。同样，生物药和中药不适用市场独占期。

四、中医药专利保护法律制度

根据《专利法》的规定，1995年中医药管理局制定了《中医药专利管理办法（试行）》为中医药专利保护提供了专门法律依据。

（一）中医药专利申请

1. 中医药专利申请的原则。

（1）中医药行业企事业单位在进行研究开发、技术改造、技术引进、技术合作等活动中做出的发明创造，要在向社会公开之前及时申请专利。

（2）涉及中医药行业关键技术（炮制技术、传统中药的专有技术等）和产品申请专利，需报国家中医药管理局批准。

（3）中医药行业企事业单位在国内完成的发明创造在向外国申请专利之前，须向国家中医药管理局提出申请；由国家中医药管理局委托指定的涉外专利代理机构为其代理。

2. 中医药专利权人。

（1）法人。凡在本职工作中或利用本单位名义做出的发明创造主要利用本单位物质条件（资金、设备、原材料、对外保密的技术资料等）完成的发明创造，包括离退休或因各种原因离开本职工作一年内做出的与其在原单位承担的工作相关的发明创造为职务发明。

中医药行业企事业单位职工完成的职务发明，其专利申请权属于单位。专利申请人为法人。

（2）自然人。中医药行业企事业单位接收外来的学习、进修或合作研究人员、研究生、进修生等，其在接收单位学习或工作期间完成的发明创造，其专利申请权归接收单位持有或由协议明确所有权者持有。

中医药行业企事业单位派出的出国人员（访问学者、进修人员、公派留学生等）在国外完成的发明创造，其专利申请权归派出单位持有或由协议明确的所有权者持有。

在国内、国外科技合作研究开发项目时必须明确其专利申请权的归属，并在合同书中签订专利权归属的条款。

中医药行业企事业单位职工完成的职务发明，其专利申请费用及与其有关的费用由专利申请单位支付；专利批准后的年费由持有单位支付。

3. 中医药职务发明专利的申请程序。中医药行业企事业单位职工完成的职务发明，其专利申请程序为：

（1）由发明项目负责人或发明人向本单位专利管理部门提出专利申请（申报书）；申报书要写明发明创造内容，说明申请专利或作为技术秘密的理由，并附文献检索报告。

（2）单位专利管理部门负责对申请专利的技术内容、条件进行研究评审，提出初步意见后报单位主管专利工作的领导。

（3）经专利主管领导审批后，由单位专利管理部门办理专利申请手续，或委托专利服务机构进行专利代理。

（二）中医药专利实施与许可

1. 持有专利的中医药企事业单位，必须组织专利实施；本单位无实施条件的，要及时许可他人实施。

2. 中医药企事业单位的职务发明专利在许可贸易中签订专利许可合同时，必须有本单位主管专利工作的领导或专利工作者参加。

（三）中医药专利保护

1. 凡能形成专利的中医药科学研究项目（新工艺、新方法、新产品），必须申请专利。

2. 凡要申请专利的中医药职务发明，在提出专利申请前，研究人员不得进行学术交流、发表论文和参加展览；专利申请在中国专利局专利公告前，研究人员对发明研究的整体过程及技术应严格保密。

3. 有关中医药技术的进出口工作，必须与中医药专利管理部门取得联系，接受业务指导，了解专利在进出口国的法律状态，以避免或减少损失。

4. 引进技术项目和设备的中医药企事业单位，必须对涉及该项目的专利技术及专利的法律状态进行调查，并列入引进技术项目的可行性报告中，为谈判、签约提供依据。

5. 拟出口的中医药新产品、新技术，符合申请国外专利要求的，须在出口国（地区）申请专利，不申请专利的要采取相应的保护措施。

6. 发生专利侵权行为时，应及时报告中医药企事业单位专利管理部门，专利管理部门要协助专利权人或利害关系人进行调处，或委托当地专利管理机关进行调处；调处不能解决的，向人民法院起诉。

第三节 药品商标保护法律制度

一、商标的概念、特征及分类

（一）商标的概念

商标，是指商品生产或者经营者为区别于其他商品生产者和经营者所生产或经营的同一和类似商品，而使用于自己的商品上的由文字、图形或者其组合所构成的显著标记。

（二）商标的特征

1. 显著性。商标是具有显著性的标志，既区别于具有叙述性、公知公用性质的标志，又区别于他人商品或服务的标志，从而便于消费者识别。

2. 独占性。注册商标所有人对其商标具有专用权、独占权，未经注册商标所有人许可，他人不得擅自使用。

3. 价值性。商标代表着商标所有人生产或经营的质量、信誉等，商标所有人通过商标的创意、设计、申请注册及使用，使商标具有了价值，也增加了商品的附加值。

（三）商标的分类

根据世界各国的商标制度，商标分为注册商标、驰名商标和使用商标。注册商标是经国家商标局核准注册的商标；驰名商标是在市场上享有较高的声誉并为相关公众所熟知的注册商标；使用商标是商标经在该国使用后即产生专用权。我国《商标法》规定，自然人、法人或者其他组织在生产经营活动中，对其商品或者服务需要取得商标专用权的，应当向商标局申请商标注册。不以使用为目的的恶意商标注册申请，应当予以驳回。受法律保护的主要是注册商标。

二、药品商标的概念及特殊要求

（一）药品商标的概念

药品商标，是指文字、图形、字母、数字、三维标志或颜色组合，以及上述要素的组合，医药生产者、经营者用来区别于他人生产、经营的药品或药学服务的可视性标记。

（二）药品商标的特殊要求

1. 药品商标必须与医药行业的属性相吻合。
2. 申请药品商标时应当附送药品批准证明文件。
3. 药品商标不得使用药品通用名称。

三、药品商标权的取得及内容

（一）药品商标权的取得

1. 药品商标注册的原则。

（1）申请在先原则。申请在先原则又称"注册在先原则"，是指两个或者两个以上的商标注册申请人，在同一种商品或者类似商品上，以相同或者近似的商标申请注册的，申请在先的商标，其申请人可获得商标专用权，在后的商标注册申请予以驳回。我国《商标法》在坚持申请在先原则的同时，还强调使用在先的正当性，防止不正当的抢注行为。《商标法》第 32 条规定："申请商标注册不得损害他人现有的在先权利，也不得以不正当手段抢先注册他人已经使用并有一定影响的商标。"

（2）自愿注册原则。自愿注册原则，是指商标使用人是否申请商标注册取决于自己的意愿，在自愿注册原则下，商标注册人对其注册商标享有专用权，受法律保护。未经注册的商标，可以在生产服务中使用，但其使用人不享有专用权，无权禁止他人在同种或类似商品上使用与其商标相同或近似的商标，但驰名商标除外。

在实行自愿注册原则的同时，我国规定了在极少数商品上使用的商标实行强制注册原则，作为对自愿注册原则的补充。目前必须使用注册商标的商品只有烟草制品，包括卷烟、雪茄烟和有包装的烟丝。

2. 药品商标注册的申请。药品商标注册申请人申请商标注册须按规定格式填写商标注册申请书和报送商标图样，并且应当附送卫生行政部门发给的证明文件。

3. 药品商标注册的条件。药品商标注册应当符合我国《商标法》的有关规定：

（1）药品商标应当具有显著性，不得与他人的在先权利相冲突。

（2）不得作为商标使用的标志：①同中华人民共和国的国家名称、国旗、国徽、国歌、军旗、军徽、军歌、勋章等相同或者近似的，以及同中央国家机关的名称、标志、所在地特定地点的名称或者标志性建筑物的名称、图形相同的；②同外国的国家名称、国旗、国徽、军旗等相同或者近似的，但经该国政府同意的除外；③同政府间国际组织的名称、旗帜、徽记等相同或者近似的，但经该组织同意或者不易误导公众的除外；④与表明实施控制、予以保证的官方标志、检验印记相同或者近似的，但经授权的除外；⑤同"红十字""红新月"的名称、标志相同或者近似的；⑥带有民族歧视性的；⑦带有欺骗性，容易使公众对商品的质量等特点或者产地产生误认的；⑧有害于社会主义道德风尚或者有其他不良影响的。

（3）不得作为商标注册的情形：①仅有药品的通用名称、图形、型号的；②仅直接表示药品的质量、主要原料、功能、用途、重量、数量及其他特点的；③其他缺乏显著特征的。前述所列标志经过使用取得显著特征，并便于识别的，可以作为商标注册。

4. 药品商标注册的审查和批准。药品商标注册要经过两级核转，形式审查，实质审查，公告、核准和复审等阶段。

（1）两级核转。即市、县两级工商行政管理部门首先对申请人提交的申请药品商标注册的文件进行初审，然后报送省、自治区、直辖市工商行政管理部门审查，两级审查同意后，再报送国家商标局审查。

（2）形式审查。国家商标局受理注册后，首先进行审查，主要是审查药品商标注册申请是否符合法定条件和手续。经过形式审查，认为不符合《商标法》规定的，由商标局驳回申请或限期补交文件；认为符合规定的即转入实质审查。

（3）实质审查。国家商标局对受理的药品商标注册主要从以下几个方面进行实质审查：①药品商标构成要素是否符合法律规定；②药品商标所用文字、图形是否具有显著特征；③是否违反了《商标法》的禁用条例；④申请注册的药品商标是否与已经注册或初步审定的用于相同或类似商品上的商标相同或近似。

（4）公告、核准和复审。国家商标局对申请注册的药品商标经初步审定合格的，予以刊登《商标公告》，自公告之日起 3 个月内，如果无异议，或有异议经裁定不能成立的，异议期满，则予以核准注册，发给商标注册证，并再次刊登《商标公告》，药品商标注册申请人即取得药品商标专用权。如果裁定异议成立，则撤销《商标公告》，不予以注册核准。

（二）药品商标权的内容

我国《商标法》规定，经商标局核准注册的商标为注册商标，商标注册人享有商标专用权，受法律保护。商标专用权包括独占使用权，禁止他人未经许可使用、伪造、擅自制造与其相同或相近商标的权利，以及转让权和许可使用权。

四、药品商标权的保护和转让

（一）药品商标的保护期限

注册药品商标的有效期为 10 年，自核准注册之日起计算。注册药品商标有效期满，需要继续使用的，药品商标注册人应当在期满前 12 个月内按照规定办理续展手续；在此期间未能办理的，可以给予 6 个月的宽展期。每次续展注册的有效期为 10 年，自该药品商标上一届有效期满次日起计算。期满未办理续展手续的，注销其注册药品商标。商标局应当对续展注册的药品商标予以公告。

（二）商标的转让和使用许可

1. 药品商标的转让。药品商标转让是药品商标注册人在注册药品商标的有效期内，依法定程序，将药品商标专用权转让给另一方的行为。《商标法》第 42 条规定，转让注册商标的，转让人和受让人应当签订转让协议，并共同向商标局提出申请。受让人应当保证使用该注册商标的商品质量。转让注册商标的，商标注册人对其在同一种商品上注册的近似的商标，或者在类似商品上注册的相同或者近似的商标，应当一并转让。对容易导致混淆或者有其他不良影响的转让,商标局不予核准,书面通知申请人并说明理由。转让注册商标经核准后,予以公告。受让人自公告之日起享有商标专用权。

2. 商标的使用许可。商标注册人可以通过签订商标使用许可合同,许可他人使用其注册商标。许可人应当监督被许可人使用其注册商标的商品质量。被许可人应当保证使用该注册商标的商品质量。经许可使用他人注册商标的,必须在使用该注册商标的商品上标明被许可人的名称和商品产地。许可他人使用其注册商标的,许可人应当将其商标使用许可报商标局备案,由商标局公告。商标使用许可未经备案不得对抗善意第三人。

五、中药品种保护

1992年10月14日,国务院发布了《中药品种保护条例》,并于1993年1月1日起实施(2018年9月18日中华人民共和国国务院令第703号发布,国务院修改《中药品种保护条例》等行政法规部分条款)。该条例的颁布与实施,标志着我国对中药的研制生产、管理工作走上了法制化的轨道。

(一)中药品种保护的范围和监督管理部门

1. 中药保护品种的范围。依据《中药品种保护条例》(以下简称《条例》),中药保护品种的范围,是指中国境内生产制造的中药品种,包括中成药、天然药物的提取物及其制剂和中药人工制品。申请专利的中药品种,依照《专利法》的规定办理,不适用《条例》。

(1)必须是国家药品标准收载的品种。

(2)国家药品监督管理部门批准的新药,若符合《条例》规定的,在新药保护期限届满前6个月,可以依照《条例》的规定申请保护。

2. 中药保护品种的监督管理部门。《条例》总则规定:"国务院药品监督管理部门负责全国中药品种保护的监督管理工作。"根据《条例》规定,国务院卫生行政部门负责组织了国家中药品种保护审评委员会,作为审批中药保护品种的专业技术审查和咨询机构。

(二)中药保护品种等级的划分和审批

1. 中药保护品种等级的划分。受保护的中药品种分为一、二两级。

(1)符合下列条件之一的中药品种,可以申请一级保护:①对特定疾病有特殊疗效的;②相当于国家一级保护野生药材物种的人工制成品;③用于预防和治疗特殊疾病的。

（2）符合下列条件之一的中药品种，可以申请二级保护：①符合《条例》第6条规定的品种或者已经解除一级保护的品种；②对特定疾病有显著疗效的；③从天然药物中提取的有效物质及特殊制剂。

2. 中药保护品种的申请和审批程序。

（1）中药生产企业对其生产的符合《条例》第5条、第6条、第7条、第8条规定的中药品种，可以向所在地省、自治区、直辖市人民政府药品监督管理部门提出申请，由省、自治区、直辖市人民政府药品监督管理部门初审签署意见后，报国务院药品监督管理部门。特殊情况下，中药生产企业也可以直接向国务院药品监督管理部门提出申请。

（2）国务院药品监督管理部门委托国家中药品种保护审评委员会负责对申请保护的中药品种进行审评。国家中药品种保护审评委员会应当自接到申请报告书之日起6个月内作出审评结论。

（3）根据国家中药品种保护审评委员会的审评结论，由国务院药品监督管理部门决定是否给予保护。批准保护的中药品种，由国务院药品监督管理部门发给《中药保护品种证书》。

申请中药品种保护的企业，应当按照国务院药品监督管理部门的规定，向国家中药品种保护审评委员会提交完整的资料。对批准保护的中药品种以及保护期满的中药品种，由国务院药品监督管理部门在指定的专业报刊上予以公告。

（三）中药保护品种的保护与管理

1. 保护期限。中药一级保护品种分别为30年、20年、10年。中药二级保护品种为7年。

2. 保护内容。

（1）除临床用药紧张的中药保护品种另有规定外，被批准保护的中药品种在保护期内仅限于已获得《中药保护品种证书》的企业生产。

（2）对已批准保护的中药品种，如果在批准前是由多家企业生产的，其中未申请《中药保护品种证书》的企业应当自公告发布之日起6个月内向国务院药品监督管理部门申报，并依照《条例》第10条的规定提供有关资料，由国务院药品监督管理部门指定药品检验机构对该申报品种进行同品种的质量检验。对达到国家药品标准的，补发《中药保护品种证书》；对未达到国家药品标准的，依照药品管理的法律、行政法规的规定撤销该中药品种的批准文号。

（3）擅自仿制中药保护品种的，以生产假药论处；伪造《中药保护品种证书》及有关证明文件进行生产、销售的，由县级以上人民政府负责药品监督管理的部门依照《条例》和《药品管理法》的有关规定，给予没收、罚款等行政处罚；构成犯罪的，由司法机关依法追究刑事责任。

3. 中药一级保护品种的保护与管理规定。

（1）中药一级保护品种的该品种处方组成、工艺制法在保护期内由获得《中药保护品种证书》的生产企业和有关的药品监督管理部门、单位和个人负责保密，不得公开。负有保密责任的有关部门、企业和单位应按照国家有关规定，建立必要的保密制度。

（2）向国外转让中药一级保护品种的处方组成、工艺制法，应当按照国家有关保密的规定办理。

（3）因特殊情况需要延长保护期的，由生产企业在该品种保护期满前6个月，依照中药品种保护的申请办理程序申报。由国务院药品监督管理部门确定延长的保护期限，不得超过第一次批准的保护期限。

4. 中药二级保护品种的保护规定。中药二级保护品种在保护期满后可以延长保护期限，时间为7年，由生产企业在该品种保护期满前6个月依据条例规定的程序申报。

5. 中药保护品种生产企业的义务。

（1）生产中药保护品种的企业及有关主管部门应重视生产条件的改进，提高品种的质量。

（2）中药保护品种在保护期内向国外申请注册时，必须经过国务院药品监督管理部门批准同意，否则不得办理。

第四节 医药商业秘密和医药未披露数据保护法律制度

一、商业秘密与医药商业秘密

（一）商业秘密的概念与特征

1. 商业秘密的概念。商业秘密，是指不为公众所知悉、能为权利人带来经济利益,具有实用性并经权利人采取保密措施的技术信息和经营信息。商业秘密包括两部分:技术信息和经营信息。如生产配方、工艺流程、技术诀窍、设计图纸等技术信息;管理方法,产销策略,客户名单、货源情报等经营信息。

2. 商业秘密的特征。商业秘密和其他知识产权(专利权、商标权、著作权等)相比,具有以下特点:

(1)秘密性。作为商业秘密的信息必须是"不为公众所知悉"的经营信息或者技术信息,商业秘密的权利人对其秘密采取了保密措施。这是构成商业秘密的核心要件。

(2)价值性。商业秘密能为权利人带来实际的或者潜在的经济价值或竞争优势,这是法律对商业秘密予以保护的内在根据,也是权利人维持商业秘密的商业状态的内心起因。

(3)实用性。商业秘密不是一种纯理论方案,而应是能够直接在生产经营领域实际应用的信息。实用性是商业秘密价值性的外在表现。

(二)医药商业秘密的概念与类型

1. 医药商业秘密的概念。医药商业秘密,是指在医药行业中,不为公众所知悉、能为权利人带来经济利益、具有实用性并经权利人采取保密措施的技术信息和经营信息。

2. 医药商业秘密的类型。依据我国《反不正当竞争法》对商业秘密的规定,医药商业秘密主要包括两大类:一是医药技术秘密;二是医药经营秘密。

(1)医药技术秘密,主要包括产品信息、药品配方与工艺、机器设备的改进、研究开发的有关文件等。

(2)医药经营秘密,主要包括与公司各种重要经营活动有关联的文件、客户情报、经营过程中的管理技术等。

二、中医药商业秘密保护

我国中医药商业秘密保护主要包括三个方面:

第一,技术秘密,即凭经验和技能产生的,在实践中尤其是中药生产工艺中适用的技术情报、数据和知识。中药技术秘密是中药商业秘密的重要组成部分,其中包括中药的制造技术、生产工艺流程、特定配方、有关设备和材料的制作工艺的专门知识、经验等信息。

早在1993年,原卫生部药政管理局在《关于中药新药质量标准发布事由》中提出:"由于中医药的特殊性,如果新药'处方'和'制法'全部公开,可能会出现互相模仿,处方大同小异等现象,造成新药研制工作的低水平重复,影响临床确切用药,也势必对中药新药的发展和审批管理工作不利。而且质量标准中这两项内容对检验结果影响不大。鉴于此,我局同意药典会意见,在颁布中药新药质量标准(包括试行和转正标准)时,对其'处方'和'制法'可根据具体情况,有些品种采取部分公开的格式。但对研制、生产单位及其所在地卫生厅(局)、药检所须发送质量标准的全部内容。"从而在一定程度上对中药处方的技术秘密给予了保护。

第二,中药经营秘密,主要是指具有秘密性质的、与经营密切相关的情报和信息。

第三,管理秘密,是指在农工商各个领域、各个环节中有效运作的专门管理技术,包括管理模式、管理方法、管理步骤等。

三、医药未披露数据的保护

(一) 医药未披露数据的概念和内容

1. 医药未披露数据的概念。医药未披露数据,是指在含有新型化学成分药品注册过程中,申请者为获得药品生产批准证明文件向药品注册管理部门提交的关于药品安全性、有效性、质量可控性的未披露的试验数据。

2. 医药未披露数据的内容。医药未披露数据包括试验系统试验数据、生产工艺流程、生产设备与设施、生产质量控制等研究数据、人体的临床试验数据。

(二) 医药未披露数据的特征

医药未披露数据具有以下三个特征:①医药未披露数据不具有独占性;②医药未披露数据获得途径不具备创新性;③医药未披露数据的保护,是在药品专利之后进行的知识产权保护形式,专利已公开的数据不在保护范围之内。

(三) 医药未披露数据保护的法律依据

医药未披露数据保护是对未在我国注册过的含有新型化学成分药品的申

报数据进行保护，在一定的时间内，负责药品注册的管理部门和药品仿制者既不能披露也不能依赖该新药研发者提供的证明药品安全性、有效性、质量可控性的试验数据。

目前，我国医药未披露数据保护的主要法律依据有：《中华人民共和国药品管理法实施条例》《药品注册管理办法》《TRIPS协定》。

1. 《中华人民共和国药品管理法实施条例》第34条规定，国家对获得生产或者销售含有新型化学成分药品许可的生产者或者销售者提交的自行取得且未披露的试验数据和其他数据实施保护，任何人不得对该未披露的试验数据和其他数据进行不正当的商业利用。

自药品生产者或者销售者获得生产、销售新型化学成分药品的许可证明文件之日起6年内，对其他申请人未经已获得许可的申请人同意，使用前款数据申请生产、销售新型化学成分药品许可的，药品监督管理部门不予许可；但是，其他申请人提交自行取得数据的除外。除下列情形外，药品监督管理部门不得披露本条第1款规定的数据：①公共利益需要；②已采取措施确保该类数据不会被不正当地进行商业利用。

2. 《TRIPS协定》第39条规定：

（1）在确保针对巴黎公约1967年文本第10条所规定的不正当竞争行为提供有效保护的过程中，缔约方应该根据下述第2款的规定对未公开的信息提供保护，根据下述第3款的规定对由政府或政府性机构提供的数据提供保护。

（2）自然人或法人应有可能防止他人在未经其同意的情况下以非诚实商业活动的方式（对于本规定来说，所谓"以非诚实商业活动的方式"指的至少是诸如破坏合同，违背信义和诱导违背信义的行为，并且包括通过第三方来获得非公开的信息，该第三方知道或者本应知道，却因为粗心大意而不知道在获得过程中包含了这样的行为）透露、获得或使用合法地处于其控制之下并满足下述条件的信息：①在如下的意义上是保密的，即对于通常涉及该类信息的同行业中的人来说，它不是以整体或者其组成部分的准确排列组合为这样的人所公知或者为这样的人所能获得；②由于是保密的，因而具有商业价值；③合法支配该信息的人采取了为具体情况所需的合理措施来保守秘密。

（3）如果缔约方要求以提交未公开的测试数据或其他数据作为批准一种采用新化学成分的药品或农业化学产品投放市场的条件，而上述数据的产生需要付出相当的努力，则该缔约方应禁止对这种数据的不正当商业性使用。此外，除非是为保护公众所必需。或者除非已经采取措施来确保防止对这样数据的不正当商业性使用，否则缔约方应禁止公开这样的数据。

第五节 法律责任

一、医药专利侵权及其法律责任

我国《专利法》规定了两种侵犯专利权的行为：未经许可实施他人专利的行为和假冒他人专利的行为。

（一）民事责任

专利侵权的民事责任主要有两种：停止侵权和赔偿损失。

侵犯专利权的赔偿数额按照权利人因被侵权所受到的实际损失或者侵权人因侵权所获得的利益确定；权利人的损失或者侵权人获得的利益难以确定的，参照该专利许可使用费的倍数合理确定。赔偿数额还应当包括权利人为制止侵权行为所支付的合理开支。

权利人的损失、侵权人获得的利益和专利许可使用费均难以确定的，人民法院可以根据专利权的类型、侵权行为的性质和情节等因素，确定给予3万元以上500万元以下的赔偿。

（二）行政责任

1. 假冒专利的，除依法承担民事责任外，由负责专利执法的部门责令改正并予公告，没收违法所得，可以处违法所得5倍以下的罚款；没有违法所得或者违法所得在5万元以下的，可以处25万元以下的罚款。

2. 负责专利执法的部门根据已经取得的证据，对涉嫌假冒专利行为进行查处时，可以询问有关当事人，调查与涉嫌违法行为有关的情况；对当事人涉嫌违法行为的场所实施现场检查；查阅、复制与涉嫌违法行为有关的合同、发票、账簿以及其他有关资料；检查与涉嫌违法行为有关的产品；对有证据证明是假冒专利的产品，可以查封或者扣押。

3. 违反法律规定向外国申请专利，泄露国家秘密的，由所在单位或者上级主管机关给予行政处分。

(三) 刑事责任

1. 违反《专利法》规定向外国申请专利，泄露国家秘密的，构成犯罪的，依法追究刑事责任。

2. 假冒他人专利，情节严重的，处3年以下有期徒刑或者拘役，并处或者单处罚金。

3. 从事专利管理工作的国家机关工作人员以及其他有关国家机关工作人员玩忽职守、滥用职权、徇私舞弊，构成犯罪的，依法追究刑事责任。

二、医药商标侵权及其法律责任

依据《商标法》第57条规定，有下列行为之一的，均属侵犯注册商标专用权：

1. 未经商标注册人的许可，在同一种商品上使用与其注册商标相同的商标的。

2. 未经商标注册人的许可，在同一种商品上使用与其注册商标近似的商标，或者在类似商品上使用与其注册商标相同或者近似的商标，容易导致混淆的。

3. 销售侵犯注册商标专用权的商品的。

4. 伪造、擅自制造他人注册商标标识或者销售伪造、擅自制造的注册商标标识的。

5. 未经商标注册人同意，更换其注册商标并将该更换商标的商品又投入市场的。

6. 故意为侵犯他人商标专用权行为提供便利条件，帮助他人实施侵犯商标专用权行为的。

7. 给他人的注册商标专用权造成其他损害的。

(一) 民事责任

依据《商标法》的规定，商标侵权的民事责任主要有两种：停止侵权和赔偿损失。

侵犯商标专用权的赔偿数额，按照权利人因被侵权所受到的实际损失确定；实际损失难以确定的，可以按照侵权人因侵权所获得的利益确定；权利人的损失或者侵权人获得的利益难以确定的,参照该商标许可使用费的倍数合理确定。对恶意侵犯商标专用权,情节严重的,可以在按照上述方法确定数额的1倍以上5倍以下确定赔偿数额。赔偿数额应当包括权利人为制止侵权行为所支付的合理开支。

权利人因被侵权所受到的实际损失、侵权人因侵权所获得的利益、注册商标许可使用费难以确定的,由人民法院根据侵权行为的情节判决给予500万元以下的赔偿。

(二) 行政责任

对侵犯注册商标专用权的,工商行政管理部门可以采取下列措施:

1. 责令立即停止侵权行为。

2. 没收、销毁侵权商品和主要用于制造侵权商品、伪造注册商标标识的工具。

3. 销售不知道是侵犯注册商标专用权的商品,能证明该商品是自己合法取得并说明提供者的,由工商行政管理部门责令停止销售。

4. 罚款。违法经营额5万元以上的,可以处违法经营额5倍以下的罚款,没有违法经营额或者违法经营额不足5万元的,可以处25万元以下的罚款。对5年内实施两次以上商标侵权行为或者有其他严重情节的,应当从重处罚。

(三) 刑事责任

1. 未经注册商标所有人许可,在同一种商品上使用与其注册商标相同的商标,构成犯罪的,依法追究刑事责任。

2. 销售明知是假冒注册商标的商品,构成犯罪的,依法追究刑事责任。

3. 伪造、擅自制造他人注册商标标识或者销售伪造、擅自制造的注册商标标识,构成犯罪的,依法追究刑事责任。

4. 销售明知是假冒注册商标的商品,构成犯罪的,依法追究刑事责任。

5. 商标代理机构有下列行为之一,构成犯罪的,依法追究刑事责任:①办理商标事宜过程中,伪造、变造或者使用伪造、变造的法律文件、印章、签名的;②以诋毁其他商标代理机构等手段招徕商标代理业务或者以其他不正当手段扰乱商标代理市场秩序的;③违反《商标法》第4条及第19条第3、4款规定的。

6. 从事商标注册、管理和复审工作的国家机关工作人员玩忽职守、滥用职权、徇私舞弊,违法办理商标注册、管理和复审事项,收受当事人财物,牟取不正当利益,构成犯罪的,依法追究刑事责任。

三、医药商业秘密侵权及其法律责任

依据《反不正当竞争法》的规定,商业秘密侵权行为包括:以盗窃、贿赂、欺诈、胁迫、电子侵入或者其他不正当手段获取权利人的商业秘密;披露、使用或者允许他人使用以前项手段获取的权利人的商业秘密;违反保密义务或者违反权利人有关保守商业秘密的要求,披露、使用或者允许他人使用其所掌握的商业秘密;教唆、引诱、帮助他人违反保密义务或者违反权利人有关保守商业秘密的要求,获取、披露、使用或者允许他人使用权利人的商业秘密。

此外,经营者以外的其他自然人、法人和非法人组织实施前款所列违法行为的,视为侵犯商业秘密。第三人明知或者应知商业秘密权利人的员工、前员工或者其他单位、个人实施《反不正当竞争法》第9条第1款所列违法行为,仍获取、披露、使用或者允许他人使用该商业秘密的,视为侵犯商业秘密。

(一)民事责任

1. 停止侵害。由于商业秘密不为公众所知悉,法律也没有规定保护期限,故《最高人民法院关于审理侵犯商业秘密民事案件适用法律若干问题的规定》第17条规定,判决停止侵害的时间一般应当持续到该商业秘密已为公众所知悉时为止。如果该时间明显不合理,则人民法院可以根据案件具体情况,判决侵权人在一定的期限或者范围内继续停止使用商业秘密。

2. 赔偿损失。因不正当竞争行为受到损害的经营者的赔偿数额,按照其因被侵权所受到的实际损失确定;实际损失难以计算的,按照侵权人因侵权所获得的利益确定。经营者恶意实施侵犯商业秘密行为,情节严重的,可以在按照上述方法确定数额的1倍以上5倍以下确定赔偿数额。赔偿数额还应当包括经营者为制止侵权行为所支付的合理开支。

权利人因被侵权所受到的实际损失、侵权人因侵权所获得的利益难以确定的,由人民法院根据侵权行为的情节判决给予权利人500万元以下的赔偿。

3. 请求返还或者销毁。依照《最高人民法院关于审理侵犯商业秘密民事

案件适用法律若干问题的规定》第 18 条规定，权利人请求判决侵权人返还或者销毁商业秘密载体，清除其控制的商业秘密信息的，人民法院一般应予支持。

（二）行政责任

违反《反不正当竞争法》规定侵犯商业秘密的，监督检查部门应当责令停止违法行为，没收违法所得，处 10 万元以上 100 万元以下的罚款；情节严重的，处 50 万元以上 500 万元以下的罚款。

（三）刑事责任

有下列侵犯商业秘密行为之一，情节严重的，处 3 年以下有期徒刑，并处或者单处罚金；情节特别严重的，处 3 年以上 10 年以下有期徒刑，并处罚金：

1. 以盗窃、贿赂、欺诈、胁迫、电子侵入或者其他不正当手段获取权利人的商业秘密的。

2. 披露、使用或者允许他人使用以前项手段获取的权利人的商业秘密的。

3. 违反保密义务或者违反权利人有关保守商业秘密的要求，披露、使用或者允许他人使用其所掌握的商业秘密的。

单位犯《刑法》第 213~219 条规定之罪的，对单位判处罚金，并对其直接负责的主管人员和其他直接责任人员，依照《刑法》第 219 条第 1 款的规定处罚。

▶ 拓展阅读

2 案例上榜！有关中医药知识产权司法保护

▶ 思考题

1. 什么是医药知识产权？医药知识产权有哪些种类？
2. 什么是医药专利？医药专利的类型有哪些？我国法律对医药专利保护

的范围、期限、终止与无效是如何规定的？医药专利侵权的法律责任是什么？

3. 商标的概念与特征是什么？药品商标有哪些特殊要求？药品商标权的内容与取得原则是什么？医药商标侵权及其法律责任有哪些？

4. 《中药品种保护条例》对中药品种保护是如何规定的？

5. 医药未披露数据的概念与特征是什么？

第十八章 精神卫生法律制度

学习目标

掌握：精神卫生工作的方针原则和主要内容；心理健康促进的方法和精神障碍预防的措施；精神障碍诊断的标准；精神障碍患者的基本权益及其监护人的责任。

熟悉：精神卫生工作的保障措施；维护精神障碍患者合法权益的法律规定。

了解：精神卫生立法的重要意义、立法进程及违反精神卫生法应承担的法律责任。

章前案例

案例一

● 案情简介

澳大利亚昆士兰大学在医学杂志《柳叶刀》上发表的一项研究表明，新冠疫情导致世界各地的重度抑郁症和焦虑症激增。[1]这项研究首次评估了新冠疫情对重度抑郁症和焦虑症产生的全球影响。研究显示，2020年全球重度抑郁症和焦虑症的病例分别增加了28%和26%，受疫情打击最严重的国家患

---

[1] 《全球约10亿人患有精神疾病 新冠疫情令抑郁症患者激增》，载中国产业经济信息网，http://www.cinic.org.cn/hy/yy/1175225.html。

病率上升幅度最大。在新增重度抑郁症患者中,超过 3500 万是女性,男性接近 1800 万。该研究认为,在全球新冠疫情大流行的背景下,人们情绪波动较大,更容易处于焦虑、恐惧、忧虑过度等负面精神状态,从而引发抑郁情绪。其中,不断增长的新冠病例数和自由活动受限,与全球心理健康状况的恶化"显著相关"。世界卫生组织欧洲区域办事处表示,新冠疫情给民众的心理健康带来了"长期且深远"的影响,呼吁各国关注并采取应对措施。世界卫生组织表示,新冠疫情期间,影响人们心理健康的不仅有疫情和封锁等因素,也包括社会经济不平等带来的压力和学校关闭、工作暂停等。欧盟进行的一项调查显示,40 个国家或地区的近 6 万名受访者中,30%的人说在疫情期间出现严重抑郁症状。欧盟委员会副主席马加里蒂斯·希纳斯说,新冠疫情加剧了本已存在的巨大心理健康挑战,这种挑战正变得愈加复杂和多样化。

● 案例评述

新冠疫情影响范围广、持续时间长、程度较重。通过国家采取积极的应对和干预措施,以减轻新冠大流行对民众心理健康的影响,目前,我国公众的生活、学习和工作已经恢复正常。国家越来越重视公众的心理健康问题,民众自身也越发重视自己的心理精神健康。

案例二

● 案情简介

2006 年 10 月 21 日早上,邹某均乘坐其二哥邹某雄的车,去公墓祭扫去世一年多的父亲。途中,被几个自称是公安的陌生人胁迫,并被戴上手铐,强行送入广州白云心理医院(精神病院)接受非自愿治疗。邹某均被强制住院时,趁上洗手间的机会借了电话向律师黄某涛求救,黄某涛律师立即持《授权委托书》(邹某均出事之前签署的,授权黄某涛律师在邹某均丧失自由的情况下代为行使特定的民事权利)前往白云医院,要求探视邹某均,却遭到白云医院的拒绝,委托书也被白云病院擅自宣告无效。

而两年后的 2008 年,在法庭上,邹某均还是选择黄某涛律师作为她的代理人。法庭上,邹某均家人及医院对黄某涛的代理权不再发表任何异议。代理黄某涛律师表示,对三方被告只提出 1 万元精神损失赔偿,这只是象征性的索赔。打官司的关键还是希望法律给予一个明确判决,终结邹某均对强制收治的恐惧,"如果不打官司或官司输了,她的家人还是可能会随时将她送入精神病院，如果精神病强制收治不用合理的法律程序加以约束，我们所有的人都有可能受到这种伤害。"2009 年 3 月 2 日上午，广州市白云区人民法院开庭审理此案，邹某均请求法院判决被告三方赔偿其精神损失费 1 万元，并赔礼道歉，消除因强行送其进入精神病院给她造成的不良社会影响。作为第二被告的邹母、第三被告邹某均的二哥都没有到庭，而是委托了代理律师出庭。

邹某均的遭遇并非史无前例。上海的陈某案、广州的何某荣案、西安的纪某茂案、昆明的段某和案、南京的吴某案、北京的喻某声案……其中有亿万富翁，有千万富翁，甚至还有精神病医生，他们被送进精神病院，有的仅仅是因为与家人或单位领导有矛盾。由于精神病学界对精神病本身的模糊认识与精神病强制收治的程序缺陷，有正常思维能力的人被以精神病理由强制住院，公民人身自由受到威胁。为了有效防止"被精神病"事件的发生，切实保障精神障碍患者的合法权益，我国于 2013 年 5 月 1 日正式施行《中华人民共和国精神卫生法》。

● 案例评述

与邹某均案类似的"被精神病"案例，诸如南通的朱某红案、福建邵武的陈某明案、上海的徐某案、河南的吴某霞案，当事人都因家庭矛盾和财产纠纷，被近亲属以绑架方式送往精神病院强制送诊。而山东的孙某武案、湖北十堰的彭某泉、郭某荣案和北京的陈某盛案，当事人则因追讨财产赔偿或与工作单位发生纠纷而被当地政府有关部门或工作单位当作精神障碍患者送诊至精神卫生医疗机构。这些案件的当事人大多在社会公益组织的支持和帮助下，重新获得了自由，并重返社会，开始了新生活。

案例三

● 案情简介[1]

2019 年 9 月 2 日，张某、张新某的亲属刘某某因病到精神卫生中心住院接受治疗，经精神卫生中心初步诊断，刘某某患双相情感障碍，目前为混合性发作；诊疗计划：（1）精神科监护，1 级护理……2019 年 9 月 3 日 15 时许，张某、张新某接到精神卫生中心电话，被告知刘某某在精神卫生中心病

---

[1]《张某等与某某省精神卫生中心医疗损害责任纠纷一审民事判决书》，载中国裁判文书网，https://wenshu.court.gov.cn/website/wenshu/181107ANFZ0BXSK4/index.html？docId=6b4ab8e599834ad0a10fac9801021b1a。

房自缢生命垂危并转入山东省某医院继续抢救。2019年9月5日10时5分刘某某经抢救无效死亡。张某、张新某认为精神卫生中心作为收治精神疾病的专业医院，里面住院的都是患有精神疾病的无自我约束能力、无民事行为能力或限制民事行为能力的特殊病人，诊治这类病人，精神卫生中心的管理、护理等就应该更加尽到全面谨慎注意义务。精神卫生中心正是因为未尽到谨慎管理、护理病人的注意义务，故其对刘某某的自缢致死存在重大过错。精神卫生中心认为其没有医疗过错，精神卫生中心的医疗行为和患者自杀死亡没有因果关系，依法不应承担损害赔偿责任。张某、张新某知晓风险并自愿承担且无证据证明精神卫生中心存在过错及因果关系，应自行承担不利后果。张某、张新某的诉讼请求不成立。因此，请求法院依法予以驳回其诉讼请求。法院查明：张某与刘某某系夫妻关系，二人育有一子张新某。刘某某父母已去世。刘某某于2019年9月2日8时40分，在其兄刘三的陪同下办理住院。住院手续办妥后，医师结合刘某某及其亲属的病情陈述、检测的结果作出"双相情感障碍，目前为混合性发作"的初步诊断，诊疗计划为1级护理。医师向刘某某的亲属告知了其目前病情及可能存在自杀、自伤的风险，要求刘某某家属在院陪护，刘某某亲属签署《住院期间患者陪护知情同意书》《医患沟通记录单》表示知晓风险但拒绝陪护建议，同时表示相关风险责任自负。2019年9月3日14时26分，精神卫生中心的医务人员发现刘某某在卫生间用毛巾自缢，进行初步抢救措施后于14时52分由救护车转至山东省某医院继续抢救。2019年9月5日10时5分，刘某某在山东省某医院经抢救无效死亡。

● 案例评述

法院认为，精神病人在住院期间，医院除给予恰当的治疗外，还应当严格履行监护职责，同时医院还负有法律上的安全保障义务。刘某某到精神卫生中心住院时，院方向其法定监护人履行了告知义务，告知刘某某在住院期间有可能出现不可预料的、难以防范的突发性自伤、自杀等意外事件，但是对于刘某某在卫生间自缢，医务人员是否尽到工作职责和合理的注意义务，精神卫生中心应当举证证明，不能因为精神卫生中心履行了告知义务就免除其责任，并且精神病人有别于其他精神正常的病人，医院更应尽到足够的看护义务。但考虑到自杀是精神病患者症状表现之一，且具有冲动性、突发性、隐蔽性的特点，精神卫生中心的过错行为并不直接导致刘某某的死亡，只是在客观上为其自缢提供了一个可利用的条件。依据《最高人民法院关于确定民事侵权精神损害赔偿责任若干问题的解释》之规定："受害人对损害事实和损害后果的发生有过错的，可以根据其过错程度减轻或者免除侵权人的精神损害赔偿责任"，刘某某的亲属明知其住院存在自杀、自残等风险，并知晓了精神卫生中心的陪护要求，但拒绝陪护并自愿承担相应的风险，依法也有一定的过错责任。综上理由，法院酌情相应减轻精神卫生中心的民事责任。该案系医疗损害赔偿责任纠纷，本案应适用过错责任原则。作为刘某某的亲属，张某、张新某提起本案诉讼，符合法律规定。该争议焦点系赔偿比例及赔偿分项计算依据及方式。综合本案实际情况，法院最终酌定精神卫生中心承担10%的赔偿责任。

第一节 概 述

一、与精神卫生相关的概念

精神卫生（mental health）又称"心理卫生"或"精神健康"。广义的精神卫生，是指维护和增进心理健康，培养健全人格，提高人类对环境的适应和改造生活质量的各种活动的总称。狭义的精神卫生，主要是指对人类精神障碍疾病的预防、治疗和康复。

精神障碍（mental disorder）是精神疾病的统称，旧称"精神疾病"，是指具有诊断学意义的精神方面的问题，是由各种因素导致的大脑功能失调，主要表现为感知、思维、注意、记忆、智能、情感、意志和行为等某个方面或某些方面发生了显著的变化，可伴有痛苦体验和（或）功能损害，需要进行医学或心理学干预的情况。

精神病（psychosis），主要是指精神障碍中为数不多但情况较为严重的疾病，如精神分裂症等，是重性精神障碍，病人的社会功能受到严重受损。

精神病学（psychiatry），主要是指研究精神障碍病因、发病机制、临床表现、治疗和预防措施的一门临床医学学科。

二、精神病学的发展历史

(一) 西方精神病学的发展历程

古希腊医学家希波克拉底(Hippocrates)提出了精神病的体液论病理理论,认为如果人体内的四种体液,即血液、黏液、黄胆汁和黑胆汁间平衡,那么人体就处于健康状态,反之,就会出现各种疾病,如抑郁症就是过多的黑胆汁进入脑内的原因。古罗马医学家俄斯克利皮亚多兹(Asclepiades)对精神障碍的错觉、幻觉、妄想等症状多有记述,强调精神疾病与情绪之间的关系,并提出了音乐治疗等方法。

在漫长的中世纪,受到基督教思想的影响,精神病人被视为魔鬼附体。采用的治疗方法中,其温和者是用祷告、符咒等方式;其残酷者是用烧灼、针刺等手段来驱除附体的魔鬼,并说这是"惩罚其肉体,拯救其灵魂"。

文艺复兴时期,人道主义精神兴起,人们对待精神疾病的态度也发生了一定的改变,甚至有时认为疯癫比理性更接近真理。在这一时期,有学者开始致力于研究人类的精神结构,并出现了精神科医师。

17—18 世纪,精神病学实现了重大进步,精神病开始被认为是一种需要治疗的疾病。法国医生菲利普·皮内尔(Philippe Pinel)在法国大革命时期主张要去掉精神病人身上的铁链和枷锁,并将"疯人院"变成医院。

19—20 世纪初期,精神病学获得了长足发展。德国医生格里辛格(Griesinger)在 1845 年发表专著,提出了精神失常是一种脑病的论断,被尊为现代精神病学的创始人。德国医生克雷佩林(Kraepelin)在临床观察的基础上,将精神病定义为有着客观规律的生物学过程,提出了系统的精神病分类理论,建立了描述精神病学的理论基础,被誉为现代精神病学之父。奥地利心理学家西格蒙德·弗洛伊德(Sigmund Freud)利用自由联想和梦的解析了解人类的心理症结,是动力精神医学的代表人物,将精神医学带入"心因性病因论"的研究范畴和治疗方式。

从 20 世纪开始,精神卫生运动得到广泛开展。1909 年,美国心理卫生协会成立,1930 年召开了首届国际心理卫生大会。从 20 世纪 20 年代开始,新的精神障碍治疗方法,如高热疗法、胰岛素昏迷疗法、电抽搐疗法、行为疗法、药物疗法、精神外科疗法等不断涌现,深刻影响了精神疾病的治疗模式。

在这一时期，精神病学家对于精神病的病因、病理、临床表现等分别从大脑解剖学、生理学和心理学等方面进行了大量的研究和探讨，从而形成了精神病学中的各种学派。在这个世纪，精神病学不断走向成熟。

(二) 中国精神病学的发展历程

中国古代医籍中都有关于精神疾病的论述。如《黄帝内经·素问》描述发狂的症状："病甚则弃衣而走，登高而歌，或至不食数日，逾垣上屋，所上之处，皆非其素所能也……妄言骂詈，不避亲疏……"体现了对于精神疾病的经验认识。

汉代张仲景在《伤寒杂病论》和《金匮要略》中提出了"谵妄""郑声""奔豚""脏躁"和"百合病"等精神障碍病名，并描述了临床症状。晋代皇甫谧的《针灸甲乙经》和葛洪的《肘后备急方》中记录了一些精神病的针灸和药物治疗方法。唐代孙思邈在《千金方·风癫》中对癫狂有着翔实的描述："或有默默而不声，或复多言而漫说，或歌或哭，或吟或笑，或眠坐沟渠，啖食粪秽，或裸形露体，或昼夜游走，或嗔骂无度……"并在病因上提出了"风入阳则狂，风入阴则癫"的理论。王焘在《外台秘要》一书中指出，发狂的病理是气血失调。

金元时期的刘完素强调火热过亢而引起癫狂，主张治必泻火。张从正和朱丹溪则认为"痰"是引起癫狂的病因。朱丹溪主张以情胜情，发挥了中医的七情五志的心理治疗方法。

明代医家王肯堂在其《证治准绳·癫痫狂总论》中区分了癫和痫两症，并将精神病分为癫狂痫、烦躁、惊悸恐三大类，使中国古代的精神病分类学取得了重大进步。张介宾的《景岳全书》提出类似精神分裂症的"痴呆症"。清代的陈士铎在《石室秘录》中将精神病分为狂病、癫病、花癫和呆病四类。叶桂在《医效秘传》中对癫、狂、痫的病因和治疗进行了分析和说明。王清任在《医林改错》中创造了癫狂梦醒汤等方剂，主张用活血化瘀治疗精神病。

新中国成立之前，我国精神卫生事业也有一定的发展。国外精神病学在19世纪末传入我国。从20世纪初开始，北京、大连、上海、南京等地相继设立了精神病医疗机构，北京协和医学院在1922年就设立了精神病学课程，之后其他一些医学院校也开设了相关课程。

新中国成立之后，我国的精神病学得到了长足发展。到1958年已经设立了62所精神病医院，并出版了专业教材。20世纪80年代之后，精神病学科研和临床水平不断提高，精神病防治机构纷纷建立，精神病流行病调查广泛开展。中华神经精神科学会组织专家根据世界卫生组织和美国的有关精神病分类标准，分别在1982年、1989年和2001年制定并颁布了三版《精神疾病分类与诊断标准》。2012年10月，《中华人民共和国精神卫生法》（以下简称《精神卫生法》）正式颁布，并于2013年5月1日实施。这标志着我国精神卫生法治工作取得了重大的进步。2018年4月27日，第十三届全国人民代表大会常务委员会第二次会议对《精神卫生法》进行了修正。

三、精神卫生现状

（一）世界精神卫生现状

2003年，世界卫生组织发布的《精神卫生政策与服务指南》对世界精神障碍的现状和发展趋势进行了描述。世界范围内，有约1.21亿人患有抑郁症，约7000万人受到酒精成瘾的困扰，约2400万人患精神分裂症，约3700万人患痴呆症。前20位致残的因素中，精神障碍占第6位，其中抑郁症可能成为世界上第2位的致残疾病。

精神障碍造成的总体经济负担是巨大的。美国每年的直接治疗费用近1480亿美元，占国内生产总值的2.5%。在发达国家，精神障碍的间接消耗是直接治疗费用的2~6倍。而在发展中国家，间接花费占总体治疗花费的比重更大。在大多数国家，因为缺少公共资金支持，家庭承担了大部分经济负担。家庭负担还会导致社会负担，如照顾残疾家庭成员带来的情绪负担，降低了照顾者的生活质量，造成社会隔绝、耻感甚至丧失自我发展的机会。

（二）中国精神卫生现状

随着我国社会的飞速发展，精神疾病的患病率也呈上升趋势，从20世纪50年代的0.27%到70年代的0.54%、80年代的1.11%、90年代的1.35%，精神疾病患者已达1600余万人。精神疾病占我国全部疾病负担的20%，成为第一位的疾病负担。如果加上心理行为问题引发的躯体疾病、自杀和交通事故，则占到全部疾病负担的50%。

世界卫生组织专家认为，没有任何一种灾难能像心理危机那样在今天给人类带来如此持续而深刻的痛苦，人类已进入"心理疾病"时代。

第十八章 精神卫生法律制度

四、精神卫生立法

(一) 我国精神卫生立法

我国目前正处于社会转型期,各种社会矛盾增多,竞争压力增大,精神障碍患病率呈上升趋势,精神卫生问题已成为重大的公共卫生问题和突出的社会问题。经过六十多年的建设,我国精神卫生服务资源从短缺到不断增长,具备了一定的服务能力。尤其是国家加大精神卫生服务能力建设,投资改建、扩建了一批精神专科医院和设精神科的综合医院,医疗服务的机构和床位数量增加。但是全国精神卫生服务资源分布存在较大差距,无论是机构、床位还是专业人员分布,都存在较明显的地域分布不平衡和层次布局不合理的情况。与同等经济发展水平国家相比,我国精神卫生服务资源数量明显不足。精神卫生立法有利于解决精神障碍患者救助救治、服务管理中的薄弱环节以及非自愿住院治疗制度缺失等突出问题,也是当前加强和创新社会管理的重要举措之一。精神卫生立法对于规范精神卫生服务,保障患者合法权益,发展精神卫生事业,增进公众身心健康,保障我国经济社会全面、协调和可持续发展都具有重要意义。

长期以来,我国对精神卫生工作一直比较重视。1958年、1986年和2001年三次召开了全国精神卫生工作会议,研究和部署精神卫生工作。2002年4月,卫生部、民政部、公安部、中国残联印发《中国精神卫生工作规划(2002—2010年)》,提出"我国精神卫生工作既包括防治各类精神疾病,也包括减少和预防各类不良心理及行为问题的发生",确立了精神卫生工作涵盖范围。2004年9月,国务院办公厅转发《关于进一步加强精神卫生工作的指导意见》,提出加强组织领导、重点人群心理行为干预、精神疾病防治与康复、工作队伍建设、科研与监测、患者权益保护等要求,同时要求各级政府"要按照精神卫生机构为主体,综合医院精神科为辅助,基层医疗卫生机构和精神疾病社区康复机构为依托的原则,建立健全精神卫生服务体系和网络"。

2006年11月,经国务院批准,成立由卫生部牵头,中宣部、国家发展改革委、教育部、公安部、民政部、司法部、财政部、人事部、劳动保障部、文化部、食品药品监管局、国务院法制办、全国总工会、共青团中央、全国妇联、中国残联、全国老龄办17个部门和单位组成的"精神卫生工作部际联席会议制度"。2008年1月，卫生部等精神卫生工作部际联席会议成员单位联合印发《全国精神卫生工作体系发展指导纲要（2008—2015年）》，提出要"建立与'政府领导、部门合作、社会参与'工作机制相适应的精神卫生工作体系"，明确了联席会议各成员单位精神卫生工作的职责。

2009年10月，卫生部印发《重性精神疾病管理治疗工作规范》（后于2012年修订，现已失效），建立重性精神疾病管理治疗制度。在全国推动以精神卫生专业机构、社区卫生服务机构和农村医疗卫生机构等基层医疗卫生机构为基础，建设重性精神疾病管理治疗网络，设立重性精神疾病登记和报告制度，建立精神卫生专业机构与其他医疗卫生机构之间的衔接机制，开展重性精神疾病随访、病情监测等社区管理工作。

2010年9月，国家发展改革委、卫生部、民政部印发《精神卫生防治体系建设与发展规划》，明确了精神卫生专业机构、基层医疗卫生机构、精神疾病社区康复机构、疾病预防控制机构以及一般综合医院在精神卫生防治体系中的功能定位和任务，启动了2010—2012年精神卫生防治机构建设。2012年10月26日，第十一届全国人大常委会第二十九次会议通过了《精神卫生法》，自2013年5月1日起施行。《精神卫生法》适用于中华人民共和国境内开展维护和增进公民心理健康、预防和治疗精神障碍、促进精神障碍患者康复的活动。

（二）国外精神卫生立法

国际上早期的精神卫生立法的主要目的是管理与监护精神病患者，如1800年在英国诞生的《精神错乱者条例》即主要规定对精神病患者的收容和监护措施，1890年修订时增加了治疗和保护患者基本权益的内容。日本1900年的《精神病人监护法》和1919年的《精神病院法》，也是主要关于患者的监护与管理。自1938年法国颁布世界上首次命名为《精神卫生法》的法律以来，精神卫生立法逐渐增加患者权益保障、治疗和康复、公民心理健康等方面的内容。这些变化脱离不开社会发展和精神医学进展的大背景，而涉及精神障碍的诊断、治疗和管理的内容依然是重中之重。自20世纪80年代以来，在一些国际精神卫生立法和患者权益保障的声明和宣言的影响下，相关法律更加完善，具体条款更加严谨和合理。

五、精神卫生法的主要内容

我国《精神卫生法》共 7 章 85 条，对精神卫生工作的方针原则和管理机制、心理健康促进和精神障碍预防、精神障碍的诊断和治疗、精神障碍的康复、精神卫生工作的保障措施、维护精神障碍患者合法权益等作了规定。《精神卫生法》规定的前述内容充分体现了这部法律的精神：一是立足现实，解决当前精神卫生工作的突出问题；二是切实保障精神障碍患者的合法权益；三是坚持服务与管理相结合；四是坚持预防为主，预防与治疗、康复相结合；五是明确责任，建立机制。

六、精神卫生工作的方针和原则

2002 年，卫生部等印发《中国精神卫生工作规划（2002—2010 年）》，其中提出"我国精神卫生工作既包括防治各类精神疾病，也包括预防各类不良心理及行为问题的发生"，首次明确了精神卫生工作的范畴和主要内容为心理卫生服务和重性精神疾病管理治疗。《精神卫生法》第 3 条规定，精神卫生工作实行预防为主的方针，坚持预防、治疗和康复相结合的原则。

（一）精神卫生工作的方针

精神卫生工作实行预防为主的方针。精神障碍是可以预防的，精神障碍的预防主要是增强心理健康的保护因素，减少危险因素，通过采取各种有效措施防止精神障碍的发生。预防是精神卫生工作中非常重要的一环，通过积极有效的预防，可以减少精神障碍的发生，促进全民的心理健康。

精神卫生预防分为三级预防：一级预防即病因预防，通过消除或者减少致病因素来防止或减少精神障碍的发生；二级预防的重点是早期发现、早期诊断、早期治疗，并争取疾病缓解后有良好的预防，防止复发；三级预防的重点是做好精神障碍患者康复训练，最大限度地促进患者社会功能的恢复，减少功能残疾，延缓疾病衰退的进程，提高患者的生活质量。

（二）精神卫生工作的原则

坚持预防、治疗和康复相结合的原则。长期以来防治结合一直是精神卫生工作的重要原则，它主要通过早发现、早诊断、早治疗来控制疾病，降低危害。康复是对精神障碍患者进行医学治疗，同时开展生活自理能力、社会适应能力和职业技能等方面的训练,以减少残疾和社会功能损害,防止疾病复发。

七、制定《精神卫生法》的重要意义

《精神卫生法》是发展精神卫生事业、规范精神卫生服务、维护精神障碍患者合法权益的重要法律。制定精神卫生法是顺应国际社会发展趋势的需要。填补了我国精神卫生领域的法律空白,在我国精神卫生领域具有里程碑意义,将对我国精神卫生工作产生广泛而深远的影响。《精神卫生法》的颁布实施有利于提高公众心理健康水平,有利于维护精神障碍患者合法权益,有利于保障和促进精神卫生事业发展,有利于构建社会主义和谐社会。

八、我国《精神卫生法》的立法宗旨与调整对象

(一)立法宗旨

根据《精神卫生法》第1条规定,为了发展精神卫生事业,规范精神卫生服务,维护精神障碍患者的合法权益,制定本法。可见,精神卫生立法的宗旨在于发展精神卫生事业、规范精神卫生服务和维护精神障碍患者的合法权益。

(二)调整对象

《精神卫生法》第2条规定,在中华人民共和国境内开展维护和增进公民心理健康、预防和治疗精神障碍、促进精神障碍患者康复的活动,适用本法。所以《精神卫生法》的调整对象为精神障碍患者和全体公民。对于精神障碍患者来说,精神卫生法从预防、治疗和康复等方面分别作了专门规定和说明。对于全体公民来说,应当通过促进心理健康来预防精神障碍的发生。

九、精神卫生工作的政府职责

《精神卫生法》第6条规定,精神卫生工作实行政府组织领导、部门各负其责、家庭和单位尽力尽责、全社会共同参与的综合管理机制。第7条规定,县级以上人民政府领导精神卫生工作,将其纳入国民经济和社会发展规划,建设和完善精神障碍的预防、治疗和康复服务体系,建立健全精神卫生工作协调机制和工作责任制,对有关部门承担的精神卫生工作进行考核、监督。

乡镇人民政府和街道办事处根据本地区的实际情况，组织开展预防精神障碍发生、促进精神障碍患者康复等工作。

(一) 县级以上政府的职责

1. 统一领导。统一领导，是指县级以上政府对精神卫生工作承担统一领导的职责。精神卫生属于一项重要的公共卫生事业，所以各级政府应当担负起统一领导的责任，在精神障碍的预防、治疗、康复以及保障精神卫生事业发展等方面发挥重要作用。

2. 纳入规划。纳入规划，是指县级以上政府将精神卫生工作纳入本国国民经济和社会发展规划。

3. 建设体系。建设体系，是指县级以上政府组织建设和完善精神障碍的预防、治疗和康复服务体系。只有体系建设起来，才能解决预防不力、患者得不到治疗、不能得以康复等问题的出现，才能保障和促进精神卫生事业的发展。《精神卫生法》中第61、63条对体系的建立作了具体的规定。

(二) 乡镇政府和街道办事处的职责

《精神卫生法》第7条第2款规定，乡镇人民政府和街道办事处根据本地区的实际情况，组织开展预防精神障碍发生、促进精神障碍患者康复等工作。这就明确了乡镇人民政府和街道办事处在精神卫生工作中的职责主要是预防和康复两个方面。

十、精神卫生工作的主管部门和有关职责部门

《精神卫生法》第8条规定，国务院卫生行政部门主管全国的精神卫生工作。县级以上地方人民政府行政部门主管本行政区域的精神卫生工作。县级以上人民政府司法行政、民政、公安、教育、医疗保障等部门在各自职责范围内负责有关精神卫生工作。

精神卫生工作主管部门根据法律规定，国务院卫生行政部门主管全国精神卫生工作。县级以上地方人民政府卫生行政部门主管本行政区域的精神卫生工作。《全国精神卫生工作体系发展指导纲要（2008—2015年）》确定的卫生部门的职责是：①卫生部门负责制定精神卫生工作的规划、规范、技术标准；②依照有关法律、法规规定实施精神卫生专业机构、精神卫生专业人员的准入和管理；③组织精神疾病预防、治疗和康复工作的监督、检查、评

估和技术指导；④开展精神疾病调查和信息收集；⑤指导医疗卫生机构按照国家有关政策规定开展精神卫生工作。

司法行政部门负责对监狱、强制性教育机构等单位履行精神卫生法规的精神障碍预防义务的情况进行督促和指导。同时，按照职责范围，对有关鉴定机构、鉴定人员依据精神卫生法开展的鉴定活动进行监管等。

民政部门按照职责分工，对查找不到近亲属的流浪乞讨疑似精神障碍患者，应当帮助送往医疗机构进行精神障碍诊断。精神障碍患者通过基本医疗保险支付医疗费用后仍有困难，或者不能通过基本医疗保险支付医疗费用的，民政部门应该优先予以医疗救助。对符合城乡最低生活保障条件的重症精神病患者，民政部门应当会同有关部门及时将其纳入最低生活保障。对于农村属于五保供养对象的重症精神病患者，以及城市中无劳动能力、无生活来源且无法定赡养、抚养、扶养义务人，或者其法定赡养、抚养、扶养义务人无赡养、抚养、扶养能力的严重精神病患者，民政部门应当按照国家有关规定予以供养、救济。此外，对上述规定以外的重性精神病患者确有困难的，民政部门可以采取临时救助等措施，帮助解决其生活困难。

公安部门负责对看守所、拘留所、强制隔离戒毒所等单位履行精神卫生法规定的精神障碍预防义务的情况进行督促和指导。

县级以上政府教育部门负责对精神卫生专门人才的培养工作，监督指导有关院校加强精神医学的教学和研究，培养精神医学专门人才。

在精神障碍预防方面，县级以上人力资源和社会保障部门对有关用人单位履行精神卫生法规定的精神障碍预防义务的情况进行督促和指导。

第二节　心理健康的促进与精神障碍的预防

一、心理健康的促进

《精神卫生法》第13条规定，各级人民政府和县级以上人民政府有关部门应当采取措施，加强心理健康促进和精神障碍预防工作，提高公众心理健康水平。心理健康促进是解决心理健康问题的新策略，通过借鉴国外的健康促进政策对我国心理健康服务体系建设的启示有：一是转变心理健康服务观念，树立以人为本的健康价值观。二是加强心理健康服务体系的理论研究。

三是完善组织管理体制，建立国家心理健康促进委员会统一规划指导全国的健康促进工作。四是建立高效务实的心理健康服务体系，实现人人健康目标。

二、相关单位和人员预防精神障碍的责任和义务

根据《精神卫生法》第13~23条，内容大致可分为三大部分：

第一部分是关于各级政府、有关政府部门及基层政权组织在心理健康促进、精神障碍预防、灾难心理援助这几方面的工作中所起的组织、领导、监督、保障作用和责任。

第二部分是按照社会组织、机构、行业的特殊性，重点提出用人单位、学校、医院、公安和司法机构、新闻媒体及社会组织在心理健康促进和精神障碍预防方面的重要性及相应的工作职责和任务。另外，鉴于中国文化背景下家庭对于心理健康的高度重要性，提出建设和谐家庭的理念，以及看护、照顾精神障碍家庭成员的责任和义务。

第三部分是关于心理咨询人员业务素质、职业规范和尊重隐私、保密等责任和义务。

三、精神卫生监测网络

《精神卫生法》第24条规定，国务院卫生行政部门建立精神卫生监测网络，实行严重精神障碍发病报告制度，组织开展精神障碍发生状况、发展趋势等的监测和专题调查工作。精神卫生监测和严重精神障碍发病报告管理办法，由国务院卫生行政部门制定。国务院卫生行政部门应当会同有关部门、组织，建立精神卫生工作信息共享机制，实现信息互联互通、交流共享。根据国家卫生健康委组织编制的《严重精神障碍管理治疗工作规范》（2018年版）的有关规定，国家级精防机构负责国家严重精神障碍信息系统日常管理，定期编制信息简报，定期调查、分析、报告相关数据和工作信息。组织开展精神卫生健康教育和宣传。各级各类信息报告机构应当按照本规范的要求，在时限范围内上报患者登记建档、随访管理、应急处置等信息。严重精神障碍信息系统相关信息的使用和管理由专人负责，严格按照有关要求执行，任何人不可随意修改、删除、导出数据，不可随意扩大数据使用范围。个人账号及密码不得泄露给他人。信息数据及时备份，不得泄露给无关人员。

各级卫生健康部门要建立严重精神障碍信息管理定期通报制度,及时将严重精神障碍报告患病率、在册患者规范管理率、在册患者规律服药率等核心工作指标通报至当地人民政府、相关部门和辖区医疗卫生机构。各级精防机构按照同级卫生健康行政部门要求,编制本辖区严重精神障碍信息管理月报、季报、年报,定期报送相关行政部门,并抄送上级精防机构。统计指标应包括报告患病率、在册患者管理率、在册患者规范管理率、在册患者服药率、在册患者规律服药率、居家患者病情稳定率等。县级及乡镇(街道)卫生健康部门要与政法、公安、民政、人力资源社会保障、残联等部门建立信息共享机制,定期交换患者相关信息。

第三节 精神障碍的诊断和治疗

一、精神卫生医疗机构的条件

《精神卫生法》第25条规定,开展精神障碍诊断、治疗活动,应当具备下列条件,并依照医疗机构的管理规定办理有关手续:①有与从事的精神障碍诊断、治疗相适应的精神科执业医师、护士;②有满足开展精神障碍诊断、治疗需要的设施和设备;③有完善的精神障碍诊断、治疗管理制度和质量监控制度。从事精神障碍诊断、治疗的专科医疗机构还应当配备从事心理治疗的人员。

二、精神障碍的诊断依据

《精神卫生法》第26条规定,精神障碍的诊断、治疗,应当遵循维护患者合法权益、尊重患者人格尊严的原则,保障患者在现有条件下获得良好的精神卫生服务。精神障碍分类、诊断标准和治疗规范,由国务院卫生行政部门组织制定。第27条规定,精神障碍的诊断应当以精神健康状况为依据。联合国大会决议《保护精神病患者和改善精神保健的原则》的规定如下:

1. 确定一人是否患有精神病,应以国际接受的医疗标准为依据。
2. 确定是否患有精神病,绝不应以政治、经济或社会地位,或是否属某个文化、种族和宗教团体,或与精神健康状况无直接关系的其他任何理由为依据。
3. 家庭不和或同事间不和,或不尊奉一个人所在社区的道德、社会、文化或政治价值观或宗教信仰之行为,不得作为诊断精神病的一项决定因素。

4. 过去作为患者的治疗或住院背景本身不得作为目前或今后对精神病的任何确定的理由。

5. 除与精神病直接有关的目的或精神病后果外,任何人或权力机构都不得将一个人归入精神病患者一类,也不得用其他方法表明其为精神病患者。

三、精神障碍患者送诊的主体和条件

《精神卫生法》第28条规定,除个人自行到医疗机构进行精神障碍诊断外,疑似精神障碍患者的近亲属可以将其送往医疗机构进行精神障碍诊断。对查找不到近亲属的流浪乞讨精神障碍患者,由当地民政等有关部门按照职责分工,帮助送往医疗机构进行精神障碍诊断。疑似精神障碍患者发生伤害自身、危害他人安全的行为,或者有伤害自身、危害他人安全的危险的,其近亲属、所在单位、当地公安机关应当立即采取措施予以制止,并将其送往医疗机构进行精神障碍诊断。医疗机构接到送诊的疑似精神障碍患者,不得拒绝为其作出诊断。

四、自愿与非自愿治疗患者的权益保护

根据《精神卫生法》第30条可以作以下解释和规定:精神障碍的住院治疗实行自愿原则。自愿治疗,是指个人在选择就诊地点和就诊方式、接受医学检查和治疗、进行康复活动的全部过程中,享有自由表达意愿和自主做出选择的充分权利。非自愿医疗,是指违背患者意志,不同程度限制患者自由,使患者在特定的医疗机构接受一段时间的观察、诊断或治疗包括非自愿就诊和接受医学检查,非自愿入院观察和非自愿住院治疗。

精神障碍的非自愿住院治疗,必须符合精神卫生法规定的条件,即诊断结论、病情评估表明,就诊者为严重的精神障碍患者并有以下情形之一的,应当对其实施住院治疗:①已经发生伤害自身的行为,或者有伤害自身的危险;②已经发生危害他人安全的行为,或者有危害他人安全的危险。精神障碍患者已经发生伤害自身的行为,或者有伤害自身的危险情形的,经其监护人同意,医疗机构应当对患者实施住院治疗;监护人不同意的,医疗机构不得对患者实施住院治疗。监护人应对在家居住的患者做好看护工作。

五、精神障碍患者的再次诊断和鉴定

《精神卫生法》第 32 条规定，患者或者其监护人对需要住院治疗的诊断结论有异议，不同意对患者实施住院治疗的，可以要求再次诊断和鉴定。依照前款规定要求再次诊断的，应当自收到诊断结论之日起 3 日内向原医疗机构或者其他具有合法资质的医疗机构提出。承担再次诊断的医疗机构应当在接到再次诊断要求后指派两名初次诊断医师以外的精神科执业医师进行再次诊断，并及时出具再次诊断结论。承担再次诊断的执业医师应当到收治患者的医疗机构面见、询问患者，该医疗机构应当予以配合。对再次诊断结论有异议的，可以自主委托依法取得执业资质的鉴定机构进行精神障碍医学鉴定；医疗机构应当公示经公告的鉴定机构名单和联系方式。接受委托的鉴定机构应当指定本机构具有该鉴定事项执业资格的两名以上鉴定人共同进行鉴定，并及时出具鉴定报告。

六、医疗机构管理

（一）环境设施

《精神卫生法》第 38 条规定，医疗机构应当配备适宜的设施、设备，保护就诊和住院治疗的精神障碍患者的人身安全，防止其受到伤害，并为住院患者创造尽可能接近正常生活的环境和条件。

（二）告知和知情同意

《精神卫生法》第 39 条规定，医疗机构及其医务人员应当遵循精神障碍诊断标准和治疗规范，制定治疗方案，并向精神障碍患者或者其监护人告知治疗方案和治疗方法、目的以及可能产生的后果。

（三）保护性医疗措施

《精神卫生法》第 40 条规定，精神障碍患者在医疗机构内发生或者将要发生伤害自身、危害他人安全、扰乱医疗秩序的行为医疗机构及其医务人员在没有其他可替代措施的情况下，可以实施约束、隔离等保护性医疗措施。实施保护性医疗措施应当遵循诊断标准和治疗规范，并在实施后告知患者的监护人。禁止利用约束、隔离等保护性医疗措施惩罚精神障碍患者。

（四）药物使用

《精神卫生法》第 41 条规定，对精神障碍患者使用药物，应当以诊断和治

疗为目的，使用安全、有效的药物，不得为诊断或者治疗以外的目的使用药物。

（五）精神外科手术

神经外科手术治疗某些精神疾病具有高风险，其安全性和有效性尚需进一步验证。此类技术属限制性医疗技术，并涉及伦理评价问题，应严格在限定的机构、人员和条件下，有限制地实施。《精神卫生法》第42条规定，禁止对依照规定实施住院治疗的下列精神障碍患者实施以治疗精神障碍为目的的外科手术：①已经发生伤害自身的行为，或者有伤害自身行为危险的；②已经发生危害他人安全的行为，或者有危害他人安全的危险。

（六）尊重住院精神障碍患者权利

《精神卫生法》第44条规定，自愿住院治疗的精神障碍患者可以随时要求出院，医疗机构应当同意。

《精神卫生法》第46条规定，医疗机构及其医务人员应当尊重住院精神障碍患者的通讯和会见探访者等权利。除在急性发病期或者为了避免妨碍治疗可以暂时性限制外，不得限制患者的通讯和会见探访者等权利。

（七）精神障碍患者病历记录

《精神卫生法》第47条规定，医疗机构及其医务人员应当在病历资料中如实记录精神障碍患者的病情、治疗措施、用药情况、实施约束、隔离措施等内容，并如实告知患者或者其监护人。患者及其监护人可以查阅、复制病历资料；但是，患者查阅、复制病历资料可能对其治疗产生不利影响的除外。病历资料保存期限不得少于30年。

七、精神障碍患者出院

自愿住院治疗的精神障碍患者可以随时要求出院，医疗机构应当同意。对有《精神卫生法》第30条第2款第1项情形的精神障碍患者实施住院治疗的，监护人可以随时要求患者出院，医疗机构应当同意。医疗机构认为前两款规定的精神障碍患者不宜出院的，应当告知不宜出院的理由；患者或者其监护人仍要求出院的，执业医师应当在病历资料中详细记录告知的过程，同时提出出院后的医学建议，患者或者其监护人应当签字确认。对有《精神卫生法》第30条第2款第2项情形的精神障碍患者实施住院治疗，医疗机构认为患者可以出院的，应当立即告知患者及其监护人。医疗机构应当根据精神障碍患者病情，及时组织精神科执业医师对依照《精神卫生法》第 30 条第 2 款规定实施住院治疗的患者进行检查评估。评估结果表明患者不需要继续住院治疗的，医疗机构应当立即通知患者及其监护人。精神障碍患者出院，本人没有能力办理出院手续的，监护人应当为其办理出院手续。

八、心理治疗

心理治疗（psycho therapy）又称"精神治疗"，医务人员运用心理学的理论和技术，通过其言语、表情、举止行为并结合其他特殊的手段来改变病人不正确的认知活动、精神障碍和异常行为的一种治疗方法。《精神卫生法》第 51 条规定，心理治疗活动应当在医疗机构内开展。专门从事心理治疗的人员不得从事精神障碍的诊断，不得为精神障碍患者开具处方或者提供外科治疗。心理治疗的技术规范由国务院卫生行政部门制定。

九、精神障碍患者违法行为的处理

《精神卫生法》第 53 条规定，精神障碍患者违反治安管理处罚法或者触犯刑法的，依照有关法律的规定处理。

第四节　精神障碍的康复

一、精神障碍患者康复的提供与保障

（一）精神障碍患者康复工作的提供

按目前国际趋势，精神障碍患者的康复主要在社区进行，社区康复给精神病学带来了时代性的进步。让精神障碍患者在所在社区得到较好康复服务就是要综合协调性地应用医学、教育、社会、职业培训和其他一切可能的措施，对他们进行反复训练、减轻致残因素造成的后果，使大多数患者能够尽快和最大限度地改善或者恢复其已经削弱、丧失的各方面功能从而达到躯体、心理、社会功能以及职业能力的恢复，促进其重新参与社会活动，提高生命质量。

（二）精神障碍患者康复工作的保障

《精神卫生法》规定，县级以上人民政府卫生行政部门会同有关部门依据国民经济和社会发展规划的要求，制定精神卫生工作规划并组织实施。精神

障碍患者的康复工作保障包括：①人才培养：精神障碍患者康复服务，离不开精神卫生义务社会工作人员和精神康复治疗人员；②经费保障：各级人民政府应当根据精神卫生工作需要，加大财政投入力度，保障精神卫生工作所需经费，将精神卫生工作经费列入本级财政预算；③科学研究和对外交流：鼓励和支持开展精神卫生科学技术研究，发展现代医学、我国传统医学、心理学，提高精神障碍预防、诊断、治疗、康复的科技水平；④鼓励和扶持措施：鼓励和支持组织、个人提供精神卫生志愿服务，捐助精神卫生事业，兴建精神卫生公益设施。

二、精神障碍患者的基本权利

《精神卫生法》第4条规定，精神障碍患者的人格尊严、人身和财产安全不受侵犯。精神障碍患者的教育、劳动、医疗以及从国家和社会获得物质帮助等方面的合法权益受法律保护。有关单位和个人应当对精神障碍患者的姓名、肖像、住址、工作单位、病历资料以及其他可能推断出其身份的信息予以保密；但是，依法履行职责需要公开的除外。

精神障碍患者的基本权利包括：

1. 精神障碍患者的人格尊严、人身和财产安全不受侵犯。

2. 精神障碍患者的教育、劳动、医疗以及从国家和社会获得物质帮助等方面的合法权益受法律保护。

3. 有关单位和个人应当对涉及精神障碍患者的隐私及与病情有关的信息予以保密。

4. 精神障碍患者有获得尊重、理解和关爱的权利。

三、监护人及家庭的职责

（一）监护人的职责

根据我国《民法典》和最高人民法院的司法解释的有关规定，精神障碍患者的监护人的法定职责包括：

1. 保护被监护人的人身、财产等合法权益。

2. 管理被监护人的财产。

3. 代理进行民事活动。

4. 照顾被监护人。

5. 代理被监护人进行诉讼。

6. 对被监护人给他人造成的损害承担民事责任。

(二) 家庭的职责

家庭在精神障碍的预防、治疗和康复方面应当发挥积极的作用。《精神卫生法》明确规定了家庭的职责：

1. 精神障碍患者的监护人应当履行监护职责，维护精神障碍患者的合法权益。

2. 家庭成员之间应当相互关爱，创造良好、和睦的家庭环境，增强精神障碍预防意识。发现家庭成员可能患有精神障碍的，应当帮助其及时就诊，照顾其生活，做好看护管理。

3. 精神障碍患者的监护人应当妥善看护未住院治疗的患者，按照医嘱督促其按时服药、接受随访或者治疗。

四、相关机构和单位的义务

社区康复机构应当为需要康复的精神障碍患者提供场所和条件，对患者进行生活自理能力和社会适应能力等方面的康复训练。

医疗机构应当为在家居住的严重精神障碍患者提供精神科基本药物维持治疗，并为社区康复机构提供有关精神障碍康复的技术指导和支持。

社区卫生服务机构、乡镇卫生院、村卫生室应当建立严重精神障碍患者的健康档案，对在家居住的严重精神障碍患者进行定期随访，指导患者服药和开展康复训练，并对患者的监护人进行精神卫生知识和看护知识的培训。

县级人民政府卫生行政部门应当为社区卫生服务机构、乡镇卫生院、村卫生室开展上述工作给予指导和培训。

村民委员会、居民委员会应当为生活困难的精神障碍患者家庭提供帮助，并向所在地乡镇人民政府或者街道办事处以及县级人民政府有关部门反映患者及其家庭的情况和要求，帮助其解决实际困难，为患者融入社会创造条件。

残疾人组织或者残疾人康复机构应当根据精神障碍患者康复的需要，组织患者参加康复活动。

用人单位应当根据精神障碍患者的实际情况，安排患者从事力所能及的工作，保障患者享有同等待遇，安排患者参加必要的职业技能培训，提高患者的就业能力，为患者创造适宜的工作环境，对患者在工作中取得的成绩予以鼓励。

精神障碍患者的监护人应当协助患者进行生活自理能力和社会适应能力等方面的康复训练。精神障碍患者的监护人在看护患者过程中需要技术指导的，社区卫生服务机构或者乡镇卫生院、村卫生室、社区康复机构应当提供。

第五节　保障措施

一、精神卫生工作规划的制定

县级以上人民政府卫生行政部门会同有关部门依据国民经济和社会发展规划的要求，制定精神卫生工作规划并组织实施。精神卫生监测和专题调查结果应当作为制定精神卫生工作规划的依据。

二、建设和完善精神卫生服务体系

省、自治区、直辖市人民政府根据本行政区域的实际情况，统筹规划，整合资源，建设和完善精神卫生服务体系，加强精神障碍预防、治疗和康复服务能力建设。县级人民政府根据本行政区域的实际情况，统筹规划，建立精神障碍患者社区康复机构。县级以上地方人民政府应当采取措施，鼓励和支持社会力量举办从事精神障碍诊断、治疗的医疗机构和精神障碍患者康复机构。综合性医疗机构应当按照国务院卫生行政部门的规定开设精神科门诊或者心理治疗门诊，提高精神障碍预防、诊断、治疗能力。

三、精神卫生工作的财政保障

各级人民政府应当根据精神卫生工作需要，加大财政投入力度，保障精神卫生工作所需经费，将精神卫生工作经费列入本级财政预算。国家加强基层精神卫生服务体系建设，扶持贫困地区、边远地区的精神卫生工作，保障城市社区、农村基层精神卫生工作所需经费。

四、精神卫生专门人才的培养

医学院校应当加强精神医学的教学和研究，按照精神卫生工作的实际需要培养精神医学专门人才，为精神卫生工作提供人才保障。医疗机构应当组织医务人员学习精神卫生知识和相关法律、法规、政策。从事精神障碍诊断、治疗、康复的机构应当定期组织医务人员、工作人员进行在岗培训，更新精神卫生知识。县级以上人民政府卫生行政部门应当组织医务人员进行精神卫生知识培训，提高其识别精神障碍的能力。师范院校应当为学生开设精神卫生课程；医学院校应当为非精神医学专业的学生开设精神卫生课程。县级以上人民政府教育行政部门对教师进行上岗前和在岗培训，应当有精神卫生的内容，并定期组织心理健康教育教师、辅导人员进行专业培训。

五、精神障碍人群权益的保护

县级以上人民政府卫生行政部门应当组织医疗机构为严重精神障碍患者免费提供基本公共卫生服务。精神障碍患者的医疗费用按照国家有关社会保险的规定由基本医疗保险基金支付。医疗保险经办机构应当按照国家有关规定将精神障碍患者纳入城镇职工基本医疗保险、城镇居民基本医疗保险或者新型农村合作医疗的保障范围。县级人民政府应当按照国家有关规定对家庭经济困难的严重精神障碍患者参加基本医疗保险给予资助。医疗保障、卫生、民政、财政等部门应当加强协调，简化程序，实现属于基本医疗保险基金支付的医疗费用由医疗机构与医疗保险经办机构直接结算。精神障碍患者通过基本医疗保险支付医疗费用后仍有困难，或者不能通过基本医疗保险支付医疗费用的，民政部门应当优先给予医疗救助。对符合城乡最低生活保障条件的严重精神障碍患者，民政部门应当会同有关部门及时将其纳入最低生活保障。对属于农村五保供养对象的严重精神障碍患者，以及城市中无劳动能力、无生活来源且无法定赡养、抚养、扶养义务人，或者其法定赡养、抚养、扶养义务人无赡养、抚养、扶养能力的严重精神障碍患者，民政部门应当按照国家有关规定予以供养、救助。前面规定以外的严重精神障碍患者确有困难的，民政部门可以采取临时救助等措施，帮助其解决生活困难。县级以上地方人民政府及其有关部门应当采取有效措施，保证患有精神障碍的适龄儿童、少年接受义务教育，扶持有劳动能力的精神障碍患者从事力所能及的劳动，并为已经康复的人员提供就业服务。国家对安排精神障碍患者就业的用人单位依法给予税收优惠，并在生产、经营、技术、资金、物资、场地等方面给予扶持。

六、精神卫生工作人员权益的保护

精神卫生工作人员的人格尊严、人身安全不受侵犯，精神卫生工作人员依法履行职责受法律保护。全社会应当尊重精神卫生工作人员。县级以上人民政府及其有关部门、医疗机构、康复机构应当采取措施，加强对精神卫生工作人员的职业保护，提高精神卫生工作人员的待遇水平，并按照规定给予适当的津贴。精神卫生工作人员因工致伤、致残、死亡的，其工伤待遇以及抚恤按照国家有关规定执行。

第六节　法律责任

一、医疗机构及工作人员的法律责任

根据《精神卫生法》第 73、74、75、77、78 条以及其他相关条款，医疗机构及其工作人员因违反精神卫生法的规定应承担法律责任的情形如下：

（一）行政责任

1. 不符合《精神卫生法》规定条件的医疗机构擅自从事精神障碍诊断、治疗的，由县级以上人民政府卫生行政部门责令停止相关诊疗活动，给予警告，并处 5000 元以上 1 万元以下罚款，有违法所得的，没收违法所得；对直接负责的主管人员和其他直接负责人员依法给予或者责令给予降低岗位等级或者撤职、开除的处分；对有关医务人员，吊销其执业证书。

2. 医疗机构及其工作人员有下列行为之一的，由县级以上人民政府卫生行政部门责令改正，给予警告；情节严重的，对直接负责的主管人员和其他直接负责人员依法给予或者责令给予降低岗位等级或者撤职、开除的处分，并可以责令有关医务人员暂停 1 个月以上 6 个月以下执业活动：

（1）拒绝对送诊的疑似精神障碍患者作出诊断的。

（2）对依照《精神卫生法》第 30 条第 2 款规定实施住院治疗的患者未及

时进行检查评估或者根据评估结果作出处理的。

3. 医疗机构及其工作人员有下列行为之一的，由县级以上人民政府卫生行政部门责令改正，对直接负责的主管人员和其他直接负责人员依法给予或者责令给予降低岗位等级或者撤职的处分；对有关医务人员，暂停 6 个月以上 1 年以下执业活动；情节严重的，给予或者责令给予开除的处分，并吊销有关医务人员的执业证书：

（1）违反《精神卫生法》规定，实施约束、隔离等保护性医疗措施的。

（2）违反《精神卫生法》规定，强迫精神障碍患者劳动的。

（3）违反《精神卫生法》规定，对精神障碍患者实施外科手术或者实验性临床医疗的。

（4）违反《精神卫生法》规定，侵害精神障碍患者的通讯和会见探访者等权利的。

（5）违反精神障碍诊断标准，将非精神障碍患者诊断为精神障碍患者的。

4. 有关单位和个人违反《精神卫生法》第 4 条第 3 款规定，给精神障碍患者造成损害的，依法承担赔偿责任；对单位负责的直接主管人员和其他直接责任人员，还应当依法给予处分。

（二）民事责任

违反《精神卫生法》规定，有下列情形之一，给精神障碍患者或其他公民造成人身、财产或其他损害的，依法承担赔偿责任：

1. 将非精神障碍患者故意作为精神障碍患者送入医疗机构治疗的。
2. 精神障碍患者的监护人遗弃患者，或者有不履行监护职责的其他情形的。
3. 歧视、侮辱、虐待精神障碍患者，侵害患者的人格尊严、人身安全的。
4. 非法限制精神障碍患者人身自由的。
5. 其他侵害精神障碍患者合法权益的情形。

二、监护人的法律责任

（一）民事责任

根据《精神卫生法》第 78、79 条的规定，精神障碍患者的监护人遗弃患者，或者有不履行监护职责的其他情形，给精神障碍患者或者其他公民造成人身、财产或者其他损害的，依法承担赔偿责任。医疗机构出具的诊断结论表明精神障碍患者应当住院治疗而其监护人拒绝，致使患者造成他人人身、财产损害的，其监护人依法承担民事责任。

(二) 刑事责任

歧视、侮辱、虐待精神障碍患者，侵害患者的人格尊严、人身安全，给精神障碍患者或其他公民造成人身、财产或者其他损害的，依法承担赔偿责任。我国《刑法》规定，虐待家庭成员情节恶劣的，处2年以下有期徒刑、拘役或者管制。

三、机构、部门及其他人的法律责任

(一) 政府管理部门的法律责任

根据《精神卫生法》第72条的规定，县级以上人民政府卫生行政部门和其他有关部门未按照本法规定履行精神卫生工作职责，或者滥用职权、玩忽职守、徇私舞弊的，由本级人民政府或者上一级人民政府有关部门责令改正，通报批评，对直接负责的主管人员和其他直接责任人员依法给予警告、记过或者记大过的处分；造成严重后果的，给予降级、撤职或者开除的处分。

(二) 心理咨询和心理治疗人员的法律责任

心理咨询和从事心理治疗人员违反《精神卫生法》规定时，由县级以上人民政府卫生行政部门、工商行政管理部门依据各自职责责令改正，给予警告，并处以5000元以上1万元以下罚款，有违法所得的，没收违法所得；造成严重后果的，责令暂停6个月以上1年以下执业活动，直至吊销执业证书或者营业执照：

1. 心理咨询人员从事心理治疗或者精神障碍的诊断、治疗的。
2. 从事心理治疗的人员在医疗机构以外开展心理治疗活动的。
3. 专门从事心理治疗的人员从事精神障碍的诊断的。
4. 专门从事心理治疗的人员为精神障碍患者开具处方或者提供外科治疗的。

心理咨询人员、专门从事心理治疗的人员在心理咨询、心理治疗活动中造成他人人身、财产或者其他损害的，依法承担民事责任。

(三) 其他人员的法律责任

其他人员构成违反《精神卫生法》规定的行政责任较少涉及，主要是民事责任和刑事责任。关于民事责任和刑事责任的类型及承担方式和前文介绍基本一致，在此不再赘述。

拓展阅读

中华人民共和国精神卫生法

思考题

一、选择题

1. 世界精神卫生日是哪一天？（　　）。

A. 8月20日　　B. 9月7日　　C. 10月10日　　D. 10月20日

2. （　　），第十一届全国人大常委会第二十九次会议通过了《中华人民共和国精神卫生法》。

A. 2012年10月26日　　B. 2010年4月23日　　C. 2002年12月20日

3. 《中华人民共和国精神卫生法》从人、财、物三个方面加强了精神障碍（　　）服务能力建设，保障和促进精神卫生事业的发展。

A. 药物、心理疏导和康复

B. 预防、药物和心理疏导

C. 预防、治疗和康复

4. 从事精神障碍诊断、治疗的专科医疗机构还应当配备从事（　　）。

A. 科学技术人员　　　　B. 心理咨询师　　　　C. 心理治疗的人员

5. （　　）精神障碍患者从事生产劳动。

A. 不得强迫　　　　　B. 告知家属　　　　　C. 强行规定

6. 精神障碍的诊断应当由（　　）作出。

A. 心理咨询师或精神科执业医师

B. 心理治疗师或精神科执业医师

C. 精神科执业医师

7. 精神障碍的分类、诊断标准和治疗规范，由（　　）制定。

A. 国务院卫生部　　　　B. 国务院卫生行政部门　C. 国际卫生组织

8. 精神障碍的诊断应当以（　　）为依据。

A. 身体健康状况　　　　B. 身心健康状况　　　　C. 精神健康状况

9. 对需要住院治疗的诊断结论有异议（　　）。

A. 不可以要求再次诊断和鉴定

B. 可以要求再次诊断和鉴定

C. 由卫生部门裁定是否可以再诊断和鉴定

10. 收到诊断结论之日起（　　）向原医疗机构或者其他具有合法资质的医疗机构提出。

A. 3 日内　　　　　　　B. 10 日内　　　　　　　C. 15 日内

11. 下列哪些行为，精神病患者在住院期间可以实施？（　　）。

A. 通信、打电话　　　　B. 会客　　　　　　　　C. 以上都可以

12. 精神障碍的诊断、治疗，应当（　　），保障患者在现有条件下获得良好的精神卫生服务。

A. 维护患者家属合法权益、尊重患者人格尊严的原则

B. 维护患者合法权益、尊重患者家属意愿的原则

C. 维护患者合法权益、尊重患者人格尊严的原则

13. 心理咨询师（　　）精神障碍。

A. 可以治疗　　　　　　B. 禁止治疗　　　　　　C. 不可以治疗

14. 实施住院治疗的标准：诊断结论、病情评估表明，就诊者为严重精神障碍患者，可以不对其实施住院治疗的情况是（　　）。

A. 已经发生伤害自身的行为，或者有伤害自身的危险的

B. 已经发生危害他人安全的行为，或者有危害他人安全的危险的

C. 没有发生自伤和伤人的行为

15. 精神障碍病人患病住院期间，以下不是医疗机构告知义务的是(　　)。

A. 不宜出院的，应当告知不宜出院的理由

B. 告知治疗方案和治疗方法、目的以及可能产生的后果

C. 告知病人亲友病人目前的病情

16. 患者住院期间，享有（　　）。

A. 可以为所欲为

B. 除在急性发病期或者为了避免妨碍治疗可以暂时性限制外，不得限制患者的通讯和会见探访者等权利

C. 严重精神障碍患者病情未控前，可以自由进出医院

17. 下列哪些疾病状态属于非自愿住院？（　　）

A. 严重精神障碍、有危害他人危险

B. 重性精神病、拒绝服药

C. 既往诊断精神病、现有毁物行为

18. 医疗机构可以对精神障碍患者实施住院治疗的情况是（　　）。

A. 经过再次诊断结论或者鉴定报告表明，不能确定就诊者为严重精神障碍患者

B. 患者不需要住院治疗的，医疗机构对其实施住院治疗

C. 精神障碍患者自己要求住院治疗

19. 对发生伤人或有伤人危险的精神障碍患者，其监护人应当同意对患者实施住院，如监护人阻碍实施住院或者患者擅自脱离住院治疗，应该（　　）。

A. 本着患者自愿住院的原则，不予处理

B. 根据监护人要求选择是否住院

C. 可由公安机关协助医疗机构对患者实施强制住院治疗

20. 流浪的精神障碍患者住院应该（　　）理入院手续。

A. 由民政部门　　　　B. 由公安民警　　　　C. 由发现者

二、简答题

1. 《中华人民共和国精神卫生法》的主要内容是什么？

2. 精神卫生工作方针、原则是什么？

3. 精神障碍患者的基本权益有哪些？

4. 谁可以做精神障碍患者的监护人？

5. 精神障碍患者监护人的责任有哪些?
6. 精神障碍诊断的主体、程序的规定是什么?
7. 精神障碍住院治疗的原则和非自愿住院治疗的原则是什么?
8. 有伤害自身行为或者危险行为的患者如何实施住院治疗?
9. 社区康复机构应当为需要康复的精神障碍患者提供什么?
10. 村民委员会、居民委员会应当为生活困难的精神障碍患者家庭提供帮助吗?

第十九章 医疗器械、保健品、化妆品卫生管理法律制度

学习目标

掌握：保健用品、化妆品、医疗器械等相关概念。
熟悉：医疗器械的产业政策及分类管理。
了解：保健用品、化妆品、医疗器械卫生管理的法律规定以及违反规定可能会承担的法律责任。

章前案例

2014年4月10日，广东省局组织广州市局联合广州市公安局对宝芝堂公司进行联合现场检查，在现场快筛检验中发现，该公司生产的"金装亲芙满灵霜""亲芙满灵祛痘霜""蛇脂皮宝霜""金装亲芙满灵祛痘霜"四批次化妆品，检验结果均显示禁用物质林可霉素阳性反应，广州市局随即对相关产品予以抽验。公安部门对宝芝堂公司生产场所及相关涉案产品予以了控制，并对涉案嫌疑人黄某、陈某、傅某三人做进一步调查。据加急抽验结果，上述四批次产品均为不合格，分别被检出化妆品禁用的抗生素类物质林可霉素、克林霉素；自2006年至案发时，宝芝堂公司销售非法添加产品的所得金额已达3000余万元。目前黄某等三名嫌疑人已被依法刑拘。

第十九章 医疗器械、保健品、化妆品卫生管理法律制度

第一节 医疗器械卫生管理法律制度

一、医疗器械的概念和使用目的

1. 概念。医疗器械,是指直接或者间接用于人体的仪器、设备、器具、体外诊断试剂及校准物、材料以及其他类似或者相关的物品,包括所需要的计算机软件,其效用主要通过物理等方式获得,不是通过药理学、免疫学或者代谢的方式获得,或者虽然有这些方式参与但是只起辅助作用。

2. 使用目的:①疾病的诊断、预防、监护、治疗或者缓解;②损伤的诊断、监护、治疗、缓解或者功能补偿;③生理结构或者生理过程的检验、替代、调节或者支持;④生命的支持或者维持;⑤妊娠控制;⑥通过对来自人体的样本进行检查,为医疗或者诊断目的提供信息。

二、我国医疗器械卫生管理立法

随着现代科学技术的发展,医疗器械在医疗卫生事业中起着越来越重要的作用,为了加强对医疗器械的监督管理,保证医疗器械安全、有效,保障人体健康和生命安全,1996年9月国家药品监督管理局发布了《医疗器械产品注册管理办法》,1995年3月国家工商行政管理总局、国家药品监督管理局发布了《医疗器械广告审查办法》,1997年12月国家经济贸易委员会等部门联合发布了《国家药品医疗器械储备管理暂行办法》,2000年1月国务院发布了《医疗器械监督管理条例》。此后,国家药品监督管理局又相继发布了《医疗器械注册管理办法》《医疗器械分类规则》《医疗器械新产品审批规定(试行)》《医疗器械生产企业监督管理办法》《医疗器械经营企业监督管理办法》《医疗器械生产企业质量体系考核办法》《医疗器械说明书管理规定》《医疗器械临床试验规定》等规章,逐步建立健全我国医疗器械监督管理的法律体系。2020年12月21日,国务院第119次常务会议修订通过《医疗器械监督管理条例》,该条例的实施(2021年6月1日起施行)为医疗器械的监督管理提供了有力的法律依据。

三、医疗器械的分类管理

国家对医疗器械按照风险程度实行分类管理。第一类是风险程度低,实行常规管理可以保证其安全、有效的医疗器械;第二类是具有中度风险,需要严格控制管理以保证其安全、有效的医疗器械;第三类是具有较高风险,需要采取特别措施严格控制管理以保证其安全、有效的医疗器械。

国务院药品监督管理部门负责制定医疗器械的分类规则和分类目录,并根据医疗器械生产、经营、使用情况,及时对医疗器械的风险变化进行分析、评价,对分类目录进行调整。

四、医疗器械生产、经营和使用的管理

（一）医疗器械生产的管理

国家对医疗器械实行产品注册与备案制度,生产医疗器械,必须进行注册与备案登记。生产第一类医疗器械,由设区的市级人民政府药品监督管理部门进行备案;生产第二类医疗器械,由省级药品监督管理部门审查,批准后发给医疗器械注册证;生产第三类医疗器械,由国务院药品监督管理部门审查,批准后发给医疗器械注册证。医疗器械注册证有效期为5年。有效期届满需要延续注册的,应当在有效期届满6个月前向原注册部门提出延续注册的申请。

从事第一类医疗器械生产企业,应当经所在地设区的市级人民政府药品监督管理部门审查备案;从事第二类、第三类医疗器械生产企业,应当经所在地省级药品监督管理部门审查批准,并发给医疗器械生产许可证。医疗器械生产许可证有效期5年,有效期届满需要延续的,依照有关行政许可的法律规定办理延续手续。

从事医疗器械生产活动,应当具备下列条件:①有与生产的医疗器械相适应的生产场地、环境条件、生产设备以及专业技术人员;②有能对生产的医疗器械进行质量检验的机构或者专职检验人员以及检验设备;③有保证医疗器械质量的管理制度;④有与生产的医疗器械相适应的售后服务能力;⑤符合产品研制、生产工艺文件规定的要求。

医疗器械产品应当符合医疗器械强制性国家标准;尚无强制性国家标准

的，应当符合医疗器械强制性行业标准。

医疗器械应当有说明书、标签。说明书、标签的内容应当与经注册或者备案的相关内容一致。第二类、第三类医疗器械还应当标明医疗器械注册证编号和医疗器械注册人的名称、地址及联系方式。

(二) 医疗器械经营的管理

从事医疗器械经营活动，应当有与经营规模和经营范围相适应的经营场所和贮存条件，以及与经营的医疗器械相适应的质量管理制度和质量管理机构或者人员。从事第二类医疗器械经营的，应当由所在地设区的市级人民政府药品监督管理部门进行审查备案。从事第三类医疗器械经营的，应当由所在地设区的市级人民政府药品监督管理部门审查，对符合规定条件的，准予许可并发给医疗器械经营许可证。医疗器械经营许可证有效期为5年。有效期届满需要延续的，依照有关行政许可的法律规定办理延续手续。

医疗器械经营企业应当查验供货者的资质和医疗器械的合格证明文件，建立进货查验记录制度，不得经营未依法注册、无合格证明文件以及过期、失效、淘汰的医疗器械。从事第二类、第三类医疗器械批发业务以及第三类医疗器械零售业务的经营企业，还应当建立销售记录制度。进货查验记录和销售记录应当真实，并按照国务院药品监督管理部门规定的期限予以保存。

(三) 医疗器械使用的管理

医疗器械使用单位应当有与在用医疗器械品种、数量相适应的贮存场所和条件。

医疗器械使用单位购进医疗器械，应当查验供货者的资质和医疗器械的合格证明文件，不得使用未依法注册、无合格证明文件以及过期、失效、淘汰的医疗器械。

对重复使用的医疗器械，应当按照国务院卫生主管部门制定的消毒和管理的规定进行处理。一次性使用的医疗器械不得重复使用，对使用过的应当按照国家有关规定销毁并记录。

对需要定期检查、检验、校准、保养、维护的医疗器械，应当按照产品说明书的要求进行检查、检验、校准、保养、维护并予以记录，及时进行分析、评估，确保医疗器械处于良好状态，保障使用质量；对使用期限长的大型医疗器械，应当逐台建立使用档案，记录其使用、维护、转让、实际使用时间等事项。记录保存期限不得少于医疗器械规定使用期限终止后 5 年。

医疗器械使用单位应当妥善保存购入第三类医疗器械的原始资料，并确保信息具有可追溯性。使用大型医疗器械以及植入和介入类医疗器械的，应当将医疗器械的名称、关键性技术参数等信息以及与使用质量安全密切相关的必要信息记载到病历等相关记录中。

医疗器械使用单位应当加强对工作人员的技术培训，按照产品说明书、技术操作规范等要求使用医疗器械。

五、医疗器械不良事件的处理与召回制度

（一）医疗器械不良事件的处理

国家建立医疗器械不良事件监测制度，对医疗器械不良事件及时进行收集、分析、评价、控制。

医疗器械生产经营企业、使用单位应当对所生产经营或者使用的医疗器械开展不良事件监测；发现医疗器械不良事件或者可疑不良事件，应当按照国务院药品监督管理部门的规定，向医疗器械不良事件监测技术机构报告。

国务院药品监督管理部门负责医疗器械不良事件监测信息网络建设，建立医疗器械不良事件监测技术机构，加强医疗器械不良事件信息监测，主动收集不良事件信息；发现不良事件或者接到不良事件报告的，应当及时进行核实、调查、分析，对不良事件进行评估，并向药品监督管理部门和卫生主管部门提出处理建议。

药品监督管理部门应当根据医疗器械不良事件评估结果及时采取发布警示信息以及责令暂停生产、销售、进口和使用等控制措施。省级以上人民政府药品监督管理部门应当会同同级卫生主管部门和相关部门组织对引起突发、群发的严重伤害或者死亡的医疗器械不良事件及时进行调查和处理，并组织对同类医疗器械加强监测。

（二）医疗器械的召回制度

医疗器械生产、经营企业发现其生产的医疗器械不符合强制性标准、经注册或者备案的产品技术要求或者存在其他缺陷的，应当立即停止生产、经营活动，通知相关生产经营企业、使用单位和消费者，停止经营和使用，召回已经上市销售的医疗器械，采取补救、销毁等措施，记录相关情况，发布

相关信息,并将医疗器械召回和处理情况向药品监督管理部门和卫生主管部门报告。

医疗器械生产经营企业未按规定实施召回或者停止经营的,药品监督管理部门可以责令其召回或者停止经营。

六、医疗器械的监督检查

药品监督管理部门应当对医疗器械的研制、生产、经营活动以及使用环节的医疗器械质量加强监督检查,并对下列事项进行重点监督检查:①医疗器械生产企业是否按照经注册或者备案的产品技术要求组织生产;②医疗器械生产企业的质量管理体系是否保持有效运行;③医疗器械生产经营企业的生产经营条件是否持续符合法定要求。

国家药品监督管理部门在监督检查中依法行使下列职权:①进入现场实施检查、抽取样品;②查阅、复制、查封、扣押有关合同、票据、账簿以及其他有关资料;③查封、扣押不符合法定要求的医疗器械,违法使用的零配件、原材料以及用于违法生产医疗器械的工具、设备;④查封违反规定从事医疗器械生产经营活动的场所。

省级以上人民政府药品监督管理部门根据抽查检验结论及时发布医疗器械质量公告。市场监督管理部门应当依照有关广告管理的法律、行政法规的规定,对医疗器械广告进行监督检查,查处违法行为。

负责药品监督管理的部门应当通过国务院药品监督管理部门在线政务服务平台依法及时公布医疗器械许可、备案、抽查检验、违法行为查处等日常监督管理信息。

七、法律责任

(一) 行政责任

1. 有下列情形之一的,由负责药品监督管理的部门没收违法所得、违法生产经营的医疗器械和用于违法生产经营的工具、设备、原材料等物品;违法生产经营的医疗器械货值金额不足1万元的,并处5万元以上15万元以下罚款;货值金额1万元以上的,并处货值金额15倍以上30倍以下罚款;情节严重的,责令停产停业,10年内不受理相关责任人以及单位提出的医疗器械许可申请，对违法单位的法定代表人、主要负责人、直接负责的主管人员和其他责任人员，没收违法行为发生期间自本单位所获收入，并处所获收入30%以上3倍以下罚款，终身禁止其从事医疗器械生产经营活动：①生产、经营未取得医疗器械注册证的第二类、第三类医疗器械；②未经许可从事第二类、第三类医疗器械生产活动；③未经许可从事第三类医疗器械经营活动。其中，有第1项情形、情节严重的，由原发证部门吊销医疗器械生产许可证或者医疗器械经营许可证。

2. 在申请医疗器械行政许可时提供虚假资料或者采取其他欺骗手段的，不予行政许可，已经取得行政许可的，由作出行政许可决定的部门撤销行政许可，没收违法所得、违法生产经营使用的医疗器械，10年内不受理相关责任人以及单位提出的医疗器械许可申请；违法生产经营使用的医疗器械货值金额不足1万元的，并处5万元以上15万元以下罚款；货值金额1万元以上的，并处货值金额15倍以上30倍以下罚款；情节严重的，责令停产停业，对违法单位的法定代表人、主要负责人、直接负责的主管人员和其他责任人员，没收违法行为发生期间自本单位所获收入，并处所获收入30%以上3倍以下罚款，终身禁止其从事医疗器械生产经营活动。

3. 伪造、变造、买卖、出租、出借相关医疗器械许可证件的，由原发证部门予以收缴或者吊销，没收违法所得；违法所得不足1万元的，处5万元以上10万元以下罚款；违法所得1万元以上的，处违法所得10倍以上20倍以下罚款；构成违反治安管理行为的，由公安机关依法予以治安管理处罚。

4. 为医疗器械网络交易提供服务的电子商务平台经营者违反《医疗器械监督管理条例》规定，未履行对入网医疗器械经营者进行实名登记，审查许可、注册、备案情况，制止并报告违法行为，停止提供网络交易平台服务等管理义务的，由负责药品监督管理的部门依照《中华人民共和国电子商务法》的规定给予处罚。

5. 备案时提供虚假资料的，由负责药品监督管理的部门向社会公告备案单位和产品名称，没收违法所得、违法生产经营的医疗器械；违法生产经营的医疗器械货值金额不足1万元的，并处2万元以上5万元以下罚款；货值金额1万元以上的，并处货值金额5倍以上20倍以下罚款；情节严重的，责令停产停业，对违法单位的法定代表人、主要负责人、直接负责的主管人员和其他责任人员，没收违法行为发生期间自本单位所获收入，并处所获收入30%以上3倍以下罚款，10年内禁止其从事医疗器械生产经营活动。

6. 有下列情形之一的，由负责药品监督管理的部门责令改正，没收违法生产经营使用的医疗器械；违法生产经营使用的医疗器械货值金额不足1万元的，并处2万元以上5万元以下罚款；货值金额1万元以上的，并处货值金额5倍以上20倍以下罚款；情节严重的，责令停产停业，直至由原发证部门吊销医疗器械注册证、医疗器械生产许可证、医疗器械经营许可证，对违法单位的法定代表人、主要负责人、直接负责的主管人员和其他责任人员，没收违法行为发生期间自本单位所获收入，并处所获收入30%以上3倍以下罚款，10年内禁止其从事医疗器械生产经营活动：①生产、经营、使用不符合强制性标准或者不符合经注册或者备案的产品技术要求的医疗器械的；②未按照经注册或者备案的产品技术要求组织生产，或者未依照《医疗器械监督管理条例》规定建立质量管理体系并保持有效运行，影响产品安全、有效；③经营、使用无合格证明文件、过期、失效、淘汰的医疗器械，或者使用未依法注册的医疗器械的；④在负责药品监督管理的部门责令召回后仍拒不召回，或者在负责药品监督管理的部门责令停止或者暂停生产、进口、经营后，仍拒不停止生产、进口、经营医疗器械；⑤委托不具备规定条件的企业生产医疗器械，或者未对受托方的生产行为进行管理；⑥进口过期、失效、淘汰等已使用过的医疗器械。

7. 有下列情形之一的，由负责药品监督管理的部门责令改正，处1万元以上5万元以下罚款；拒不改正的，处5万元以上10万元以下罚款；情节严重的，责令停产停业，直至由原发证部门吊销医疗器械生产许可证、医疗器械经营许可证，对违法单位的法定代表人、主要负责人、直接负责的主管人员和其他责任人员，没收违法行为发生期间自本单位所获收入，并处所获收入30%以上2倍以下罚款，5年内禁止其从事医疗器械生产经营活动：①生产条件发生变化、不再符合医疗器械质量管理体系要求，未依照规定整改、停止生产、报告；②生产、经营说明书、标签不符合规定的医疗器械；③未按照医疗器械说明书和标签标示要求运输、贮存医疗器械；④转让过期、失效、淘汰或者检验不合格的在用医疗器械。

8. 有下列情形之一的，由负责药品监督管理的部门和卫生主管部门依据各自职责责令改正，给予警告；拒不改正的，处1万元以上10万元以下罚款；情节严重的，责令停产停业，直至由原发证部门吊销医疗器械注册证、医疗器械生产许可证、医疗器械经营许可证，对违法单位的法定代表人、主要负责人、直接负责的主管人员和其他责任人员处1万元以上3万元以下罚款：①未按照要求提交质量管理体系自查报告；②从不具备合法资质的供货者购进医疗器械；③医疗器械经营企业、使用单位未依照规定建立并执行医疗器械进货查验记录制度；④从事第二类、第三类医疗器械批发业务以及第三类医疗器械零售业务的经营企业未依照规定建立并执行销售记录制度；⑤医疗器械注册人、备案人、生产经营企业、使用单位未依照规定开展医疗器械不良事件监测，未按照要求报告不良事件，或者对医疗器械不良事件监测技术机构、负责药品监督管理的部门、卫生主管部门开展的不良事件调查不予配合；⑥医疗器械注册人、备案人未按照规定制定上市后研究和风险管控计划并保证有效实施；⑦医疗器械注册人、备案人未按照规定建立并执行产品追溯制度；⑧医疗器械注册人、备案人、经营企业从事医疗器械网络销售未按照规定告知负责药品监督管理的部门；⑨对需要定期检查、检验、校准、保养、维护的医疗器械，医疗器械使用单位未按照产品说明书要求进行检查、检验、校准、保养、维护并予以记录，及时进行分析、评估，确保医疗器械处于良好状态；⑩医疗器械使用单位未妥善保存购入第三类医疗器械的原始资料。

9. 未进行医疗器械临床试验机构备案开展临床试验的，由负责药品监督管理的部门责令停止临床试验并改正；拒不改正的，该临床试验数据不得用于产品注册、备案，处5万元以上10万元以下罚款，并向社会公告；造成严重后果的，5年内禁止其开展相关专业医疗器械临床试验，并处10万元以上30万元以下罚款，由卫生主管部门对违法单位的法定代表人、主要负责人、直接负责的主管人员和其他责任人员，没收违法行为发生期间自本单位所获收入，并处所获收入30%以上3倍以下罚款，依法给予处分。

10. 医疗器械临床试验机构出具虚假报告的，由负责药品监督管理的部门处10万元以上30万元以下罚款；有违法所得的，没收违法所得；10年内禁止其开展相关专业医疗器械临床试验；由卫生主管部门对违法单位的法定代表人、主要负责人、直接负责的主管人员和其他责任人员，没收违法行为发生期间自本单位所获收入,并处所获收入30%以上3倍以下罚款,依法给予处分。

11. 医疗器械检验机构出具虚假检验报告的,由授予其资质的主管部门撤销检验资质,10年内不受理相关责任人以及单位提出的资质认定申请,并处10万元以上30万元以下罚款;有违法所得的,没收违法所得;对违法单位的法定代表人、主要负责人、直接负责的主管人员和其他责任人员,没收违法行为发生期间自本单位所获收入,并处所获收入30%以上3倍以下罚款,依法给予处分;受到开除处分的,10年内禁止其从事医疗器械检验工作。

12. 境外医疗器械注册人、备案人指定的我国境内企业法人未依照《医疗器械监督管理条例》规定履行相关义务的,由省、自治区、直辖市人民政府药品监督管理部门责令改正,给予警告,并处5万元以上10万元以下罚款;情节严重的,处10万元以上50万元以下罚款,5年内禁止其法定代表人、主要负责人、直接负责的主管人员和其他责任人员从事医疗器械生产经营活动。

13. 违反《医疗器械监督管理条例》有关医疗器械广告管理规定的,依照《中华人民共和国广告法》的规定给予处罚。

14. 医疗器械研制、生产、经营单位和检验机构违反《医疗器械监督管理条例》规定使用禁止从事医疗器械生产经营活动、检验工作的人员的,由负责药品监督管理的部门责令改正,给予警告;拒不改正的,责令停产停业直至吊销许可证件。

15. 医疗器械技术审评机构、医疗器械不良事件监测技术机构未依照《医疗器械监督管理条例》规定履行职责,致使审评、监测工作出现重大失误的,由负责药品监督管理的部门责令改正,通报批评,给予警告;造成严重后果的,对违法单位的法定代表人、主要负责人、直接负责的主管人员和其他责任人员,依法给予处分。

16. 负责药品监督管理的部门或者其他有关部门工作人员违反《医疗器械监督管理条例》规定,滥用职权、玩忽职守、徇私舞弊的,依法给予处分。

(二) 民事责任

违反《医疗器械监督管理条例》规定,造成人身、财产或者其他损害的,依法承担赔偿责任。

(三) 刑事责任

违反《医疗器械监督管理条例》规定，构成犯罪的，依法追究刑事责任。

第二节 保健用品卫生管理法律制度

一、保健用品的概念和特点

1. 概念。保健用品，是指不以治疗疾病为目的，以非食用的方式直接或间接作用于人体，从而达到调节机体生理功能、预防疾病、促进健康的物品。

2. 特点：①达到国家规定的卫生指标和卫生保健功能；②安全卫生，无毒无害，不允许对人体产生不良反应和副作用，不能损害使用者的身体健康；③不以治疗疾病为目的，不能具有特定治疗疾病的病种及疗效；④不得进入人体组织内部，仅直接或间接地接触人体表面。

二、我国保健用品卫生管理立法

我国保健用品卫生管理，目前尚无专项立法，主要根据《中华人民共和国产品质量法》《中华人民共和国消费者权益保护法》《中华人民共和国反不正当竞争法》等法律法规的规定进行规范调整。

三、保健用品卫生许可证制度

生产、经营保健用品实行卫生许可证制度，未取得卫生许可证，不得进行保健用品的生产、经营活动。由生产、经营者主动提出申请，卫生行政部门依法对其文件资料、科技资料、人员资格及人员健康情况、工艺流程等进行审查，审查合格者颁发许可证。

四、保健用品的生产审批制度

保健用品生产企业应当向省级人民政府卫生行政部门提出申请，产品经审查合格，由卫生行政部门签发保健用品卫生批准证书和批准文号。未取得批准证书和批准文号，不得进行保健用品的生产活动。

第十九章　医疗器械、保健品、化妆品卫生管理法律制度

五、保健用品的卫生管理

（一）对生产经营场所的管理

1. 生产经营场所应当建在清洁区域内，与有毒有害场所保持符合卫生要求的距离，保持经营场所内外环境整洁。

2. 有与生产经营品种、数量相适应的原料、加工、包装、摆放、储存场所。

3. 有相应的防尘、防潮、防鼠、防蚊蝇、防蟑螂和防其他有害物质的措施及设施，有健全的管理制度。

4. 生产经营场所的空气质量、微小气候、采光、照明、噪声等项目应符合国家公共场所卫生标准和要求。

（二）对产品质量的管理

1. 生产车间建筑与装修应按照药品或化妆品生产车间有关部门规定执行，应当有相应的生产及净化设施。

2. 生产工艺应能保持产品的功效成分的稳定性，工艺流程合理，人流物流分开，避免交叉污染。

3. 生产企业应当设置质量检测室和微生物检验室，有供检测的仪器设备和健全的管理制度。

4. 生产企业必须对每批产品进行卫生质量检验，质量合格的产品应当拥有合格标记，未经检验或不符合卫生标准的产品不得出厂。

（三）对生产经营人员的管理

直接从事保健用品生产、销售的人员，每年必须进行一次健康体检，取得健康合格证后并经卫生知识培训，方可从事保健用品的生产销售活动。

凡患有手癣、指甲癣、手部湿疹、发生于手部的银屑病或者鳞屑、渗出性皮肤病、痢疾、伤寒、病毒性肝炎、活动性肺结核等传染病以及其他有碍保健用品卫生的人员，不得直接从事保健用品的生产、销售活动。

六、保健用品的卫生监督

我国对保健用品实行卫生监督制度。县级以上地方人民政府卫生行政部门在管辖范围内行使保健用品卫生监督管理。其职责是：

1. 对保健用品生产经营企业的新建、扩建、改建工程的选址和设计进行卫生审查，并参加工程验收。

2. 定期或不定期对保健用品生产、经营情况进行监督检查。

3. 定期对保健用品卫生状况进行评价、公布。

4. 宣传保健用品卫生知识。

七、法律责任

体外保健用品依据保健器械有关法律规定进行处罚；贴身或涂抹用品依据现行化妆品有关规定进行处罚。因使用保健用品造成人身伤害后果，依照民法负民事赔偿责任。后果严重构成犯罪的，追究刑事责任。组织生产经营者因组织生产经营管理原因造成后果的，应负行政责任，依法给予行政处罚。

对保健用品监督管理机关因审查监督的失误或徇私舞弊，或应作为而不作为，或应不作为而作为，致使不合格产品、假冒伪劣产品进入市场、损害消费者权益的，应追究法律责任，对直接责任人给以行政处分，对于受贿、渎职构成犯罪的，依法追究刑事责任。

第三节 化妆品卫生管理法律制度

一、化妆品的概念和分类

1. 概念。化妆品，是指以涂擦、喷洒或者其他类似的方法，散布于人体表面任何部位（皮肤、毛发、指甲、口唇等），以达到清洁、清除不良气味，护肤、美容和修饰目的的产品。

2. 分类。我国目前的化妆品种类很多，但无统一的分类方法。按其用途可分为护肤用、美发护发用、清洁用、美容用、芳香用和类药物化妆品；按其剂型可分为膏类、液状、粉状、固状化妆品；按其使用对象可分为男用、女用、儿童用和老年用化妆品；按其管理可分为一般用途和特殊用途化妆品。

二、我国化妆品卫生立法

为了规范化妆品的生产和经营，加强化妆品的卫生管理，1987年卫生部发布了《化妆品卫生标准》，1989年国务院批准颁布了《化妆品卫生监督条例》,1991年卫生部发布了《化妆品卫生监督条例实施细则》,2007年卫生部发布了新的《化妆品生产企业卫生规范》和《化妆品卫生规范》,2010年国家食品药品监督管理局发布了《关于印发化妆品生产经营日常监督现场检查工作指南的通知》《关于印发化妆品技术审评要点和化妆品技术审评指南的通知》等一系列化妆品管理的规范性文件,以及《刑法》对生产、销售不符合卫生标准的化妆品行为给予定罪量刑等法律规定,为我国化妆品生产和经营的监督管理提供了法律依据。

三、化妆品卫生要求

《化妆品卫生标准》和《化妆品安全技术规范》对化妆品的卫生标准提出了明确的要求。

1. 化妆品的一般要求。①化妆品必须外观良好,不得有异臭;②化妆品不得对皮肤和黏膜产生刺激和损伤作用;③化妆品必须无感染性,使用安全。

2. 对原料的要求。①禁止使用1388种(类)物质为化妆品组分;②限制使用47种化学物质为化妆品组分的;确定51种防腐剂和27种防晒剂不得超剂量使用;③规定157种着色剂可暂时用于化妆品生产,但不得超越允许使用的范围和限制条件。

3. 对产品的要求。①化妆品的微生物学质量应符合下述规定:眼部、口唇、口腔黏膜用化妆品以及婴儿和儿童用化妆品细菌总数不得大于500cuf/ml或500cuf/g,其他化妆品细菌总数不得大于1000cuf/ml或1000cuf/g,每克或每毫升产品中不得检出粪大肠菌,绿脓杆菌和金黄色葡萄球菌;②化妆品所含有毒物质不得超过规定的限量:汞<1ppm;铅<40ppm,砷<10ppm,甲醇<0.2%。

四、化妆品生产和经营的管理

(一) 化妆品生产的管理

国家对化妆品生产企业实行许可证制度,从事化妆品生产活动的企业,应当向所在地省、自治区、直辖市人民政府药品监督管理部门提出申请,对符合规定条件的,准予许可并发给化妆品生产许可证。化妆品生产许可证有效期为5年。

化妆品生产企业应当按照国务院药品监督管理部门制定的化妆品生产质

量管理规范的要求组织生产化妆品，建立化妆品生产质量管理体系，建立并执行供应商遴选、原料验收、生产过程及质量控制、设备管理、产品检验及留样等管理制度。

化妆品注册人、备案人、受托生产企业应当建立并执行原料以及直接接触化妆品的包装材料进货查验记录制度、产品销售记录制度。进货查验记录和产品销售记录应当真实、完整，保证可追溯，保存期限不得少于产品使用期限届满后1年；产品使用期限不足1年的，记录保存期限不得少于2年。

化妆品原料、直接接触化妆品的包装材料应当符合强制性国家标准、技术规范。不得使用超过使用期限、废弃、回收的化妆品或者化妆品原料生产化妆品。

化妆品生产企业应当设质量安全负责人，承担相应的产品质量安全管理和产品放行职责。质量安全负责人应当具备化妆品质量安全相关专业知识，并具有5年以上化妆品生产或者质量安全管理经验。

化妆品生产企业应当建立并执行从业人员健康管理制度。患有国务院卫生主管部门规定的有碍化妆品质量安全疾病的人员不得直接从事化妆品生产活动。

(二) 化妆品经营的管理

化妆品经出厂检验合格后方可上市销售。化妆品的最小销售单元应当有标签。标签应当符合相关法律、行政法规、强制性国家标准，内容真实、完整、准确。

化妆品经营者应当建立并执行进货查验记录制度，查验供货者的市场主体登记证明、化妆品注册或者备案情况、产品出厂检验合格证明，如实记录并保存相关凭证。化妆品经营者不得自行配制化妆品。化妆品生产经营者应当依照有关法律、法规的规定和化妆品标签标示的要求贮存、运输化妆品，定期检查并及时处理变质或者超过使用期限的化妆品

化妆品广告的内容应当真实、合法，不得明示或者暗示产品具有医疗作用，不得含有虚假或者引人误解的内容，不得欺骗、误导消费者。

五、化妆品卫生监督

国务院药品监督管理部门负责全国化妆品监督管理工作，县级以上地方人民政府负责药品监督管理的部门负责本行政区域的化妆品监督管理工作。

负责药品监督管理的部门对化妆品生产经营进行监督检查时，有权采取下列措施：①进入生产经营场所实施现场检查；②对生产经营的化妆品进行抽样检验；③查阅、复制有关合同、票据、账簿以及其他有关资料；④查封、扣押不符合强制性国家标准、技术规范或者有证据证明可能危害人体健康的化妆品及其原料、直接接触化妆品的包装材料，以及有证据证明用于违法生产经营的工具、设备；⑤查封违法从事生产经营活动的场所。

六、法律责任

（一）行政责任

化妆品注册人、备案人，化妆品生产企业、经营者，化妆品检验机构，化妆品技术审评机构、化妆品不良反应监测机构和负责化妆品安全风险监测的机构等有违反《化妆品监督管理条例》规定的行为，可由药品监督管理的部门或者相关部门处以罚款、没收非法所得、责令停产停业、吊销许可证照、撤销备案等行政处罚。

（二）民事责任

违反《化妆品监督管理条例》规定，造成人身、财产或者其他损害的，依法承担赔偿责任。

（三）刑事责任

负责药品监督管理的部门工作人员违反《化妆品监督管理条例》规定，滥用职权、玩忽职守、徇私舞弊的，依法给予警告、记过或者记大过的处分；造成严重后果的，依法给予降级、撤职或者开除的处分；构成犯罪的，依法追究刑事责任。

> 拓展阅读

最高法案例：保健食品虚假宣传应惩罚性赔偿

医疗器械监督管理条例（2021修订）

思考题

1. 什么是保健品？保健品有哪些特点？
2. 如何对化妆品的生产和经营进行监督管理？
3. 医疗器械分类管理的主要内容是什么？

第二十章 现代医学与法律问题

学习目标

掌握：人工生殖技术、器官移植、脑死亡、安乐死、基因工程的含义。
熟悉：现代医学面临的法律问题及争议。
了解：医疗新技术的国际发展趋向和我国的做法。

章前案例

2016年4月，方某风、黄某东经预谋，利用互联网建立名称带有"有偿捐肾""买（肾）"等字样的QQ群，招揽卖肾的"供体"（指自愿出卖自己器官的人），并承诺供体卖出一只肾脏给4万元，开始组织他人出卖人体肾脏器官。同年七八月，被告人黄某东联系到被告人张某辉加入进来。在组织活动中，黄某东负责通过QQ群招揽供体到郑州，给供体发放生活费并供养供体等；被告人张某辉负责供体到郑州后具体的接待、食宿、初步体检等，每月工资3000元；方某风负责支付该组织前期体检、住宿、生活、交通等一应费用，待供体体检合格后，联系其他组织肾脏移植的人员或中介进行转卖获利。同年7月至9月间，方某风、黄某东、张某辉先后组织郭某、李某、范某、张某1、石某、常某、胡某、刘某、樊某、张某3、张某4、姜某、冀某、许某、保某等多名人员出卖活体肾脏，其中郭某、李某、范某、张某1、石某、常某、胡某、刘某、樊某、张某3、张某4实施了肾脏摘除手术，各自得款4万元至4.6万元不等，姜某、冀某、许某、保某在案发时尚未实施肾脏摘除手术，处于该三被告人供养中。经鉴定，张某1、石某、胡某的腹部损伤程度已构成重伤二级。

思考题：
1. 我国器官移植有哪些合法途径？
2. 上述主体是否还构成其他犯罪？

第一节 人工生殖技术与法律

一、人工生殖技术概述

人工生殖技术（artificial reproduction technology，ART）又称"人类辅助生殖技术"，是指运用现代医学科学技术和方法对配子、合子、胚胎进行人工操作，代替人类自然生殖过程中某一环节或全部过程，以达到受孕目的的技术。包括人工授精、体外受精、代孕生育技术和无性生殖。

1. 人工授精。人工授精（artificial insemination，AI），是指用人工技术将精子注入女性子宫以取代性交途径使其妊娠的一种方法。

人工授精的先决条件是女方的生育力完全正常，主要用来解决丈夫不育的问题。根据精子的来源不同又可以分为夫精人工授精（artificial insemination using husbands semen，AIH）和供精人工授精（artificial insemination using semen from donors，AID）。夫精人工授精，是指使用丈夫的精子进行人工授精，又称同源人工授精。如果丈夫的精子数较少，但活动度较好，可以采用夫精人工授精。如果丈夫的精子数较少，而且无活动性，或者丈夫患有遗传性疾病不宜生育，在夫妻双方协商一致的情况下，可以采用第三者的供精授精，又称"异源人工授精"。但是，第三者的精子要经过严格检查，在确诊无传染病、性传播疾病等疾病，且血型也配对成功时方可使用。

由于人工授精成功率比较高，且这种方法既简便又经济，因此人工授精技术越来越被患有不孕症的家庭所接受。

2. 体外受精。体外受精（in vitro fertilization，IVF），是指用人工方法从妇女卵巢中取出卵子，在器皿内培养后，加入经技术处理的精子，并使卵子和精子在试管内结合并继续培养，到形成早期胚胎时，再转移到子宫内着床，发育成胎儿直至分娩的技术，也叫体外受精-胚胎移植，用这种技术生育的婴儿称为"试管婴儿"。

1978年7月25日，英国的罗伯特·爱德华兹（Robert Edwards）首先采用体外受精和胚胎移植技术，成功诞生了世界上第一个试管婴儿路易丝·布朗（Louise Brown），这成为治疗人类不孕症的新的里程碑。体外受精技术主要适用于女性因输卵管阻塞、输卵管缺陷或者损坏以及男子精子数量低等不孕症，其研究本身还可能会更深刻地揭示人类遗传病的奥秘，甚至有可能引起避孕方法的革新。

3. 代孕生育。代孕生育，是指运用夫妻自身的精子和卵子，经人工授精后请代孕母亲代为怀孕生育，或者夫妻只提供精子，借用代孕母亲的卵子授精，或者采用他人的精子和卵子人工授精后，植入代孕母亲体内，在其代为生育后给付一定的报酬，俗称"借腹生子"。

代孕母亲（surrogate mother），是指代人妊娠的妇女。一般是指用他人的受精卵植入自己的子宫妊娠，或用自己的卵子人工授精后妊娠，分娩后将孩子交给委托人抚养的妇女。代孕母亲实际就是出借子宫（有些情况下还出借卵子）代替别人怀孕，其中可能涉及金钱交易，但也有些不涉及金钱交易。

4. 无性生殖。无性生殖（cloning）也称"克隆"，是指生物体并不是通过性细胞的受精，而是从一个共同的细胞、组织或者器官繁殖而得到一群遗传结构完全相同的细胞或生物，即无性繁殖。高等生物繁衍生命的自然规律本是有性繁殖，即通过精子和卵子两性细胞的结合而达成。克隆技术却改变了这种自然规律，以无性繁殖代替有性繁殖。1997年2月英国克隆羊"多利"的出生标志着高级哺乳动物的无性繁殖研究取得重大进步，这为解决全球人口问题而愈显严峻的粮食和资源的缺乏提供了新的途径和方法。但因其成果应用到人类并不难，由此引发了一场如何看待克隆技术及如何应用克隆技术的全球争议。目前国际上普遍禁止克隆人的研究。

二、人工生殖技术产生的法律问题

人工生殖技术改变了人类自然的生殖过程，给人类带来科学进步的同时也对人类社会原来的秩序、法律和伦理都产生了巨大的冲击，由此产生了一系列的法律问题。

(一) 夫精人工授精 (AIH) 婴儿的法律地位

1. 婚姻关系存续期间进行 AIH 所生子女的法律地位：夫妻双方同意进行 AIH 的，所生子女为夫妻双方婚生子女。这在国际上已达成共识。对于丈夫不同意进行 AIH 的，AIH 所生子女的法律地位，国外一些国家和地区支持生育论，认定孩子为婚生子女。国内目前尚无相关立法，但因 AIH 所生孩子与生母之丈夫具有自然血亲关系，通说认为应认定为夫妻双方婚生子女。也有学者认为，根据无性无责原则，未经丈夫同意而进行 AIH 所生的孩子不能认定为婚生子女，而应认定为生母的单亲孩子。

2. 丈夫去世后出生的 AIH 子女的法律地位。需要区分三种情况，第一种情况是妻子在丈夫去世之前进行 AIH 的，孩子在丈夫去世后出生。如果丈夫同意进行 AIH，那么孩子属于婚生子女。《民法典》第 1155 条规定："遗产分割时，应当保留胎儿的继承份额。胎儿娩出时是死体的，保留的份额按照法定继承办理。"如果丈夫不同意进行 AIH，那么孩子不能认定为婚生子女，不享有丈夫的继承权，其法律地位为生母的单亲孩子。第二种情况是妻子在丈夫死亡后，根据丈夫生前意愿利用丈夫的冷冻精子生育子女。法律界普遍认为，应该推定孩子为夫妻的婚生子女，享有丈夫的财产继承权。第三种情况是丈夫生前没有明确表示妻子在其死亡后能否进行 AIH，妻子用亡夫的冷冻精子进行，AIH 所生子女的法律地位。在国外，大部分国家认可孩子为婚生子女。在国内，该行为虽然是实施人类辅助生殖技术的伦理原则所禁止的，但并不影响孩子的法律地位。我国的司法实践中，此种情形下出生的孩子，只要有证据证明该孩子与亡夫存在血亲关系，法院一般会认定该孩子为亡夫的亲生子女，享有继承权。

(二) 供精人工授精 (AID) 婴儿的法律地位

AID 所生子女与生母之夫并不存在自认血缘关系，而是来自第三者，因此可能引起抚养、继承等法律问题。

从多数国家的发展趋势看，主张经过夫妻同意后出生的人工授精子女视为婚生子女，与生母之夫的关系视为亲生父母子女关系。采用 AID 出生的婴儿可以说存在两个父亲，一个是生物学（遗传学）父亲，即供精者；另一个是社会学（养育者）父亲，即生母之夫。从现在许在多国家的有关立法来看，大都认定后者为合法父亲。承担相应的权利和义务。通过合意进行人工授精的夫妇离婚后，养育父亲不能拒绝对 AID 出生子女履行抚养义务，AID 出生成年子女也不能拒绝履行赡养年老、无劳动能力的养育父亲。如果丈夫并未同意或者根本不知情，则他对婴儿有否认权。

(三) 体外受精 (IVF-ET) 婴儿的法律地位

体外受精所生的婴儿称为"试管婴儿"，该技术主要用来解决女性不孕问题。但 AID 提出的"谁是孩子父亲"问题同样适用 IVF，IVF 则将问题扩大为"谁是父母"？有关谁是 IVF 婴儿父亲的问题，与在 AID 中的情况一样，而将同样的原则应用到卵子提供者身上，则认定孕育并生下婴儿的妇女为合法母亲。即便采用 IVF 技术出生的孩子与准备充当孩子养育父母的夫妇双方毫无遗传和血缘关系，仍应确定这对夫妇为孩子的合法父母。通过 IVF 所生子女是他们的婚生子女，享有婚生子女的一切权利。因为孩子的遗传学父母仅仅是分别提供了精子和卵子而已。有争议的是，未经丈夫同意的通过 IVF-ET 所生孩子的法律地位问题，以及未经丈夫同意实施的 IVF-ET 技术以及丈夫死亡后进行的通过 IVF-ET 所生子女的法律地位，各国立法和司法实践并不一致，我国对此问题也存在较大争议。

(四) 代孕生育及其法律问题

在解决卵子提供者与 IVF 婴儿法律关系的问题上，法律确定了"孕育母亲在母权确定中比遗传母亲处于优势"的原则，同时推定该妇女的丈夫为该孩子的父亲。从而解决了谁是 IVF 婴儿父亲的问题。但随着代孕母亲的出现和职业化，这一原则又遇到了法律阻碍。由于"代孕生育"总是以金钱交易为基础，容易使代孕母亲与因此而出现的婴儿被视为商品。代孕生育给不育夫妇带来孩子的同时，也产生了一系列相关的社会、伦理、法律问题。

因供精、供卵、体外受精、代孕生育技术相结合，一个孩子可能有五个父母。两个父亲：供精者、养育者；三个母亲：供卵者、养育者、代孕母亲。谁是"代孕母亲所生婴儿的父母"的法律规定不尽相同，主要有三种情况：其一，以遗传学为根据确定亲子关系。即提供精子和卵子的男女为婴儿的父母。这是人类在漫长的历史中一直适用的最基本原则。其二，以生者为母。不论精子、卵子由谁提供，生育婴儿的妇女与其丈夫被推定为婴儿的父母。其三，按契约约定确定亲子关系，即代孕母亲所生婴儿为委托方夫妇的子女。

代孕母亲的出现存在以下法律问题：

1. 代孕母亲代生婴儿的归属问题。代孕母亲在漫长的怀孕期间可能会对腹中胎儿产生感情，孩子出生后，拒绝放弃抚养权，可能会引发社会纠纷。另外，由于所生婴儿存在某种缺陷，双方都不愿承担该孩子的抚养责任。

2. 存在出租子宫收取酬金的现象。代孕母亲将自己的子宫变成制造婴儿换取金钱的机器，侵犯妇女的尊严。同时，婴儿被当作商品，自由买卖，侵犯了婴儿的人权。

3. 代孕母亲可能会导致人伦关系的混乱。代孕母亲的选择，虽然有较大的选择范围，但如果选择的对象是有直系血缘关系，使得婚姻管理中对近亲婚配的限制处于尴尬境地。有的母亲替女儿代孕，祖母替孙女代孕，导致婴儿在家庭中的地位微妙，破坏了现行亲属关系制度而造成混乱。

由于这些问题的存在，不少国家是完全或者部分禁止代孕行为的，如瑞士、德国、西班牙、意大利、法国等国家对代孕行为明令禁止，澳大利亚属于部分禁止。但也有不少国家允许代孕行为，比如比利时、荷兰、丹麦、匈牙利、罗马尼亚、芬兰和希腊都属于允许代孕的国家，而且像印度、泰国、俄罗斯以及一些东欧国家不仅允许代孕，而且还对商业性代孕大加支持。

（五）受精卵和胚胎的法律地位和处置问题

在我国，冷冻胚胎技术并不普遍，相关法律规范对冷冻胚胎的法律属性界定也并不明确。关于受精卵和胚胎的法律属性，目前学界存在三种观点。一是客体说。该观点认为，冷冻胚胎是具有人格属性的伦理物。民法学家杨立新教授认为"人体器官或者组织脱离人体之后，不再具有人格载体的属性，应当属于物的性质"，但它又具有日后可能发展成人的生命活性，具有潜在的人格属性。鉴于伦理物具有最高的物格，在对伦理物行使权利时需要受到特殊限制，因此将冷冻胚胎界定为伦理物，才可以给冷冻胚胎最为充分的特殊保护，同时也体现了冷冻胚胎作为物的特殊性。该观点是较为成熟的观点，为多数法学界乃至伦理学界专家学者所支持和认同。二是主体说。该观点认为受精卵和胚胎是民事法律关系的主体，像自然人一样享有民事权利能力。三是折中说。认为冷冻胚胎既不是民事法律关系的客体，也不是民事法律关系的主体，而是介于两者之间的特殊存在。"冷冻胚胎不同于人，因为还没有生命；也不同于物，因为有发育成为人的可能。"因为脱离了人体的器官和组织不具有自由流通性，不能称之为"物"，冷冻胚胎作为脱离了人体的器官组织，不应被界定为民法意义上的物。同样，冷冻胚胎虽然具有发育成人的潜在可能性，但是不是真正意义上的人，因此也不能被界定为民法意义上的人，因此将其界定为介于人和物之间的特殊存在并通过立法予以特殊保护，最为准确恰当。

三、我国人工生殖技术的立法

我国人工生殖技术的研究和应用较发达国家要晚。1983年，湖南医科大学生殖医学研究室首次用冷冻精液进行人工授精获得成功。1986年，青岛医学院建立了我国第一座人工精子库。1988年3月10日，我国第一例试管婴儿在北京大学第三附属医院顺利诞生。1990年3月，我国第一个冷冻胚胎库在湖南医科大学建成。

为保证我国人工生殖技术能够安全、有效和健康地发展，规范人工生殖技术的应用和管理，2001年卫生部发布了《人类辅助生殖技术管理办法》和《人类精子库管理办法》。2003年卫生部发布了《人类辅助生殖技术与人类精子库相关技术规范、基本标准和伦理原则》和《人类辅助生殖技术与人类精子库评审、审核和审批管理程序》。2007年卫生部又下发了《关于加强人类辅助生殖技术和人类精子库设置规划和监督管理的通知》。进一步规范了人类辅助生殖技术行为，加强了对人工生殖技术和人类精子库的监督和管理。

(一) 我国人工生殖技术的相关规定

1. 我国人工生殖技术的应用原则：第一，人类辅助生殖技术的应用应当在医疗机构中进行，并以医疗为目的，符合国家计划生育政策、伦理原则和有关法律规定；第二，人类辅助生殖技术实施严格的行政许可原则；第三，禁止以任何形式买卖配子、合子和胚胎；第四，医疗机构及其医务人员不得实施任何形式的代孕技术；第五，遵循知情同意原则；第六，医疗机构应当为当事人保密。

2. 开展人工生殖技术的审批。依据《人类辅助生殖技术管理办法》的规定：

(1) 国家卫生健康委员会根据区域卫生规划、医疗需求和技术条件等实际情况，制订人类辅助生殖技术应用规划。

(2) 申请开展人类辅助生殖技术的医疗机构应当符合下列条件：①具有

与开展技术相适应的卫生专业技术人员和其他专业技术人员；②具有与开展技术相适应的技术和设备；③设有医学伦理委员会；④符合国家卫生健康委员会制定的《人类辅助生殖技术规范》的要求。

(3) 申请开展夫精人工授精技术的医疗机构，由省级人民政府卫生行政部门审查批准。申请开展供精人工授精、胚胎移植技术及其衍生技术的医疗机构，由省级人民政府卫生行政部门提出初审意见报国家卫生健康委员会审批。

(4) 批准开展人类辅助生殖技术的医疗机构应当按照《医疗机构管理条例》的有关规定，持省级人民政府卫生行政部门或者卫生部的批准证书到核发其医疗机构执业许可证的卫生行政部门办理变更登记手续。人类辅助生殖技术批准证书每两年校验一次，校验由原审批机关办理。校验合格的，可以继续开展人类辅助生殖技术；校验不合格的，收回其批准证书。

(二) 人类精子库的管理

人类精子库是以治疗不孕症、预防遗传病和提供生殖保险等为目的，利用超低温冷冻技术，采集、检测、保存和提供精子的机构。

1. 人类精子库的设置。依据《人类精子库管理办法》第6、7条的规定：设置人类精子库应当经国家卫生健康委员会批准。申请设置人类精子库的医疗机构应当符合下列条件：①具有医疗机构执业许可证；②设有医学伦理委员会；③具有与采集、检测、保存和提供精子相适应的卫生专业技术人员；④具有与采集、检测、保存和提供精子相适应的技术和仪器设备；⑤具有对供精者进行筛查的技术能力；⑥应当符合《人类精子库基本标准》。

2. 精子的采集与提供。精子的采集和提供应当在经过批准的人类精子库中进行，未经批准，任何单位和个人不得从事精子的采集与提供活动。《人类精子库管理办法》第14条规定，精子的采集与提供应当严格遵守《人类精子库技术规范》和各项技术操作规程。供精者应当是年龄在22~45岁之间的健康男性，人类精子库应当对其进行健康检查和严格的筛选。供精者只能在一个人类精子库供精，且一个供精者的精子最多只能提供给5名妇女受孕。精子库工作人员应当向供精者说明精子的用途、保存方式以及可能带来的社会伦理等问题，并与供精者签署知情同意书。精子库采集精子后应当进行检验和筛查，并在冷冻6个月后复检合格方能提供，严禁提供新鲜精子和未经检验或者检验不合格的精子。严禁精子库向未经批准开展人类辅助生殖技术的医疗机构提供精子。人类精子库应当建立供精者档案,对供精者的详细资料和精子的使用情况进行计算机管理并永久保存。应当为供精者和受精者保密,未经当事人同意不得泄露有关信息。

(三) 法律责任

1. 未经批准擅自开展人类辅助生殖技术和设置精子库的非医疗机构,由县级以上人民政府卫生行政部门责令其停止执业活动,没收非法所得和药品、器械,并根据情节处1万元以下的罚款。

2. 未经批准擅自开展人类辅助生殖技术和设置精子库的医疗机构,根据《医疗机构管理条例》和《医疗机构管理条例实施细则》,由县级以上人民政府卫生行政部门予以警告、责令其改正,并可以根据情节处以3000元以下的罚款;情节严重的,吊销其《医疗机构执业许可证》。

3. 开展人类辅助生殖技术的医疗机构违反《人类辅助生殖技术管理办法》,有下列行为之一的,由省、自治区、直辖市人民政府卫生行政部门给予警告,处3万元以下罚款,并给予有关责任人员行政处分;构成犯罪的,依法追究其刑事责任:①买卖配子、合子和胚胎的;②实施代孕技术的;③使用不具有《人类精子库批准证书》机构提供的精子;④擅自进行性别选择的;⑤实施人类辅助生殖技术档案不健全的;⑥经指定技术评估机构检查质量不合格的;⑦其他违反该办法规定的行为。

4. 设置人类精子库的医疗机构违反《人类精子库管理办法》,有下列行为之一的,省、自治区、直辖市人民政府卫生行政部门给予警告、1万元以下罚款,并给予有关责任人员行政处分;构成犯罪的,依法追究刑事责任:①采集精液前,未按规定对供精者进行健康检查的;②向医疗机构提供未经检验的精子的;③向不具有人类辅助生殖技术批准证书的机构提供精子的;④供精者档案不健全的;⑤经评估机构检查质量不合格的;⑥其他违反该办法规定的行为。

(四) 加强人类辅助生殖技术与人类精子库的指导意见

人类辅助生殖技术自临床应用以来,为数以万计的不孕不育夫妇带来了福音。随着人工辅助生殖技术的发展,也出现了代孕、非法采供精、非法采供卵、滥用性别鉴定技术等违法违规行为,引起了社会广泛关注。2015年,为了进一步加强对人类辅助生殖技术的监管，国家卫生计生委印发了《关于加强人类辅助生殖技术与人类精子库管理的指导意见》，其中明确指出，加强辅助生殖技术管理刻不容缓，必须把好辅助生殖技术配置规划与审批准入关、强化辅助生殖技术日常监督管理、严厉打击违法违规开展辅助生殖技术行为和加强社会监督与宣传教育。

（五）查处违法违规应用人类辅助生殖技术专项行动并建立长效工作机制

为了维护正常生育秩序，保障群众身体健康和生命安全，着力解决人类辅助生殖技术应用中存在的突出问题，国家卫生计生委等12个部门于2017年成立全国查处违法违规应用人类辅助生殖技术专项行动协调办公室，并联合制定了《开展查处违法违规应用人类辅助生殖技术专项行动工作方案》和《关于建立查处违法违规应用人类辅助生殖技术长效工作机制的通知》，严厉打击各类违法违规应用人类辅助生殖技术的行为。2021年，国家卫生健康委员会联合公安部等11个部门印发《关于进一步严厉依法打击非法应用人类辅助生殖技术等违法犯罪行为的通知》，进一步明确部门职责，强化部门联动，健全部门间沟通机制，形成监管合力，开展联合专项整治活动，保障人民群众健康权益。

（六）人类辅助生殖技术应用规划指导原则

2001年，卫生部以卫生部令的形式印发《人类辅助生殖技术管理办法》和《人类精子库管理办法》，随后陆续制定相关技术规范、基本标准和伦理原则，对加强人类辅助生殖技术管理发挥了重要作用。2007年，根据《国务院关于第四批取消和调整行政审批项目的决定》，省级卫生行政部门成为人类辅助生殖技术行政审批和日常监管的责任主体。根据《人类辅助生殖技术管理办法》和《人类精子库管理办法》有关要求，国家根据区域卫生规划、医疗需求和技术条件等实际情况确定人类辅助生殖技术应用规划。2015年，国家卫生计生委印发了《人类辅助生殖技术配置规划指导原则（2015版）》，指导各省（区、市）科学规划2015—2020年人类辅助生殖技术发展。近年来我国育龄人口数持续下降、人类辅助生殖技术服务量趋于平稳态势，为了进一步促进人类辅助生殖技术服务体系的合理布局和规范发展，努力满足群众生殖健康需求，国家卫生健康委员会在《人类辅助生殖技术配置规划指导原则（2015版）》的基础上，组织制定了《人类辅助生殖技术应用规划指导原则

（2021版）》（以下简称"2021版《指导原则》"）。

2021版《指导原则》用于指导各地按照有关原则和要求，结合实际制订省级人类辅助生殖技术应用规划（2021—2025年），规范有序开展人类辅助生殖技术筹建和审批。坚持质量安全优先、分类指导管理、合理规划布局及稳妥有序发展等原则，通过规划引领，努力形成供需平衡、布局合理、规范发展的人类辅助生殖技术服务体系。根据2021版《指导原则》及其附件"人类辅助生殖技术应用规划测算参考方法"和"人类辅助生殖技术应用规划参考数据"的规定，各地可以选择按现有机构数或各省（区、市）常住人口数或按人口服务量比值法测算2021—2025年开展夫精人工授精、供精人工授精、体外受精-胚胎移植、单精子卵细胞质显微注射技术的辅助生殖机构数量。新筹建开展的植入前胚胎遗传学诊断技术应当规划在具备产前诊断资质的医疗机构，重点评估机构技术条件和遗传咨询服务能力。开展植入前胚胎遗传学诊断技术的机构数量原则上不超过开展体外受精技术机构数量的30%。各省（区、市）要结合实际，明确规划开展植入前胚胎遗传学检测技术的辅助生殖机构数量。机构经批准开展植入前胚胎遗传学诊断技术后，方可开展植入前胚胎遗传学筛查技术。每省（区、市）设置人类精子库原则不超过一个。

第二节　人体器官捐献和移植法律问题

一、人体器官捐献和移植概述

我国《人体器官捐献和移植条例》于2023年10月20日国务院第17次会议通过，自2024年5月1日起实施。

（一）人体器官捐献和移植的概念

人体器官捐献，是指自愿、无偿提供具有特定生理功能的心脏、肺脏、肝脏、肾脏、胰腺或者小肠等人体器官的全部或者部分用于移植的活动。

人体器官移植，是指将捐献的人体器官植入接受人身体以代替其病损器官的过程。

人体器官捐献和移植工作坚持人民至上、生命至上。国家建立人体器官捐献和移植工作体系，推动人体器官捐献，规范人体器官获取和分配，提升人体器官移植服务能力，加强监督管理。

（二）人体器官捐献和移植的监督管理

县级以上人民政府县级以上人民政府卫生健康部门负责人体器官捐献和移植的监督管理工作。县级以上人民政府发展改革、公安、民政、财政、市场监督管理、医疗保障等部门在各自职责范围内负责与人体器官捐献和移植有关的工作。

红十字会依法参与、推动人体器官捐献工作，开展人体器官捐献的宣传动员、意愿登记、捐献见证、缅怀纪念、人道关怀等工作，加强人体器官捐献组织网络、协调员队伍的建设和管理。

任何组织或者个人不得以任何形式买卖人体器官，不得从事与买卖人体器官有关的活动。

二、人体器官的捐献

（一）人体器官捐赠的原则

人体器官捐献应当遵循自愿、无偿的原则。

公民享有捐献或者不捐献其人体器官的权利；任何组织或者个人不得强迫、欺骗或者利诱他人捐献人体器官。

（二）人体器官捐献的法定要求

具有完全民事行为能力的公民有权依法自主决定捐献其人体器官。公民表示捐献其人体器官的意愿，应当采用书面形式，也可以订立遗嘱。公民对已经表示捐献其人体器官的意愿，有权予以撤销。

公民生前表示不同意捐献其遗体器官的，任何组织或者个人不得捐献、获取该公民的遗体器官；公民生前未表示不同意捐献其遗体器官的，该公民死亡后，其配偶、成年子女、父母可以共同决定捐献，决定捐献应当采用书面形式。

任何组织或者个人不得获取未满18周岁公民的活体器官用于移植。

活体器官的接受人限于活体器官捐献人的配偶、直系血亲或者三代以内旁系血亲。

（三）人体器官捐献的普及和宣传

国家加强人体器官捐献宣传教育和知识普及，促进形成有利于人体器官捐献的社会风尚。

新闻媒体应当开展人体器官捐献公益宣传。

国家鼓励遗体器官捐献。公民可以通过中国红十字会总会建立的登记服务系统表示捐献其遗体器官的意愿。

三、人体器官的获取和移植

（一）医疗机构从事遗体器官获取应当具备的条件

1. 有专门负责遗体器官获取的部门以及与从事遗体器官获取相适应的管理人员、执业医师和其他医务人员。

2. 有满足遗体器官获取所需要的设备、设施和技术能力。

3. 有符合《人体器官捐献和移植条例》第18条第1款规定的人体器官移植伦理委员会。

4. 有完善的遗体器官获取质量管理和控制等制度。

从事遗体器官获取的医疗机构同时从事人体器官移植的，负责遗体器官获取的部门应当独立于负责人体器官移植的科室。

（二）获取遗体器官的伦理审查

获取遗体器官前，负责遗体器官获取的部门应当向其所在医疗机构的人体器官移植伦理委员会提出获取遗体器官审查申请。

人体器官移植伦理委员会由医学、法学、伦理学等方面专家组成，委员会中从事人体器官移植的医学专家不超过委员人数的四分之一。人体器官移植伦理委员会的组成和工作规则，由国务院卫生健康部门制定。

人体器官移植伦理委员会收到获取遗体器官审查申请后，应当及时对下列事项进行审查：

1. 遗体器官捐献意愿是否真实。

2. 有无买卖或者变相买卖遗体器官的情形。

经三分之二以上委员同意，人体器官移植伦理委员会方可出具同意获取遗体器官的书面意见。人体器官移植伦理委员会同意获取的，医疗机构方可获取遗体器官。

（三）遗体器官的获取和分配

获取遗体器官，应当在依法判定遗体器官捐献人死亡后进行。从事人体器官获取、移植的医务人员不得参与遗体器官捐献人的死亡判定。

获取遗体器官，应当经人体器官捐献协调员见证。获取遗体器官前，从事遗体器官获取的医疗机构应当通知所在地省、自治区、直辖市红十字会。接到通知的红十字会应当及时指派2名以上人体器官捐献协调员对遗体器官获取进行见证。

从事遗体器官获取的医疗机构及其医务人员应当维护遗体器官捐献人的尊严；获取器官后，应当对遗体进行符合伦理原则的医学处理，除用于移植的器官以外，应当恢复遗体外观。

遗体器官的分配，应当符合医疗需要，遵循公平、公正和公开的原则。具体办法由国务院卫生健康部门制定。

患者申请人体器官移植手术，其配偶、直系血亲或者三代以内旁系血亲曾经捐献遗体器官的，在同等条件下优先排序。

遗体器官应当通过国务院卫生健康部门建立的分配系统统一分配。从事遗体器官获取、移植的医疗机构应当在分配系统中如实录入遗体器官捐献人、申请人体器官移植手术患者的相关医学数据并及时更新，不得伪造、篡改数据。

医疗机构及其医务人员应当执行分配系统分配结果。禁止医疗机构及其医务人员使用未经分配系统分配的遗体器官或者来源不明的人体器官实施人体器官移植。

国务院卫生健康部门应当定期公布遗体器官捐献和分配情况。

（四）医疗机构从事人体器官移植的条件

医疗机构从事人体器官移植，应当向国务院卫生健康部门提出申请。国务院卫生健康部门应当自受理申请之日起5个工作日内组织专家评审，于专家评审完成后15个工作日内作出决定并书面告知申请人。国务院卫生健康部门审查同意的，通知申请人所在地省、自治区、直辖市人民政府卫生健康部门办理人体器官移植诊疗科目登记，在申请人的执业许可证上注明获准从事的人体器官移植诊疗科目。具体办法由国务院卫生健康部门制定。

医疗机构从事人体器官移植，应当具备下列条件：

1. 有与从事人体器官移植相适应的管理人员、执业医师和其他医务人员。
2. 有满足人体器官移植所需要的设备、设施和技术能力。

3. 有符合《人体器官捐献和移植条例》第 18 条第 1 款规定的人体器官移植伦理委员会。

4. 有完善的人体器官移植质量管理和控制等制度。

（五）实施人体器官移植手术的执业医师应具备的条件

实施人体器官移植手术的执业医师应当具备下列条件，经省、自治区、直辖市人民政府卫生健康部门认定，并在执业证书上注明：

1. 有与实施人体器官移植手术相适应的专业技术职务任职资格。

2. 有与实施人体器官移植手术相适应的临床工作经验。

3. 经培训并考核合格。

（六）活体器官移植的法律规定

1. 伦理审查。移植活体器官的，由从事人体器官移植的医疗机构获取活体器官。获取活体器官前，负责人体器官移植的科室应当向其所在医疗机构的人体器官移植伦理委员会提出获取活体器官审查申请。

人体器官移植伦理委员会收到获取活体器官审查申请后，应当及时对下列事项进行审查：

（1）活体器官捐献意愿是否真实。

（2）有无买卖或者变相买卖活体器官的情形。

（3）活体器官捐献人与接受人是否存在《人体器官捐献和移植条例》第 11 条规定的关系。

（4）活体器官的配型和接受人的适应证是否符合伦理原则和人体器官移植技术临床应用管理规范。

经三分之二以上委员同意，人体器官移植伦理委员会方可出具同意获取活体器官的书面意见。人体器官移植伦理委员会同意获取的，医疗机构方可获取活体器官。

2. 医疗机构及其医务人员获取活体器官前应当履行的义务。从事人体器官移植的医疗机构及其医务人员获取活体器官前，应当履行下列义务：

（1）向活体器官捐献人说明器官获取手术的风险、术后注意事项、可能发生的并发症及其预防措施等，并与活体器官捐献人签署知情同意书。

（2）查验活体器官捐献人同意捐献其器官的书面意愿、活体器官捐献人与接受人存在《人体器官捐献和移植条例》第 11 条规定关系的证明材料。

（3）确认除获取器官产生的直接后果外不会损害活体器官捐献人其他正常的生理功能。

从事人体器官移植的医疗机构应当保存活体器官捐献人的医学资料，并进行随访。

医疗机构及其医务人员从事人体器官获取、移植，应当遵守伦理原则和相关技术临床应用管理规范。

（七）器官移植的风险评估及信息保护

医疗机构及其医务人员获取、移植人体器官，应当对人体器官捐献人和获取的人体器官进行医学检查，对接受人接受人体器官移植的风险进行评估，并采取措施降低风险。

人体器官捐献协调员、医疗机构及其工作人员应当对人体器官捐献人、接受人和申请人体器官移植手术患者的个人信息依法予以保护。

国家建立人体器官获取、移植病例登记报告制度。从事人体器官获取、移植的医疗机构应当将实施人体器官获取、移植的情况向所在地省、自治区、直辖市人民政府卫生健康部门报告。

四、法律责任

（一）刑事责任

国家健全行政执法与刑事司法衔接机制，依法查处人体器官捐献和移植中的违法犯罪行为。

违反《人体器官捐献和移植条例》的规定，有下列情形之一，构成犯罪的，依法追究刑事责任：

1. 组织他人出卖人体器官。

2. 未经本人同意获取其活体器官，或者获取未满18周岁公民的活体器官，或者强迫、欺骗他人捐献活体器官。

3. 违背本人生前意愿获取其遗体器官，或者本人生前未表示同意捐献其遗体器官，违反国家规定，违背其配偶、成年子女、父母意愿获取其遗体器官。

医务人员有前款所列情形被依法追究刑事责任的，由原执业注册部门吊销其执业证书，终身禁止其从事医疗卫生服务。

违反《人体器官捐献和移植条例》规定，买卖人体器官或者从事与买卖人体器官有关活动的，由县级以上地方人民政府卫生健康部门没收违法所得，并处交易额 10 倍以上 20 倍以下的罚款；医疗机构参与上述活动的，还应当由原登记部门吊销该医疗机构的人体器官移植诊疗科目，禁止其 10 年内从事人体器官获取或者申请从事人体器官移植，并对负有责任的领导人员和直接责任人员依法给予处分，情节严重的，由原执业登记部门吊销该医疗机构的执业许可证或者由原备案部门责令其停止执业活动；医务人员参与上述活动的，还应当由原执业注册部门吊销其执业证书，终身禁止其从事医疗卫生服务；构成犯罪的，依法追究刑事责任。

人体器官捐献协调员、医疗机构及其工作人员违反《人体器官捐献和移植条例》规定，泄露人体器官捐献人、接受人或者申请人体器官移植手术患者个人信息的，依照法律、行政法规关于个人信息保护的规定予以处罚；构成犯罪的，依法追究刑事责任。

公职人员参与买卖人体器官或者从事与买卖人体器官有关活动的，依法给予撤职、开除处分；构成犯罪的，依法追究刑事责任。

公职人员在人体器官捐献和移植工作中滥用职权、玩忽职守、徇私舞弊的，依法给予处分；构成犯罪的，依法追究刑事责任。

（二）行政责任

1. 医疗机构未办理人体器官移植诊疗科目登记，擅自从事人体器官移植的，由县级以上地方人民政府卫生健康部门没收违法所得，并处违法所得 10 倍以上 20 倍以下的罚款，禁止其 5 年内从事人体器官获取或者申请从事人体器官移植，并对负有责任的领导人员和直接责任人员依法给予处分，对有关医务人员责令暂停 1 年执业活动；情节严重的，还应当由原执业登记部门吊销该医疗机构的执业许可证或者由原备案部门责令其停止执业活动，并由原执业注册部门吊销有关医务人员的执业证书。

医疗机构不再具备《人体器官捐献和移植条例》第 23 条第 2 款规定的条件，仍从事人体器官移植的，由原登记部门没收违法所得，并处违法所得 5 倍以上 10 倍以下的罚款，吊销该医疗机构的人体器官移植诊疗科目，禁止其 3 年内从事人体器官获取或者申请从事人体器官移植，并对负有责任的领导人员和直接责任人员依法给予处分；情节严重的，还应当由原执业登记部门吊销该医疗机构的执业许可证，并对有关医务人员责令暂停 6 个月以上 1 年以下执业活动。

2. 医疗机构安排不符合《人体器官捐献和移植条例》第 27 条规定的人员实施人体器官移植手术的，由县级以上地方人民政府卫生健康部门没收违法所得，并处 10 万元以上 50 万元以下的罚款，由原登记部门吊销该医疗机构的人体器官移植诊疗科目，禁止其 3 年内从事人体器官获取或者申请从事人体器官移植，并对负有责任的领导人员和直接责任人员依法给予处分；情节严重的，还应当由原执业登记部门吊销该医疗机构的执业许可证；对有关人员，依照有关医师管理的法律的规定予以处罚。

3. 医疗机构违反《人体器官捐献和移植条例》规定，有下列情形之一的，由县级以上地方人民政府卫生健康部门没收违法所得，并处 10 万元以上 50 万元以下的罚款，对负有责任的领导人员和直接责任人员依法给予处分，对有关医务人员责令暂停 6 个月以上 1 年以下执业活动，并可以由原登记部门吊销该医疗机构的人体器官移植诊疗科目，禁止其 3 年内从事人体器官获取或者申请从事人体器官移植；情节严重的，还应当由原执业登记部门吊销该医疗机构的执业许可证或者由原备案部门责令其停止执业活动，并可以由原执业注册部门吊销有关医务人员的执业证书：

（1）不具备《人体器官捐献和移植条例》第 15 条第 1 款规定的条件从事遗体器官获取。

（2）未按照所在地省、自治区、直辖市人民政府卫生健康部门划定的区域提供遗体器官获取服务。

（3）从事人体器官获取、移植的医务人员参与遗体器官捐献人的死亡判定。

（4）未通过分配系统分配遗体器官，或者不执行分配系统分配结果。

（5）使用未经分配系统分配的遗体器官或者来源不明的人体器官实施人体器官移植。

（6）获取活体器官前未依照《人体器官捐献和移植条例》第 29 条第 1 款的规定履行说明、查验、确认义务。

（7）以伪造、篡改数据等方式干扰遗体器官分配。

4. 违反《人体器官捐献和移植条例》规定，有下列情形之一的，由县级以上地方人民政府卫生健康部门没收违法所得，并处 10 万元以上 50 万元以下的罚款，对负有责任的领导人员和直接责任人员依法给予处分；医疗机构有下列情形之一的，还应当由原登记部门吊销该医疗机构的人体器官移植诊疗科目，禁止其 3 年内从事人体器官获取或者申请从事人体器官移植，情节严重的，由原执业登记部门吊销该医疗机构的执业许可证或者由原备案部门责令其停止执业活动；医务人员有下列情形之一的，还应当责令其暂停 6 个月以上 1 年以下执业活动，情节严重的，由原执业注册部门吊销其执业证书；构成犯罪的，依法追究刑事责任：

(1) 以获取遗体器官为目的跨区域转运潜在遗体器官捐献人。

(2) 违反《人体器官捐献和移植条例》第 16 条第 4 款规定，转介潜在遗体器官捐献人的相关信息。

(3) 在人体器官捐献和移植中提供虚假材料。

5. 医疗机构未经人体器官移植伦理委员会审查同意获取人体器官的，由县级以上地方人民政府卫生健康部门处 20 万元以上 50 万元以下的罚款，由原登记部门吊销该医疗机构的人体器官移植诊疗科目，禁止其 3 年内从事人体器官获取或者申请从事人体器官移植，并对负有责任的领导人员和直接责任人员依法给予处分；情节严重的，还应当由原执业登记部门吊销该医疗机构的执业许可证，并由原执业注册部门吊销有关医务人员的执业证书。

人体器官移植伦理委员会审查获取人体器官申请时违反伦理原则或者出具虚假审查意见的，对有关责任人员依法给予处分，由县级以上地方人民政府卫生健康部门终身禁止其从事医学伦理审查活动。

6. 医疗机构违反《人体器官捐献和移植条例》规定，有下列情形之一的，由县级以上地方人民政府卫生健康部门处 5 万元以上 20 万元以下的罚款，对负有责任的领导人员和直接责任人员依法给予处分；情节严重的，还应当由原登记部门吊销该医疗机构的人体器官移植诊疗科目，禁止其 1 年内从事人体器官获取或者申请从事人体器官移植，对有关医务人员责令暂停 6 个月以上 1 年以下执业活动：

(1) 负责遗体器官获取的部门未独立于负责人体器官移植的科室。

(2) 未经人体器官捐献协调员见证实施遗体器官获取。

(3) 获取器官后，未依照《人体器官捐献和移植条例》第 19 条第 3 款的规定对遗体进行符合伦理原则的医学处理，恢复遗体外观。

（4）未依照《人体器官捐献和移植条例》第34条的规定报告人体器官获取、移植实施情况。

7. 医疗机构及其医务人员违反《人体器官捐献和移植条例》规定，有下列情形之一的，依照有关医疗纠纷预防和处理、医疗事故处理的行政法规的规定予以处罚；构成犯罪的，依法追究刑事责任：

（1）未对人体器官捐献人或者获取的人体器官进行医学检查。

（2）未对接受人接受人体器官移植的风险进行评估并采取相应措施。

（3）未遵守相关技术临床应用管理规范。

8. 人体器官捐献协调员违反《人体器官捐献和移植条例》规定，有下列情形之一的，依法给予处分，由省、自治区、直辖市红十字会注销其人体器官捐献协调员工作证件，终身不得担任人体器官捐献协调员：

（1）接到指派后未对遗体器官获取进行见证。

（2）出具虚假见证意见。

（三）民事责任

违反《人体器官捐献和移植条例》规定，给他人造成损害的，依法承担民事责任。

第三节　脑死亡与法律

一、脑死亡概述

脑死亡，是指整个中枢神经系统的全部死亡，包括脑干在内的全脑机能不可逆转、永久性的丧失。它同心跳和呼吸停止一样，是自然生命现象的终止，是个体死亡的一种类型。

一直以来，传统的死亡概念认为心脏停止跳动、自主呼吸停止就是死亡。医学临床上也一直以心跳停止、呼吸和血压消失以及体温下降作为宣告死亡的依据。但随着医学科学技术的发展，对传统的死亡观念和标准提出了挑战，死亡判定的新规则——脑死亡概念和标准出现。

对脑死亡的最早研究出现于20世纪50年代，1959年法国学者在第23届国际神经学会上首次提出"昏迷过度"的概念并在报告中开始使用"脑死亡"一词。1966 年,国际医学界正式提出"脑死亡"概念。随着对脑死亡研究的深入,世界各国先后制定了三十多种脑死亡诊断标准,其中,在 1968 年召开的世界第 22 次医学大会上,美国哈佛大学医学院特设委员会提出了比较完善的脑死亡标准,得到国际医学界的赞同和支持。脑死亡的哈佛标准包括:①不可逆的深度昏迷。病人完全丧失对外部刺激和内部需要的所有感受能力。②自主运动包括自主呼吸运动停止,呼吸机关闭 3 分钟而无自动呼吸。③一切反射消失。脑干反射消失,瞳孔散大,瞳孔对光反射、角膜反射、眼运动反射等均消失。④脑电沉默。即脑电图平直记录 20 分钟。

二、确立脑死亡的意义

1. 有利于科学地确定死亡,维护生命尊严。传统的死亡标准有其局限性,在医学临床上,脑死亡的确立可以更准确地鉴别死亡的真与假,使许多假死病人的及时救治成为可能,可以倡导人类追求高质量、有价值的生命,推动医学伦理观念的更新,可以更好地维护人的生命尊严,更好地尊重人的生命价值。

2. 有利于医疗资源的节约与合理配置。对脑死亡病人而言,继续的抢救治疗已经没有了客观的意义,对其运用先进仪器和昂贵的药物实施的救治只是一种对病人家属的安慰性手段,却造成经济、人力和精神上的巨大浪费。如果确认脑死亡标准,就可以适时地终止对脑死亡病人的医疗措施,减少不必要的医疗支出,将有限的医疗资源用于那些需要救治且能救治的病人,发挥出更大的效益。在减轻社会负担同时,也缓解了脑死亡病人家属的精神痛苦和经济负担。

3. 有利于法律关系的稳定和法律的实施。死亡不仅是个医学概念,而且是个法律概念。死亡的准确界定对于法律的适用具有重要意义。各国的民事法律、刑事法律等许多部门法领域都涉及自然人的死亡问题,如死亡决定民事权利的终止,继承的开始,婚姻关系的终结,保险金、赔偿金的取得,合伙、代理等民事法律关系的变更和终止以及刑事责任的免除等问题。

4. 有利于开展器官移植。脑死亡的确立为同种异体器官移植所需的大量器官来源提供了十分有利的条件。在适宜的新鲜供体严重短缺的情况下,依靠科学技术维持脑死亡者的呼吸和循环功能,使之成为医学上最理想的器官移植的供体以及天然的、极好的人体器官和组织的储存库。医生可以根据移植需要，从容地做好各项准备工作后再适时地摘取供体器官，从而提高器官移植的成功率。

三、国外脑死亡的相关立法

1970年，美国的堪萨斯州通过了《死亡和死亡定义法》，首先允许医生使用"心死"或"脑死"两种死亡标准。1971年，芬兰制定了《尸体组织摘除公告》，是世界上第一个在法律上确立脑死亡的国家。1983年，美国通过了《统一死亡判定法》，它堪称现代脑死亡立法的典范，对各国相关立法具有重要的借鉴意义。此后，加拿大、阿根廷、瑞典、澳大利亚、奥地利、希腊、意大利、英国、法国、西班牙等国家也先后制定了脑死亡法律。德国、印度、荷兰、新西兰、韩国、瑞士等国家虽然没有明文规定，但在临床上已经承认脑死亡状态并用来作为宣布患者死亡的依据。

四、我国脑死亡立法的现状与研究

我国台湾地区于1987年公布了"脑死亡判定步骤"；香港于1996年确定了脑死亡法。相比之下，大陆（内地）受传统文化、经济社会发展等多种因素的影响，对脑死亡持有相当谨慎的态度，目前尚未制定统一的具有法律权威的脑死亡标准，为了配合国家立法需要，国家卫生部组织专家审定在技术层面上起草的脑死亡判定标准和技术规范。2004年5月，在中华医学学会第七届全国神经病学学术会议上，我国《脑死亡判定标准（成人）》和《脑死亡判定技术规范（成人）》已经通过医学专家审定。但制定脑死亡判定标准和技术规范与实施脑死亡判定是两件不同的事情，实施脑死亡判定必须以相应的法律规范为前提，目前医疗机构还不能据此来实施脑死亡判定，即上述标准和规范只有通过立法程序生效并公布后才能实施。综上所述，我们对于死亡的观念和认识较为模糊，短期内达成脑死亡立法共识是不可能的。但是随着社会的发展和进步，脑死亡的概念在我国正在被越来越多的人接受。通过法律来确认脑死亡标准，已成为十分现实的需要。为此，本书建议在脑死亡立法时注意以下几个方面：

1. 明确死亡定义，允许两种死亡标准并存。定义死亡时既要寻求精确性，又要保留必要的灵活性。根据我国的具体国情以及我国传统的社会观念和文化习俗，在现阶段对死亡的确定可以采取选择性的标准，允许心肺死亡与脑死亡并存。鉴于传统死亡标准在我国有深厚的群众基础和普遍的认同感，应该继续承认其有效性。尤其是在农村地区和偏远贫困地区，应允许公众有个逐步认识的过程。

2. 区分植物人状态，严格脑死亡诊断标准。植物人，是指病人的脑干功能健全，可以自主呼吸，心脏也可以自主跳动，若无其他意外，或罹患其他疾病，其生命仍可维持多年，少数病人还有从昏迷中苏醒的可能。可见植物人不等于脑死亡，长期昏迷不醒、没有意识的病人与脑死亡病人是两种不同的病例。因此，脑死亡立法应当明确区分植物状态，对植物状态中的脑功能已不可逆、永久性丧失的病人才可以宣告死亡，但绝不能将所有植物人宣布为脑死亡者而不予以治疗抢救或者摘除其器官用于移植。鉴于我国的医疗实践，确立严格脑死亡标准非常重要，其内容包括：

（1）脑死亡判定的先决条件。昏迷原因明确；排除了各种原因的可逆性昏迷。

（2）临床判定。深昏迷；脑干反射消失；无自主呼吸（靠呼吸机维持，自主呼吸激发试验证实无自主呼吸）。以上三项必须全部具备。

（3）脑功能测试。正中神经短潜伏期体感诱发电位（SLSEP）；脑电图（EEG）；经颅多普勒超声（TCD）。确认试验的优先顺序依次为 SLSEP、EEG、TCD，确认试验应至少两项符合脑死亡判定标准。

（4）脑死亡观察。脑死亡首次判定后，观察 12 小时复查无变化，即可确定脑死亡。

3. 实施资格准入，建立完善的脑死亡管理制度。

（1）脑死亡诊断机构的条件。三级医院具有经考核合格并取得脑死亡判定医师执业资格证书的医务人员；具有相应的医疗仪器、设备和相关卫生技术人员；具有完善的脑死亡判定管理的规章制度；组建有合格的医学伦理委员会。

（2）脑死亡诊断医师的条件。应当具有国家执业医师资格；从事神经内科、神经外科、麻醉科、急救科或者危重病监护临床工作达到规定年限并具有高级专业技术职称；经过脑死亡诊断专项培训并考核合格，取得脑死亡判定医师职业资格证书。

（3）参加脑死亡判定的人员的要求。病人的原诊断医师和具有脑死亡判定资格的两名医师组成诊断小组，每个医师独立诊断，死亡判定应由两人同时做出。与器官移植有关的医生应当回避，不得参与脑死亡诊断。

（4）脑死亡诊断证明书签发的要求。在病人近亲属书面申请下，经所在医疗机构的伦理委员会审查同意后，由病人近亲属签署知情同意书；经过临床脑死亡诊断小组确认并经全体诊断医师签名后，方可由所在医疗机构签发脑死亡诊断证明书。

4. 强化脑死亡判定监督，明确相应法律责任。脑死亡判定具有极强的专业技术特征，任何的诊断失误和不当判定，都有可能带来严重的危害后果。因此在立法时，应当严格脑死亡诊断各个环节的程序要求，明确脑死亡判定的适用范围、程序和条件以及主管部门的职责。脑死亡立法应当明确规定违反脑死亡法律法规的相应责任：①对于违反执业资格和相关法律规范的行为，如果行为人主观上是故意，客观上造成了严重后果，应承担相应的刑事责任；②对于在确定死亡的程序中，由于操作疏忽，而做出错误判断的非恶意的医疗过错行为，应以按照医疗侵权或医疗事故处理。对于利用死亡确定程序，故意宣布非死亡病人为死亡具备刑法上故意杀人罪的犯罪构成的行为，应以故意杀人罪论处。

第四节　安乐死与法律

一、安乐死概述

"安乐死"一词源出希腊文"euthanasia"，是由"美好"和"死亡"两个字组成的。其原意为安宁而轻松地死亡或者无痛苦地死亡。古希腊所理解的安乐死是一种哲学的而非医学的概念。

在现代社会，安乐死作为一种特殊的死亡形式，是一个颇受争议的命题，至今尚无一个统一完整的定义。《牛津法律大辞典》的定义是："指在不可救药的或者病危患者自己的要求下，所采取的引起或者加速其死亡的措施。"我国的《中国大百科全书·法学》对安乐死的解释是："对于现代医学无法挽救的逼近死亡的病人，医生在患者本人真诚委托的前提下，为减少病人难以忍受的剧烈痛苦，可以采取措施提前结束病人的生命。"根据以上两种定义，可以看出安乐死不是生与死的选择，而是病人面临的安乐死还是痛苦死亡方式的选择。本质上，安乐死不是授人以死，而是授人以死之安乐，通过人为的调节与控制，使死亡由痛苦向安乐转化，使死亡呈现出一种良好的状态，以避免精神和肉体的痛苦折磨，达到舒适或愉快，即改善死者濒临死亡时的自我感觉状态，保障死亡的质量，维护死亡的尊严。

就实施安乐死行为人的意愿和行为方式的不同，通常对安乐死做出两种分类：一是按照当事人对安乐死接受与否的意愿，分为自愿安乐死和非自愿安乐死，前者指病人要求或者同意安乐死；后者指病人未要求安乐死或者没有表示过同意安乐死。二是依照安乐死的行为方式，分为主动安乐死和被动安乐死，前者又称"积极安乐死"，是指医务人员或者其他人在无法挽救病人生命的情况下采取措施主动结束病人的生命或者加速病人死亡的过程；后者又称"消极安乐死"，是指终止维持病人生命的一切治疗措施以任其死亡，被动安乐死在国内外不少医院实际上已不鲜见。由于这两种分类存在交叉和混同，实践中还不能做出各自严格而明确的界定。

二、安乐死的发展及争议

安乐死的历史源远流长。早在史前时代，安乐死的实践就已经存在。古游牧部落在迁移时，就常常把年老体弱和伤残病人留在原来的区域或者水草丰足的地方，使其自生自灭，免受部落迁移的种种艰难困苦。在古希腊和古罗马，国家允许病人结束自己的生命，并可请外人助死。也有许多知名的西方思想家倡导安乐死亡，亚里士多德曾在其著作中表示支持这种做法。在《理想国》一书中，柏拉图赞成自杀作为解除无法治疗的痛苦的一种方法。弗兰西斯·培根认为，延长生命是医学的崇高目的，安乐死也是医学技术的必要领域。《乌托邦》的作者莫尔则提出"有组织的安乐死"和"节约安乐死"的概念。

现代意义上的安乐死，一般认为是从19世纪开始的，当时已经将安乐死看作一种减轻患者不幸的特殊医护措施。20世纪20—30年代，安乐死开始引起人们的高度关注。1936年，英国首先成立了"自愿安乐死协会"；1938年，美国成立了"无痛苦致死学会"；1944年，澳大利亚和南非也成立了类似的组织。但是，在二战期间，由于德国纳粹借用所谓"安乐死计划"（euthanasia program）杀害了数百万无辜的人，致使"安乐死"一词招人反感，英美等地死亡相关活动稍以平息。20世纪60—70年代开始，由于医学科学和生物医学工程技术的进步和发展，传统的生命价值观念受到很大冲击，安乐死又重新成为人们的热门话题。1976年，在日本东京举行了第一次自愿安乐死国际会议，英、美、日、荷等国签署了《东京宣言》，要求尊重"生的意志"和"死的尊严"的权利。20世纪80年代以来，世界各国的医学界、法学界和伦理界重新对安乐死问题予以高度关注，主要原因是虽然随着多种药物、高科技医疗器械及器官移植技术的研发，大多数危重病人得以延长生命，然而避免死亡并非总是压倒一切的目标。越来越多的人已经承认，用所谓的高科技医疗技术延长病人死亡的剧烈痛苦是非人道的，也不符合人类尊严。

迄今为止，人们对安乐死仍褒贬不一。支持安乐死的人认为安乐死一方面可以减轻病人的痛苦，当病人因垂死而遭受病痛的折磨，感到生不如死的时候，死亡要比生存对他们来说更为人道，这体现了对生命尊严的维护和对生命权的尊重；另一方面也可以减轻病人家属的精神痛苦和经济负担，还可以节约医疗资源，使其发挥更大的效用。他们看重生命的内容和方式，提倡医学的根本任务是提升人的生死品质，在基本实现优生的前提下，医学也必须实现人的优死。而反对安乐死的人则认为，救死扶伤是医生的基本职业道德，对病人实施安乐死无异于医生用自己手中的技术"合法杀人"，这不仅与医生的职责相违背，而且还可能成为病人配偶、子女等亲属为了减轻自己的负担，或者为了瓜分遗产等其他原因，被其不当利用，用以非法剥夺他人的生命。但是经过半个多世纪的争论，时至今日，赞成安乐死的呼声愈来愈高。

三、国外安乐死的相关立法

在世界范围内安乐死立法进程缓慢，在有关安乐死立法的国家，大多是对被动安乐死的认可，而对于主动安乐死，多数国家在法律上遭到反对和禁止。

1993年2月9日，荷兰议会通过了关于安乐死的法案，允许医生在严格的条件下，可以对病人实施安乐死。2001年，荷兰议会上院正式通过关于安乐死的法案，成为世界上第一个把安乐死合法化的国家，也是迄今为止在安乐死方面最前卫的举措。该法案规定，患不治之症的病人，在考虑成熟后，应自愿提出结束生命的书面申请请求,主治医生则应向患者详细陈述实际病情和后果预测,并由另一名医生协助诊断和确诊,最后实施"安乐死"。该法案还规定实施"安乐死"的手段必须是医学方法。

在安乐死立法运动中,美国是一个积极的国家,但各州对安乐死的立法不尽相同。1976年,加利福尼亚州州长签署了《自然死亡法》,这是美国第一个不成文的被动安乐死法。1977年以来,美国有38个州通过了《死亡权利法》,要求医生尊重病人安乐死的愿望。但是到目前为止,安乐死在美国大部分地区仍属于非法行为。只有俄勒冈州于1994年通过一项法律,允许内科医生在特定条件下协助病人自杀。

1995年5月,澳大利亚北部地方会议通过了一项安乐死法律——《晚期病人权利法》,并于1996年7月1日开始生效。但就在安乐死法律即将生效的前夕,联邦总理霍华德再次明确表示,他个人对这项立法持强烈的保留态度。由于反对势力十分强大且该法律效果不佳,1996年12月,联邦众议院以压倒性多数票终止了这部安乐死法案。1997年3月,澳大利亚联邦参议院正式否决了北部地区的安乐死法案。

法国采取对消极安乐死的认可态度。对于是否实施安乐死,法国进行了多年讨论,终于在2003年3月公布了一项研究结果:在法国实施安乐死应当被视为"非法行为",但是在所有医疗办法都无效的情况下,病人又强烈要求帮助解决无法忍受的痛苦时,只有在这种特殊情况下,实施安乐死是可以接受的。

日本是通过法院判例给安乐死以有条件的认可,并逐渐形成了日本安乐死判例法。是否属于安乐死,必须具备相应要件,如果要件全部具备,夺取病人的生命行为属于日本刑法规定的"正当行为"。可被认为相当于日本刑法规定的"紧急避难行为",执行安乐死而不追究法律责任。日本是亚洲第一个在法律上有条件地承认安乐死的国家。

除此之外,世界大多数国家对于安乐死仍持慎重态度。

四、我国安乐死立法的思考

安乐死在我国引起医学界、法学界、伦理界、社会界和公众的关注和讨论,始于20世纪80年代中期发生在陕西省汉中市一家医院的安乐死事件。1986年6月,汉中市人王某成为其身患绝症的母亲请求安乐死,经过反复要求，医生在其签字后为病人注射药物，加速了病人的死亡。事后，检察机关以王某成和医生涉嫌故意杀人罪提起公诉，1992年法院终审，王某成和医生被宣告无罪释放。但这并不意味着安乐死的合法性，安乐死仍是违法的，只不过该医生给患者开具的"冬眠灵（盐酸氯丙嗪）"其"不是患者致死的主要原因，危害不大"，因此才不构成犯罪。这是中国首例安乐死案件，引起强烈的社会反响，迅速在全国引发激烈争议。

1989年初，全国人大常委会办公厅向第七届全国人大常委会第六次会议提交的代表建议办理情况报告中提到建议制定"安乐死法"的问题，此后，在第八届全国人大二次、三次、四次会议上，以及政协九届五次会议上，都有代表递交有关安乐死立法问题的议案，认为安乐死关乎临终关怀事业的发展。但卫生行政部门经反复研究后认为，安乐死是一种具有特殊意义的死亡类型，它既是一个复杂的医学、法学问题，又是一个极为敏感的社会、伦理问题。但从目前的法律、法规来看，安乐死在我国法律上是被禁止的。目前制定安乐死相关法律法规的条件尚不成熟，但要为安乐死立法做准备，并且要大力开展死亡教育。参考国外安乐死立法的经验，我国今后对该问题的研究应着重围绕几个问题展开：

1. 安乐死的条件和对象。适用安乐死必须符合以下条件：①自愿原则，即病人请求安乐死是自愿的、经过充分考虑的、一贯坚持和明确的；②严重痛苦，即按照目前的医学意见，病人的痛苦是不可忍受的，而且没有改善的希望；③濒临死亡；④施行方法应符合优质医疗实践，即执行安乐死的技术与方法必须是科学的、文明的、人道的。

结合安乐死可能引发的负面作用，对安乐死适用对象必须严格限定，通常局限于三种人：①身心极端痛苦的绝症病人；②依靠人工维持生命，长期昏迷、丧失自我意识的病人；③具有特别严重缺陷的新生儿。

2. 安乐死的程序。为确保安乐死的合法施行，就实施安乐死行为的各方当事人分别设定严格的程序。

（1）申请。安乐死的启动只能由病人或其近亲属提出申请请求。在病人意识清醒的状态下，只能由其本人亲自申请，申请必须是本人真实意愿的体现。应当坚持病人意愿至上的原则，充分保障病人自身的选择权利。在病人与其近亲属意见相左时，应以病人的意见为准，其近亲属无权替代本人做出生命权利的选择或者放弃。对于陷入永久性昏迷状态，病人自身不能表达意愿的情形下，可由病人的近亲属提出申请。申请一律采用书面形式，并附有身患绝症的医疗证明。

（2）受理和审查。安乐死的受理机关必须是符合安乐死施行条件的医疗机构。设立由医学专家、法学专家、医学伦理专家等共同组成的安乐死审查委员会，对安乐死申请进行全面审查，防止误诊。对不符合安乐死条件的申请者，审查单位应当在法定期限内以书面形式告知，并说明理由。对符合条件的申请者，应当批准申请，并经公证机关公证后，安排施行。

（3）实施。申请批准后，主管医护小组应按照规定的时间、地点、方式等进行，待证明患者死亡后立即报告医疗机构负责人，并由医疗机构按时报告公安机关。在施行前，如果申请人反悔，不同意安乐死的，应立即停止实施。

3. 法律责任。在安乐死立法中，应当明确安乐死的主管机关和相关实施安乐死的医务人员法律职责，对于违反安乐死实施规定和要求的违法及犯罪行为，应视情节轻重，对相关责任人施以民事、行政和刑事法律责任。

第五节　人类基因工程与法律

一、基因工程概述

基因（遗传因子）是遗传的基本单元，是 DNA 或 RNA 分子上具有遗传信息的特定核苷酸序列。基因通过复制把遗传信息传递给下一代，使后代出现与亲代相似的性状。也通过突变改变自身的缔合特性，储存着生命孕育、生长、凋亡过程的全部信息，通过复制、转录、表达，完成生命繁衍、细胞分裂和蛋白质合成等重要生理过程。生物体的生、长、病、老、死等一切生命现象都与基因有关。它也是决定生命健康的内在因素。

基因工程（genetic engineering）又称"基因拼接技术"和"DNA 重组技术"，是指以分子遗传学为理论基础，以分子生物学和微生物学的现代方法为手段，将不同来源的基因按预先设计的蓝图，在体外构建杂种 DNA 分子，然后导入活细胞，以改变生物原有的遗传特性、获得新品种、生产新产品。1973 年，金黄色葡萄球菌的质粒 DNA 与大肠杆菌质粒 DNA 的成功重组获得具有双亲特点的新菌种，是基因工程的第一次成功实践。

基因诊断又称"DNA 诊断"或"分子诊断",是指通过分子生物学和分子遗传学的技术,直接检测出分子结构水平和表达水平是否异常,从而对疾病做出判断。1976 年,凯恩等人借助 DNA 分子杂交方法首次成功地对地中海贫血做出产前诊断是基因诊断的最早应用。经过多年的发展,基因诊断已经可以应用于上百种疾病的诊断,尤其在遗传病诊断方面取得了巨大成就。

基因治疗,是指改变人体活细胞遗传物质的一种医学治疗方法,即通过基因诊断出异常的基因后,用正常的基因替代异常基因以达到治疗疾病的目的。1980 年,基因治疗首次应用于人体,目前除我国之外,在美国、法国、荷兰、意大利也已有多个通过批准的临床基因标记和治疗项目。

为了揭示人类遗传的奥秘,美国科学家在 1985 年率先提出测绘和排序人类基因组计划。1989 年,美国成立了国家人类基因组研究中心,1990 年 10 月,正式启动了人类基因组计划,英国、日本、法国、德国和中国科学家先后加盟。人类基因组计划旨在通过国际合作测定人类基因组全序列,破译人类遗传信息。1999 年 11 月,完成了 10 亿个碱基对的测定工作,2000 年 6 月,六国 16 个中心联合宣布人类基因组"工作框架图"绘就,标志着人类科学史上又一个里程碑式的创举。

二、基因技术的基本原则

我国《民法典》第 1009 条规定,从事与人体基因、人体胚胎等有关的医学和科研活动,应遵守法律、行政法规和国家有关规定,不得危害人体健康,不得违背伦理道德,不得损害公共利益。

三、国外基因工程的立法及发展

基因工程从诞生起就引起了广泛的争议。为了控制基因工程发展,加强基因工程的安全管理,世界各国先后制定了一系列法律法规进行相应的约束和引导。1976 年 6 月 23 日,美国国家卫生研究院被授权制定并公布了世界上第一个实验室基因工程应用法规《重组 DNA 分子实验准则》。此后,联邦德国、英国、法国、日本、澳大利亚等近三十个国家分别制定了类似的法规。1980 年,美国政府对《重组 DNA 分子实验准则》进行了修正。此外,为了防止重组 DNA 导致不测,一些西方国家和国际组织制定了重组 DNA 安全操作相关法规。1986 年通过了《国际生物技术产业化准则》，日本、澳大利亚等国家制定了更为具体的《重组 DNA 技术工业化准则》《重组 DNA 技术制造药品的准则》等。1989 年，联邦德国政府批准的《基因技术法草案》确定了国家对基因工程技术的监督地位。1997 年，联合国教科文组织通过了指导基因研究的道德准则性文件《世界人类基因组与人权宣言》，要求禁止克隆人等有损人类权利与尊严的科研行为。上述规定对基因工程的研究和应用起到了积极的推动作用。

四、我国的基因工程立法

为促进我国生物技术的研究和发展，加强基因工程的安全管理，保障公众和基因工程工作人员健康，防止环境污染、维护生态平衡，1993 年 12 月 24 日，国家科学技术委员会发布了《基因工程安全管理办法》，对基因工程的适用范围、安全性评价、申报审批和安全控制措施等方面作出了规定。同年，卫生部制定了《人的体细胞治疗及基因治疗临床研究质控要点》，强调基因治疗的临床试验在运作之前应当进行安全性论证、有效性评价和免疫学评价，同时特别注意其对社会伦理的影响。1998 年 6 月，科学技术部、卫生部共同制定的《人类遗传资源管理暂行办法》经国务院批准并转发。1999 年，在联合国环境规划和全球环境基金的支持下，国家环保总局联合科学技术部、农业部等部门起草了《中国国家生物安全框架》，提出了我国生物安全的政策体系、法规体系和能力建设的国家框架。2001 年 5 月，国务院发布了《农业转基因生物安全管理条例》，随后，农业部又发布了与之相配套的《农业转基因生物安全评价管理办法》《农业转基因生物进口安全管理办法》和《农业转基因生物标识管理办法》。

五、人类遗传资源的管理

人类遗传资源，是指含有人体基因组、基因及其产物的器官、组织、细胞、血液、制备物、重组脱氧核糖核酸（DNA）构建体等遗传材料及相关的信息资源。

我国人口众多，56 个民族形成了丰富的人类遗传资源，是研究人类基因组多样性和疾病易感性/抗性的不可多得的材料。我国的人类遗传资源主要包括我国特有民族构成的民族遗传资源、长期生活在特殊自然环境且具有特定生理体质或亚健康体质的人群构成的遗传资源、封闭人群和特殊表型家系遗传资源、健康体质遗传资源和环境与人体交互作用遗传多样性资源等部分组成，前者称为"民族遗传资源"，后者称为"疾病遗传资源"。

（一）人类遗传资源管理中存在的问题

1. 遗传资源研究水平有限，遗传资源流失严重。由于目前我国还没有专门的人类遗传资源收集、保管和管理的机构，遗传资源的输出和输入也没有统一的法定程序和渠道。这种情况直接导致了目前遗传资源在收集、整理和开发利用上的混乱，我国人类遗传资源无偿流失的现象时有发生。

2. 濒危或稀缺人类遗传资源的收集、保存严重不足。现有人类遗传资源收集工作低水平重复现象严重，而收集难度大的重点家系、隔离人群等具有重要价值的人类遗传资源却严重不足。当务之急应当抢救我国现有家系及隔离人群遗传资源。

3. 遗传资源的采集、收集存在诸多伦理问题。由于缺乏操作性强的法律法规，资源采集单位受到的约束较小，难以做到尊重当事人的知情同意权，相关义务也难以得到彻底执行。

4. 遗传资源管理信息化水平低。我国现存资源的信息化水平十分有限，许多遗传资源保藏单位内部遗传资源信息难以获得，造成了许多遗传资源信息的孤岛，资源使用单位难以获取或者重复采集相同的资源，造成许多资金的浪费。

（二）我国人类遗传资源管理的法律制度

十多年来，许多国家，包括发展中国家和发达国家，已对遗传资源及相关传统知识的惠益分享机制进行了很多探索，一些国家也已建立了系统的政策和法规制度。我国是世界上生物多样性最为丰富的国家之一，也是遗传资源及相关传统知识特别丰富的国家。我国在近年的立法中，积极关注遗传资源及相关传统知识保护问题。

1.《人类遗传资源管理暂行办法》。为了更好地保护和利用人类遗传资源，1998年，国家制定了《人类遗传资源管理暂行办法》，该办法规定的人类遗传资源管理的内容如下：①对重要遗传家系和特定地区遗传资源进行登记和管理。②对涉及人类遗传资源的国际合作项目进行审核。③对人类遗传资源的采集、收集、研究、开发、买卖、出口、出境等进行审核。④在知情同意的情况下才可取血样或身体其他部分的样本。⑤对出境材料包括组织类（切片、蜡块）、血液类（血清、血浆、脐带血、抗凝全血）、核酸类（DNA、RNA）、体液类等进行重点管理。

在上述管理规定的基础上，为进一步遏制人类遗传资源的流失，国家针对国际科技合作项目，提出凡涉及我国人类遗传资源（含有人体基因组、基因及其产物的器官、组织、细胞、血液、制备物、重组脱氧核糖核酸构建体等及其产生的信息资料）的国际合作项目，中方合作单位必须按照有关规定办理报批手续，杜绝人类遗传资源违法违规出境。我国境内的人类遗传资源信息，包括重要遗传家系和特定地区遗传资源及其数据、资料、样本等，我国研究开发机构享有专属持有权，未经许可，不得向其他单位转让。获得上述信息的外方合作单位和个人未经许可不得公开、发表、申请专利或以其他形式向他人披露。

2. 《中华人民共和国人类遗传资源管理条例》。我国是多民族的人口大国，具有独特的人类遗传资源优势，拥有丰富的特色健康长寿人群、特殊生态环境人群（如高原地区）、地理隔离人群（如海岛人群）以及疾病核心家系等遗传资源，为发展生命科学和相关产业提供了得天独厚的条件。我国历来高度重视人类遗传资源的保护和利用工作，1998年，国务院办公厅转发科学技术部、卫生部联合制定的《人类遗传资源管理暂行办法》，对有效保护和合理利用我国人类遗传资源发挥了积极作用。但是，随着形势发展，我国人类遗传资源管理出现了一些新情况、新问题：人类遗传资源非法外流不断发生；人类遗传资源的利用不够规范、缺乏统筹；利用我国人类遗传资源开展国际合作科学研究的有关制度不够完善；暂行办法存在对利用人类遗传资源的规范不够、法律责任不够完备、监管措施需要进一步完善等问题。为了有效保护和合理利用我国人类遗传资源，维护公众健康、国家安全和社会公共利益，2019年3月20日国务院第41次常务会议通过《中华人民共和国人类遗传资源管理条例》（以下简称《人类遗传资源管理条例》），自2019年7月1日起施行，后该条例于2024年3月10日修订。该条例分六章计47条，包括总则、采集和保藏、利用和对外提供、服务和监督、法律责任和附则，重点在保护我国人类遗传资源，促进人类遗传资源的合理利用，从源头上防止非法获取、利用人类遗传资源开展生物技术研究开发活动。

（1）促进合理利用我国人类遗传资源方面。为了促进合理利用我国人类遗传资源，《人类遗传资源管理条例》规定：一是国家支持合理利用人类遗传资源开展科学研究、发展生物医药产业、提高诊疗技术，提高我国生物安全保障能力，提升人民健康保障水平。二是国家人类遗传资源保藏基础平台和数据库应当依照国家有关规定向有关科研机构、高等学校、医疗机构、企业开放。三是国务院卫生健康主管部门和省、自治区、直辖市人民政府人类遗传资源主管部门应当会同本级人民政府有关部门对利用人类遗传资源开展科学研究、发展生物医药产业统筹规划，合理布局，加强创新体系建设，促进生物科技和产业创新、协调发展。四是科研机构、高等学校、医疗机构、企业利用人类遗传资源开展研究开发活动，对其研究开发活动以及成果的产业化依照法律、行政法规和国家有关规定予以支持；鼓励利用我国人类遗传资源开展国际合作科学研究，提升相关研究开发能力和水平。

（2）规范采集、保藏、利用、对外提供人类遗传资源等活动方面。为了规范采集、保藏、利用、对外提供人类遗传资源等活动，《人类遗传资源管理条例》规定：采集、保藏、利用、对外提供我国人类遗传资源，应当符合伦理原则，并按照国家有关规定进行伦理审查；应当尊重人类遗传资源提供者的隐私权，取得其事先知情同意，并保护其合法权益；应当遵守国务院卫生健康主管部门制定的技术规范。禁止买卖人类遗传资源，为科学研究依法提供或者使用人类遗传资源并支付或者收取合理成本费用，不视为买卖。二是开展生物技术研究开发活动或者开展临床试验的，应当遵守有关生物技术研究、临床应用管理的法律、行政法规和国家有关规定。三是保留暂行办法中对采集与保藏我国人类遗传资源、利用我国人类遗传资源开展国际合作科学研究和人类遗传资源材料出境的审批，并明确审批条件、完善审批程序。

（3）优化服务监管方面。为了优化服务监管，《人类遗传资源管理条例》规定：一是国务院卫生健康主管部门和省、自治区、直辖市人民政府人类遗传资源主管部门应当加强对采集、保藏、利用、对外提供人类遗传资源活动各环节的监督检查，发现违反本条例规定的，及时依法予以处理并向社会公布检查、处理结果。二是国务院卫生健康主管部门应当加强电子政务建设，方便申请人利用互联网办理审批、备案等事项；制定并及时发布有关采集、保藏、利用、对外提供我国人类遗传资源的审批指南和示范文本，加强对申请人办理有关审批、备案等事项的指导。三是完善法律责任，加大处罚力度。

3.《中华人民共和国生物安全法》。生物安全，是指国家有效防范和应对危险生物因子及相关因素威胁，生物技术能够稳定健康发展，人民生命健康和生态系统相对处于没有危险和不受威胁的状态，生物领域具备维护国家安全和持续发展的能力。人类遗传资源与生物资源安全管理适用《中华人民共和国生物安全法》。该法由第十三届全国人民代表大会常务委员会第二十二次会议于2020年10月17日通过，自2021年4月15日起施行，后于2024年4月26日修正。《中华人民共和国生物安全法》分十章，计88条，具体包括：总则；生物安全风险防控体制；防控重大新发突发传染病、动植物疫情；生物技术研究、开发与应用安全；病原微生物实验室生物安全；人类遗传资源与生物资源安全；防范生物恐怖与生物武器威胁；生物安全能力建设；法律责任；附则。

4. 其他法律法规。新修订的《专利法》对保护人类遗传资源也有所体现。我国《专利法》第三次修正后规定，"依赖遗传资源完成的发明创造，申请人应当在专利申请文件中说明该遗传资源的直接来源和原始来源；申请人无法说明原始来源的，应当陈述理由"。该条款通过确立专利申请中遗传资源来源信息披露的规定，为保护我国的遗传资源增加了授予专利权的实质性条件，并对遗传资源的获取、商业化利用加以监控，为确保国家主权、事先知情同意、惠益分享等原则的落实提供了基础，避免了遗传资源被大量采掘以及面临保有危机的风险。

拓展阅读

人类辅助生殖技术管理办法

中国成人脑死亡判定标准与操作规范（第二版）

基因工程安全管理办法

中华人民共和国人类遗传资源管理条例

思考题

1. 什么是人工生殖技术?
2. 什么是安乐死?其争议的原因何在?
3. 脑死亡立法的意义是什么?
4. 基因工程引发的医学法律问题是什么?

参考文献

一、专著

1. 吴崇其、达庆东主编:《卫生法学》,法律出版社 1999 年版。
2. 达庆东等编著:《卫生法学纲要》(第 2 版),上海医科大学出版社 2000 年版。
3. 赵同刚主编:《卫生法》,人民卫生出版社 2001 年版。
4. 卫生部、国家中医药管理局编:《常用卫生法规汇编》,法律出版社 2002 年版。
5. 卫生部卫生法制与监督司编,赵同刚主编:《卫生法立法研究——卫生法课题汇编》,法律出版社 2003 年版。
6. 姜柏生、田侃主编:《医事法学》,东南大学出版社 2003 年版。
7. 王岳主编:《医疗纠纷法律问题新解》,中国检察出版社 2004 年版。
8. 孙东东主编:《卫生法学》,高等教育出版社 2004 年版。
9. 樊立华主编:《卫生法学》,人民卫生出版社 2006 年版。
10. 宋文质主编:《卫生法学》,北京大学医学出版社 2005 年版。
11. 吴崇其主编:《卫生法学》,法律出版社 2005 年版。
12. 赵同刚主编:《卫生法》(第 3 版),人民卫生出版社 2008 年版。
13. 翁开源、蔡维生主编:《卫生法学》(案例版),科学出版社 2008 年版。
14. 张静、王萍主编《卫生法学》,西南师范大学出版社 2008 年版。
15. 宋文质主编:《卫生法学》(第 2 版),北京大学医学出版社 2008 年版。
16. 李援等主编:《中华人民共和国食品安全法释解与应用》,人民出版社 2009 年版。
17. 吴崇其、张静主编:《卫生法学》(第 2 版),法律出版社 2010 年版。
18. 石超明主编:《卫生法学》,武汉大学出版社 2010 年版。
19. 陈瑶、田侃主编:《卫生法学》,科学出版社 2010 年版。
20. 邵蓉主编:《中国药事法理论与实务》,中国医药科技出版社 2010 年版。

21. 吴蓬、杨世民主编：《药事管理学》（第 4 版），人民卫生出版社 2010 年版。
22. 卫生部卫生政策法规司编：《中华人民共和国卫生法规汇编（2008—2009）》，法律出版社 2010 年版。
23. 田侃编著：《中国药事法》（第 2 版），东南大学出版社 2011 年版。
24. 达庆东、田侃主编：《卫生法学纲要》（第 4 版），复旦大学出版社 2012 年版。
25. 佟子林主编：《医院管理学》，中国医药科技出版社 2011 年版。
26. 佟子林主编：《卫生法学》，中国中医药出版社 2011 年版。
27. 王灿平等主编：《卫生法学基础教程》，云南民族出版社 2012 年版。
28. 杨立新：《医疗损害责任法》，法律出版社 2012 年版。
29. 肖鹏主编：《卫生法学》，中央编译出版社 2013 年版。
30. 杜仕林主编：《卫生法学》，中山大学出版社 2012 年版。
31. 王梅红、张继旺主编：《中医药法学》，法律出版社 2012 年版。
32. 黎东生主编：《医院管理学》，人民卫生出版社 2013 年版。
33. 黎东生主编：《卫生法学》，人民卫生出版社 2013 年版。
34. 汪建荣主编：《卫生法》（第 4 版），人民卫生出版社 2013 年版。
35. 吴祖祥：《医疗损害责任》，中国政法大学出版社 2013 年版。
36. 袁新秀、刘善玖主编：《卫生法学》，安徽大学出版社 2013 年版。
37. 汪建荣主编：《卫生法》，人民卫生出版社 2013 年版。
38. 解志勇主编：《卫生法学通论》（第 2 版），中国政法大学出版社 2023 年版。
39. 陈云良主编：《卫生法学》，高等教育出版社 2019 年版。
40. ［美］劳伦斯·高斯汀等：《公共卫生法：权力·责任·限制》，苏玉菊等译，北京大学出版社 2021 年版。
41. ［英］约翰·科根等：《公共卫生法》，宋华琳等译，译林出版社 2021 年版。
42. 申卫星主编：《〈中华人民共和国基本医疗卫生与健康促进法〉理解与适用》，中国政法大学出版社 2020 年版。
43. 陈特：《医事法纂解与疑案评析》，知识产权出版社 2015 年版。
44. 石悦、王安富主编：《卫生法学》（案例版），科学出版社 2016 年版。
45. 姚春等主编：《卫生法学精要》，上海科学技术出版社 2022 年版。
46. 申卫星主编：《卫生法学原论》，人民出版社 2022 年版。
47. 陈瑶主编：《健康产业政策与法规》，西南交通大学出版社 2022 年版。
48. 张静、赵敏主编：《卫生法学》（第 2 版），清华大学出版社 2020 年版。
49. 石悦主编：《卫生法原理与实务》，高等教育出版社 2023 年版。
50. 中国法制出版社：《中华人民共和国食品安全法：案例注释版》（第 5 版），中国法制出版社 2021 年版。

51. ［美］安娜·扎伊德：《罐头：一部美国公众的食品安全史》，邹赜韬等译，上海社会科学院出版社 2021 年版。

二、论文

1. 达庆东：《关于我国精神卫生立法的探讨》，载《医学与社会》1998 年第 6 期。
2. 谢斌等：《精神卫生与法律——精神卫生立法的历史与现状》，载《上海精神医学》2000 年第 S1 期。
3. 冯燕、沈春明：《论我国精神卫生立法之衡平正义》，载《医学与哲学（人文社会医学版）》2011 年第 11 期。
4. 邝少明、刘鹏：《我国精神卫生立法的价值分析》，载《湖南社会科学》2003 年第 5 期。
5. 王新、孙东东：《我国精神卫生立法若干问题研究（2）（北京大学 2000 级法学硕士研究生毕业论文）》，载《法律与医学杂志》2004 年第 2 期。
6. 沈洁、王永宝：《〈药品价格管理办法（征求意见稿）〉政策解读及应对措施初探》，载《中国医药技术经济与管理》2010 年第 12 期。
7. 刘东亮：《"被精神病"事件的预防程序与精神卫生立法》，载《法商研究》2011 年第 5 期。
8. 彭少慧：《论精神卫生法的历史沿革以及对我国的启示》，载《山西警官高等专科学校学报》2011 年第 1 期。
9. 孙大明：《精神卫生立法中鉴定条款的改进及相关问题研究——以〈精神卫生法（草案）〉为基础》，载《中国司法鉴定》2011 年第 4 期。
10. 李冬、王岳：《中国与加拿大亚伯达省精神卫生立法之比较研究》，载《中国卫生法制》2012 年第 3 期。
11. 肖水源等：《精神卫生立法的公共卫生视角》，载《中国心理卫生杂志》2012 年第 2 期。
12. 吴菲：《精神卫生立法尘埃落定》，载《中国医院院长》2013 年第 8 期。
13. 谢斌：《中国精神卫生立法进程回顾》，载《中国心理卫生杂志》2013 年第 4 期。
14. 谢斌：《精神卫生法立法史》，载《中国医院院长》2013 年第 13 期。
15. 李朝辉、张启钧：《"十三五"期间执业药师注册情况分析》，载《药学服务与研究》2022 第 1 期。
16. 李朝辉：《〈执业药师注册管理办法〉出台背景及主要内容解析》，载《中国药事》2022 年第 2 期。
17. 周玥、许龙：《我国执业药师立法的思考与建议》，载《中国合理用药探索》2021 年第

1 期。

18. 李朝辉等：《〈执业药师注册管理办法〉修订内容研究与思考》，载《中国食品药品监管》2023 年第 2 期。
19. 李朝辉：《我国执业药师制度研究综述》，载《中国合理用药探索》2020 年第 12 期。
20. 王伟：《食品安全监管的观念基础与制度创新》，载《中国市场监管研究》2022 年第 6 期。
21. 褚汉、陈晓玲：《食品安全治理从一元监管到社会共治监管：困境的破解与应对》，载《蚌埠学院学报》2021 年第 6 期。
22. 杨健：《我国突发公共卫生事件应急预案体系的发展、现状与完善》，载《中国卫生法制》2023 年第 3 期。
23. 孙学凯：《突发公共卫生事件视域下我国应急管理法律制度的完善》，载《湖南行政学院学报》2022 年第 4 期。
24. 郭晖：《公共卫生应急管理法治体系的优化》，载《河北法学》2022 年第 2 期。
25. 皮剑龙：《加快构建国家公共卫生应急管理法律体系》，载《北京观察》2020 年第 6 期。
26. 侯震、黄凯：《完善应急防控体系 高效化解危机》，载《中国应急管理》2020 年第 4 期。
27. 毕经正、张效霞：《现代"中医"概念的形成》，载《中华中医药杂志》2022 年第 2 期。
28. 虞凯、方鹏骞、田侃：《中医医院改革与发展法律问题探析》，载《中国医院》2022 年第 5 期。
29. 林天钧、李慧：《中医药地方立法的亮点及重点研究》，载《中草药》2023 年第 12 期。
30. 崔超：《试论国内卫生公约的法治厘定与适用考量》，载《医学与法学》2023 年第 2 期。
31. 邓恒、杨雪：《中药传统知识的法律保护：模式选择与制度设计》，载《医学与法学》2023 年第 2 期。

声 明　　1. 版权所有，侵权必究。

　　　　　2. 如有缺页、倒装问题，由出版社负责退换。

图书在版编目（CIP）数据

卫生健康法学 / 陈瑶主编. -- 北京 : 中国政法大学出版社, 2024.8. -- ISBN 978-7-5764-1655-8

Ⅰ．D922.164

中国国家版本馆CIP数据核字第202443984K号

书　　名	卫生健康法学 WEI SHENG JIAN KANG FA XUE
出 版 者	中国政法大学出版社
地　　址	北京市海淀区西土城路 25 号
邮寄地址	北京 100088 信箱 8034 分箱　邮编 100088
网　　址	http://www.cuplpress.com（网络实名：中国政法大学出版社）
电　　话	010-58908289(编辑部) 58908334(邮购部)
承　　印	固安华明印业有限公司
开　　本	720mm×960mm　1/16
印　　张	28.5
字　　数	440 千字
版　　次	2024 年 8 月第 1 版
印　　次	2024 年 8 月第 1 次印刷
定　　价	79.00 元